R Shiny 프로그래밍 가이드

고석범 지음

한나래
아카데미

R Shiny
프로그래밍 가이드

2017년 10월 15일 1판 1쇄 박음
2017년 10월 20일 1판 1쇄 펴냄

지은이 | 고석범
펴낸이 | 한기철

펴낸곳 | 한나래출판사
등록 | 1991. 2. 25. 제22-80호
주소 | 서울시 마포구 토정로 222, 한국출판콘텐츠센터 309호
전화 | 02) 738-5637 · 팩스 | 02) 363-5637 · e-mail | hannarae91@naver.com
www.hannarae.net

ⓒ 2017 고석범
ISBN 978-89-5566-205-4 93000

R 샤이니(Shiny) 패키지는 R 언어를 사용하여 간단한 코딩만으로 놀라운 웹 애플리케이션을 만들 수 있기 때문에 많은 R 유저들에게 사랑을 받아왔다. 이 책은 샤이니의 그 눈부신 면을 탐구하고자 하는 독자들을 위해 쓰여졌다.

알스튜디오(RStudio.com)가 운영하는 깃허브 사이트[1]에서는 데이터 과학의 작업 흐름에서 중요한 역할을 하는 R과 그 패키지들을 소개하고 있다. 샤이니는 이 과정에서 최종적인 자동화(Automate) 과정의 중요한 툴로 소개된다.

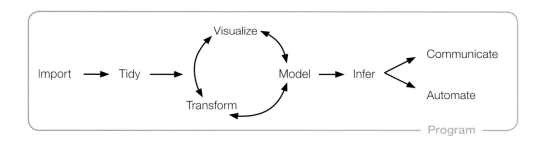

샤이니는 처음에 교육 현장에서 간단하게 사용할 수 있는 스크립트 도구로서 개발되었다고 한다. 예를 들면 히스토그램은 계급(bins)의 개수에 따라서 모양이 달라지는 플롯으로, 계급의 개수를 적당하게 정하는 것이 중요하다는 것을 시각적으로 보여줄 필요가 있을 수 있다. 이 개념을 담은 샤이니 앱은 다음과 같은 명령을 주면 바로 실행할 수 있다.

```
> shiny::runExample("01_hello")
```

---

1 https://github.com/rstudio/RStartHere

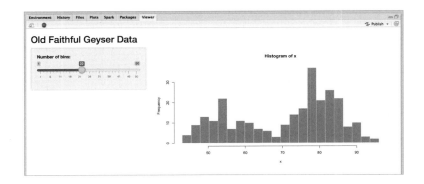

앱을 실행하고 계급의 개수를 바꾸면 자동으로 플롯이 바뀌는 것을 볼 수 있고, 그러면서 계급의 개수가 히스토그램에 미치는 영향을 이해할 수 있다.

샤이니로 이처럼 간단한 로직만 표현할 수 있는 것은 아니다. 머신러닝을 이야기할 때 자주 사용되는 k-평균 클러스터링(k-means clustering)에서 k는 사용자가 의도하는 그룹의 개수를 의미한다. 같은 데이터셋을 놓고 k값이 바뀜에 따라 클러스터링이 어떻게 변화하는지 시각적으로 파악할 수 있다면, 우리는 더 많은 인사이트를 얻을 수 있다. 복잡한 분석 알고리즘을 사용하는 경우에는 효과적인 커뮤니케이션을 위해 이런 도구가 더욱 절실히 필요한데, 샤이니는 이러한 측면에서 뛰어난 자동화 도구이자 커뮤니케이션 도구이다. R 콘솔에서 다음과 같이 실행해보면 구체적인 사례를 볼 수 있다.

```
> shiny::runGitHub("shiny-examples", "rstudio", subdir ="050-kmeans-
example")
```

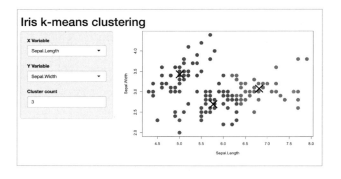

샤이니는 이렇게 데이터 과학 중간 과정에만 관여하는 것은 아니다. 최종적인 결과물을 샤이니로 표현할 수도 있다. 샤이니로 만든 웹 애플리케이션은 그 자체로 웹 애플리케이션이 될 뿐만 아니라, 다른 웹 페이지 또는 웹 프레젠테이션에 포함될 수 있다. 사용자들은 샤이니가 제공하는 인터랙션 기능을 통해 데이터를 더 잘 이해할 수 있다.

저자는 또한 샤이니의 중요한 가치 가운데 하나가 샤이니 코딩을 통해서 R을 더 잘 이해할 수 있게 해주는 점이라고 생각한다. 대부분의 R 사용자가 컴퓨터 비전공자이고, 인터랙티브 환경에서만 머무는 경우가 많아 R 언어 실력도 그 정도에 머물게 되는 경향이 있다. 그러나 샤이니 코딩은 인터랙티브 환경에서 사용하는 것과 다른 점이 많다. 사용자들은 그 다름을 이해하면서 R 언어를 더 잘 이해할 수 있게 된다.

■ 책의 의도

이 책의 목적 중 하나는 R 샤이니 패키지 안에 구현된 여러 가지 개념과 기능을 가급적 모두 정리하는 것이다. 그래서 독자들이 이 책을 읽고 난 뒤 자신이 알고 있는 R 언어를 사용하여 본격적으로 샤이니 웹 애플리케이션을 개발할 수 있는 디딤돌을 마련할 수 있도록 구성했다.

그리고 이 책은 R을 활용해 이미 많은 일을 하는 사람뿐만 아니라 R에 대해 조금이라도 관심이 있는 이들을 염두에 두고 썼다. R 언어의 기초에 해당하는 내용을 일부러 넣은 이유도 거기에 있다. 샤이니는 R 언어의 중요한 특성들을 너무나 잘 반영하는 도구라고 보기 때문에 R이 지닌 여러 특징들이 샤이니에 어떻게 구현되는지, 또는 반대로 샤이니의 이런저런 기능이 R의 어떤 특징을 바탕으로 하는지 설명하는 데 노력을 기울였다.

샤이니는 웹 앱을 만드는 도구여서 이제까지 웹 개발 경험이 없는 독자라면 웹이라는 단어에 부담을 가질 수 있다. 하지만 그러한 부담감을 떨쳐버릴 수 있도록 샤이니는 모든 것을 R로 작업할 수 있게 해준다(본서에서는 그래도 부담을 느끼는 독자들을 위해 R로 만든 것들이 어떻게 웹 언어로 바뀌게 되는지 본문 군데군데 설명을 추가하였다).

아무쪼록 웹에 대한 지식이 없는 독자라면 샤이니를 통해 웹에 입문하는 계기를 만났으면 하는 것이 저자로서 간직한 하나의 바람이다. 나의 경우에도 HTML, CSS의 기초 정도만 알고 있다가 본격적으로 자바스크립트 언어를 들여다보기 시작한 것은 샤이니를 배우면서였다.

R과 자바스크립트는 Lisp 계열의 Schem이라는 언어에서 발전한 것이라고 하는데, 실제로 둘은 여러 측면에서 비슷한 점이 많다. R을 좋아한다면 자바스크립트도 좋아할 가능성이 분명히 높다.

샤이니는 2017년에 비로소 버전 1.0.0으로 올라섰다. 이 책은 초급부터 중급까지 해당 버전에 담겨 있는 샤이니의 개념들을 대부분 다루었다. 지면상 담지 못한 부분은 이 책에서 소개하는 여러 기술들을 종합적으로 구성하여 규모 있는 웹 앱을 구성하는 방법이다. 글로 표현하면 문단 정도 작성하는 법은 소개했으나 전체 스토리를 한 권의 책으로 엮는 방법은 설명하지 않은 것이다. 그 부분은 웹에 공개되어 있는 여러 앱들을 분석하고, 독자들 스스로 웹 앱을 만들면서 터득할 필요가 있다.

샤이니의 좋은 점은 무엇보다 '재미있다'는 것이다. 샤이니로 R을 활용하여 각자의 영역에서 여러 목적의 무언가 유용한 것을 쉽게 만들 수 있다. 그런데 안타깝게도 많은 이들이 샤이니를 익히는 데 시간과 노력이 많이 들 것이라 지레짐작하고 한발 물러선다. 이 책은 그런 부담을 덜어버리고 샤이니의 세계로 재미있게 진입할 수 있도록 이끌어주는 가이드북이다. 독자들에게 '샤이니'라는 새로운 세계를 안내하고 싶었다.

독자들에게 부탁하고 싶은 것이 있다. 샤이니는 눈으로 이해할 수 없다. 직접 코딩하면서 근육으로 이해하려고 노력해야 한다. 그러므로 이 책에서 소개하는 내용들을 손수 컴퓨터에 입력하고 결과를 확인하면서 나아가길 바란다.

끝으로 책을 쓸 동기와 기회를 준 한나래출판사 조광재 상무님을 비롯하여 임직원분들에게 깊이 감사드린다.

2017년 9월
고석범

차례

Shiny

Chapter 1

R과 RStudio 설치

R Shiny Programming Guide

Search

Chapter
▼

16

1

2

3

4

샤이니는 R 패키지의 하나로, 샤이니를 이용해 웹 애플리케이션을 만들려면 R이 컴퓨터에 설치되어 있어야 한다. 1장에서는 R 언어를 사용하기 위해 R과 RStudio를 설치하고 사용하는 방법을 설명할 것이다. RStudio는 R 언어 사용에 큰 도움을 주는 통합개발환경이다.

R과 RStudio는 윈도우, 맥, 리눅스 시스템에서 모두 사용할 수 있다. 그런데 윈도우 사용자들은 RStudio를 설치하기 전에 컴퓨터 이름을 확인하는 게 좋다. 컴퓨터 이름이 한글로 된 경우에 RStudio를 실행할 때 오류가 발생하기 쉽기 때문이다. 이럴 때는 웹 검색을 통해 윈도우 사용자 계정을 관리자 권한을 가진 영문으로 바꾸거나, 관리자 권한으로 RStudio를 실행하는 등 시행착오를 거쳐야 한다.[1]

윈도우와 맥에서 R과 RStudio를 설치하는 방법은 거의 차이가 없으므로 본서에서는 윈도우를 기준으로 설명하겠다.

---

1 이러한 문제가 발생하는 정확한 원인은 아직 밝혀지지 않았고, 필자 역시 솔직히 잘 모르겠다.

      +

① R 설치하기

R은 완전한 오픈소스로 CRAN(Comprehensive R Archive Network) 사이트에서 다운로드해 누구나 무료로 사용할 수 있다. 검색 엔진에서 CRAN을 검색해 해당 사이트로 들어가 보면 다음과 같은 홈페이지를 만나게 된다.

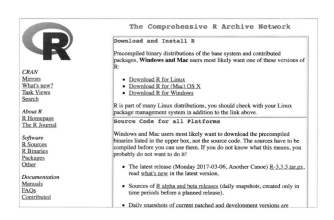

윈도우용 R 다운로드 링크를 클릭하면 아래와 같은 화면이 나온다. 화살표 표시가 가리키는 base를 선택하고, R 프로그램을 다운로드해 설치한다. 설치할 때는 디폴트로 설정된 내용대로 따라가도 아무런 문제가 없다.

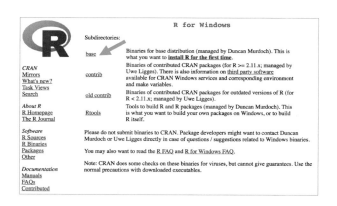

R 설치를 마친 뒤에 아이콘을 클릭해 실행해본다. 보통 32비트용과 64비트용이 설치되는데, 자신의 컴퓨터 시스템에 맞는 것을 선택해 사용하면 된다. R이 실행된 모습은 다음 그림과 같다. 마지막 줄에 있는 >을 '프롬프트(prompt)'라고 하는데, 이것이 보이면 제대로 설치된 것이다.

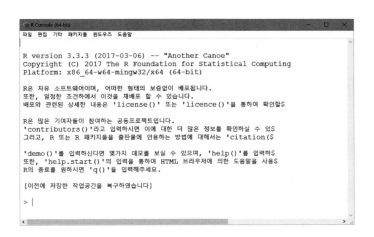

그다음에는 CRAN의 다운로드 단계로 돌아가서 Rtools를 내려받는데, 이 도구는 윈도우에서 R 패키지 빌드를 위한 도구로 R과 함께 설치할 것을 권한다. 디폴트 설정을 따라가면 된다. 맥(Mac)에서는 이 과정이 필요 없다.

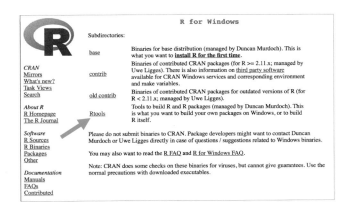

이와 같은 기본적인 R 콘솔은 최소한의 것만을 갖추어놓은 미니멀한 버전이라 할 수 있다. R에 익숙한 사람이라면 R 패키지들을 공부하거나 간단한 코드들을 실행하기에 적당하지만 초보자들은 당혹스러울 수 있다. 최신의 소프트웨어를 기대했다면 실망감이 클 것이다. 이런 마음을 어느 정도 보상해줄 수 있는 도구가 바로 RStudio이다. 이제 RStudio 설치와 그 사용법을 알아보자.

② RStudio 설치와 사용법

RStudio IDE(통합개발환경)는 R 개발자들이 가장 많이 사용하는 도구이다. RStudio.com[2]에서 만든 것으로, 우리가 공부할 샤이니 패키지의 주요 개발자들은 모두 이 회사의 임직원이다.

RStudio는 데스크톱용과 서버용이 있으며, 각각 오픈소스와 상업용 버전이 존재한다. 여기서는 데스크톱용 오픈소스를 설치할 것이다. 아래 그림과 같은 RStudio 홈페이지 첫 화면에서 링크를 따라가 데스크톱용 오픈소스를 다운로드해 설치한다. RStudio 자체에는 R 프로그램이 들어 있지 않다. 앞에서 R을 설치하지 않았다면 먼저 R을 설치한 다음 RStudio를 설치한다.

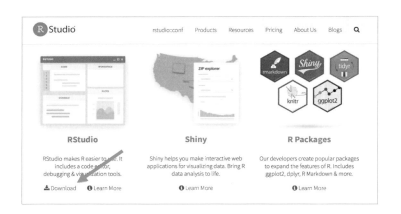

---

2 https://www.rstudio.com

RStudio를 설치한 뒤 실행하면 다음과 같은 화면이 나온다. 이 상태로 그대로 두고 사용해도 되지만 자신에게 편한 상태로 바꾸어 사용할 수도 있다.

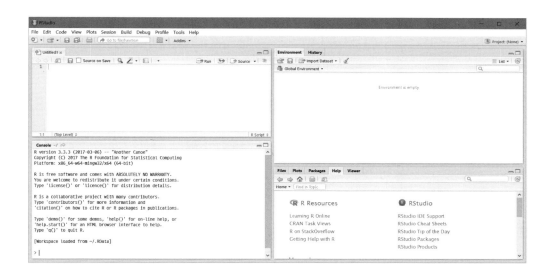

2-1 레이아웃과 테마 설정하기

먼저 시각적인 면을 조절해보자. RStudio는 4개로 구분된 창을 사용한다. 이들을 페인(pane)이라고 부르는데 여기서는 그냥 창이라고 칭하겠다. 창의 위치는 자신의 작업 습관에 맞추어 사용할 수 있다.

먼저 메뉴에서 [Tools] → [Global Options…]를 클릭하면 다음 그림과 같은 옵션창이 열린다. 창의 왼쪽을 보면 주요 탭들이 나와 있는데 여기에서 [Pane Layout]을 선택한다.

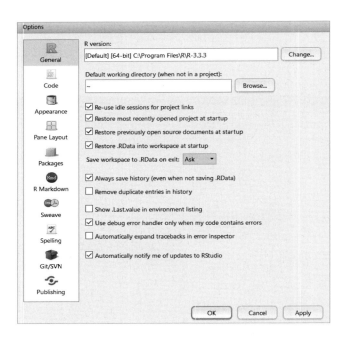

그다음 화면은 아래 그림과 같다. 필자는 주로 R 소스를 왼쪽 위에, R 콘솔을 오른쪽 위에 놓고 사용한다.

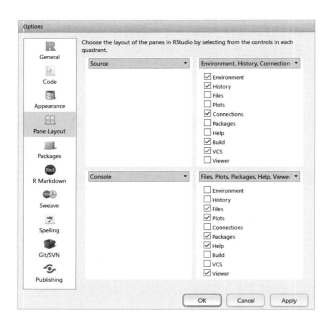

이제 글로벌 설정창에서 [Appearance]라는 탭을 선택해보자. 다음 그림과 같은 창에서 사용할 폰트, 폰트 크기, 에디터 테마를 선택할 수 있다. 필자는 폰트로 네이버에서 만든 D2Coding[3]을 주로 사용한다. 한글 모노 스페이스 글꼴로 아름답다고 생각한다. 테마는 뭔가 해커 같은 느낌을 주는 Monokai를 자주 사용하는데 어두운 바탕이 눈의 피로도가 훨씬 덜한 것 같다.

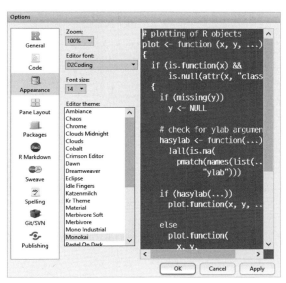

RStudio의 창 크기는 자유롭게 조절할 수 있다. 창의 가로세로 경계에 있는 핸들에 마우스를 놓고 드래그하여 크기를 조절한다. 이렇게 해도 사용하는 창이 좁다고 느껴지면 RStudio 위쪽에 있는 버튼을 클릭해 특정 창을 키울 수 있다(다음 그림 참조). 이 버튼을 클릭해 창 조절 단축키들을 토글로 작동할 수 있는데, 이를테면 소스창을 줌했다가 원래 위치로 되돌아가기를 반복할 때는 [Ctrl + Shift + 1] 키를 반복 사용하면 된다.

---

3 https://github.com/naver/d2codingfont

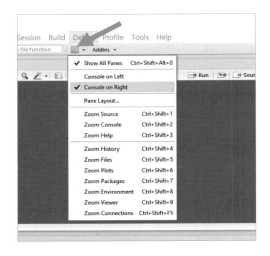

2-2 R 일반 설정

R 자체에 대한 일반 설정법을 알아보자. 다시 메뉴 [Tools] → [Global Options…]으로 들어 가서 왼쪽의 [General] 탭을 선택한다. 그러면 다음과 같은 창이 열린다.

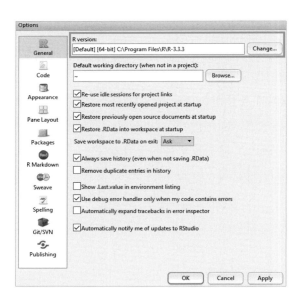

여러 개의 R이 설치되어 있는 경우, 가장 위에 있는 [R version:]에서 사용하려는 R 버전을 선택할 수 있다. 디폴트 워킹디렉터리에서는 보통 사용자의 내문서 디렉터리가 디폴트로 잡힌다.

2-3 코드 설정

이번에는 코드와 관련된 설정법을 알아보자. 일반 설정창에서 [Code] 탭을 선택한다. 아래와 같은 창에서 하나씩 읽어보면서 설정한다.

코드 설정창에서 중요한 것은 텍스트 인코딩을 설정하는 부분이다. 이것은 [Saving]이라는 탭에서 설정할 수 있다.

가장 아래의 [Default text encoding] 부분을 클릭해보면 CP949[4]가 디폴트로 설정되어 있다. 이것을 UTF-8으로 바꾼다. UTF-8으로 바꾸면 RStudio에서 저장할 때 윈도우에서 디폴트로 설정되어 있는 CP949라는 "EUC-KR" 완성형 한글 코드의 확장형을 버리고, 유니코드를 사용하여 텍스트를 저장하게 된다. 참고로 UTF-8은 RStudio의 소스창에서 작성된 코드를 저장할 때 사용하는 것으로, R 콘솔에서 사용하는 코드의 인코딩과는 직접 관련이 없다. RStudio는 자체의 R 바이너리를 가지고 있지 않고, 기존에 설치된 R을 사용한다. 겉으로 보면 하나로 통합된 것처럼 보여도 독립적인 툴이다.

이왕 코드 인코딩 이야기가 나왔으니 윈도우와 맥의 차이를 좀 알아보자.

2-4 윈도우와 맥의 텍스트 인코딩의 차이

안타깝게도 윈도우의 R 콘솔에서 사용하는 인코딩과 맥, 리눅스에서 사용하는 텍스트 인코딩은 차이가 있어서 한글 데이터는 그대로 호환되지 않을 수 있다. 특히 윈도우에서 한글로 작성한 데이터들을 맥이나 리눅스에서 읽을 때 문제가 발생한다.

---

4 https://ko.wikipedia.org/wiki/코드_페이지_949

이 문제를 알아보자. Sys.getlocale() 함수로 로컬에 대한 정보를 확인할 수 있는데, 먼저 윈도우는 다음과 같이 되어 있다.

```
> Sys.getlocale()
[1] "LC_COLLATE=Korean_Korea.949;LC_CTYPE=Korean_Korea.949;LC_
MONETARY=Korean_Korea.949;LC_NUMERIC=C;LC_TIME=Korean_Korea.949"
```

맥이나 리눅스는 다음과 같이 되어 있다.

```
> Sys.getlocale()
[1] "ko_KR.UTF-8/ko_KR.UTF-8/ko_KR.UTF-8/C/ko_KR.UTF-8/ko_KR.UTF-8"
```

즉 윈도우는 앞서 이야기한 대로 'CP949(확장된 EUC-KR)'가 기본 세팅이고, 맥이나 리눅스는 'UTF-8'이 기본 세팅으로 되어 있다. 윈도우에서 작성된 텍스트를 맥에서 읽기 위해 윈도우 R 콘솔에서 Sys.setlocale() 함수를 사용하여 위의 각 항목들을 수정 작업할 수도 있지만 원하는 결과를 제대로 얻지 못할 가능성이 높다. 따라서 필자는 다음과 같은 나름의 원칙을 세우고 문제를 해결한다.

• 윈도우에서 데이터 등을 저장할 때, 예를 들어 엑셀 데이터를 .csv(코마로 분리된 파일)로 저장할 때는 항상 UTF-8으로 저장한다.

• 윈도우 R 콘솔의 인코딩은 "EUC-KR"임을 기억한다. 이것을 사용해서 read.csv() 파일 등을 사용할 때 fileEncoding은 이 값으로 설정한다. read.csv("k.csv", fileEncoding = "EUC-KR") 등으로 사용한다.

• 윈도우에서 한글 데이터가 들어간 .RData 파일(save/load 함수)이나 .rds 파일(saveRDS/readRDS 함수)을 받았을 때는 stringi(스트링지) 패키지를 사용한다. str_encode(k, from = "EUC-KR", "UTF-8") 함수를 사용하면 대부분 해결될 가능성이 높다. stringi 패키지는 R에서 텍스트를 다룰 때 중요한 패키지 가운데 하나다.

(2-5) 소스창 사용법

소스(source)창은 R 코드와 같은 텍스트를 편집하는 공간이다. 소스창으로 작업을 시작할 때 [File] 메뉴 버튼을 사용할 수 있지만, 다음 그림과 같이 창 왼쪽 위에 있는 플러스(+) 기호가 있는 버튼을 사용하면 편리하다. 본서에서는 R 코드를 작성하는 [R Script] 버튼과 샤이니 앱을 쉽게 작성하게 해주는 [Shiny Web App…] 버튼을 주로 사용할 것이다.

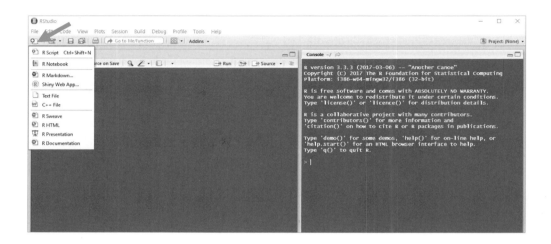

소스창 위를 보면 소스창을 전체 RStudio에서 떼어내 크게 보면서 작업할 수 있는 화살표가 그려진 버튼, 파일저장 버튼, 파일저장과 동시에 코드가 실행(sourcing)되게 해주는 [Source on Save] 버튼, 코드를 한 줄씩 실행하게 해주는 [Run] 버튼, 전체 코드를 인위적으로 소싱하는 [Source] 버튼이 있다(다음 그림 참조).

RStudio의 소스 편집창은 코드의 맥락에 따라 메뉴 버튼이 달라진다. 샤이니 앱을 작성하면 [Run App] 같은 메뉴 버튼이 생기고, 일반적인 R 스크립트를 작성할 때는 [Run]이나 [Source] 같은 메뉴가 생긴다.

[Source] 버튼과 관련된 소스라는 개념은 R의 source() 함수를 실행하게 하는 것으로, source("example.R")이라고 하면 example.R 파일에 들어 있는 모든 코드를 현재의 R 세션에 가지고 와서 실행시키는 것이다. 단순히 [Source] 버튼을 클릭하면 최종적인 결과만 볼 수 있다. 만약 중간 과정을 보고자 한다면 버튼 옆에 화살표를 클릭하여 [Source With Echo] 메뉴를 사용해야 한다.

소스창의 사용 방법을 살펴보기 위해서 연습 삼아 샤이니 앱을 만들어보자. 창의 왼쪽 위 플러스 버튼을 클릭해서 [Shiny Web App…]을 선택한다. 그러면 다음과 같은 창이 열린다.

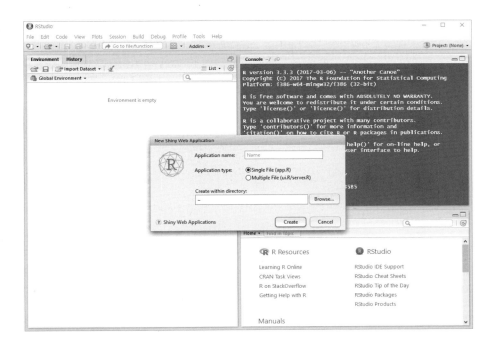

창에서 [Application Name]에 `example`이라고 입력하고, 나머지를 그대로 둔 상태에서 아래의 [Create] 버튼을 클릭한다. 그러면 다음 그림과 같이 내장된 코드가 나타난다.

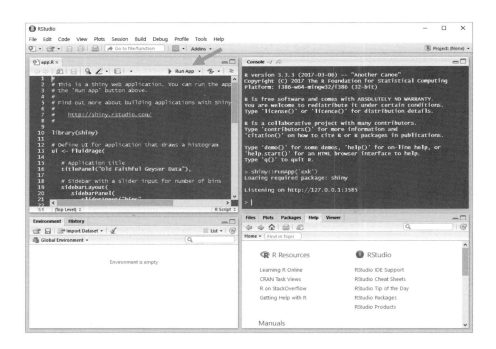

편집창 위를 보면 [Run App]이라는 버튼이 새로 생긴 것을 볼 수 있다. 이 버튼을 클릭하는데, 디폴트 상태일 경우 아래 그림과 같이 컴퓨터에 설치된 브라우저에 샤이니 웹 앱이 열린다.

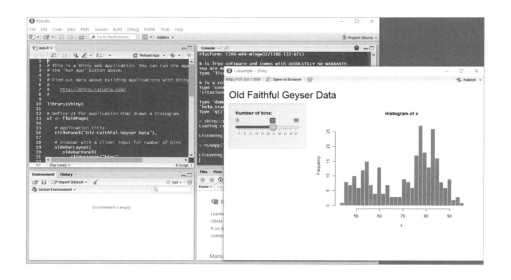

2-6 뷰어창 활용

그런데 위와 같이 시스템에 설치되어 있는 브라우저를 사용하는 것이 좀 불편할 수도 있다. RStudio는 자체의 내장 브라우저를 가지고 있으며, 이것을 통해서 앱을 실행할 수 있다. 이 창을 뷰어(Viewer) 페인, 뷰어창이라고 한다.

앞의 그림에서 보듯이 샤이니 앱이 실행된 상태에서는 R 콘솔이 블록킹되어서 일시적으로 R 콘솔을 사용할 수 없는 상태가 된다. 샤이니 앱을 종료하면 이것이 풀리는데, 콘솔 오른쪽 위 [STOP] 버튼을 클릭하거나 [ESC] 키를 누르면 된다. 아무거나 선택해서 샤이니 앱을 종료한다.

뷰어창에서 샤이니 앱을 보려면 다음 그림과 같이 [Run App] 버튼의 오른쪽에 있는 아래 방향 화살표를 클릭하고, 디폴트로 설정되어 있는 [Run in Windows]를 [Run in Viewer Pane]으로 바꾼다.

그러고 나서 다시 [Run App] 버튼을 클릭하면 뷰어창에서 앱이 실행된다.

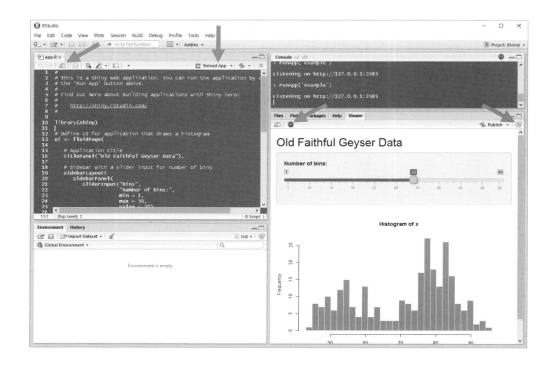

이 앱을 다시 웹브라우저로 보내려면 뷰어창 왼쪽 위에 있는 화면 위에 화살표가 놓인 버튼을 클릭한다. 일반 브라우저의 리프레쉬(refresh) 기능과 같이 실행하려면 가장 오른쪽에 있는 회전하는 화살표 버튼을 클릭한다. 화면 중앙에 [STOP] 버튼은 앱을 중단시킬 때 누른다.

또 하나 확인할 사항은 앱이 실행되고 나서 소스 편집창에서 [Run App] 버튼이 소실되고 [Reload App] 버튼이 생겨났다는 점이다. 이 버튼은 샤이니 앱을 개발할 때, 앱 코드를 수정하고 앱을 종료시키지 않은 채 코드 결과를 반영시킬 때 사용한다.

(2-7) 프로젝트 기능

일반적인 데이터 분석 작업, 샤이니 앱 개발, 패키지 개발 등을 막론하고 **RStudio**의 프로젝트(project) 기능을 적극 활용해야 한다. 프로젝트는 어떤 작업을 하는 디렉터리를 말한다. 디렉터리 단위로 작업을 해야 하는 이유는 너무나 많다.

RStudio에서 프로젝트 기능을 사용할 때는 가장 오른쪽 상단에 있는 [Project] 버튼을 주로 이용한다. 화살표를 클릭하면 다음 그림과 같은 메뉴를 볼 수 있다. 메뉴를 살펴보면 새로운 프로젝트 만들기, 기존의 프로젝트 열기, 추가로 프로젝트 열기, 프로젝트 닫기 등의 기능을 갖추고 있다.

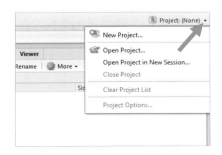

여기서는 새로운 프로젝트를 만들어보자. 샤이니 앱 개발이 아니라 일반 데이터 분석 작업을 위한 프로젝트이다. 먼저 [Open Project…]를 클릭한다. 다음 열리는 창에서 [New Directory, Empty Project]를 선택하면 아래 그림과 같은 창이 열린다.

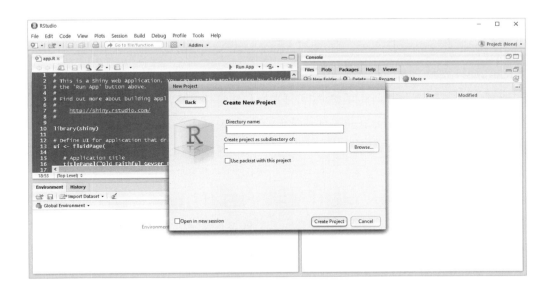

[Directory name]에는 띄어쓰기 없이 영문을 사용하여 디렉터리 이름을 쓴다. 여기서는 my_project라고 입력해보겠다. [Create project as subdirectory of]에는 프로젝트 디렉

터리를 놓을 공간을 지정한다. 우선 그대로 두고 하단의 [Create Project] 버튼을 클릭해본다. 참고로 아래의 [Use packrat with this project]는 언체크 상태를 유지한다. 이것은 프로젝트 단위로 작업 재현성을 유지하기 위해서 별도의 라이브러리 등을 관리할 때 쓰인다. [Create Project] 버튼을 클릭하면 RStudio가 종료되었다가 다시 실행되고, 다음 그림과 같은 모습이 된다.

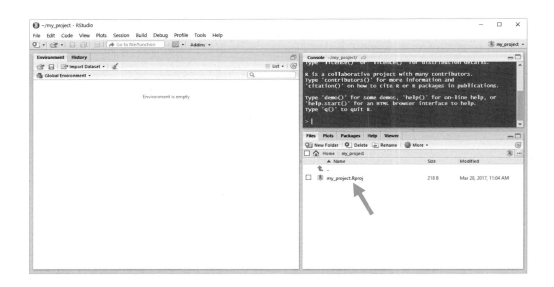

RStudio가 다시 실행되는 데는 이유가 있다. 가장 중요한 이유는 R 콘솔의 워킹디렉터리 (working directory)를 프로젝트의 디렉터리에 맞추기 위해서다. R 콘솔에서 다음을 실행해보면 앞서 프로젝트 디렉터리와 R 콘솔의 디렉터리가 맞추어진 것을 확인할 수 있다.

```
> getwd()
```

그리고 Files 창을 보면 my_project.Rroj 파일이 있다. 이 파일에 프로젝트에 대한 일반적인 정보들이 담겨 있다. 이 파일을 건드릴 이유는 전혀 없으니 그대로 둔다. 윈도우 탐색기에서 해당 디렉터리에 찾아가 이 아이콘을 클릭하면 이 프로젝트가 다시 열린다. 워킹디렉터리 등을 다시 맞출 필요가 없기 때문에 편리하다.

앞의 과정을 반복해서 이번에는 my_project2를 만들어보자. 두 번째 프로젝트가 열리고 나면 다시 오른쪽 위의 [프로젝트 관리] 버튼을 클릭한다. 그러면 다음 그림과 같이 나타나는데, 중간에 생성한 프로젝트 이름들이 나열되어 있는 것을 볼 수 있다.

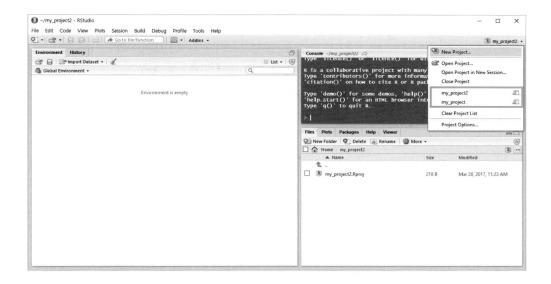

나열된 프로젝트에서 이름 자체를 클릭하면, 현재의 프로젝트가 닫히고 클릭한 프로젝트가 다시 열린다. 만약 두 개의 프로젝트를 같이 놓고 작업하고 싶다면, 이름 옆에 있는 화면 위 화살표 모양의 버튼을 클릭하여 두 개의 프로젝트를 열어 보면 된다(즉 RStudio를 두 개 실행하게 되는 꼴이다).

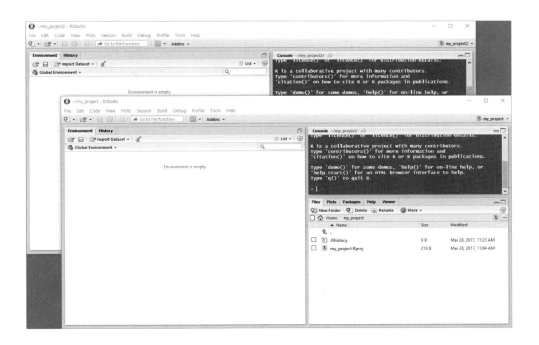

이번에는 [프로젝트 관리] 버튼을 눌러서 메뉴 마지막에 나오는 [Project Options···] 버튼에 대해서 알아보자. 아래와 같은 창이 열리는데, 살펴보면 글로벌 옵션 설정창과 비슷하다는 것을 알 수 있다. 글로벌 옵션 설정창은 전체 RStudio에 대한 디폴트를 설정하는 것이고, 이것은 프로젝트 단위로 커스터마이징을 하는 도구이다. 현재로서는 특별히 설정할 사항이 없다.

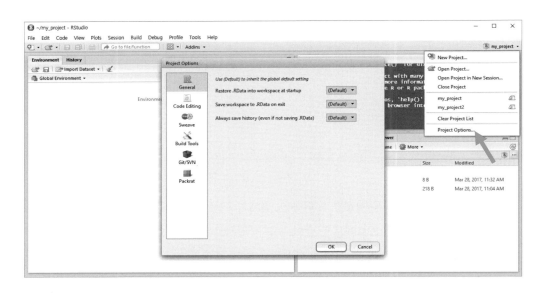

2-8 파일 관리창

RStudio의 파일 관리창은 다음 그림과 같다. 관리창 위에 있는 새로운 폴더 만들기, 파일 삭제하기, 파일 이름 바꾸기 같은 기능을 활용할 수 있고, [More]라는 버튼을 클릭하면 더 많은 기능들을 활용할 수 있다. 이를테면 [Show Folder in New Window]를 선택하면 파일 탐색기로 현재의 디렉터리를 볼 수 있다.

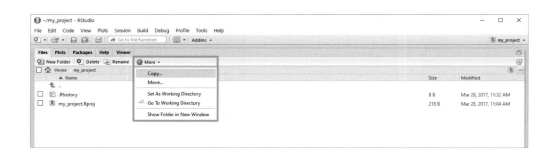

2-9 나머지 창들

이들 이외에도 R 패키지를 설치하고 업데이트 기능을 도와주는 패키지(Packages) 창이 있고, 객체들을 볼 수 있는 환경(Environment)이라는 창이 있으며, 플롯을 보여주는 그래픽 창인 플롯(Plots) 창이 있다. 도움말을 보여주는 Help 창도 있다. 이러한 창의 기능은 너무나 직관적이기 때문에 군이 설명이 필요 없을 것 같다.

2-10 코드 편집을 위한 기능들

RStudio의 소스 편집창에서 R 코드를 작성할 때 유용한 기능들이 많다. RStudio의 [Code] 메뉴에 나열되어 있는데 자주 사용하는 것들은 단축키를 익히면 좋을 것이다.

2-11 쉽게 찾는 기능들

다음 그림과 같이 창 상단의 [Go to file/function] 칸에 파일 이름이나 함수 이름을 입력하면 바로 갈 수 있게 항목들이 나열된다. 전체 이름을 다 입력하지 않고 일부만 입력해도 해당 파일이나 함수 이름이 나열되기 때문에 편리하다. 단축키는 [Ctrl + .]이다.

그리고 [Edit] 메뉴의 서브에 [Find in Files(단축키: Ctrl + Shift + F)]을 사용하면 현재 디렉터리(프로젝트)에 존재하는 모든 파일에 들어 있는 단어들을 검색해주기 때문에 편리하다.

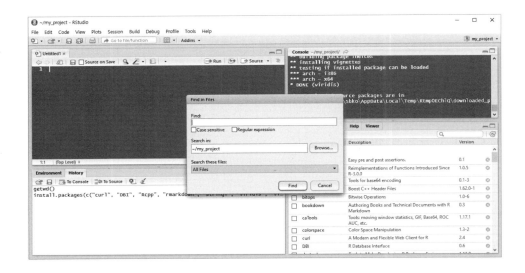

2-12 엑셀 등 외부 데이터 파일 읽기 기능

데이터로 작업할 때 데이터 소스 파일로부터 데이터를 읽어 들이는 과정을 편리하게 해주는 기능들이 RStudio에 준비되어 있다. 다음에서 설명할 과정에 현재 컴퓨터에 설치되어 있지 않은 R 패키지가 필요할 수 있는데, 그때는 다운로드 안내문을 따라서 설치한다. 외부 데이터를 읽을 때는 다음과 같이 환경(Environment) 창의 [Import Dataset] 메뉴를 사용한다.

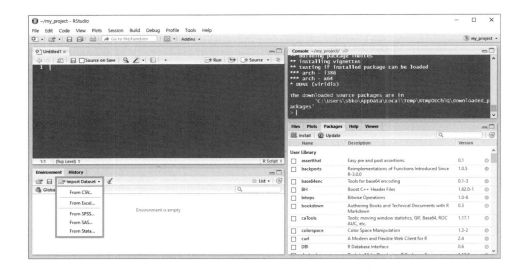

엑셀 파일을 사용하는 독자들이 많으므로 해당 경우를 살펴보자. 아래와 같이 데이터가 담긴 엑셀 파일을 만들고 프로젝트 디렉터리에 넣은 뒤, 데이터를 읽으려고 한다.

	A	B	C
1	id	height	wt
2	1	156	55
3	2	167	70
4	3	168	67
5			
6			

[Import Dataset] 버튼을 클릭해서 [From Excel…]을 클릭한다. 만약 컴퓨터에 `readxl` 패키지가 없으면 설치 여부를 물으니 이때 설치한다. 이 과정을 거친 후 다음과 같은 창이 나오면 [Browse…] 버튼을 클릭하여 불러올 파일을 선택한다.

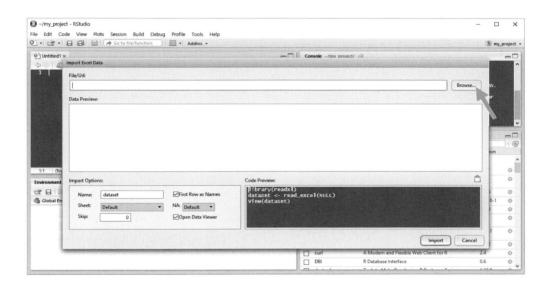

버튼을 클릭하면 다음 그림과 같이 데이터를 읽어온다. 창의 아래 쪽을 보면 `readxl:: read_excel()` 함수에서 옵션들을 설정할 수 있고, 오른쪽 아래에 보면 이것을 R 코드로 실행할 때 어떻게 해야 하는지를 보여준다. 처음 불러올 때는 이런 GUI를 사용하고 이 코드를 스크립트에 넣으면 이런 과정을 다시 거치지 않아도 자동으로 파일을 읽을 수 있어서 편리하다.

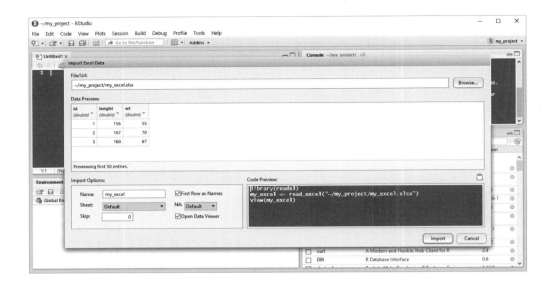

마지막에 View() 함수가 실행되기 때문에 RStudio의 데이터창에서 이 내용이 보이게 된다. 읽어온 데이터는 코드에서 보듯이 파일 이름이 되게 디폴트로 잡혀 있지만, 얼마든지 수정할 수 있다.

데이터창은 다음 그림과 같다. 이 창의 메뉴에는 [Filter] 버튼이 있어서 데이터를 필터링해서 볼 수 있다. 데이터창은 사각형 모양의 데이터들, 즉 행렬이나 데이터 프레임을 보여주며 이 창을 열려면 View() 함수를 사용해야 한다.

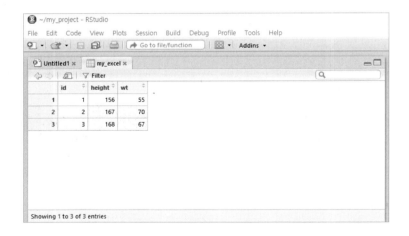

참고로 R에는 엑셀 파일을 다루기 위한 패키지들이 많이 있다. 여기에서 사용한 `readxl`은 주로 파일을 읽을 때 사용하는 비교적 간단한 패키지다. 데이터를 엑셀 파일로 기록할 때는 `openxlsx`(Walker 2017) 패키지를 사용할 것을 권한다.

2-13 나머지 검토할 가치가 있는 기능들

이 책에서는 샤이니 웹 앱을 만드는 도구로 RStudio를 주로 사용할 것이지만, RStudio는 이밖에도 많은 용도로 쓸 수 있다.

- R 패키지 개발 : R 패키지를 개발할 때 필요한 대부분의 도구들을 갖추고 있다.
- R 재현 가능 문서 작성 플랫폼 : 이 책의 기초 원고는 모두 재현 가능 방법을 사용하여 작성되었다. 재현 가능 연구는 R 소스와 텍스트를 하나의 파일에 넣어서 문서를 만드는 방법으로 보고서, 논문, 웹 페이지 등 다양한 곳에 사용할 수 있다. 이러한 작업에 관심 있는 독자들은 필자의 책 《통계 분석 너머 R의 무궁무진한 활용》을 참고하기 바란다.

3 정리

이 장에서는 R과 RStudio를 설치하는 방법을 설명했다. 필자의 경우에는 오피스 등을 쓰지 않고 대부분 RStudio에서 재현 가능 연구 방법을 사용해 작업한다. 매일 사용할 만큼 RStudio는 내게 매우 유용한 도구이다. 이 장에서 소개하지 않은 더 많은 기능들이 있다. 관심 있는 독자들은 도움말 메뉴를 통해 RStudio 사이트에서 자신에게 유용한 정보를 찾아보기 바란다.

R
Shiny

Chapter 2

샤이니 패키지 소개

Search

   +

Chapter
▼

1

2

3

4

5

R 샤이니 패키지는 웹 애플리케이션 프레임워크로, 이것을 사용하면 HTML, CSS, 자바스크립트 등 웹 언어를 사용하지 않고 순수한 R 언어만으로 웹 애플리케이션을 만들 수 있다 (Chang et al. 2017). 샤이니로 만든 웹 앱은 최신의 웹 프레임워크들이 채용하고 있는 반응성(reactivitiy) 모드를 디폴트로 사용하기 때문에 사용자가 입력한 값에 즉각적으로 반응한다.

2장에서는 RStudio 통합개발환경에서 샤이니 웹 애플리케이션을 간단히 만들어보면서 샤이니 앱이 무엇인지, 어떤 장점이 있는지 알아보겠다. 그런 다음 샤이니 웹 앱 코드의 구조를 비롯하여 샤이니의 기초 개념들을 설명하려 한다.

RStudio에서 처음 만들어보는 샤이니 웹 앱

RStudio에서 편집창 왼쪽 위를 보면 플러스 기호가 있는 버튼이 있다. 이 버튼을 클릭하거나 메뉴에서 [File] → [New File] → [Shiny Web App…]을 선택하면 '새로운 샤이니 앱 만들기' 창이 열린다.

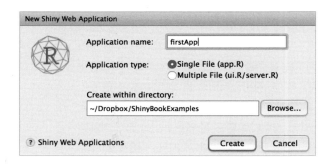

이 창의 폼에 다음과 같이 값을 입력한다.

- Application name: firstApp과 같이 원하는 앱의 이름을 지정한다.
- Application type: 앱을 단일 파일로 구성할지, 복수 파일로 구성할지 결정한다. 우선 단일 파일(Single File)을 선택한다. 둘의 차이는 뒤에 나오는 설명을 참조한다.
- Create within directory: 샤이니 앱을 보관할 부모 디렉터리를 선택한다.

모두 입력, 선택했으면 아래 쪽에 있는 [Create] 버튼을 클릭한다. 그러면 app.R이라는 파일과 이 파일을 가진 firstApp이라는 디렉터리가 생성된다.

app.R의 내용은 다음과 같다. 원래 코드에서 코멘트는 생략했다.

```r
library(shiny)

ui <- fluidPage(
  titlePanel("Old Faithful Geyser Data"),

  sidebarLayout(
    sidebarPanel(
      sliderInput("bins",
            "Number of bins:",
            min = 1,
            max = 50,
            value = 30)
    ),

    mainPanel(
      plotOutput("distPlot")
    )
  )
)

server <- function(input, output) {

  output$distPlot <- renderPlot({
    x    <- faithful[, 2]
    bins <- seq(min(x), max(x), length.out = input$bins + 1)

    hist(x, breaks = bins, col = 'darkgray', border = 'white')
  })
}

shinyApp(ui = ui, server = server)
```

RStudio에서는 샤이니 앱 코드가 편집창에 있게 되면, 이 코드들이 샤이니 앱 작성 코드로 인식되어[1] 메뉴바에 [Run App]이라는 버튼이 자동으로 생성된다. 이 버튼을 클릭하면 다음과 같이 앱이 실행된다.

앱은 RStudio의 뷰어창에서 실행된다(일반 브라우저에서 열린다면 p. 29 1장 2-6절 〈뷰어창 활용〉 부분을 참고하여 조절한다).

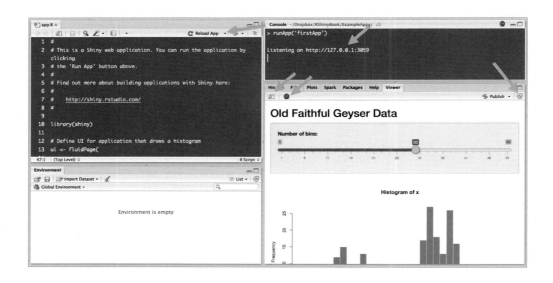

---

1   shinyApp() 함수가 있기 때문이다.

위의 그림에서 화살표로 표시된 부분들을 주의해서 볼 필요가 있다.

- 샤이니 앱이 실행되면 [Run App] 버튼이 [Reload App]으로 바뀐다. 이 버튼은 코드를 수정하고 앱을 중단하지 않은 상태에서 바뀐 내용을 바로 적용시킬 때 사용한다.
- R 콘솔에서는 이 앱이 실행되는 URL이 표시된다.
- RStudio 뷰어창은 작은 웹 브라우저다. 시스템 브라우저로 앱을 열려면 왼쪽의 화살표 버튼을 클릭한다. 그 옆에 [STOP] 버튼을 클릭하면 앱이 중단된다. 오른쪽 회전하는 화살표 모양의 버튼은 페이지 리프레쉬 기능을 지녔다.

예제로 사용된 이 앱은 미국 옐로스톤 국립공원에 있는 올드페이스풀 간헐천의 분출시간 간격을 히스토그램으로 시각화한 것이다. 여기에 쓰인 faithful 데이터셋은 베이스 R에 내장되어 있다. 이 데이터셋을 사용해 일반적인 R 그래픽 방법으로 히스토그램을 만들어보면 다음과 같다.

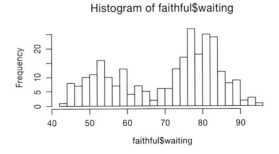

히스토그램은 계급의 개수에 따라서 모양이 변하기 때문에 적절한 계급의 개수를 선택하는 것이 통계적으로 중요하다. R 콘솔에서 이것을 확인하려면 hist() 함수의 breaks 인자의 값을 하나씩 바꿔보면서 히스토그램의 변화를 관찰해야 한다. 이 논리를 샤이니 앱으로 구성하면 사용자는 슬라이더를 통해 값을 바꿔보면서 그 결과를 바로 확인할 수 있다.

샤이니 저자들이 이것을 첫 번째 샤이니 사례 코드로 소개하는 것은, 간단하지만 샤이니의 매력과 의도를 보여주기 때문이라고 생각한다.

② 샤이니 코드 들여다보기

앞에서 본 앱 코드는 크게 보면 다음과 같은 구조로 되어 있다. 소스 코드를 볼 때 줌인(zoom-in)과 줌아웃(zoom-out)을 왔다 갔다 할 수 있어야 하는데, 먼저 먼 곳에서 그 틀을 살펴보자.

```
ui <- fluidPage(...)

server <- function(input, output) {
  ...
}

shinyApp(ui, server)
```

이렇게 샤이니 앱을 구성하는 핵심 코드는 세 가지로 나누어볼 수 있다. 첫째는 사용자에게 보여지는 UI(사용자 인터페이스)이다. 둘째는 비즈니스 로직을 구현하는 서버 함수이다. 셋째는 이 두 값을 묶어서 하나의 샤이니 앱으로 구현해주는 shinyApp()이다.

- UI : 브라우저를 통해서 사용자와 소통하는 부분으로, 사용자가 값을 입력하는 부분과 그 값을 가지고 서버에서 계산된 결과를 텍스트, 표, 플롯 등으로 출력하는 부분을 말한다.
- 샤이니 서버 함수 : 사용자가 입력한 값을 가지고 실제 계산이 이뤄지는 부분이다. 하나의 함수로 정의하며 이것을 샤이니 서버 함수라고 한다. 샤이니 서버 함수를 보면 조금 생소하게 input, output이라는 인자를 가진 함수로 정의되어 있는데, 샤이니 앱에서 input, output 객체는 서버 로직 함수에서 반드시 있어야 하는 인자로 다른 이름으로 바꿔쓰면 안 된다. 샤이니에서 이것들은 예약어(reserved word)이기 때문에 바꾸면 안 된다.
- shinyApp() : UI 코드와 서버 코드를 묶어서 실행하고, 샤이니 객체를 반환한다.

이제 구조를 알았으니 조금 줌 인해서 들어가 코드를 살펴보자. 처음 샤이니를 접하는 독자는 UI를 구성하는 R 코드와 샤이니 서버 함수를 구성하는 R 코드 패턴이 상당히 다르다고 느낄 것이다. UI는 함수들이 중첩되는 구조를 이룬다. UI 코드에서 함수가 중첩되어 있는 패턴은 HTML로 웹 페이지를 작성하는 패턴과 거의 일치한다.

```
ui <- fluidPage(
  titlePanel("Old Faithful Geyser Data"),
  sidebarLayout(
    sidebarPanel(
      sliderInput(...)
    ),
    mainPanel(
      plotOutput("distPlot")
    )
  )
)
```

반면 샤이니 서버 함수는 UI와 달리 R 코딩 패턴을 따른다. 줄을 바꾸는 데 콤마나 특별한 기호가 필요 없다. 처음 샤이니 앱 코딩을 할 때 가장 흔히 범하는 실수는 UI에서 함수와 함수 사이에 콤마를 사용하지 않는 것이고, 샤이니 서버 함수에는 콤마를 사용하는 것이다.

```
server <- function(input, output) {
 output$distPlot <- renderPlot({
  x <- faithful[, 2]
  bins <- seq(min(x), max(x), length.out = input$bins + 1)
  hist(x, breaks = bins, col = 'darkgray', border = 'white')
 })
}
```

③ 샤이니 앱에서 데이터가 전달되는 방식

앞에서 만든 앱을 가지고 샤이니 앱에서 데이터가 어떻게 전달되는지 이해해보도록 하자. 이 원리를 잘 이해하는 것이 샤이니 앱 개발에서 무척 중요하다. 샤이니는 '반응성(reactivity)'이라는 방식을 디폴트 모드로 사용하기 때문에, 이런 흐름들은 하나의 끈처럼 연결되어 있어서 한쪽의 데이터가 바뀌면 연결된 다른 값들도 자동으로 바뀐다. 이것을 '반응성 체인(reactive chain)'이라고 부른다.

샤이니가 반응성 체인을 만들기 위해서 사용하는 논리는 두 가지다.

• 데이터(입력/출력) 아이디(id): 반응성 체인을 형성하기 위해서 데이터 아이디를 부여한다.
• 데이터 사용: 아이디가 부여된 데이터끼리 서로 연결된다는 개념은 함수를 매개로 함수 안에서 의존하는 데이터를 사용함으로써 형성된다.

```
ui <- fluidPage(
  titlePanel("Old Faithful Geyser Data"),

  sidebarLayout(
    sidebarPanel(
      sliderInput("bins",
          "Number of bins:",
          min = 1,
          max = 50,
          value = 30)
    ),

    mainPanel(
      plotOutput("distPlot")
    )
  )
)
```

위의 예를 살펴보자. 여기에서 fluidPage(), titlePanel(), sidebarLayout(), sidebarPanel(), mainPanel() 등의 함수들은 어떻게 보면 데이터와 관련 없는 앱의 레이아웃을 잡아주는 역할을 하는 일종의 보관함(컨테이너)이다. 데이터와 직접 관계되는 것은 sliderInput()과 plotOutput() 함수이다.

```
sliderInput("bins", "Number of bins:", min = 1, max = 50, value = 30)

plotOutput("distPlot")
```

이들 함수에서 첫 번째 인자가 데이터 아이디(id)이다. sliderInput()에 쓰인 "bins"와 plotOutput()에 쓰인 "distPlot"과 같은 것이다. 값을 받아들이는 쪽에 쓰이는 것을 입력 아이디(inputId), 결과를 출력하는 쪽에 쓰이는 것을 출력 아이디(outputId)라고 부른다. 이런 것들이 어떻게 체인으로 엮이는지 알아보자.

sliderInput("bins", …)에서 입력된 값은 그 아이디를 사용하여 input$bins의 형태로 서버 함수에서 사용된다. 서버 함수를 보면 다음과 같다.

```
server <- function(input, output) {

  output$distPlot <- renderPlot({
    x   <- faithful[, 2]
    bins <- seq(min(x), max(x), length.out = input$bins + 1)

    hist(x, breaks = bins, col = 'darkgray', border = 'white')
  })
}
```

서버 함수의 코드를 보면 output$distPlot으로 할당되는 renderPlot({…}) 안에서 input$bins가 사용되고 있다. 이렇게 됨으로써 "bins"라는 입력 아이디와 "distPlot" 출력 아이디는 체인으로 연결된다. 만약 renderPlot({…}) 안에서 input$bins가 사용되지 않으면 이 두 아이디는 아무런 관계가 없는 상태로 남을 것이다.

플롯은 output$distPlot으로 보내진다. 이것을 브라우저에서 표시되게 할 때는 "distPlot"이라는 출력 아이디와 내용물의 종류가 플롯이라는 사실에 기반하여 plotOutput("distPlot")이라는 코드를 사용하게 된다.

다음 그림에서 보여주는 샤이니 반응성 구성의 원리는 매우 중요하기 때문에 잘 기억하자.

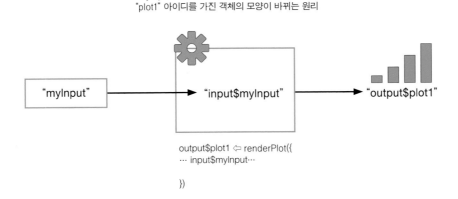

"myInput" 아이디를 가진 객체의 값이 바뀌면,
"plot1" 아이디를 가진 객체의 모양이 바뀌는 원리

"myInput" → "input$myInput" → "output$plot1"

output$plot1 ⇐ renderPlot({
… input$myInput…

})

④ 샤이니 앱 객체

샤이니 앱도 하나의 R 객체로 존재한다. shinyApp(ui, server) 함수는 shiny.appobj 이라는 클래스를 가진 객체를 반환한다. 이 객체는 하나의 움직이는 플롯이라고 생각해도 좋다.

앞의 사례 앱에서 가장 마지막에 있는 shinyApp(ui = ui, server = server) 코드를 다음과 같이 바꾸어보자.

```
myApp <- shinyApp(ui = ui, server = server)
```

그런 다음 app.R에 있는 코드를 모두 복사하여 R 콘솔에 붙여서 실행해본다. 다음 코드로 객체의 클래스를 확인한다.

```
> class(myApp)
[1] "shiny.appobj"
```

그리고 R 콘솔에서 일반 객체의 값을 출력하는 것처럼 다음과 같이 그 이름을 입력하면 앱이 실행된다.

```
> myApp #  또는  print(myApp)
```

일반 R 객체와 똑같이 saveRDS(), readRDS() 함수나 save(), load() 함수를 사용하여 객체를 저장하거나 R 세션으로 불러서 사용할 수 있다. 이러한 사실은 샤이니를 웹 애플리케이션이라는 복잡한 대상이 아니라 일반적인 R 플롯처럼 쉬운 대상으로 보아야 한다는 사실을 말해준다. 다만 UI와 서버 로직이라는 요소들이 결합된 형태로 구성된다는 점이 좀 다를 뿐이다.

복잡한 문제를 다룰 수 있는 하부 단위들로 쪼개고, 이 단위들을 모아서 문제를 해결한다는 코딩의 일반적인 원칙은 샤이니에서도 바로 적용할 수 있다. 하부 단위는 UI, 샤이니 서버 함수이고 더 쪼개서 모듈화할 수 있다. 이런 요소들을 모두 모은 것이 샤이니 앱 객체이다.

⑤ 샤이니 앱이 실행되는 URL

RStudio에서 [Run App] 버튼을 클릭하면 샤이니 앱이 실행된다.

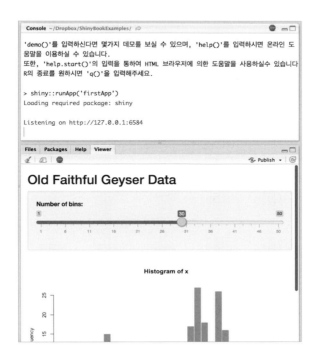

그림을 잘 보면 R 콘솔에 다음과 같은 로그가 출력되어 있다. 포트 번호는 난수가 부여되기 때문에 아마도 독자들의 컴퓨터에서는 6584가 아닌 다른 숫자가 찍힐지도 모른다.

```
Listening on http://127.0.0.1:6584
```

웹 브라우저에서 웹 사이트의 링크 등을 클릭하면 주소창에서 URL이 바뀐다. URL은 인터넷상에서 데이터의 위치를 알려준다. 이런 URL은 다음과 같은 부분으로 구성된다.

```
https://cran.r-project.org:80
```

- https://: 프로토콜이라고 불리는 부분이다. 흔히 사용되는 http://가 있고, 이와 같이 보안이 가미된 https://도 있다.

- cran.r-project.org: 호스트(host)라고 불리는 부분이다. 127.0.0.1 같이 IP 주소로 표시되기도 한다. IP 주소를 사람이 읽기 편하게 매핑한 것이 호스트라고 생각하면 된다.

- :80: TCP 포트(port)이다. 일반적인 웹 사이트는 80번 포트를 디폴트로 사용하기 때문에 :80은 생략해도 된다. 샤이니에서 :6584는 포트 6584를 사용한다는 것을 의미한다.

따라서 Listening on http://127.0.0.1:6584라고 되어 있을 때, 웹 브라우저를 열고 주소창에 http://127.0.0.1:6584를 입력하면 브라우저에서 앱이 실행된다. 참고로 IP 주소 127.0.0.1은 현재의 컴퓨터를 말하고, 이것의 호스트 이름은 localhost이다. 그래서 웹 브라우저에서 http://localhost:6584를 입력해도 같은 결과가 나타난다. 더 자세한 내용들은 "HTTP: The Protocol Every Web Developer Must Know – Part 1"[2]과 같은 자료를 참고하기 바란다.

⑥ 샤이니 앱의 여러 형태

샤이니 앱 코드는 목적에 따라 여러 가지 형태로 작성할 수 있다. 초기 샤이니에서는 하나의 디렉터리를 두고 server.R, ui.R 파일로 코드를 작성해야 했다. 이후 서버 코드와 UI 코드를 app.R로 묶어서 작성할 수 있는 기능이 추가되었으며, .Rmd 파일에 샤이니 앱을 추가할 수 있는 등 다양한 형태로 앱을 만들 수 있게 되었다. 처음에는 이 부분이 헷갈릴 수 있지만 나중에는 이런 특성들이 샤이니의 용도를 크게 확장시켜준다는 사실을 이해할 수 있을 것이다.

---

2 https://code.tutsplus.com/tutorials/http-the-protocol-every-web-developer-must-know-part-1--net-31177

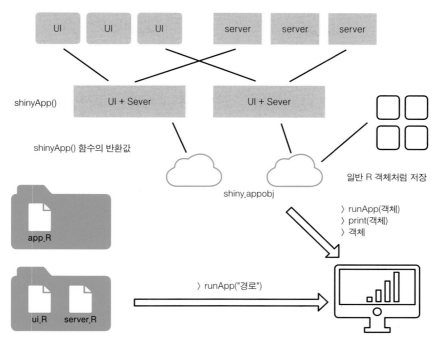

R 객체로 샤이니 앱 정의하기

| UI | UI | UI | server | server | server |

shinyApp()　　UI + Sever　　　　　UI + Sever

shinyApp() 함수의 반환값

shiny.appobj

일반 R 객체처럼 저장

> runApp(객체)
> print(객체)
> 객체

app.R

> runApp("경로")

ui.R　server.R

디렉터리 이름으로 샤이니 앱 정의하기

6-1 디텍터리 형태의 샤이니 앱: 멀티 파일 앱과 단일 파일 앱

샤이니 앱을 만드는 방법은 크게 두 가지로 요약할 수 있다. 하나는 디렉터리 형태로 존재하는 앱을 만드는 것이고, 다른 하나는 R 객체로 존재하는 앱을 만드는 것이다.

　디렉터리 형태의 샤이니 앱은 하나의 파일로 작성할 수도 있고, 복수의 파일로 작성할 수도 있다. 앱을 만들면서 알아보자.

먼저 RStudio 메뉴에서 [File] → [New File] → [Shiny Web App…]을 선택하거나, 편집 창 왼쪽 위에 플러스 기호가 있는 버튼을 클릭한다.

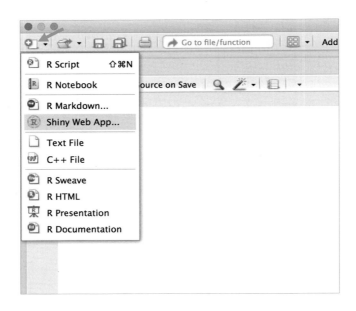

다음과 같은 창이 열리면 창에서 사용할 애플리케이션 이름(Applicaton name: 폼)을 선택하고, 그 아래 Application type에서 Single File과 Multiple File 중 하나를 선택해야 한다.

앞에서 단일 파일 앱을 한 번 보았으니 이번에는 복수의 파일을 사용하는 앱을 구성해보자. 다음 그림과 같이 MultipleFileApp이라고 이름을 지정하고, Multiple File(ui.R/server.R)을 선택한다.

그런 다음 아래 보이는 [Create] 버튼을 클릭한 뒤 새로 생성된 디렉터리와 그 안에 들어 있는 파일 이름을 확인한다. 앞서 앱 이름으로 지정한 'MultipleFileApp'이라는 디렉터리가 생성되었을 것이다. 이는 (지정한 대로) 앱의 이름이자 디렉터리 이름이 된다. 이 디렉터리 안을 살펴보면 'server.R, ui.R' 파일이 있다.

다음에는 단일 파일로 구성되는 샤이니 앱을 만들어보자. 다시 편집창 왼쪽 위에 플러스 버튼을 클릭하는 과정을 거친 후, 아래 그림과 같이 앱의 이름을 SingleFileApp이라 하고 Single File(app.R)을 선택해 앱을 생성시켜보자.

[Create] 버튼을 클릭하고 난 뒤 앱의 이름을 지정한 SingleFileApp과 동일한 이름의 디렉터리가 생성되었는지 확인한다. 앞에서와 마찬가지로 이는 샤이니 앱의 이름이 되고, 샤이니 앱을 포함하는 디렉터리 이름이 되기도 한다. 이 디렉터리 안을 보면 app.R이라는 하나의 파일만 생성된 것을 알 수 있다.

이렇게 두 가지 방법으로 샤이니 앱을 만들어보았다. 디렉터리 형태의 샤이니 앱은 다음과 같이 정리할 수 있다.

- 샤이니 앱은 하나의 디렉터리에 구성되고, 그 디렉터리 이름이 곧 샤이니 앱의 이름이 된다.
- 복수의 파일을 사용하는 경우에는 server.R과 ui.R 파일을 이 디렉터리에 만들어놓고 코드를 입력한다.
- 단일 파일로 구성된 앱의 경우에는 이 디렉터리에 app.R이라는 이름의 파일을 만들고 여기에 코드를 입력한다.

RStudio 메뉴를 사용하여 샤이니 앱 개발을 시작하는 것은 내장된 샘플 코드를 바로 보여주도록 하는 것 이외에, 내부적으로 추가로 어떤 과정이 개입되는 것은 아니다. 메뉴를 사용하지 않고 바로 디렉터리와 파일을 만들어 샤이니 앱 개발을 시작할 수 있다. 디렉터리를 만든 후 복수 파일 앱의 경우에는 server.R, ui.R이라는 파일을 만들어 시작하고, 단일 파일 앱의 경우에는 app.R 파일을 만들어 여기에 코드를 채워넣으면 된다. R 콘솔에서 한다면 R 베이스 함수들을 사용하여 다음과 같이 할 수 있을 것이다.

단일 파일 앱을 구성하는 경우는 아래와 같다.

```
> dir.create("SingleFileApp2")
> setwd("SingleFileApp2")
> file.create("app.R")
```

복수 파일 앱을 구성하는 경우는 다음과 같다.

```
> dir.create("MultipleFileApp2")
> setwd("SingleFileApp2")
> file.create(c("server.R", "ui.R"))
```

6-2 www 디렉터리

단일 파일 앱을 만들 때 app.R의 위치나 멀티 파일 앱에서의 ui.R, server.R과 같은 위치에 www라는 특별한 디렉터리를 만들어 사용할 수 있다. 이 디렉터리는 커스텀 리소스를 저장하는 공간이다. 이 디렉터리에 이미지 파일, 스타일시트(.css 파일) 등을 놓으면, 샤이니 앱에서 www 디렉터리가 일종의 루트 디렉터리가 되어 이를 기준으로 이들 파일들에 접근할 수 있게 된다. 일반적인 웹 개발에서 흔히 public이라고 불리는 디렉터리와 비슷하다.

예를 들어 www 디렉터리에 myLogo.png라는 파일이 있으면, 샤이니 앱에서 img(src = "myLogo.png")로 접근할 수 있다. 만약 이 디렉터리에 images라는 서브디렉터리를 만들고 그 안에 myLogo.png가 있으면 img(src = "images/myLogo.png")로 접근할 수 있다. 그런데 샤이니 앱은 이 디렉터리에 있는 모든 것을 클라이언트에게 공개하기 때문에 민감한 정보는 이 파일에 담지 않도록 주의해야 한다.

이 디렉터리를 만든 경우를 표현해보면 다음 그림과 같다.

디렉터리, 멀티 파일 앱   디렉터리, 단일 파일 앱

6-3 global.R 파일

멀티 파일 앱에서 ui.R, server.R 파일 이외에 global.R이라는 파일을 만들어 사용할 수 있다. 이 파일이 사용되는 경우 global.R이라는 파일은 ui.R, server.R 파일보다 '먼저' 실행된다. 또한 이 파일에서 정의된 객체들은 글로벌 환경에 존재하게 되어 ui.R이나 server.R 파일에서 접근할 수 있다. 그래서 이 파일에는 샤이니 앱에 쓰일 데이터를 정제하는 코드, 나중에 배울 모듈 함수들, 필요한 패키지 로딩 등 파일 이름이 의미하는 대로 전반적인 상황에 필요한 것들이 담기게 된다.

멀티 파일 앱을 구성할 때 www 디렉터리와 global.R 파일을 가지는 경우를 그림으로 표현해보았다.

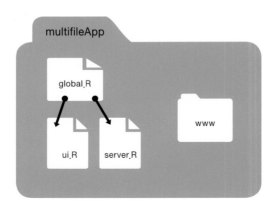

7 앱 실행: runApp() 함수

앞에서 RStudio의 [Run App]이라는 버튼을 클릭해서 샤이니 앱을 실행했다. RStudio에 특별한 마법이 있는 것이 아니라, 해당 버튼을 클릭하면 샤이니 패키지의 runApp() 함수가 실행되도록 만들어놓았기 때문이다.

7-1 RStudio 메뉴 버튼 사용하기

RStudio에서 메뉴를 사용해 샤이니 앱을 만들었을 때, SingleFileApp인 경우 app.R 파일을 열면 다음 그림과 같이 편집창 위에 [Run App]이라는 버튼이 자동으로 생성된다. 이 버튼을 클릭하면 앱이 실행된다.

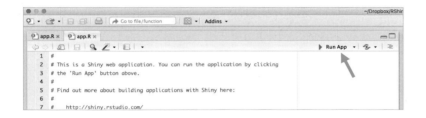

다음으로 RStudio 뷰어창에서 앱이 실행되고, 뷰어창과 콘솔창에 [Stop] 버튼이 생성된다. R 콘솔은 추가 입력을 할 수 없는 블록킹 상태가 된다.

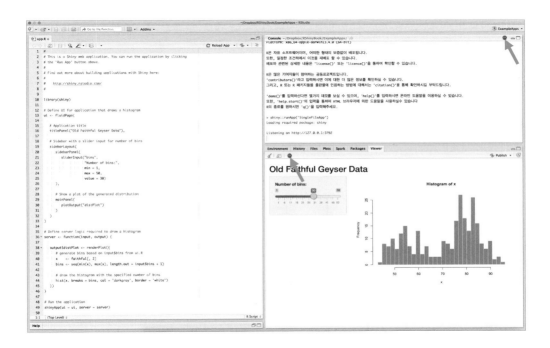

R 콘솔을 보면 다음과 같은 함수가 실행되었다. 여기서 앱이 실행된 호스팅 정보를 확인할 수 있다.

```
> shiny::runApp('SingleFileApp')
Loading required package: shiny

Listening on http://127.0.0.1:3792
```

이와 같이 샤이니 앱을 실행하기 위해서는 shiny 패키지의 runApp() 함수를 호출해야 한다. 이 함수는 앱이 존재하는 디렉터리에 대한 경로를 첫 번째 인자로 받는다. 이 경우에는 워킹디렉터리 바로 하위에 SingleFileApp이 존재하기 때문에 이처럼 경로를 지정했다. 만약 다른 디렉터리에 있는 앱이라면 그 경로를 지정하면 된다.

```
> runApp("path/to/shinyApp")
```

여기에서 runApp() 함수는 두 번째 옵션인 port를 사용하지 않았다. 명시적으로 지정하지 않으면 난수로 결정되니 아마 독자들의 경우에는 3792가 아닌 다른 포트로 실행될 것이다. 필요한 경우 이 옵션을 사용하여 지정된 포트로 앱을 실행할 수 있다. 그리고 이 앱은 127.0.0.1이라는 IP 주소를 사용하고 있다. 이 주소는 지금 사용되고 있는 컴퓨터라는 의미를 가지며, 해당 호스트 이름은 localhost이다. 즉 runApp() 함수는 127.0.0.1 호스트의 3792 포트를 통해서 지금 앱을 서빙하고 있는 것이다. 따라서 http://127.0.0.1:3792를 복사해 크롬 등 다른 실제 웹 브라우저 주소창에 붙이고 엔터키를 입력하면 앱이 실행된다는 것을 확인할 수 있다.

(7-2) R 콘솔에서 샤이니 앱 실행하기

샤이니 앱을 실행하는 함수는 runApp()이다. 당연한 이야기이지만 RStudio 메뉴를 사용하지 않고 R 콘솔에서 다음과 같이 샤이니 앱을 실행할 수도 있다.

```
> shiny::runApp("SingleFileApp")
```

만약 SingleFileApp이 현재 디렉터리의 서브디렉터리로 있지 않고 app.R 파일이 있는 위치에서 워킹디렉터리로 설정된 상태라면, 현재 디렉터리를 의미하는 .을 사용하여 다음과 같이 실행한다.

```
> shiny::runApp(".")
```

전혀 다른 위치에 앱이 있다면 앱이 있는 디렉터리 경로를 runApp()의 첫 번째 인자로 준다. 다음은 현재 디렉터리를 기준으로 ./path/to라는 디렉터리에 있는 shinyApp이라는 디렉터리에 작성된 앱을 5000번 포트로 실행시키라는 의미이다.

```
> shiny::runApp("./path/to/shinyApp", port=5000)
```

이런 경우에는 브라우저 주소창에 http://localhost:5000 또는 http://127.0.0.1:5000을 입력하여 앱에 접근할 수 있다.

7-3 커맨드 라인(셸)에서 샤이니 앱 실행하기

커맨드 라인(셸)에서 샤이니 앱을 실행할 수 있다. 맥에서는 셸을 터미널, 윈도우에서는 명령 프롬프트라고 하는데 여기서는 셸(shell)이라는 이름으로 부르고자 한다. 셸로 접근할 때는 RStudio의 [Tools | Shell…]이라는 메뉴를 사용하는 것이 가장 간단하다. 현재 워킹디렉터리에 해당하는 위치로 바로 이동할 수 있기 때문이다. 이렇게 이동하고 셸에서 다음과 같은 명령을 실행할 수 있다. 이 경우에는 해당 워킹디렉터리에 SingleFileApp이라는 샤이니 앱 디렉터리가 있다고 가정한다. 앞에 붙인 달러 기호는 프롬프트를 표시하기 위한 것으로 이것은 입력하지 않는다.

```
$ R -e "shiny::runApp('SingleFileApp')"
```
또는
```
$ Rscript -e "shiny::runApp('SingleFileApp')"
```

R이 단독으로 쓰인 앞의 경우에는 R 콘솔을 오픈시키고 R을 괄호 안에 있는 코드로 실행시킨다. Rscript 명령인 경우에는 R 콘솔을 오픈시키지 않고 코드를 실행시킨다는 차이점이 있다. 중간의 -e는 R 코드를 넣는다는 뜻이다.

윈도우에서 이렇게 R, Rscript라는 명령을 실행하려면 해당 명령에 대한 경로 시스템 경로를 제대로 설정해주어야 한다. 셸에서 실행되는 R과 RStudio에서 실행되는 R의 라이브러리 경로가 다를 경우 shiny 앱을 설치하고 나서야 실행될 수도 있다. 설치하는 방법은 R을 실행시키고, 안에서 install.packages("shiny")를 실행하는 것이다.

위도우에서 환경 변수를 설정하려면 [사용자 계정]으로 들어가서 [환경 변수 변경]을 선택한다.

위와 같은 창이 나오면 변수의 Path를 선택한 뒤 [편집] → [새로 만들기] 버튼을 클릭해서 다음과 같은 내용을 추가한다. 64비트를 사용하는 경우에는 다음과 같이 입력한다.

```
C:\Program Files\R\R-3.3.3\bin\x64
```

32 비트를 사용하는 경우에는 다음과 같이 입력한다.

```
C:\Program Files\R\R-3.3.3\bin\i386
```

R이 업그레이드되어서 버전이 바뀌는 경우에는 이것도 해당 위치에 맞게 맞추어준다. 이 위치에 대해 궁금하다면 R이 설치된 위치를 확인해보면 된다. R 콘솔에서 R.home() 함수를 실행한다.

7-4 디스플레이 모드를 사용해 샤이니 앱 실행하기

샤이니 앱은 runApp() 함수로 실행한다고 설명했다. 샤이니 패키지에는 내장된 몇 개의 예제 앱이 포함되어 있다. 이런 예제 앱을 실행할 때는 runExample()이라는 함수를 사용한다. 아무런 인자를 주지 않는 경우에는 예제 앱들의 이름만 나열한다.

```
> shiny::runExample()
Valid examples are "01_hello", "02_text", "03_reactivity", "04_mpg", "05_
sliders", "06_tabsets", "07_widgets", "08_html", "09_upload", "10_download",
"11_timer"
```

특정 앱을 실행시키려면 앱의 이름을 전달한다.

```
> runExample("01_hello")
```

이렇게 실행하면 디스플레이 모드로 샤이니 앱이 실행된다.

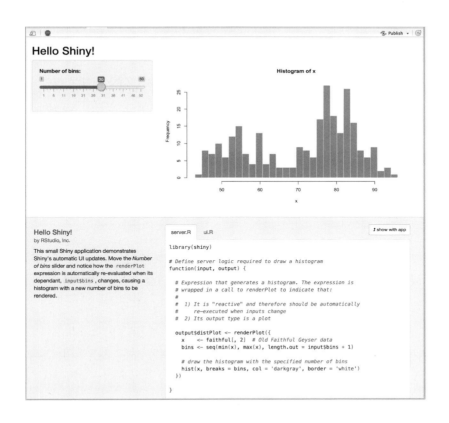

디스플레이 모드는 샤이니 앱의 코드를 모두 보여주기 때문에 대부분 교육 목적으로 사용할 수 있다. runExample() 함수는 이런 디스플레이 모드로 샤이니 앱을 실행하는 것이 디폴트로 설정되어 있다. 일반 샤이니 앱을 디스플레이 모드로 실행하고 싶을 때는 runApp() 함수에 display.mode = "showcase"라는 옵션을 주면 된다.

이런 디스플레이 모드에서 앱에 대한 정보나 간단한 설명을 줄 수 있는데, 이때는 DESCRIPTION 파일, Readme.md 파일을 사용한다. DESCRIPTION 파일은 R 패키지를 개발할 때 패키지 메타데이터를 줄 때 사용한다.[3] 이에 대한 사용법은 아래 주석에 표시된 사이트를 참고한다.

"01_hello" 앱의 DESCRIPTION 파일의 내용은 다음과 같다.

```
Title: Hello Shiny!
Author: RStudio, Inc.
AuthorUrl: http://www.rstudio.com/
License: MIT
DisplayMode: Showcase
Tags: getting-started
Type: Shiny
```

DisplayMode: Showcase라고 되어 있는데, DESCRIPTION 파일에 이렇게 지정되어 있으면 이 앱이 실행될 때 디폴트로 디스플레이 모드가 사용된다. 그리고 Readme.md 파일의 내용을 보면 다음과 같다. 이 파일은 마크다운 문법을 사용해 작성하면 된다.

```
This small Shiny application demonstrates Shiny's automatic UI updates. Move
the *Number of bins* slider and notice how the `renderPlot` expression is
automatically re-evaluated when its dependant, `input$bins`, changes,
causing a histogram with a new number of bins to be rendered.
```

이런 디스플레이 모드에서는 입력값을 바꾸면 반응성으로 실행되는 코드들이 형광색 바탕으로 표시되기 때문에 앱의 행동을 이해하는 데 도움이 된다. 간단한 로직을 가진 경우에는 잘 작동하는데 로직이 복잡해지면 파악하기 어렵다는 단점이 있다.

---

3 http://r-pkgs.had.co.nz/description.html#description

웹 서버에 올라가 있는 샤이니 앱 실행

샤이니 앱은 웹 애플리케이션이다. 즉 웹 서버에 올려 다른 사람들과 공유하는 것이 이 앱을 만들고 실행하는 궁극적인 목적이다. 웹에 올라가 있는 샤이니 앱에 대해서는 책의 뒤편에서 소개한다.

8 멀티 파일 앱과 단일 파일 앱의 차이: shinyApp() 함수를 중심으로

샤이니로 작성된 앱은 하나의 'Shiny app 객체(shiny.appobj)'이다. 이것은 R에서 사용하는 일반적인 의미의 객체로, 샤이니 패키지에서 정의하고 있는 객체다. 일반적인 객체로 보면 되기 때문에 샤이니 앱을 하나의 변수에 할당할 수도 있고, .Rdata 등으로 저장할 수도 있다. 이를 이해하기 위해서 디폴트로 만들어지는 멀티 파일 앱과 단일 파일 앱의 소스 코드를 들여다보도록 하자.

먼저 전통적인 멀티 파일 앱에서 ui.R은 다음과 같이 되어 있다. 코멘트로 처리된 것은 삭제하여 표시했다.

```
library(shiny)

shinyUI(fluidPage(

  titlePanel("Old Faithful Geyser Data"),

  sidebarLayout(
    sidebarPanel(
      sliderInput("bins",
          "Number of bins:",
          min = 1,
          max = 50,
          value = 30)
    ),
    mainPanel(
      plotOutput("distPlot")
    )
  )
))
```

그리고 server.R은 다음과 같이 되어 있다.

```
library(shiny)

shinyServer(function(input, output) {
 output$distPlot <- renderPlot({
  x   <- faithful[, 2]
  bins <- seq(min(x), max(x), length.out = input$bins + 1)
  hist(x, breaks = bins, col = 'darkgray', border = 'white')
 })
})
```

단일 파일 앱의 app.R 코드는 다음과 같다.

```
library(shiny)

ui <- fluidPage(
 titlePanel("Old Faithful Geyser Data 연습장2"),
 sidebarLayout(
   sidebarPanel(
     sliderInput("bins",
          "Number of bins:",
          min = 1,
          max = 50,
          value = 30)
   ),
   mainPanel(
     plotOutput("distPlot")
   )
 )
)

server <- function(input, output) {
 output$distPlot <- renderPlot({
   x   <- faithful[, 2]
   bins <- seq(min(x), max(x), length.out = input$bins + 1)
   hist(x, breaks = bins, col = 'darkgray', border = 'white')
 })
}

shinyApp(ui = ui, server = server)
```

두 가지 형태의 샤이니 앱에서 핵심적인 코드는 같다. 먼저 UI 코드만 비교해보자. 멀티 파일 앱에서는 ui.R 파일에 다음과 같은 코드가 있다.

```
shinyUI(fluidPage(...))
```

샤이니 초기에는 shinyUI() 함수를 반드시 사용해야 했는데, 이제는 이것을 생략할 수 있게 바뀌었다. 그래서 다음과 같이 작성할 수도 있다.

```
fluidPage(...)
```

반면 단일 파일 앱의 UI 코드는 다음과 같다.

```
ui <- fluidPage(...)
```

이렇게 놓고 보면 차이가 분명하다. 멀티 파일 앱에서는 ui.R이라는 파일에 UI를 '선언'하는 형태로 작성하고 있는 반면, 단일 파일 앱에서는 UI를 하나의 객체에 '할당'하고 있다. 이 ui는 자신이 원하는 다른 이름을 써도 무방하다.

다음은 서버 코드를 비교해보자. 멀티 파일 앱의 server.R 코드의 얼개는 다음과 같다.

```
shinyServer(function(input, output) {...})
```

이제는 shinyServer()를 사용하지 않고 다음과 같이 해도 된다.

```
function(input, output) {...}
```

단일 파일 앱에서는 앞의 UI와 같이 변수에 해당 함수를 할당하고 있다.

```
server <- function(input, output) {...}
```

이제 UI와 서버 로직을 같이 실행하는 방법을 살펴보자. 멀티 파일 앱에서는 `ui.R`과 `server.R`에서 각각 UI와 서버 로직을 정의하는 것으로 끝내는데, 이것을 앞서 본 `runApp()` 함수를 사용하여 실행할 수 있다. 이와 같이 멀티 파일 앱은 약간은 서술적(declarative)인 방법으로 앱을 짠다.

반면 단일 파일 앱에서는 UI와 서버 로직을 각각 변수에 할당하는데, 이들을 결합해 하나의 앱으로 만들어줄 필요가 있다. 그래서 app.R의 가장 아래를 보면 다음과 같은 코드가 있다.

```
shinyApp(ui = ui, server = server)
```

즉 `shinyApp()` 함수가 UI와 서버 로직을 가져와서 하나의 앱으로 구성하게 하는 역할을 한다. 이 함수는 앞에서 잠깐 언급한 'Shiny app 객체'를 반환한다. 그래서 이 마지막 코드는 Shiny app 객체를 프린팅하는 역할을 한다. R에서 어떤 객체가 있을 때 그 객체 이름을 입력하는 것은 `print()` 함수를 적용하는 것과 같다. Shiny app 객체도 마찬가지다. 이렇게 단일 파일 앱은 앱을 지시형(imperative) 방식으로 만드는 것이라 볼 수 있다.

멀티 파일 앱에서 조금 주의해야 할 부분이 있다. ui.R에서는 `fluidPage()` 함수 이후에 다른 코드가 들어가지 않아야 하고, server.R에서는 `function(input, output){}` 이후에 다른 코드가 들어가지 않아야 한다. 즉 각 파일이 실행되었을 때 이들이 마지막 표현식이 되어야 하고, 필요한 코드가 있다면 이 함수들 앞에 와야 한다. 이것은 R 함수에서 반환값이 마지막 표현식이 된다는 것과 관련이 있다. 샤이니는 R의 특징을 그대로 살려서 코딩한다.

⑨ 🔘 샤이니 앱의 또 다른 형태들

`runApp`의 도움말(`?runApp`)을 보면 첫 번째 인자로 `appDir`이라고 되어 있는데, 이 함수가 샤이니 앱으로 인식하는 형태들을 설명하고 있다. 샤이니 앱은 이렇게 다양한 형태로 존재할 수 있으며, 이런 형태들은 모두 `runApp()` 함수로 실행할 수 있다는 의미를 지닌다. 각각에 대해 살펴보고 실제로 앱을 실행하는 방법을 알아보자.

① server.R + ui.R로 구성되거나, server.R + index.html 파일을 가진 www라는 디렉터리로 구성되는 디렉터리

② app.R이라는 파일을 가지고 있는 디렉터리

③ 마지막 표현식으로 Shiny app 객체를 만드는 표현식을 가지고 있는 .R 소스 파일,
즉 shinyApp(ui, server) 같은 코드를 가지고 있는 경우

④ UI, 서버 컴포넌트를 가진 리스트

⑤ shinyApp() 함수로 만들어지는 Shiny app 객체

앞에서 디렉터리 형태로 만들어지는 앱에 대해서는 설명했다. index.html 파일을 가진 www를 디렉터리에 가진 앱은 사용자 UI를 스스로 구성하는 경우에 사용하는데, 이에 대해서는 나중에 설명한다.

세 번째는 단일 파일 앱의 변형으로 app.R이 아닌 다른 이름의 파일로 저장된 경우이다. 만약 이것이 ex.R이라는 파일로 작성되었다면, 앱은 이 파일이지 앞에서처럼 디렉터리가 아니다. 그래서 다음과 같이 실행한다.

```
> runApp("ex.R")
```


이 파일에서는 마지막에 Shiny app 객체를 출력하기 때문에 이것을 소싱해도 같은 효과가 난다. echo 옵션은 TRUE로 주어야 한다.

```
> source("ex.r", echo=TRUE)
```


네 번째는 UI와 서버 컴포넌트를 가지고 있는 리스트라고 했다. 앞에 app.R에서 사용된 ui 객체와 server 객체를 R 콘솔에서 바로 실행한다면 list(ui = ui, server = server)가 하나의 앱이 된다는 의미이다. 따라서 다음과 같이 이 리스트가 runApp() 함수에 전달되면 앱이 실행된다.

```
> runApp(list(ui = ui, server = server))
```

다섯 번째는 shinyApp() 함수로 생성되는 Shiny app 객체라고 했다. app.R에 있는 코드를 가져와 다음과 같은 형식으로 작성하면 앱이 된다.

```
> shinyApp(
  ui = fluidPage(...),
  server = function(input, output) {
  ....
  }
)
```

이와 같이 샤이니 앱은 디렉터리 단위, 파일 단위, R 리스트, 또는 하나의 객체로도 만들 수 있다. 처음에는 이런 체계들이 왜 있나 싶을 수도 있다. 그런데 분명한 의도가 있다는 것을 점차 알게 될 것이다. 잠깐 힌트를 준다면 파일 디렉터리 앱은 샤이니 앱의 프로토타입을 짤 때 유리하다. 모든 코드를 하나의 파일에서 볼 수 있기 때문이다. 멀티 파일 디렉터리 앱은 실제로 서버에 게시할 때 유리하다. Shiny Server 프로그램이 해당 디렉터리를 자동으로 실행시키고, 이 디렉터리를 가지고 URL이 구성되기 때문이다. 또 코드가 길어지면 하나의 파일에서 작업하는 것보다 분리하는 것이 훨씬 깔끔하다.

10 샤이니 개발 정보

샤이니 개발과 관련하여 빼놓을 수 없는 가장 중요한 정보원은 샤이니 개발자 사이트이다.

- 샤이니 개발자 사이트(https://shiny.rstudio.com): 샤이니 개발자 사이트에는 튜토리얼을 모아놓은 TUTORIAL 페이지, 각 주제에 대해 자세한 설명을 담은 ARTICLES가 있고, 비교적 간단한 사용 예들을 모아놓은 GALLERY, 각종 함수에 대한 설명을 정리해놓은 REFERENCE 페이지가 있다.

- RStudio Webinars and Videos On Demand(https://www.rstudio.com/resources/webinars/): 샤이니는 RStudio.com에서 시작되었다. 그래서 회사 홈페이지에도 샤이니 관련 정보들이 많이 있다. 우선 웹비나와 같은 동영상 자료들을 통해서 샤이니에 대한 설명을 볼 수 있다.

- RStudio Shiny User Showcase 페이지(https://www.rstudio.com/products/shiny/shiny-user-showcase/): 기업 수준의 고급 샤이니 앱들을 살펴볼 수 있다.

• Shiny Examples 깃허브(https://github.com/rstudio/shiny-examples): 샤이니 앱의 사용 예들을 모아놓은 RStudio.com에서 운영하는 사이트로, 처음 공부할 때 많은 도움이 된다. 개발자들이 만든 앱이어서 샤이니를 공부할 때 큰 도움을 준다. RStudio의 [Help]→[Cheatsheets] 버튼을 클릭하면 샤이니 개발에 대한 요약표(Web Application with shiny)를 찾을 수 있다. 샤이니 앱 개발에 대한 전반적인 내용을 요약해 보여주기 때문에 인쇄해서 필요할 때마다 참고하면 좋다.

• 딘 아탈리의 사이트(http://deanattali.com): 샤이니 전문 개발자인 딘 아탈리(Dean Attali)의 웹 사이트와 블로그이다. 그는 샤이니에 관련된 shinyjs 같은 패키지들도 만들었는데, 샤이니 개발과 관련된 유용한 팁들을 알려준다.

11 정리

이번 장에서는 샤이니의 기초에 해당하는 내용들을 살펴보았다. 샤이니가 디폴트로 사용하고 있는 반응성 모드를 코드로 구현하는지 설명하고, 샤이니 앱의 다양한 형태를 알아본 뒤 그러한 형태에 따라 샤이니 앱을 실행하는 방법에 대해 설명하였다. 그리고 샤이니 앱 개발에 필요한 정보원을 소개하였다.

R
Shiny

Chapter 3

기초 R 언어 (1)

3장에서는 하나의 컴퓨터 언어로서 R 언어의 기초를 설명한다. 어떻게 보면 가장 재미없을 수도 있는 내용이지만, R을 사용하여 의미 있는 작업을 해보려면 반드시 거쳐야 하는 과정이다. 체계를 갖춘 모든 것이 그러하듯, 기초를 튼튼히 다지면 거기에 비례해 응용 범위가 넓어질 것이다.

이번 장에서는 R 콘솔을 사용해 R 언어의 기본에 대해 차근차근 설명해나갈 것이다. 독자가 R 언어를 전혀 모르는 상태에서 이 책을 집어들었다고 가정하고 설명할 것이므로 처음부터 따라하다 보면 그다지 어렵지 않을 것이다.

그리고 이 장에서는 윈도우에서 베이스 R을 설치한 상태에서 별다른 새로운 설정을 하지 않은 상태로 내용을 설명할 것이다. 샤이니 앱 개발 등은 모두 RStudio[1] 통합개발환경에서 하게 되겠지만 여기서는 베이스 R을 가지고 설명한다. 그 이유는 처음 공부할 때는 가급적 단순한 시스템이 전체를 이해하는 데 더 도움이 되기 때문이다. 그렇게 해서 기초를 익힌 다음 실제 활용할 때에는 자신에게 편리한 것을 사용하면 된다. 맥(Mac) 컴퓨터를 사용하는 경우도 그 맥락은 똑같기 때문에 따로 설명하지 않는다.

---

1 https://www.rstudio.com

① R 콘솔 시작하기

CRAN에서 R을 설치하고 나면 바탕화면에 두 개의 아이콘이 뜨는데, 하나는 16비트용(R i386)이고 다른 하나는 64비트용(R x64)이다. 자신의 시스템에 맞는 것을 쓰면 된다. 큰 데이터셋을 다루지 않는 한 어느 것을 선택해도 문제는 없다.

아이콘을 더블클릭해서 R을 실행하면 다음과 같은 R 콘솔이 열린다.

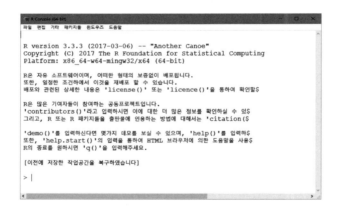

마지막에 있는 화살표 모양(>)을 프롬프트(prompt)라고 한다. 이것은 컴퓨터가 사용자의 명령을 받아들일 준비가 되었다는 것을 의미한다. 이 프롬프트에서 한 문장을 입력하고 엔터키를 치면 해당 문장이 실행된다.

```
> "Hello World!"
[1] "Hello World!"
```

간단하지만, 우리가 문자를 입력했고 R이 그것을 받아서 다시 콘솔에 인쇄하였다. 다음에는 간단한 계산을 해보자. 다음과 같이 입력하고 엔터키를 친다.

```
> 3 + 5
[1] 8
```

이번에는 입력을 받아서 계산한 다음 그 결과를 출력했다. 다음에는 R이 설치된 위치를 알아보는 R.home() 함수를 실행해보자.

```
> R.home()
```

R 콘솔을 사용하다 보면 화면이 금방 꽉 차버린다. 다음의 단축키들을 알아두면 이런 경우는 물론이고 다양한 상황에서 도움이 된다.

• Ctrl + L : 화면을 정리한다.
• 상, 하 화살표 : 이전에 실행했던 코드들을 다시 실행할 수 있다.

❷ 값, 데이터 타입, 변수, 할당

우리가 흔히 데이터라고 부르는 것을 컴퓨터 언어에서는 '값(value)'이라고 한다. R에서도 그렇다. 값은 3이나 5 같은 수일 수도 있고, "Seoul"이나 "Busan"처럼 텍스트일 수도 있다. 또 참/거짓을 나타내는 것일 수도 있고, 통계의 결측치를 표현하는 것일 수도 있다. 그것이 무엇이든 다른 컴퓨터 언어와 마찬가지로 R은 값을 다룬다. 이런 값은 모두 연산의 대상이 된다.

R 콘솔에서 어떤 값을 쓴 뒤 엔터키를 치면 그 값이 바로 출력된다. 다음과 같이 실행해보자(출력될 때 [1]이 출력되는 이유와 의미는 뒤에서 설명한다).

```
> 3
[1] 3
> 5
[1] 5
```

거의 대부분의 컴퓨터 언어와 마찬가지로 어떤 값은 그 값에 대한 '데이터 타입(data type)'이 있다. 데이터 타입은 '값의 종류'를 분류하는 개념이다. 데이터 타입에 따라서 그 값을 저장하는 방법이나 처리하는 방법이 결정되기 때문에 컴퓨터 입장에서 보면 아주 중요하다.

C 같은 언어들은 어떤 변수를 사용할 때 반드시 사전에 데이터 타입을 지정해놓고 그에 맞게 값을 넣어야 한다. 이런 과정을 선언(declaration)이라고 하는데, R에서는 선언 방법을 사용하지 않는다. 그냥 어떤 값이 어떤 변수에 할당되면, 그 변수는 그 값이 가지는 데이터 타입에 따라서 자동으로 데이터 타입이 결정된다. 그렇기 때문에 R은 '느슨한 타입을 가진 언어(losely-typed language)'로 분류된다.

값을 저장하기 위해서 우리는 변수(variable)를 사용한다. 바꾸어 말하면 변수는 값을 저장하는 공간이라고 볼 수 있다. 그리고 변수에 값을 연결하는 과정을 '할당(assign)'이라고 한다. R에서는 다음과 같이 할당을 < 기호에 하이픈(-)을 연달아 붙여서 <-로 표현한다. 등호(=)도 사용할 수 있지만 많은 사람들이 <-을 사용한다. 깊이 들어가보면 약간 차이가 있는데 R 콘솔에서는 차이가 없다.

R에서는 변수라는 단어와 '객체(object)'라는 단어가 거의 동의어로 사용되며 변수보다는 객체라는 단어가 많이 쓰인다. "R에 존재하는 모든 것은 객체이다." 이 말은 R을 이해하는 중요한 문장 가운데 하나로, R을 배우다 보면 그 의미를 점차 이해할 수 있다.

다음과 같이 실행하면 x라는 변수에 5라는 값이 할당된다.

```
> x <- 5
```

이번에는 y라는 변수에 3을 할당해보자. 아래와 같이 실행하는데, 변수는 따옴표 등을 쓰지 않고 알파벳을 직접 사용한다. R에서 변수의 이름을 지정하는 데 몇 가지 규칙이 있는데, 그중 하나가 숫자로 시작하면 안 된다는 것이다. 그러므로 변수 이름은 알파벳으로 시작한다고 알고 있으면 된다. 참고로 대소문자는 구분된다.

```
> y <- 3
```

R 콘솔에서 해당 변수의 이름을 입력하고 엔터키를 치면 변수가 가진 값이 출력된다.

```
> x
[1] 5
> y
[1] 3
```

이 과정을 변수의 값을 콘솔에 인쇄한다고 표현하는데, 이는 다음과 같은 함수를 실행한 것과 같다. 즉 변수의 이름을 입력하여 실행시키는 것은 print() 함수를 실행하는 과정을 좀 더 편하게 만든 것이다.

```
> print(x)
[1] 5
> print(y)
[1] 3
```

다음은 x와 y의 값을 더해본다. 더하기에는 + 기호를 사용한다.

```
> x + y
[1] 8
```

앞에서는 숫자로 된 값을 사용했는데, 문자로 된 값도 할당할 수 있다. R에서 문자는 작은따옴표(' ') 또는 큰따옴표(" ")로 둘러싸서 표현한다.

```
> my_name <- "sbko"
> my_name
[1] "sbko"
```

요컨대 변수 x와 y에는 숫자로 된 값을 할당하고, my_name이라는 변수에는 문자로 된 값을 할당했다. 그리고 잊지 말아야 할 두 가지 사항이 있다. 첫째는 해당 변수를 콘솔에 입력하면 그 값이 출력된다는 점, 둘째는 데이터 타입을 선언하지 않고 바로 사용한다는 점이다.

③ R의 기본 데이터 타입: 벡터

R은 특이하게 벡터(vectors)를 기본 데이터 타입으로 사용한다. 따라서 R을 잘 이해하기 위해서는 벡터를 잘 이해하는 것이 중요하다. 영어 복수형으로 vectors라고 쓴 이유는 여러 종류의 벡터가 있기 때문이다. R에서 벡터는 다음과 같이 분류된다.

• 아토믹 벡터(atomic vector) 또는 베이직 벡터(basic vector): 벡터를 구성하는 요소를 더이상 분리할 수 없는 경우를 말한다. 그 구성요소의 데이터 타입에 따라서 숫자형(numeric) 벡터, 문자형(character) 벡터 등으로 부르기도 한다.

• 리스트(list) 또는 제네릭 벡터(generic vector): 벡터들을 다시 묶은 것으로, 해당 요소를 더 낮은 레벨로 분리할 수 있다. 하나의 리스트 안에서 서로 다른 타입의 벡터들이 올 수 있다.

    R의 기본 데이터 타입이 벡터라는 말은 R에서 사용되는 객체가 모두 벡터라는 말은 아니다. 행렬(matrix), 데이터 프레임(data frame), 팩터(factor) 들은 벡터가 아니다. 벡터는 아니지만 벡터를 기본으로 만들어진다.

    벡터 중에서 가장 간단한 숫자형 벡터(numeric vector)를 가지고 벡터의 개념을 더 이해해보자. 아토믹 벡터는 기본적으로 같은 타입의 값들의 모임이다. 벡터를 만드는 가장 기본적인 함수(function)는 c()이다. 이 이름은 concatenate라는 영어 단어의 앞 글자를 딴 것이다. 만약 세 사람의 키가 175, 167, 157센티라고 하고, 이것을 height라는 객체에 할당하려면 다음과 같이 R 콘솔에 입력하고 엔터키를 친다.

```
> height <- c(175, 167, 157)
```

    이 변수를 출력해보면 다음과 같다. R에서 변수가 가진 값을 출력할 때는 변수의 이름을 입력하고 엔터키를 친다.

```
> height
[1] 175 167 157
```

이들 세 사람의 체중이 80, 73, 56킬로그램이라 하고, 이것을 weight라는 객체에 할당하려면 다음과 같이 한다.

```
> weight <- c(80, 73, 56)
```

다시 값을 출력하면 다음과 같다.

```
> weight
[1] 80 73 56
```

R이 벡터를 기본 데이터 타입으로 사용한다는 말은 연산을 할 때 벡터의 구조를 사용한다는 의미다. 그렇기 때문에 연산을 무척 빠르게 할 수 있고, 다른 언어로 코딩을 하는 것보다 훨씬 간결하게 할 수 있다. 벡터를 대상으로 하는 연산을 벡터화 연산(vectorized operation)이라고 한다.

R에서 다음과 같이 3, "biology"를 변수 j와 k에 할당해보자.

```
> j <- 3
> k <- "biology"
```

이런 변수 j, k는 벡터의 특수한 형태, 즉 요소가 하나인 벡터일 뿐이다. 심지어 요소가 하나도 없는 빈 벡터도 가능하다.

앞의 세 사람의 체중과 키 데이터를 가지고 체질량지수를 구해보자. 체질량지수는 체중을 미터단위 키의 제곱값으로 나누어 구한다. 다음과 같이 계산할 수 있다. 나눗셈은 / 연산자를 사용하고, 승수는 ^ 연산자를 사용한다.

```
> bmi <- weight / (height/100)^2
> bmi
[1] 26.12245 26.17519 22.71897
```

다른 컴퓨터 언어로 이렇게 여러 개의 요소를 가진 데이터를 처리하려면 순회(iteration)라는 방법을 사용하여 첫 번째 위치의 값, 두 번째 위치의 값을 차례로 읽어서 계산하는 코드가 필요했을 것이다. 하지만 이렇게 벡터를 사용하면 여러 요소들을 한 단위로 묶어서 계산할 수 있다.

R에서는 벡터끼리 연산할 때 각 벡터의 순서에 맞게 계산한다. 즉 첫 번째 벡터의 첫 번째 값과 두 번째 벡터의 첫 번째 값을 계산하고, 두 번째끼리는 두 번째끼리 계산한다. 이것을 벡터화(vectorized)라고 말한다. 그래서 (당연한 이야기이지만) R의 벡터에서는 그 '순서'가 매우 중요하다. 벡터와 수학의 집합이 좀 비슷할 수도 있지만 다른 점은 집합에서는 순서가 중요하지 않고, 벡터에서는 그 순서가 중요하다는 점이다. 즉 벡터와 집합은 같은 개념이 아니다.

벡터를 구성하는 하나하나를 '요소(element)'라고 부른다. height의 첫 번째 요소는 175, 두 번째 요소는 167이다. 첫 번째 요소, 두 번째 요소라고 말할 때와 같이 요소의 위치를 따지게 되는데, 이것을 '인덱스'라고 한다. 벡터의 요소 값에 접근할 때는 []을 사용하고, 그 안에 접근하려는 값의 인덱스를 전달한다. 이름(name)을 전달할 수도 있는데 그 내용은 뒤에서 다룰 것이다.

R에서 아토믹 벡터가 갖추어야 할 조건은 이들 요소가 같은 데이터 타입이라야 한다는 점이다. 앞에서 우리는 숫자로 구성된 두 벡터를 만들어보았다. 예를 들어 이 세 사람의 닉네임을 A, B, C라고 해보자. 이 정보를 하나의 벡터로 저장하려면 다음과 같이 할 수 있다. 문자는 큰따옴표 혹은 작은따옴표로 묶는다.

```
> nick_name <- c("A", "B", "C")
> nick_name
[1] "A" "B" "C"
```

출력된 내용을 보면 문자형 벡터의 문자들은 큰따옴표로 표기되고 숫자들은 따옴표 없이 표기된 것을 알 수 있다. 만약 데이터 타입이 다른 것을 묶으면, R이 이것을 가장 무난한 데이터 타입으로 변환해버린다.

한편, 출력된 것을 자세히 관찰해보면 숫자 1이 문자 "1"로, 3이 "3"으로 변형되었음을 확인할 수 있다. 그렇기 때문에 아토믹 벡터를 만들 때는 반드시 같은 데이터 타입을 가진 요소들로 구성해야 한다. 중요한 개념이므로 꼭 기억하기 바란다.

```
> trial <- c( 1, "A", "B", 3)
> trial
[1] "1" "A" "B" "3"
```

④ 사칙연산 등 간단한 산술 연산자

앞으로 드넓은 R의 세계를 여행할 텐데 산술 연산자는 알고 시작하자. 일반 수학에서 사용하는 것과 비슷한 다음 연산자들이 있다. 계산의 우선순위도 수학에서와 거의 같다. 괄호를 사용하면 괄호 안에 있는 것을 먼저 계산한다.

- + : 더하기
- – : 빼기
- / : 나누기
- * : 곱하기
- ^ : 거듭제곱
- %/% : 몫
- %% : 나머지

다음 예를 보자.

```
> 3 + 5
[1] 8
> 3 - 5
[1] -2
> 3 * 5
[1] 15
> 3 / 5
[1] 0.6
> 3 ^ 5
[1] 243
> 5 / 3
[1] 1.666667
> 5 %/% 3
[1] 1
> 5 %% 3
[1] 2
```

몫을 구하는 **%/%**나 나머지를 구하는 **%%**과 같이 조금 특이한 연산자를 제외하고는 수학에서 쓰는 방법과 거의 같다. 이런 연산자들은 앞뒤로 두 개의 대상을 연산하기 때문에 이항 연산자(binary operator)라고 부른다. 그런데 이 중 +, -는 단항 연산자로 쓰이기도 한다. 음수를 양수로 만들거나 양수를 음수로 만들 때 사용하는데, 이것도 일반 수학과 별반 다르지 않다.

```
> - 5
[1] -5
> - + 5
[1] -5
> - - 5
[1] 5
```

앞에서 R의 기본 데이터 타입은 벡터라고 설명했다. 따라서 이들 연산자들도 벡터를 피연산 자로 사용한다. 앞서 설명한 대로 벡터의 연산에서 순서대로 짝을 맞추어 계산한다. 다음과 같 이 x와 y라는 변수에 3개의 숫자 요소를 가진 벡터가 있다고 해보자.

```
> x <- c(1, 2, 3)
> y <- c(4, 5, 6)
```

두 벡터를 더하면 다음과 같다. 첫 번째 요소는 첫 번째 요소와, 두 번째 요소는 두 번째 요 소와 더해진 것을 알 수 있다.

```
> x + y
[1] 5 7 9
```

다른 연산자들도 마찬가지다.

```
> x - y # 빼기
[1] -3 -3 -3
> x * y # 곱하기
[1] 4 10 18
> x / y # 나누기
[1] 0.25 0.40 0.50
> x %/% y # 몫
[1] 0 0 0
> x %% y # 나머지
[1] 1 2 3
> x ^ y # 거듭제곱
[1]  1 32 729
```

여기에 일부러 # 기호를 쓰고 간단한 설명을 썼다. #은 R에서 코멘트를 의미하며 코드에 코멘트를 넣을 때 사용한다. R은 # 이하는 무시하고 실행한다.

벡터가 가진 요소의 개수를 그 벡터의 길이(length)라고 흔히 말하고, 그것은 length()라는 함수를 사용해 구한다.

```
> length(x)
[1] 3
> length(y)
[1] 3
```

만약 길이가 다른 벡터에 대해서 연산을 실행하면 어떻게 될까? 다음과 같이 벡터 x에 요소를 하나 추가해본다.

```
> x <- c(x, 7)
> length(x)
[1] 4
> x
[1] 1 2 3 7
> y
[1] 4 5 6
```

이제 벡터 x는 네 번째 요소에 7이 추가되어 길이가 4인 벡터가 되었고, y는 그대로 길이가 3인 벡터다. 이것을 더해보자.

```
> x + y
Warning in x + y: 두 객체의 길이가 서로 배수관계에 있지 않습니다
[1] 5 7 9 11
```

이와 같이 계산은 되지만 경고문(warning)이 함께 출력된다. 계산은 어떻게 될까? y의 네 번째 요소가 모자라서 이 부분에 첫 번째 요소를 가져와 계산하게 된다. 그래서 y의 네 번째 요소로 4가 있다고 내부적으로 상정하고 계산을 하게 된다. 이렇게 되더라도 원래 y가 바뀌는 것은 아니다. 이렇게 모자라는 쪽의 벡터에서 모자란 부분을 처음부터 채워서 계산하는 것을 '벡터 재활용(vector recycling)'이라고 부른다. 그러나 경고문에서 알 수 있듯이 이렇게 만드는 것은 결코 좋은 방법이 아니기 때문에 피하는 것이 좋다. 서로 개수를 맞추는 것이 좋다.

오히려 다음과 같은 경우는 간결성을 유지하기 위해서 벡터 재활용을 적극적으로 활용할 필요가 있다.

```
> x + 1 # x의 모든 요소에 3을 더함
[1] 2 3 4 8
> y * 3 # y의 모든 요소에 3을 곱함
[1] 12 15 18
> 2^y  # 2를 y의 요소만큼 곱함(2의 y 승)
[1] 16 32 64
```

다른 연산도 해보자.

```
> x - y
Warning in x - y: 두 객체의 길이가 서로 배수관계에 있지 않습니다
[1] -3 -3 -3 3
> x * y
Warning in x * y: 두 객체의 길이가 서로 배수관계에 있지 않습니다
[1]  4 10 18 28
> x / y
Warning in x/y: 두 객체의 길이가 서로 배수관계에 있지 않습니다
[1] 0.25 0.40 0.50 1.75
> x ^ y
Warning in x^y: 두 객체의 길이가 서로 배수관계에 있지 않습니다
[1]  1  32 729 2401
```

벡터화 연산의 기본은 아주 간단한 개념이면서도 매우 중요하다. 첫 번째는 첫 번째끼리, 두 번째는 두 번째끼리 위치를 맞춰서 계산해야 한다.

⑤ 아토믹 벡터(베이직 벡터)의 타입

R은 벡터를 기본 데이터 구조로 사용한다. 벡터는 더이상 쪼갤 수 없는 구성요소로 이루어진 '베이직 벡터(아토믹 벡터)'와 벡터를 묶은 벡터인 '리스트(list, 또는 제네릭 벡터)'로 구분할 수 있다. 앞에서 우리는 아토믹 벡터 가운데 숫자형과 문자형을 보았다. 이것 말고도 참/거짓을 의미하는 논리값, 16진수를 표시하는 raw라는 것이 있다. 또 숫자형도 더 들어가면 세 가지로 나

뉘어서 총 여섯 가지 종류의 아토믹 벡터가 존재하는 셈이다.

먼저 참/거짓을 의미하는 값을 알아보자. 이것을 논리값이라는 뜻으로 logical이라고 한다. R에서 참은 대문자 T 또는 TRUE, 거짓은 F 또는 FALSE로 표시한다. 대문자로 쓰고 따옴표 등을 넣지 않는다는 점이 중요하다. 헷갈리지 않게 약자보다는 전체 단어를 쓰는 습관을 들이는 것이 좋다. 16진수를 다루는 경우는 거의 없기 때문에 이후에 추가로 설명하지 않겠고, 이것을 raw라고 한다고만 알아두자.

```
> TRUE
[1] TRUE
> FALSE
[1] FALSE
```

문자형은 character라고 한다. 문자는 작은따옴표나 큰따옴표를 써서 표현한다. 숫자의 경우 정수는 integer, 실수(정확히는 부동소수점)는 numeric 또는 double이라고 세분해 부른다. 복소수는 complex라고 부른다. 그러니까 R에서는 숫자형 벡터가 integer·numeric(또는 double)·complex, 문자형 벡터가 character, 논리값으로 구성된 논리형 벡터가 logical, 16진수인 raw까지 모두 여섯 종류의 아토믹 벡터가 존재하는 것이다.

숫자를 표시하는 방법을 좀 더 소개하면 다음과 같다. R에서 숫자는 디폴트로 double로 처리된다. 다음과 같이 3이라고 써도 실은 이게 정수가 아닌 실수로 처리된다.

```
> a <- 3
```

정말 정수가 필요한 경우에는 숫자 다음에 대문자 L을 붙인다.

```
> b <- 3L
```

복소수는 허수부에 수학과 같이 i를 사용한다.

```
> 3 + 2i
[1] 3+2i
```

R에서 벡터의 타입은 typeof()라는 함수로 알 수 있다. 이 함수를 통해 앞에서 설명한 내용을 복습해보자.

```
> typeof(3)
[1] "double"
> typeof(c(3, 4, 5))
[1] "double"
> typeof(3L)
[1] "integer"
> typeof(c(3L, 4L, 5L))
[1] "integer"
> typeof(3 + 2i)
[1] "complex"
> typeof("r")
[1] "character"
> typeof(c("C", "R", "Python"))
[1] "character"
> typeof(TRUE)
[1] "logical"
> typeof(c(TRUE, FALSE, TRUE))
[1] "logical"
> typeof(as.raw(0x34))
[1] "raw"
```

가장 많이 쓰는 것은 numeric, character, logical 정도이므로 일단 이 개념만 가지고 시작해도 좋다. 처음부터 너무 세세한 부분을 신경 쓰다 보면 큰 그림을 놓칠 수 있으므로 반복해서 보겠다는 마음으로 R 공부를 하는 것이 좋다. 그렇지만 어떤 개념을 잡을 때는 확실히 하나를 붙잡고 가겠다고 결심하는 것도 필요하다. 그런 다음 논리적으로 확장해나가면 된다.

⑥ 아토믹 벡터의 타입과 길이

앞에서 아토믹 벡터는 같은 데이터 타입을 가진 요소들의 묶음이라고 했다. 그리고 그런 요소가 몇 개 있는지를 길이(length)라고 부른다고 했다. 즉 R에서 아토믹 벡터의 특징은 두 가지로 정의할 수 있다. 첫째는 요소들의 데이터 타입이고, 둘째는 요소의 개수인 길이이다.

먼저 numeric(double과 동의어임) 타입을 가진 요소들의 길이가 3인 벡터 a를 만들어보면 다음과 같다.

```
> a <- c(1, 2, 3)
> typeof(a)
[1] "double"
> length(a)
[1] 3
```

다음은 character 타입을 가진 길이가 4인 벡터 b를 만들어본다.

```
> b <- c("봄", "여름", "가을", "겨울")
> typeof(b)
[1] "character"
> length(b)
[1] 4
```

다음은 logical 타입을 가진 길이가 3인 벡터 c를 만들어본다.

```
> c <- c(TRUE, FALSE, FALSE)
> typeof(c)
[1] "logical"
> length(c)
[1] 3
```

참고로 나중에 속성(attributes)에 대해서 배울 텐데, R에서 이름(names)이라는 속성을 제외하고 어떤 속성이 부여되면 본질적으로 벡터의 속성을 잃는다. 벡터인지를 확인하는 함수는 is.vector()이다.

다음은 방금 만든 논리형 벡터 c에 어떤 속성을 부여해본 것이다. 이 벡터가 가진 값은 변경되지 않았지만 "my"라는 속성이 부여되면서 벡터의 지위를 잃었다.

```
> c
[1] TRUE FALSE FALSE
> is.vector(c)
[1] TRUE
> attr(c, "my") <- "example"
> c
[1] TRUE FALSE FALSE
attr(,"my")
[1] "example"
> is.vector(c)
[1] FALSE
```

7 벡터 요소의 위치: 인덱스

아토믹 벡터는 같은 타입을 가진 요소들의 모임으로, 그 개수를 '길이'라고 한다. 그럼 이제 벡터를 구성하는 요소들에 관심을 집중해보자.

```
> x <- c(11, 22, 33, 44, 55)
```

벡터에서는 요소의 위치가 중요하다고 했다. 연산할 때 보았듯이 그 위치에 매칭하여 계산되기 때문에 위치는 매우 중요하다. 이런 위치를 벡터의 '인덱스(index)'라고 부른다.

인덱스는 [ ]을 써서 표현하고 시작은 1이다. 첫 번째 요소의 인덱스는 1, 두 번째 요소의 인덱스는 2로 표현한다. 다른 컴퓨터 언어에서는 0으로 시작하는 경우가 많은데, R은 1에서 시작한다. 첫 번째 요소 값을 얻고 싶은 경우에는 [1]을 변수 이름 뒤에 붙인다.

```
> x[1]
[1] 11
```

세 번째 요소 값을 얻고 싶은 경우에는 [3]을 변수 뒤에 붙인다.

```
> x[3]
[1] 33
```

값을 수정할 때도 이 방법을 쓴다. 네 번째 요소를 34로 바꾼다고 하면 다음과 같이 할당문에서 좌변으로 두고, 바꿀 값을 오른쪽에 두면 된다.

```
> x[4] <- 34
> x
[1] 11 22 33 34 55
```

[ ]은 또한 필요한 값만을 골라내는 과정인 서브세팅에서 매우 유연하게 사용되는데, 이 점은 나중에 살펴볼 것이다. 지금은 위치를 인덱스라 하며, 인덱스는 1에서 시작된다는 점을 알아두어야 한다.

⑧ 이름을 가진 벡터

우리는 벡터 값에 이름을 붙일 수 있다. 다음과 같은 4개의 숫자(double) 요소로 구성된 벡터 x가 있다고 생각해보자.

```
> x <- c(34, 25, 27, 36)
> x
[1] 34 25 27 36
```

이 요소들에 이름을 부여해보자. 이와 같이 아토믹 벡터에 이름을 붙여 사용하는 경우는 많지 않지만, 나중에 데이터 프레임(data frame)이나 리스트(list) 등 더 복잡한 데이터 구조를 다룰 때 이름을 사용하는 것은 일반적이다. 이름은 names()라는 함수를 사용한다. 아직은 이름이 없기 때문에 결과는 다음과 같을 것이다. NULL에 대해서는 다음 절에서 설명할 텐데, 그 의미는 '없다'이다.

```
> names(x)
NULL
```

이름을 주려면 다음과 같이 할당 연산자의 좌변에 이것을 사용하고 값을 할당한다.

```
> names(x) <- c("a", "b", "c", "d")
> x
 a  b  c  d
34 25 27 36
```

요소에 이름이 붙여졌기 때문에 이 이름을 사용하여 요소 값에 접근할 수 있다.

```
> x["c"]
 c
27
```

이름을 수정할 때도 부여할 때와 비슷하게 한다. names(x)를 실행하면 이름으로 구성된 character 벡터가 반환될 것인데, 이것에서 [3]을 사용하여 세 번째 이름에 접근한다. 그것을 "cc"로 바꾼다.

```
> names(x)[3] <- "cc"
> x
 a  b cc  d
34 25 27 36
```

이런 이름은 나중에 공부하게 될 속성(attributes) 가운데 하나다. 속성은 R 객체의 메타데이터다. 우리는 벡터 x에 그 본질적인 값과 더불어 이름이라는 메타 정보를 추가했다. 이런 정보들은 attributes()라는 함수로 확인할 수 있다.

```
> attributes(x)
$names
[1] "a" "b" "cc" "d"
```

⑨ 특수한 값: NULL, NA

다음과 같이 double 모드를 가진 길이가 5인 벡터 x가 있다.

```
> x <- c(11, 22, 33, 44, 55)
```

만약 여섯 번째 요소에 접근하면 어떻게 될까? Not Available이라는 의미의 NA 값이 출력된다. 이것은 값이 없음을 뜻하기도 하지만 통계에서는 결측치(missing value)를 의미하기 때문에 매우 중요하다.

```
> x[6]
[1] NA
```

이와 비슷한 값으로 NULL이 있다. 이것도 없음을 의미하는데 NA와는 약간 다르다. 처음에는 좀 헷갈릴 수 있다. NA는 통계의 결측치처럼 해당 위치에 값이 있어야 하는데 아직 못 채우고 있다는 의미를 가지고, NULL은 해당 위치 조차도 없다는 것을 뜻한다.

```
> a <- c(1, NA, 2, 3)
> a
[1] 1 NA 2 3
> b <- c(1, NULL, 2, 3)
> b
[1] 1 2 3
```

벡터 a의 두 번째 요소는 NA로 되어 있어서 이것을 다시 출력해도 해당 부분의 값이 비어 있는 것으로 표시된다. 벡터 b의 두 번째 요소는 NULL로 되어 있어서 출력하면 그 부분이 아예 없는 것으로 나타난다. 그래서 NULL을 다른 값들과 결합(concatenate)하면 더이상 보이지 않게 된다.

이게 정확한 표현일지 모르지만, 필자의 경우에는 메모리에 값을 위한 자리가 있는데 아직 값이 채워지지 않은 상태를 NA라 보고, 그 메모리조차 확보하지 못한 것을 NULL이라고 이해한다.

NA와 관련해 꼭 알아두어야 하는 함수는 해당 값이 NA인지 확인하는 is.na() 함수이다.

```
> is.na(c(NA, 1, 2, 3))
[1] TRUE FALSE FALSE FALSE
```

그리고 많은 함수를 계산할 때 na.rm = TRUE라는 인자를 사용한다. 이 말은 NA 값은 제외하고 계산하라는 의미이다. 이들을 사용하는 함수 몇 가지를 살펴보자.

10 몇 가지 통계 함수

너무 기초적인 내용을 읽다 보면 약간 짜증이 날 수도 있다. 이런 지식들이 나중에 어떻게 쓰이고, 어떤 경우에 조심해야 할지 등을 모르는 상태에서 이런 내용을 공부하는 건 사실 좀 지루한 일이다. 그러므로 먼저 통계와 관련된 몇 가지 함수를 살펴보고, R 함수의 기본 사용법을 알아보자.

R에서는 : 이라는 연산자가 유용하게 쓰인다. 이 연산자는 연속된 수를 얻을 때 사용한다. 만약 1에서 10까지를 얻으려면 1:10이라고 하면 된다. 1에서 100까지 얻어서 변수 x에 할당해보자.

```
> x <- 1:100
> x
  [1]   1   2   3   4   5   6   7   8   9  10  11  12  13  14  15  16  17
 [18]  18  19  20  21  22  23  24  25  26  27  28  29  30  31  32  33  34
 [35]  35  36  37  38  39  40  41  42  43  44  45  46  47  48  49  50  51
 [52]  52  53  54  55  56  57  58  59  60  61  62  63  64  65  66  67  68
 [69]  69  70  71  72  73  74  75  76  77  78  79  80  81  82  83  84  85
 [86]  86  87  88  89  90  91  92  93  94  95  96  97  98  99 100
```

이렇게 보면 벡터 값이 출력될 때 [1], [15] 등은 벡터 요소의 위치, 즉 인덱스임을 알 수 있다. 이들 요소를 모두 합한 값을 구해보자. 이때는 sum()이라는 함수를 사용한다.

```
> sum(x)
[1] 5050
```

평균은 mean(), 분산은 var(), 표준편차는 sd() 함수를 사용한다.

```
> mean(x)
[1] 50.5
> var(x)
[1] 841.6667
> sd(x)
[1] 29.01149
```

지금까지 몇 가지 함수를 보았다. 컴퓨터 언어에서 함수를 실행시킨다는 의미로 함수를 '호출(call)'한다고 하고, 함수를 '실행(invoke)'한다고도 한다. 둘 사이에 의미 차이는 없다. 아주 당연하게 보일지 모르겠지만 R에서 함수를 실행시킬 때는 함수 이름 뒤에 ()를 붙이고, 그 안에 함수가 필요한 인자(argument)를 넣으면 된다.

본서에서는 함수임을 알아보기 편하게 하기 위해서 mean()이라고 표기하고 있지만, 이 함수의 이름은 공식적으로 mean이다. sd() 함수의 이름은 sd이다. 뒤에 괄호는 함수 호출을 의미한다. 그래서 사실은 함수 mean()을 설명할 때 mean이라고 하는 것이 옳지만, 함수임을 명확히 하기 위해서 필자는 관례적으로 mean()을 사용하고 있다.

x의 다섯 번째 요소의 값이 결측치라서 NA 값으로 바꿔보자.

```
> x[5] <- NA
> x
 [1]   1   2   3   4  NA   6   7   8   9  10  11  12  13  14  15  16  17
[18]  18  19  20  21  22  23  24  25  26  27  28  29  30  31  32  33  34
[35]  35  36  37  38  39  40  41  42  43  44  45  46  47  48  49  50  51
[52]  52  53  54  55  56  57  58  59  60  61  62  63  64  65  66  67  68
[69]  69  70  71  72  73  74  75  76  77  78  79  80  81  82  83  84  85
[86]  86  87  88  89  90  91  92  93  94  95  96  97  98  99 100
```

그다음에 평균, 분산, 표준편차를 구해보자.

```
> mean(x)
[1] NA
> var(x)
[1] NA
> sd(x)
[1] NA
```

모두 NA가 반환된다. NA가 있으면 기본적으로 이들 계산값은 NA가 된다. 아마도 많은 사람들이 원하는 바는 아닐 것이다. 이런 경우에는 함수의 도움말을 찾아볼 필요가 있다. 어떤 함수의 도움말을 보려면 help() 함수 안에 함수의 이름을 넣거나 ? 다음에 함수 이름을 쓰면 된다.

```
> help(mean)
```

```
> ?mean
```

R은 도움말이 잘 정리되어 있기 때문에 R 언어를 공부할 때 가장 중요한 정보원으로 활용할 수 있다. mean() 함수의 도움말을 보면 다음과 같은 내용의 na.rm이라는 인자의 사용법이 나온다.

• na.rm: a logical value indicating whether NA values should be stripped before the computation proceeds.

내용을 보면 "이 인자를 논리값으로 설정할 수 있는데, 이 논리값은 NA 값들을 계산하기 전에 제외할지 정한다"라고 쓰어 있다. 이를 통해 우리는 na.rm이 NA remove라는 의미를 가진다는 것을 알 수 있다. 그래서 다음과 같이 할 수 있다.

```
> mean(x, na.rm = TRUE)
[1] 50.9596
```

이런 인자는 var(), sd() 함수에도 사용된다.

```
> var(x, na.rm = TRUE)
[1] 828.9167
> sd(x, na.rm = TRUE)
[1] 28.79091
```

R 함수에 대해 다시 정리해보면 다음과 같다.

- R 함수의 이름은 변수의 이름이 될 수 있는 것이면 된다.
- 함수를 호출한다(call), 실행한다(invoke)는 같은 의미다.
- 함수의 인자 값은 인자 = 값의 형태를 가진다.

추가로 함수의 '반환값(return value)'이라는 개념에 대해 알아보자. 모든 R 함수는 한 개의 값을 반환한다. 어떤 경우 값을 반환하지 않는 것처럼 보이지만, 이런 경우에도 NULL 값을 반환하기 때문에 모든 R 함수는 한 개의 값을 반환한다. 값을 반환한다는 사실과 그게 하나라는 사실이 중요하다. 두 개 이상의 값을 한꺼번에 반환하지는 못한다. 두 개 이상을 반환하는 것처럼 보여도 그것은 하나를 의미한다.

그런데 여기서 '하나'라고 하는 것은 벡터를 구성하는 하나의 요소를 의미하지 않는다. 값으로 취급될 수 있는 하나를 의미한다. 이를테면 하나의 벡터를 반환한다. 이런 벡터는 모드가 같으면 여러 요소들을 모을 수 있기 때문에 하나의 벡터를 반환하더라도 여러 값들을 반환하는 효과를 얻을 수 있다.

⑪ R 도움말 페이지를 읽는 방법

앞에서 help(mean)를 실행하거나 ?mean을 실행하면 함수 mean에 대한 도움말 페이지가 열린다고 했다. 이 도움말 페이지를 어떻게 활용할지 알아보자.

어떤 함수의 도움말 페이지는 보통 다음 순서로 되어 있다.

- Description: 일반적인 기능 설명
- Usage: 사용법
- Arguments: 함수에 사용되는 인자
- Value: 함수의 반환값
- Examples: 예제 코드

초보자들의 경우 도움말 페이지를 처음 읽으면 R 전문용어로 문장이 쓰여 있기 때문에 어렵게 느껴질 것이다. 그렇지만 자주 읽어보면서 익숙해질 필요가 있고, 나중에 보면 그게 가장 정확한 정보임을 알게 된다. 문장들이 잘 이해되지 않을 때는 예제 코드를 복사해 R 콘솔에서 직접 사용해보면 좀 더 잘 이해할 수 있다.

함수와 관련해서는 인자의 사용법과 해당 함수가 반환하는 값이 무엇인지 잘 살펴보아야 한다. 어떤 인자를 설명하는 Arguments인 경우 인자 값을 부여하는 방법을 설명하는데, 보통 어떤 데이터 타입이라야 하고 그 후에 어떤 역할을 하는지 등이 쓰여 있다.

⑫ 값, 표현식, 문장

앞에서 값(value)의 개념을 공부했다. 이제 이 값을 만들어내는 '표현식(expression)'이라는 개념을 알아보자. 표현식은 R 코드의 일부로 하나의 값으로 치환될 수 있는 부분을 말한다. 영어로는 'evaluate to a value'라고 흔히 표현한다. 어떤 값 자체도 하나의 표현식이며, 값에 어떤 연산이 더해진 것이 또 하나의 표현식이다.

아래에서 3은 하나의 표현식이다. 그리고 x + 5도 하나의 표현식이다. 이것은 8이라는 값을 만든다.

```
> x <- 3
> y <- x + 5
> y
[1] 8
```

함수를 호출하면 하나의 값이 반환되므로 함수 호출 역시 하나의 표현식이라고 말할 수 있다. R은 함수형 언어로서 함수들을 중첩해 사용하는 것이 전혀 문제되지 않는다. 다음과 같은 코드를 보자.

```
> set.seed(1)
> mean_random_number <- mean(sample(1:10, 10, replace = TRUE))
```

여기에서 sample() 함수를 호출하면 그 결과로 어떤 값을 반환할 것이다. 이 경우에는 numeric 벡터를 반환한다. 이 값을 다시 mean() 함수의 인자로 사용하고, 다시 반환값을 만들고, 이것을 `mean_random_number`에 할당한다. 이런 과정을 더 깊이 중첩할 수 있다. 하지만 그렇게 하면 코드를 읽기 어렵게 된다. 적절한 수준에서 이해하기 편한 수준으로만 사용하는 것이 좋다. 다만 처음 R을 배울 때는 `sample()` 부분의 표현식을 읽고, 다시 `mean()` 함수가 들어간 표현식을 읽는 습관을 들이는 것이 중요하다. 문장이 복잡하면 표현식을 하나씩 R 콘솔에서 실행하면서 이해하는 것도 좋은 방법이다.

이런 표현식들이 모여서 하나의 문장(statement)이 된다. 다음은 두 개의 문장이다.

```
> x <- 3
> y <- x + 5
```

R에서 문장은 줄바꿈으로 구분한다. 이것을 한 줄로 써야 할 때는 다음과 같이 ;으로 표현할 수도 있지만, 대부분의 사람들은 줄바꿈을 사용한다.

```
> x <- 3; y <- x + 5
```

⑬ 함수의 부수효과

앞에서 R에서 함수를 호출하면 하나의 값을 반환한다고 했다. 어떤 함수들은 NULL 값을 반환하기도 하지만, NULL도 하나의 값이기 때문에 그런 경우도 모두 해당된다. 어떤 함수들을 호출하면 값을 반환하는 것 이외에 '부수효과(side effect)'를 내는 함수들이 있다. 이런 부수효과는 값과는 구분된다.

부수효과는 현재 실행되고 있는 함수를 기준으로 한다. 값을 반환하는 것 이외의 함수 호출의 모든 효과는 부수효과라고 볼 수 있는데, 함수를 기준으로 외부 세계에 영향을 주고 있다면 그 함수는 부수효과를 가진다고 말한다. 대표적인 것을 꼽아보면 다음과 같다.

• 플롯(그래프)을 출력하는 것
• 파일에 어떤 데이터를 쓰는 것
• 현재 환경의 옵션 등을 바꾸는 것

⑭ 비교와 논리 연산

비교(comparison)는 큰지, 작은지, 같은지 등을 따지는 것이다. 앞에서 본 논리형(logical) 값인 TRUE/FALSE 등은 주로 이런 비교 연산의 결과이다.

큰지, 작은지, 이상인지, 이하인지는 다음과 같은 방법으로 비교한다.

```
> 3 > 5
[1] FALSE
> 3 >= 5
[1] FALSE
> 3 < 5
[1] TRUE
> 3 <= 5
[1] TRUE
```

값이 같은지 나타낼 때는 두 개의 등호 ==를 사용하고, 다른지는 !=을 사용한다. R에서 = 는 할당 연산자라는 점을 기억할 필요가 있다.

```
> 3 == 5
[1] FALSE
> 3 != 5
[1] TRUE
```

이 연산자를 벡터에 적용해보자.

```
> x <- c(1, 2, 3)
> y <- c(4, 5, 6)
> x > y
[1] FALSE FALSE FALSE
> x < y
[1] TRUE TRUE TRUE
> x == y
[1] FALSE FALSE FALSE
> x != y
[1] TRUE TRUE TRUE
```

앞의 산술 연산에서와 같이 이들 비교 연산도 벡터의 인덱스가 같은 요소들이 대응하여 계산이 이루어진다는 것을 알 수 있다. 다음을 보자.

```
> x
[1] 1 2 3
> x > 1
[1] FALSE TRUE TRUE
```

이 경우를 보면 벡터 x의 길이가 3이고, 뒤의 벡터는 길이가 1이기 때문에 두 번째 벡터에서 재활용이 일어나서 c(1, 1, 1)로 보고 연산이 이루어진다. 이런 논리형 벡터는 벡터에서 원하는 값들만을 뽑아내는 서브세팅(subsetting)에 유용하게 활용된다. 앞에서 [ ] 안에 인덱스 값을 주면 그 위치에 해당되는 값을 얻을 수 있었다.

```
> x[3]
[1] 3
```

요소들의 값에 이름이 있는 경우에는 그 이름을 줘서 값을 얻을 수도 있었다. 이번에는 이런 논리형 값을 줄 것인데, 그렇게 하면 참(TRUE)인 위치의 값만을 골라낸다.

```
> a <- x > 1
> a
[1] FALSE TRUE TRUE
> x[a]
[1] 2 3
```

이 코드는 x > 1이라는 표현식에 의해서 c(FALSE, TRUE, TRUE) 값으로 바뀔 것이고 이것이 a라는 벡터에 할당될 것이다. a <- x > 1이 눈에 잘 들어오지 않는다면 다음과 같이 괄호를 쓰면 된다.

```
a <- (x > 1)
```

이것을 [ ] 안에 넣으면 벡터 x에서 1보다 큰 값만으로 구성된 벡터를 반환한다. 이 과정을 간략하게 쓰면 다음과 같다.

```
> x[x > 1]
[1] 2 3
```

이런 연산은 매우 강력하다.

```
> set.seed(1) # 난수의 시드 설정
> xx <- sample(1:100, 50, replace = TRUE)
> xx
 [1]  27  38  58  91  21  90  95  67  63   7  21  18  69  39  77  50  72
[18] 100  39  78  94  22  66  13  27  39   2  39  87  35  49  60  50  19
[35]  83  67  80  11  73  42  83  65  79  56  53  79   3  48  74  70
```

벡터 xx에서 30보다 큰 값을 골라내보자.

```
> xx[xx > 30]
 [1]  38  58  91  90  95  67  63  69  39  77  50  72 100  39  78  94  66
[18]  39  39  87  35  49  60  50  83  67  80  73  42  83  65  79  56  53
[35]  79  48  74  70
```

이런 기술들에 대해서는 나중에 다시 설명하겠다. 일단 기억할 것은 [ ] 안에 인덱스 숫자가 아닌 참/거짓 값이 들어가면, 참 값에 해당되는 위치의 값들만을 추출할 수 있다는 점이다.

비교와 더불어 자연스럽게 따라오는 것이 논리 연산이다. 비교 연산의 결과는 논리값 (logical value)이 되고, 이 논리값에 대한 연산이 논리 연산이다. 논리 연산은 그리고, 또는, 부정 등을 따지는 연산으로 논리 AND는 &, 논리 OR는 |, 논리 부정은 ! 라는 연산자를 사용한다.

```
> a <- c(TRUE, TRUE, FALSE, FALSE)
> b <- c(FALSE, TRUE, TRUE, FALSE)
> a & b
[1] FALSE  TRUE  FALSE  FALSE
> a | b
[1]  TRUE   TRUE   TRUE  FALSE
> !a
[1] FALSE  FALSE  TRUE   TRUE
> !b
[1]  TRUE  FALSE  FALSE  TRUE
```

앞의 **xx**에서 30보다 크고, 50보다 작은 수는 다음과 같이 골라낼 수 있다.

```
> xx[xx > 30 & xx < 50]
[1]    38  39  39  39  39  35  49  42  48
```

논리 연산자에는 두 개로 된 ||과 &&가 있는데, 이것들은 하나로 된 |과 &와는 좀 차이가 있다(이 내용은 뒤에서 다룰 것이다). 벡터에는 기본적으로 하나로 된 연산자를 쓴다고 알아두자.

⑮ 작업이 이루어지는 공간에 대한 개념

작업이 이루어지는 공간에 관해 알아보자. 다음과 같이 값들을 객체 **x**와 **y**에 할당해보자.

```
> x <- c(34, 23, 65)
> y <- c("a", "b", "c")
```

그럼 이 **x**와 **y**는 어디에 저장되는 것일까? R 콘솔의 프롬프트에서 이 코드를 실행하였다면 이 **x**와 **y**는 인터랙티브 워크스페이스(interactive workspace) 또는 글로벌 환경(global environment)이라 불리는 공간에 저장된다. 글로벌 환경은 R 코드에서는 `.GlobalEnv`로 표시된다. 그러니까 R을 실행시키면 내부적으로 워크스페이스라는 공간이 생겨나 여기에서 기본적인 작업이 시작되고, R을 종료하면 이 공간은 사라진다. 이런 워크스페이스는 뒤에서 언급할 R 환경의 일종이다. R에서 환경은 데이터 타입의 일종으로 추상적 개념이 아니라 실체적 개념이다.

글로벌 환경에서 변수에 값을 할당한 상황에 대해 다음과 같이 지적인 모델을 그릴 수도 있다.

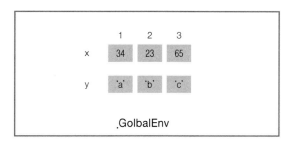

그러나 이와 같은 모델은 그다지 바람직하지 않으며 다음과 같은 그림을 머릿속에 그리는 것이 좋다.

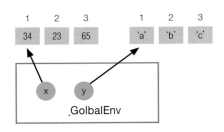

이 그림에서는 글로벌 환경에 객체 x, y가 들어 있고, 각각은 어떤 저장공간에 들어 있는 값을 가리키고 있다. 이렇게 어떤 객체의 이름(심볼이라고도 함)과 그 값을 연결하는 것을 '바인딩(binding)'이라고 부른다. 글로벌 환경을 주목해서 보면, 여기에는 값이 아니라 이름(심볼)이 존재함을 알 수 있다. 이렇게 환경은 이름들을 모아놓은 것(a set of binding of names to values)이라고 볼 수 있다. 이런 환경에 대한 개념은 R을 이해하는 데 가장 중요한 개념 중 하나이다.

여기서 우리는 할당(assignment)의 역할을 새로운 개념으로 정의할 수 있다. 다음 R 콘솔의 프롬프트에서 실행한다는 것은, 글로벌 환경에 객체 x와 값 c(1, 2, 3)에 대한 바인딩을 만든다는 것을 의미한다.

```
> x <- c(1, 2, 3)
```

R 콘솔에서 글로벌 환경에 존재하는 이름들을 보려면 ls()라는 함수를 사용한다. list라는 단어에서 유래한 이름이다. 내용을 잘 보면 ls()는 글로벌 환경에 존재하는 객체들의 이름을 문자열로 바꾸어서 출력한다는 것을 알 수 있다.

```
> ls()
 [1] "a"                  "b"                  "bmi"
 [4] "c"                  "fig"                "fig_num"
 [7] "height"             "i"                  "j"
[10] "k"                  "mean_random_number" "my_name"
[13] "nick_name"          "params"             "tab_num"
[16] "trial"              "weight"             "x"
[19] "xx"                 "y"
```

글로벌 환경에서 어떤 변수가 더이상 필요하지 않다고 판단되면 rm() 함수를 사용해 삭제할 수 있다. a라는 변수를 삭제해본다.

```
> rm("a")
> ls()
 [1] "b"                   "bmi"                 "c"
 [4] "fig"                 "fig_num"             "height"
 [7] "i"                   "j"                   "k"
[10] "mean_random_number"  "my_name"             "nick_name"
[13] "params"              "tab_num"             "trial"
[16] "weight"              "x"                   "xx"
[19] "y"
```

이제는 물리적인 컴퓨터상의 디렉터리에 대해서 알아보자. R은 컴퓨터의 특정 디렉터리를 기준으로 실행된다. 이것을 워킹디렉터리(working directory)라 하고, R 콘솔에서 getwd()라고 실행하면 알 수 있다. 보통 특별히 따로 설정하지 않았다면 윈도우에서는 '내 문서' 폴더가 워킹디렉터리가 된다. 명령행에서 실행하면 명령행의 디렉터리가 워킹디렉터리가 된다. 이런 워킹디렉터리는 파일에서 내용을 읽거나 파일로 내용을 저장할 때 그 기준이 되는 디렉터리로서, 목적하는 파일의 위치를 이 디렉터리에 대한 상대 경로(relative path)로 지정하게 된다.

R을 종료하려면 콘솔에서 q()라는 함수를 실행한다. 그러면 보통 다음과 같은 메시지가 나온다.

```
Save workspace image? [y/n/c]:
```

워크스페이스란 앞에서 말한 글로벌 환경인 인터랙티브 워크스페이스를 말한다. 이것에 대한 이미지를 저장한다는 말은 이 환경에 존재하는 모든 변수들을 저장할지를 묻는 것이다. y를 입력하고 엔터키를 치면 현재의 모든 변수들이 저장되고, 같은 방법으로 R을 실행하면 다시 그 변수들을 자동으로 불러온다. 만약 n이라고 하면 워크스페이스에 있는 변수들은 모두 사라진다.

⑯ R의 패키지 시스템

R의 대부분의 기능은 패키지(packages)로 모듈화되어 있다. 패키지란 보통의 소프트웨어로 보면 애드온(add-on)과 같이 기존의 기능을 확장할 때 사용한다. 이런 패키지에는 패키지에서 정의된 함수, 데이터 등이 들어 있다.

처음 베이스 R을 설치하면 약 30여 개의 패키지가 자동으로 같이 설치된다. 이들 패키지를 베이스(base) 또는 표준(standard) 패키지라고 부른다. 이들은 R의 기본 기능을 비롯하여 연산, 통계, 그래픽 함수 들로 구성되어 있다.

그리고 R 콘솔을 실행하면 몇 개의 표준 패키지는 자동으로 로딩된다. 이를테면 앞에서 사용한 mean(), getwd(), ls(), rm() 등은 base라는 패키지에 저장되어 있고, base 패키지는 R 콘솔이 시작되면 자동으로 로딩되므로 우리는 별도의 절차 없이 이들 함수를 사용할 수 있다. 패키지를 추가로 로딩하는 방법은 뒤에서 설명한다.

표준 패키지 이외의 패키지는 사용자들이 만든 것으로, 보통 학술지에 논문을 게재하는 과정과 유사하다. 주어진 형식에 맞게 패키지를 만들고 그것을 R 코어 팀에 보내면, 심사를 거쳐 등재할지를 결정한다. 등재가 결정되면 소스코드는 CRAN(Comprehensive R Archieve Network)[2] 사이트에 올려지고, 생물정보학과 관련된 패키지들은 Bioconductor[3] 사이트에 올려진다. 이런 사이트를 저장소(repository)라고 부른다.

사용자가 어떤 패키지를 사용하는 과정은 보통 두 단계로 구분할 수 있다.

- 인스톨: 저장소에서 자신의 컴퓨터에 설치하는 과정이다. 컴퓨터에 패키지들이 저장되는 곳을 라이브러리(library)라고 부른다.
- 로딩: R 세션이 시작되었을 때, 표준 패키지들 이외의 패키지는 자동으로 로딩되지 않는다. R 세션에서 인스톨된 패키지를 사용하려면 패키지를 현재의 R 세션으로 로딩해야 한다. R 세션을 종료하고 새로운 R 세션을 시작하는 경우에도 똑같이 이 과정이 필요하다.

먼저 패키지를 자신의 컴퓨터에 가져오는 방법을 알아보자. 앞에서 도움말 페이지를 사용하는 방법을 설명했다. ?mean을 실행해보면 화면 가장 앞에 mean {base}라고 나타나는

---

2 https://cran.r-project.org
3 http://www.bioconductor.org

데, {} 안을 보고 이것이 base 패키지에 들어 있는 함수임을 알 수 있다. ?sd를 실행해보면 stats라는 패키지에 들어 있는 함수임을 알 수 있을 것이다.

현재 R 세션에서 어떤 패키지들이 사용되고 있는지 확인하기 위해 search()라는 함수를 사용할 수 있다.

```
> search()
[1]  ".GlobalEnv"           "package:captioner"    "package:knitr"
[4]  "package:shiny"        "package:methods"      "package:stats"
[7]  "package:graphics"     "package:grDevices"    "package:utils"
[10] "package:datasets"     "Autoloads"            "package:base"
```

search는 '탐색 경로'를 말하는 것으로 R이 어떤 이름과 그 값을 찾아가는 경로이기 때문에 이런 이름을 사용한다. 우리가 mean()이라는 함수를 특별한 과정을 거치지 않고도 바로 사용할 수 있는 것은 mean() 함수가 base 패키지에 정의되어 있어서 mean() 함수를 호출했을 때 이 경로를 따라가면서 읽기 때문이다. 만약 이 경로에 이름이 정의되어 있지 않으면 R은 오류(error)를 발생시킨다.

search() 함수보다 광범위한 정보를 제공하는 sessionInfo() 함수로도 현재 사용되고 있는 패키지들을 볼 수 있다.

```
> sessionInfo()
R version 3.3.3 (2017-03-06)
Platform: x86_64-apple-darwin13.4.0 (64-bit)
Running under: macOS Sierra 10.12.4

locale:
[1] ko_KR.UTF-8/ko_KR.UTF-8/ko_KR.UTF-8/C/ko_KR.UTF-8/ko_KR.UTF-8

attached base packages:
[1] methods   stats    graphics  grDevices utils    datasets  base

other attached packages:
[1]  captioner_2.2.3         knitr_1.15.1            shiny_1.0.1

loaded via a namespace (and not attached):
[1]  Rcpp_0.12.10           bookdown_0.3          digest_0.6.12
[4]  rprojroot_1.2          mime_0.5              R6_2.2.0
[7]  xtable_1.8-2           backports_1.0.5       magrittr_1.5
[10] evaluate_0.10         highr_0.6             stringi_1.1.5
[13] rmarkdown_1.4.0.9001  tools_3.3.3           stringr_1.2.0
[16] httpuv_1.3.3          yaml_2.1.14           htmltools_0.3.5
```

패키지는 라이브러리(library)라고 불리는 컴퓨터상의 폴더에 저장되어 있다. 바꾸어 표현해보면 패키지를 저장하고 있는 곳을 '라이브러리'라고 부른다. 참고로 `.libPaths()`라는 함수로 그 위치를 알 수 있다.

그런데 베이스 R을 설치할 때 자동으로 설치되지 않는 패키지들은 어떻게 사용할까? 이런 패키지들은 CRAN[4]에 저장되어 있다. 그리고 전 세계 여러 곳에서 미러 사이트들이 운영되고 있기 때문에 인터넷만 연결되어 있다면 패키지 설치는 아주 쉽다.

설치는 기본적으로 `install.packages()`라는 함수를 사용한다. 이를테면 `ggplot2`라는 패키지를 설치하려면 다음과 같이 한다.

```
> install.packages("ggplot2")
```

이 함수를 실행하면 다운로드할 미러사이트를 묻는데, 가까운 곳에 있는 것을 선택하면 된다. 함수의 이름이 복수인 것은 한꺼번에 여러 패키지를 설치할 수도 있기 때문이다. 패키지들을 하나의 문자열(character) 벡터로 주면 된다.

```
> install.packages(c("ggplot2", "shiny"))
```

이렇게 설치하면 조금 전에 설명한 '라이브러리'라는 곳에 저장된다. 설치된 패키지를 사용하려면 R 콘솔에서 `library()` 함수를 사용해 패키지를 로딩해야 한다.

```
> library(ggplot2)
```

요컨대 어떤 패키지를 사용하기 위해서는 두 단계가 필요하다. 하나는 패키지를 컴퓨터에 설치하는 것이고, 다른 하나는 현재의 R 세션으로 로딩하는 것이다. 이러한 과정은 R 콘솔에서 메뉴를 통해 실행할 수도 있다.

---

4 https://cran.r-project.org

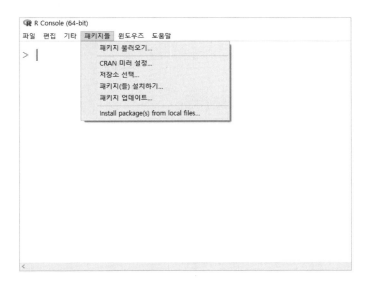

이 GUI를 자세히 소개하지 않는 이유는 R 콘솔은 이번 장에서만 사용할 것이기 때문이다. 나중에 보면 RStudio에 더 좋은 GUI가 여럿 존재한다. 다만 여기서는 패키지 설치와 로딩의 개념을 익히면 된다.

17 스크립트 파일, 소싱, R 데이터의 저장/로딩

17-1 인터랙티브 모드와 스크립트 모드

R 콘솔을 열어서 프롬프트에 R 코드를 한 줄씩 실행하면서 사용하는 방법을 인터랙티브 모드라고 부른다. 이것은 데이터 분석 작업 과정에 따른 것으로, R은 데이터 분석 도구이기 때문에 이런 인터랙티브 모드에 최적화되도록 진화한 흔적들을 여러 군데에서 찾을 수 있다.

반면 '스크립트 모드'라는 것은 R 코드(== 스크립트)를 모아놓은 것이라고 볼 수 있다. 이렇게 모아놓은 파일을 'R 스크립트'라고 하고 확장자는 .R을 사용한다.

R 콘솔에서 [파일] → [새 스크립트]를 선택해 스크립트를 작성해보자.

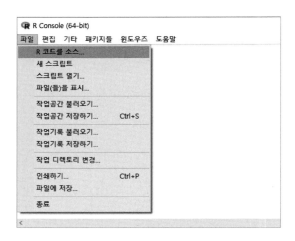

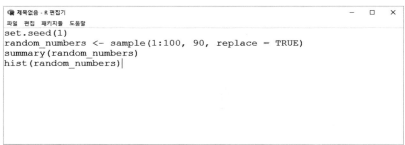

앞의 그림과 같이 스크립트를 작성한다. 이 스크립트를 한 줄 한 줄 실행하면서 그 과정을 볼 수 있다. 커서를 어느 줄에 두고 'Ctrl + R'을 누르면 해당 문장이 실행된 뒤 커서가 다음 줄로 이동된다.

이 스크립트를 [파일] 메뉴나 'Ctrl + S' 키를 눌러서 저장한다. 확장자 디폴트는 .R이고 이것을 random.R로 저장한다. 그런 다음 스크립트를 닫는다.

이제 이 스크립트를 한꺼번에 실행해보자. 스크립트에 저장된 R 코드를 한꺼번에 실행시키는 것을 소싱(sourcing)이라고 하는데, R 콘솔에서 [파일] → [R 코드를 소스⋯]를 선택하고 해당 파일을 열면 자동으로 스크립트의 R 코드들이 실행된다.

이런 경우에는 히스토그램만 그려지고, 중간에 summary() 함수의 결과는 나타나지 않는다. 이것을 보려면 R 콘솔에서 위쪽 화살표를 클릭해 source() 함수를 실행했던 코드로 이동한 뒤, 이 함수에 echo=TRUE 옵션을 줘서 다시 실행해야 한다.

```
> source("C:\\Users\\sbko\\Documents\\random.R", echo=T)

> set.seed(1)

> random_numbers <- sample(1:100, 90, replace = TRUE)

> summary(random_numbers)
   Min. 1st Qu.  Median    Mean 3rd Qu.    Max.
   2.00   32.25   48.50   51.72   75.50  100.00

> hist(random_numbers)
> |
```

17-2 R 데이터를 파일로 저장하고, 로딩하기

앞에서 워크스페이스(== 글로벌 환경)를 설명하면서 R 세션에서 생성되는 변수들은 여기에 저장된다고 했다. 이 공간은 R 세션이 종료됨과 동시에 소실되는 공간이기 때문에 생성된 R 데이터를 저장하기 위해서는 파일에 기록해야 한다. R 데이터는 기본적으로 .Rdata라는 확장자를 가진 파일로 저장된다.

R 콘솔에서 다음과 같이 해보자.

```
> x <- c(1, 2, 3)
> y <- c("A", "B", "C")
```

이 객체들을 파일에 저장해보자. 각각의 변수를 별도의 파일로 저장할 수도 있고, 복수의 변수들을 하나의 파일로 저장할 수도 있다. 여기서는 두 개를 하나의 파일 myData.Rada에 저장해보자.

```
> x <- c(1, 2, 3)
> y <- c("A", "B", "C")
> save(x, y, file="myData.Rdata"|
```

save() 함수는 R 객체들을 파일에 저장할 때 사용한다. 이 함수를 실행하면 현재의 워킹 디렉터리(getwd()로 확인 가능)에 myData.Rdata라는 파일이 생성되고, 여기에 변수들이 저장된다.

R 콘솔을 종료하고 이 파일을 찾아서 더블클릭하면 R 콘솔이 다시 실행된다. R 콘솔에서 ls()(워크스페이스에 있는 객체들을 나열)를 실행해보면 x, y 객체가 로딩되어 있는 것을 확인할 수 있다.

```
R Console (64-bit)                                                  —  □  ×
파일  편집  기타  패키지들  윈도우즈  도움말

R version 3.3.3 (2017-03-06) -- "Another Canoe"
Copyright (C) 2017 The R Foundation for Statistical Computing
Platform: x86_64-w64-mingw32/x64 (64-bit)

R은 자유 소프트웨어이며, 어떠한 형태의 보증없이 배포됩니다.
또한, 일정한 조건하에서 이것을 재배포 할 수 있습니다.
배포와 관련된 상세한 내용은 'license()' 또는 'licence()'을 통하여 확인할 수 있습니다.

R은 많은 기여자들이 참여하는 공동프로젝트입니다.
'contributors()'라고 입력하시면 이에 대한 더 많은 정보를 확인하실 수 있습니다.
그리고, R 또는 R 패키지들을 출판물에 인용하는 방법에 대해서는 'citation()'을 통해 확인하시길 $

'demo()'를 입력하신다면 몇가지 데모를 보실 수 있으며, 'help()'를 입력하시면 온라인 도움말을 $
또한, 'help.start()'의 입력을 통하여 HTML 브라우저에 의한 도움말을 사용하실수 있습니다
R의 종료를 원하시면 'q()'을 입력해주세요.

[이전에 저장한 작업공간을 복구하였습니다]

> ls()
[1] "x" "y"
> x
[1] 1 2 3
> y
[1] "A" "B" "C"
> |
```

R 데이터 파일을 클릭하지 않고도 R 콘솔에서 바로 해당 파일을 로딩할 수 있다. [파일] → [작업공간 불러오기…]를 선택하여 해당 파일을 선택하면 된다.

```
R Console (64-bit)                                        —  □  ×
파일  편집  기타  패키지들  윈도우즈  도움말
> load("C:\\Users\\sbko\\Documents\\myData.Rdata")
> ls()
[1] "x" "y"
> x
[1] 1 2 3
> y
[1] "A" "B" "C"
> |
```

앞의 그림을 보면 `load()` 함수를 사용했다는 것을 알 수 있다. 이 함수를 직접 R 콘솔에 실행해도 된다.

17-3 다른 소프트웨어의 데이터 읽기

전문적인 지식이 없는 경우 많은 사람들이 엑셀로 데이터를 저장한다. 물론 SPSS, SAS와 같은 전문적인 소프트웨어에 데이터를 가지고 있는 이들도 있고, 어떤 이들은 웹 데이터베이스에 데이터를 저장하기도 한다.

R을 처음 접하는 사람들이 가장 궁금해하는 것 중 하나가 '엑셀 데이터를 읽을 수 있는가' 하는 점이다. 엑셀 데이터는 물론이고 어떤 형태의 데이터이든, 그게 현재 컴퓨터에 있든 인터넷에 존재하든 상관하지 않고 R로 불러올 수 있기 때문에 전혀 걱정할 필요가 없다. 다만, 이런 과정들을 쉽게 해주는 패키지들의 도움을 받아야 한다. 이 점에 대해서는 뒤에서 자세히 소개한다.

18 정리

이 장에서 비교적 많은 것들을 설명했다. 처음 한번 보고 모든 내용을 이해할 수 있을 거라고 기대해서는 안 된다. 반복해 사용하면서 익숙해지는 과정을 거쳐야 한다. 조금 이해가 되었다 면 R 콘솔에서 [도움말] → [PDF 매뉴얼] → [An Introduction to R]을 선택해 문서를 읽어 보길 바란다.

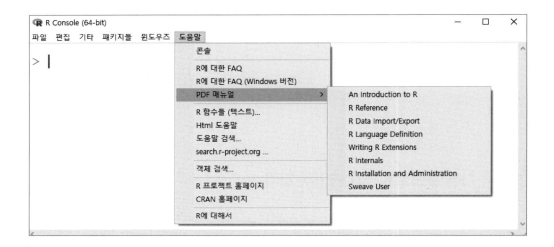

　R 설치 시 같이 딸려오는 문서로, 여기에는 본 장에서 설명하는 내용을 넘어서는 것들이 담 겨 있다. 이런 내용들은 다음 장에서 다루려고 하는데, 다음 장을 볼 때도 이 문서를 같이 놓 고 공부할 것을 권한다.

　일반적인 컴퓨터 유저들은 클릭에 너무 익숙해 있어서 콘솔에서 명령을 직접 입력하고 결 과를 보는 것과 같이 컴퓨터와 대화하는 것을 상당히 어려워한다. 통계학 전공이 아닌 학생들 에게 R을 가르쳤던 어떤 교수님은 코드를 통해서 R을 사용하는 경우가 종강 즈음에는 5% 미 만이었다고 말씀하셨다.

　레드오션과 블루오션의 경계는 사실 작은 차이에서 비롯될 때가 많다. 단순 클릭이라도 오 랜 습관을 버릴 수 있다면 이미 상위 5%에 드는 것이다. 컴퓨터 사용이 일상화되었지만 우리 가 정말 컴퓨터라는 것을 제대로 쓰고 있는지 생각해볼 필요가 있지 않을까. 이전의 틀을 버리 고 R의 드넓은 세계를 과감히 여행해보기를 강력히 권한다. 그러면 독자들의 삶에 변화가 찾 아올 것이다. 건투를 빈다.

R
Shiny

Chapter 4

기초 R 언어 (2)

3장에서는 R 데이터 처리의 기본 단위인 벡터에 대해서 알아보았다. 4장에서는 이런 벡터의 확장된 형태의 데이터 구조를 살펴보겠다. 구체적으로 팩터(factor), 행렬(matrix), 리스트(list), 데이터 프레임(data frame) 등에 대해 다룬다.

① 벡터 서브세팅과 교체

벡터 서브세팅(subsetting)은 벡터에서 원하는 데이터만을 추출하는 방법을 말한다. 주로 [ ] 연산자를 활용하는데, 이런 원리는 벡터를 확장한 매트릭스, 리스트, 데이터 프레임 등으로 확장할 수 있다. 뒤에서 이들 데이터 구조를 배우고 나서 이것들을 대상으로 한 서브세팅을 설명하겠다.

다음과 같은 정수형(integer) 벡터 x가 있다.

```
> x <- 11:20
> typeof(x)
[1] "integer"
> x
 [1]  11  12  13  14  15  16  17  18  19  20
```

서브세팅을 할 때 [ ]에 다음과 같은 방법으로 표현식을 넣는다.

① 자연수로 구성된 숫자형 벡터: 각 숫자는 요소의 인덱스(위치)를 의미한다. 해당 위치의 값을 추출한다.

```
> x[3]
[1] 13
> x[c(1, 3, 5)]
[1] 11 13 15
> x[c(1, 3, 3, 5)] # 인덱스를 중복하여 넣으면 중복하여 값 추출
[1] 11 13 13 15
> x[c(5, 3, 1)] # 정해준 순서에 따라 추출
[1] 15 13 11
```

② 음의 정수로 구성된 숫자형 벡터: 숫자는 요소의 인덱스(위치)를 의미하며, 음수는 이 값을 '제외'한다는 의미이다. 다른 컴퓨터 언어에서는 마지막 위치에서 뭔가를 한다는 의미로 음수가 많이 쓰이지만, R에서는 제외한다는 의미로 사용된다.

```
> x[-3]
[1] 11 12 14 15 16 17 18 19 20
> x[c(-1, -3, -5)] # 또는 x[-c(1, 3, 5)]
[1] 12 14 16 17 18 19 20
```

③ 논리형(logical) 벡터: 이 벡터의 TRUE 값을 가지는 요소의 위치에 해당되는 값을 추출한다. c(TRUE, FALSE, TRUE, FALSE)라면 1, 3번의 위치에 해당되는 값을 추출한다.

```
> x[c(TRUE, FALSE, TRUE, FALSE)]
[1] 11 13 15 17 19
```

그런데 이 방법은 보통 이렇게 실제 논리형 벡터 그 자체로 쓰는 경우는 거의 없고, 이 논리형 벡터를 만드는 표현식을 넣어서 어떤 조건에 맞는 값을 추출하는 데 쓰인다.

```
> x[x > 14]
[1] 15 16 17 18 19 20
```

이것은 x > 14라는 표현식이 생성하는 다음과 같은 논리형 벡터를 [ ] 안에 넣는 것이다. 생각은 이렇게 하되, x[x > 14]는 벡터 x에서 14보다 큰 값을 추출할 때 이렇게 코딩한다고 습관화하는 것이 필요하다.

```
> x > 14
 [1] FALSE FALSE FALSE FALSE TRUE TRUE TRUE TRUE TRUE TRUE
```

④ 다음은 이름(name)으로 접근하는 방법이다. 현재 벡터 x의 요소들은 아직 이름이 없으므로 이름을 부여해보자. R에는 몇 가지 변수가 미리 정의되어 있다. letters, LETTERS라는 알파벳으로 구성된 벡터도 그러한 종류이다.

```
> letters
 [1] "a" "b" "c" "d" "e" "f" "g" "h" "i" "j" "k" "l" "m" "n" "o" "p" "q"
[18] "r" "s" "t" "u" "v" "w" "x" "y" "z"
> LETTERS
 [1] "A" "B" "C" "D" "E" "F" "G" "H" "I" "J" "K" "L" "M" "N" "O" "P" "Q"
[18] "R" "S" "T" "U" "V" "W" "X" "Y" "Z"
```

이것을 사용하여 이름을 부여해본다. 이름은 names()라는 함수를 사용하는데, 이것을 할당문의 좌변에 둔다. 그리고 벡터 x의 길이만큼을 추출하여 이름을 부여해본다.

```
> names(x) <- letters[1:length(x)]
> x
 a  b  c  d  e  f  g  h  i  j
11 12 13 14 15 16 17 18 19 20
```

이름이 부여되었으니 이것을 사용하여 값을 추출할 수 있다. 이름을 [ ] 안에 넣는다.

```
> x[c("a", "d", "f")]
 a  d  f
11 14 16
```

이런 표현식들을 할당문의 좌변(왼쪽)에 넣어서 값을 수정하거나 삭제하거나 하는 등의 일을 할 수 있는데 이것을 '교체(replacement)'라고 한다. 다음 코드들이 R 콘솔에서 연속해서 실행된다고 생각하자.

- 3번 요소의 값을 33으로 교체

```
> x
 a  b  c  d  e  f  g  h  i  j
11 12 13 14 15 16 17 18 19 20
> x[3] <- 33
> x
 a  b  c  d  e  f  g  h  i  j
11 12 33 14 15 16 17 18 19 20
```

- 1, 3, 5번째 요소의 값을 111, 333, 555로 교체

```
> x
 a  b  c  d  e  f  g  h  i  j
11 12 33 14 15 16 17 18 19 20
> x[c(1, 3, 5)] <- c(111, 333, 555)
> x
  a  b   c  d   e  f  g  h  i  j
111 12 333 14 555 16 17 18 19 20
```

- 5, 3, 1번째 요소의 값을 555, 333, 111로 교체. 이런 교체는 단순히 값만 교체하는 것이기 때문에 원래의 순서는 유지된다.

```
> x
  a  b   c  d   e  f  g  h  i  j
111 12 333 14 555 16 17 18 19 20
> x[c(5, 3, 1)] <- c(555, 333, 111)
> x
  a  b   c  d   e  f  g  h  i  j
111 12 333 14 555 16 17 18 19 20
```

- 1, 3, 5번째를 제외한 요소들에 새로운 값을 부여

```
> x
  a   b   c   d   e   f   g   h   i   j
111  12 333  14 555  16  17  18  19  20
> x[-c(1, 3, 5)] <- c(222, 444, 666, 777, 888, 999, 2000)
> x
  a   b   c   d   e   f   g   h   i    j
111 222 333 444 555 666 777 888 999 2000
```

- 900보다 큰 값을 가지는 요소들의 값을 교체

```
> x
  a   b   c   d   e   f   g   h   i    j
111 222 333 444 555 666 777 888 999 2000
> x[x > 900] <- c(1, 2)
> x
  a   b   c   d   e   f   g   h   i   j
111 222 333 444 555 666 777 888   1   2
```

이런 내용들을 응용하여 다음 문제를 풀어보자. 어떤 사람들이 결측치를 다음과 같이 숫자 999로 코딩했다. 이것을 R로 가지고 와서 분석하려면 이 값을 NA로 바꿔야 한다. 어떻게 해야 할까?

```
> a <- c(12, 35, 23, 999, 23, 12, 999, 11)
```

일단 999와 같은지 확인하는 절차가 필요하다. 다음과 같은 논리형 벡터를 얻게 되는데, 이 벡터를 사용하여 서브세팅한다. 이것을 좌변으로 옮겨서 NA 값을 할당하면 된다.

```
> a == 999
[1] FALSE FALSE FALSE  TRUE FALSE FALSE  TRUE FALSE
> a
[1]  12  35  23 999  23  12 999  11
> a[a == 999]
[1] 999 999
> a[a == 999] <- NA
> a
[1]  12  35  23  NA  23  12  NA  11
```

이런 과정들이 다음과 같은 코드로 자연스럽게 나올 수 있게끔 연습하는 게 좋다.

```
> a[a == 999] <- NA
```

R에 참인 값의 인덱스를 반환하는 which()라는 함수가 있다.

```
> a <- c(12, 35, 23, 999, 23, 12, 999, 11)
> which(a == 999)
[1]    4   7
```

이 함수를 이용해서 다음과 같이 할 수도 있다.

```
> a[which(a == 999)] <- NA
> a
[1]   12  35  23  NA  23  12  NA  11
```

which()를 사용하는 것도 중요하지만 a[a == 9]라는 표현식에 which()라는 개념이 들어가 있다는 것을 기억해야 한다. 이것을 활용하면 간단하게 코딩할 수 있다.

② 규칙성을 가진 벡터 만들기

연속되는 숫자는 : 연산자를 사용하여 쉽게 만들 수 있다. from:to의 형태를 사용한다.

```
> 1:20
[1]    1   2   3   4   5   6   7   8   9  10  11  12  13  14  15  16  17  18  19  20
> 20:1
[1]   20  19  18  17  16  15  14  13  12  11  10   9   8   7   6   5   4   3   2   1
```

이 연산자는 처음 시작이 정수(integer)인지 아닌지에 따라서 반환되는 데이터 타입이 좀 달라진다. 처음 시작이 정수이면 정수가 반환되고, 정수가 아니면 더블(double)형의 숫자가 생성된다. 어느 경우이든 1만큼 증감된다는 점에서는 같다.

```
> 1.1:20
 [1]  1.1   2.1   3.1   4.1   5.1   6.1   7.1   8.1   9.1  10.1  11.1  12.1  13.1  14.1
[15] 15.1  16.1  17.1  18.1  19.1
> 1:20.1
 [1]  1   2   3   4   5   6   7   8   9  10  11  12  13  14  15  16  17  18  19  20
```

이것을 사용하면 앞에서 설명한 서브세팅에 응용하여 벡터에서 연속된 값을 쉽게 추출할 수 있다. 간단한 벡터를 만들어보자.

```
> set.seed(1)
> x <- sample(1:100, 50, replace = TRUE)
> x
 [1]  27  38  58  91  21  90  95  67  63   7  21  18  69  39  77  50  72
[18] 100  39  78  94  22  66  13  27  39   2  39  87  35  49  60  50  19
[35]  83  67  80  11  73  42  83  65  79  56  53  79   3  48  74  70
```

여기에서 인덱스가 3에서 10까지의 숫자만 추출해본다.

```
> x[3:10]
[1]  58  91  21  90  95  67  63   7
```

: 연산자의 일반적인 형태가 seq() 함수이다. sequence라는 의미이다. seq() 함수는 기본적으로 seq(from, to)의 형태를 가진다.

```
> seq(1, 10)
 [1]  1  2  3  4  5  6  7  8  9  10
```

seq()가 :에 비해서 일반적이기 때문에 증감의 정도를 지정(by 인자)할 수도 있고, 또는 구간을 정해놓고 정한 숫자만큼의 요소(lenght.out)를 지정할 수도 있다.

```
> seq(10, 1, by = -2)  # 증감
[1]  10   8   6   4   2
> seq(1, 10, length.out = 7)  # 개수
[1]  1.0 2.5 4.0 5.5 7.0 8.5 10.0
```

이런 연속적인 값이 아니고, 어떤 벡터를 반복하게 하려면 rep() 함수를 사용한다. 이를테면 c(3, 2, 1)이 있을 때, 이것을 여러 차례 반복하는 것이다. 다음은 이것을 3회 반복하여 벡터를 반환한다는 것이다.

```
> rep(c(3, 2, 1), 3)
[1] 3 2 1 3 2 1 3 2 1
```

③ 리스트

R 벡터는 아토믹 벡터와 리스트(list)로 구분할 수 있다. 리스트는 제네릭 벡터라 불리기도 한다. 이런 리스트가 제네릭(generic)인 이유는 그 안에 다른 데이터 타입을 가진 벡터들을 하나로 묶을 수 있기 때문이다. 리스트는 기본적으로 list() 함수로 만든다. 다음 예를 보자.

```
> x <- 1:10
> y <- LETTERS[1:10]
> z <- list(x, y)
> z
[[1]]
 [1]  1  2  3  4  5  6  7  8  9  10

[[2]]
 [1]  "A" "B" "C" "D" "E" "F" "G" "H" "I" "J"
```

숫자형(integer) 벡터 x와 문자형(character) 벡터 y를 list() 함수에 넣어 리스트 z를 만들었다. 객체 z는 이제 서로 다른 타입의 데이터를 가지고 있으므로 아토믹(atomic) 성질을 잃었다. 그렇지만 아직도 벡터이다. 다음 함수로 확인해보자.

```
> is.atomic(z)
[1] FALSE
> is.vector(z)
[1] TRUE
```

이처럼 R 리스트는 서로 다른 타입의 데이터를 가질 수 있다는 점이 아토믹 벡터와 다른 점이다. 아토믹 벡터에 names() 함수를 사용하여 이름을 부여했던 것처럼 리스트에도 이를 적용할 수 있다. 리스트에서 이름 없이 사용하는 경우는 많지 않다.

```
> names(z) <- c("x", "y")
> z
$x
 [1]  1  2  3  4  5  6  7  8  9  10

$y
 [1] "A" "B" "C" "D" "E" "F" "G" "H" "I" "J"
```

사실은 다음과 같이 해서 이름을 바로 부여할 수 있다. 주로 이 방법을 많이 쓴다.

```
> z <- list(xx = x, yy = y)
> z
$xx
 [1]  1  2  3  4  5  6  7  8  9  10

$yy
 [1] "A" "B" "C" "D" "E" "F" "G" "H" "I" "J"
```

이제 우리는 두 개의 벡터로 구성된 리스트 z를 가지게 되었다. 그 벡터들의 이름은 xx와 yy이다. 이제 리스트 z에서 이 이름들을 사용하여 각 벡터가 가진 값을 추출해보자. 리스트에서는 특별한 $ 기호를 사용하여 리스트를 구성하는 벡터를 추출할 수 있다. 이것은 아주 흔히 사용되기 때문에 반드시 알고 있어야 한다.

```
> z$xx
 [1]  1  2  3  4  5  6  7  8  9  10
> z$yy
 [1] "A" "B" "C" "D" "E" "F" "G" "H" "I" "J"
```

z$xx는 객체 z를 구성하는 벡터 가운데서 이름이 xx인 벡터의 값에 접근한다. 앞에서 아토믹 벡터의 인덱스를 설명할 때 []를 가지고 값들을 추출할 수 있음을 보았다. 이것을 사용할 수도 있다.

```
> z[1]
$xx
 [1]  1  2  3  4  5  6  7  8  9  10
> z[2]
$yy
 [1] "A" "B" "C" "D" "E" "F" "G" "H" "I" "J"
```

그리고 [ ] 안에 인덱스가 아닌 이름을 넣어서 추출할 수도 있다.

```
> z["xx"]
$xx
 [1]  1  2  3  4  5  6  7  8  9  10
> z["yy"]
$yy
 [1] "A" "B" "C" "D" "E" "F" "G" "H" "I" "J"
```

그런데 $를 사용하는 방법과 인덱스 또는 이름을 [ ] 안에 넣어 사용하는 방법에는 차이가 있다. 그 출력 결과를 잘 관찰해보자. 차이점은 다음과 같다.

- z$xx: 그 결과가 아토믹 벡터가 된다.
- z[1] 또는 z["xx"]: 그 결과가 리스트로 유지된다.

[[ ]]을 쓰면 [ ]와 비슷하면서도(이 점은 뒤에서 설명한다) 아토믹 벡터가 되게 할 수 있다.

```
> z[[1]]
 [1]  1  2  3  4  5  6  7  8  9  10
> z[["xx"]]
 [1]  1  2  3  4  5  6  7  8  9  10
```

정리하면 이제 우리는 세 가지 종류의 서브세팅 연산자를 가지게 되었다. $, [ ], [[ ]]가 그 것이다. 앞에서 사례로 본 내용을 다음과 같이 정리할 수 있다.

- $, [[ ]] 대 [ ]: $, [[ ]]는 아토믹 벡터가 되는 반면 [ ]는 리스트가 유지된다.

그런데 $ 대 [ ], [[ ]]는 어떤 차이가 있을까? 이름을 프로그래밍 방법으로 줄 수 있느냐 없느냐의 차이다.

- $: 뒤의 이름을 프로그래밍 방법으로 줄 수 없다.
- [ ] 또는 [[ ]]: 이름을 프로그래밍 방법으로 줄 수 있다.

다음 코드를 보자. x 대신에 변수 a에 "xx"라는 문자열을 할당하고, 이 변수 a를 사용하여 추출을 시도하였다.

```
> a <- "xx"
> z$a
NULL
> z[a]
$xx
 [1]  1  2  3  4  5  6  7  8  9 10
> z[[a]]
 [1]  1  2  3  4  5  6  7  8  9 10
```

$는 R 콘솔에서 인터랙티브 모드에서 흔히 사용하고, 프로그래밍할 때는 거의 [ ] 또는 [[ ]]를 사용한다.

이제 더 깊이 파고들어 리스트 z가 있을 때, yy 요소의 세 번째 값에 접근해보자. 앞에서 배운 논리를 단계적으로 적용할 필요가 있다.

① 먼저 yy 이름을 가진 벡터를 추출한다.

```
> z$yy
 [1]  "A" "B" "C" "D" "E" "F" "G" "H" "I" "J"
> z[["yy"]]
 [1]  "A" "B" "C" "D" "E" "F" "G" "H" "I" "J"
```

② 아토믹 벡터를 얻었으므로 다시 여기에 인덱스를 사용한다.

```
> z$yy[3]
[1] "C"
> z[["yy"]][3]
[1] "C"
```

결론적으로 z$yy[3], z[["yy"]][3]으로 해결된다. 만약 다음과 같이 하면 잘되지 않을 것이다.

```
> z["yy"][3]
$<NA>
NULL
```

왜냐하면 z["y"]는 새로운 리스트가 되는데, 아래서 보는 것처럼 이 리스트는 하나의 벡터로 되어 있다. 그리고 z["y"][3]는 세 번째 벡터에 접근하라는 것이기 때문에 이것은 존재하지 않는다(NULL).

```
> z["yy"]
$yy
 [1]  "A" "B" "C" "D" "E" "F" "G" "H" "I" "J"
```

우리가 만든 리스트 z는 같은 길이를 가지는 벡터로 구성되어 있다. 리스트는 서로 다른 타입의 데이터를 가질 수도 있고, 또 이들 벡터의 길이가 같을 필요도 없다. 앞에서는 길이를 조정하여 새로운 리스트 zz를 만들어보았다.

```
> xx <- x
> yy <- y[-(1:7)]
> zz <- list(xx = xx, yy = yy)
> zz
$xx
 [1]   1   2   3   4   5   6   7   8   9  10

$yy
 [1]  "H" "I" "J"
```

이처럼 리스트는 R에서 가장 유연한 데이터 타입이다. 리스트는 다음 절에서 설명할 데이터 프레임(data frame)보다는 덜 사용하지만, R을 효율적으로 활용하기 위해서는 꼭 알아야 할 매우 중요한 데이터 타입이다. 데이터 프레임은 리스트의 특별한 형태로, 길이가 같은 벡터들을 조합해서 만든다.

④ 데이터 프레임

데이터 프레임은 엑셀의 스프레드시트와 같이 사각형 모양을 지녔다. 스프레드시트가 널리 쓰이는 것처럼 R에서 가장 많이 사용되는 데이터 구조이다. 그렇기 때문에 R에 익숙해지려면 데이터 프레임을 능숙하게 다룰 줄 알아야 한다. 데이터 프레임이 스프레드시트와 다른 점이 있다면, 정확히 사각형이라야 한다는 점이다. 즉 구성하는 벡터들의 길이가 같아야 한다. 이 조건을 제외하고는 일반 리스트와 같다. 데이터 프레임은 리스트의 특별한 형태이다.

다음과 같이 길이가 10인 벡터들이 있다.

```
> id <- 1:10
> pt_name <- letters[1:10]
> category <- rep(c("Treat", "Control"), 5)
> scores <- c(35, 45, 56, 38, 45, 37, 23, 22, 30, 41)
```

이 벡터들은 길이가 같아서 하나의 데이터 프레임으로 묶을 수 있다. 데이터 프레임을 만드는 함수는 data.frame()이다. 다음과 같이 실행해보자.

```
> ddf <- data.frame(id, pt_name, category, scores)
> ddf
   id pt_name  category scores
1   1       a     Treat     35
2   2       b   Control     45
3   3       c     Treat     56
4   4       d   Control     38
5   5       e     Treat     45
6   6       f   Control     37
7   7       g     Treat     23
8   8       h   Control     22
9   9       i     Treat     30
10 10       j   Control     41
```

생성된 데이터 프레임을 출력해서 보면, 아토믹 벡터나 일반적인 리스트와 다르게 2차원적으로 출력되는 것을 확인할 수 있다. 이렇게 데이터 프레임에는 스프레드시트와 같이 행과 열이 존재한다.

앞에서와 같이 $, [], [[]] 등을 사용하여 데이터 프레임이 가지는 요소들에 접근해보자.

```
> ddf$id
 [1]  1  2  3  4  5  6  7  8  9 10
> ddf$pt_name
 [1] a b c d e f g h i j
Levels: a b c d e f g h i j
> ddf["pt_name"]
   pt_name
1        a
2        b
3        c
```

```
4        d
5        e
6        f
7        g
8        h
9        i
10       j
> ddf["category"]
  category
1    Treat
2  Control
3    Treat
4  Control
5    Treat
6  Control
7    Treat
8  Control
9    Treat
10 Control
> ddf[["id"]]
 [1]  1  2  3  4  5  6  7  8  9  10
> ddf[["scores"]]
 [1]  35  45  56  38  45  37  23  22  30  41
```

출력된 결과를 보면 $와 [[ ]]는 벡터를 출력하고, [ ]인 경우에는 원래의 모습(data frame)을
유지한다는 것을 알 수 있다. 앞의 리스트에서 이들을 적용했던 것과 같은 결과이다. 이런 지
식을 활용하여 변수 scores의 평균을 구해보자.

```
> mean(ddf$scores)
[1] 37.2
> mean(ddf[["scores"]])
[1] 37.2
```

여기에서 유용한 str() 함수에 대해 알고 가자. structure라는 의미의 이름을 가졌듯
이, 이 함수는 R의 객체에 대한 구조를 일목요연하게 보여주어서 좋다.

```
> str(ddf)
'data.frame': 10 obs. of 4 variables:
$ id       : int 1 2 3 4 5 6 7 8 9 10
$ pt_name  : Factor w/ 10 levels "a","b","c","d",..: 1 2 3 4 5 6 7 8 9 10
$ category : Factor w/ 2 levels "Control","Treat": 2 1 2 1 2 1 2 1 2 1
$ scores   : num 35 45 56 38 45 37 23 22 30 41
```

그 결과를 보면 ddf라는 객체는 4개의 변수와 10개의 관측값을 가지고 있는 데이터 프레임이라는 것을 알려준다. 그리고 4개 변수의 이름과 변수들이 어떤 데이터 타입을 가졌는지 알려준다. 여기에 아직 다루고 있는 팩터(factor)가 있는데, 이것은 뒤에서 설명한다.

그리고 attributes()라는 함수가 있는데, 이 함수는 R 객체가 가진 속성(attributes)을 모두 알려준다. 이 함수는 R 언어의 객체지향시스템을 설명할 때 다시 언급할 것인데, 객체의 메타 데이터를 확인할 때 사용한다.

```
> attributes(ddf)
$names
[1] "id"    "pt_name" "category" "scores"

$row.names
 [1]  1  2  3  4  5  6  7  8  9 10

$class
[1] "data.frame"
```

결과에서 names는 열의 이름을 말하고, row.names는 행의 이름을 말한다. class에는 data.frame이라고 되어 있다. 이 클래스 역시 객체지향시스템을 설명할 때 다시 언급한다.

이런 데이터 프레임에 dim()이라는 함수를 적용하면 디멘션(dimesion), 즉 몇 행, 몇 열로 구성되어 있는지 알려준다.

```
> dim(ddf)
[1]   10   4
```

그 열의 이름은 names() 함수 또는 colnames() 함수로 알 수 있다.

```
> names(ddf)
[1] "id"    "pt_name" "category" "scores"
> colnames(ddf)
[1] "id"    "pt_name" "category" "scores"
```

행의 이름은 row.names()로 알 수 있다. 앞에서 ddf를 만들면서 행의 이름을 따로 부여하지 않았지만, data.frame() 함수가 데이터 프레임을 만들면서 자동으로 부여한 것이다.

```
> row.names(ddf)
 [1]  "1" "2" "3" "4" "5" "6" "7" "8" "9" "10"
```

ddf라는 데이터 프레임을 확보했을 때 데이터에 대한 요약된 정보를 얻을 때는 summary() 함수가 도움이 된다.

```
> summary(ddf)
       id              pt_name      category        scores
 Min.   : 1.00    a      :1     Control:5    Min.   : 22.00
 1st Qu.: 3.25    b      :1     Treat  :5    1st Qu.: 31.25
 Median : 5.50    c      :1                  Median : 37.50
 Mean   : 5.50    d      :1                  Mean   : 37.20
 3rd Qu.: 7.75    e      :1                  3rd Qu.: 44.00
 Max.   :10.00    f      :1                  Max.   : 56.00
                  (Other):4
```

이 함수는 각 열이 가진 데이터 타입에 따라서 정리된 리포트를 출력한다. scores라는 열은 이것이 숫자형(numeric 또는 double)이기 때문에 최솟값, 제1사분위수, 중앙값, 평균, 제3사분위수, 최댓값 등을 출력한다. 반면 아직 우리가 다루지 않았지만, 팩터인 category에 대해서는 각각의 레벨(level)에 대해 몇 개의 관측값이 있는지 알려준다.

여기에서 id라는 값은 원래 정수이기는 하지만 엄밀하게 말하면 관측 대상의 아이디이기 때문에 정수로 사용해서는 안 된다. 이런 경우에는 바꾸어 사용한다.

R에서 as.*()의 형태로 된 함수들은 그 데이터 타입을 바꿀 때 사용한다.

```
> ddf$id <- as.character(ddf$id)
```

ddf$id 벡터를 가지고 와서 문자열로 변경하고 난 후, 이것을 다시 ddf$id로 할당한다.

```
> str(ddf)
'data.frame': 10 obs. of 4 variables:
 $ id       : chr  "1" "2" "3" "4" ...
 $ pt_name  : Factor w/ 10 levels "a","b","c","d",..: 1 2 3 4 5 6 7 8 9 10
 $ category : Factor w/ 2 levels "Control","Treat": 2 1 2 1 2 1 2 1 2 1
 $ scores   : num  35 45 56 38 45 37 23 22 30 41
```

다시 summary() 함수를 적용해본다.

```
> summary(ddf)
      id              pt_name    category      scores
 Length:10           a     :1   Control:5  Min.   : 22.00
 Class :character    b     :1   Treat  :5  1st Qu.: 31.25
 Mode  :character    c     :1              Median : 37.50
                     d     :1              Mean   : 37.20
                     e     :1              3rd Qu.: 44.00
                     f     :1              Max.   : 56.00
                     (Other):4
```

데이터 프레임의 열의 개수는 ncol() 함수로, 행의 개수는 nrow()로 확인한다.

```
> ncol(ddf)
[1] 4
> nrow(ddf)
[1] 10
```

그리고 앞뒤 몇 개(디폴트는 6개)의 관측값들을 보여주는 함수인 head(), tail() 함수도
자주 쓰인다.

```
> head(ddf)
   id pt_name category scores
1   1       a    Treat     35
2   2       b  Control     45
3   3       c    Treat     56
4   4       d  Control     38
5   5       e    Treat     45
6   6       f  Control     37
> tail(ddf)
   id pt_name category scores
5   5       e    Treat     45
6   6       f  Control     37
7   7       g    Treat     23
8   8       h  Control     22
9   9       i    Treat     30
10 10       j  Control     41
```

데이터 프레임에 대해서는 뒤에서도 자주 언급할 것이기 때문에 이 정도로 정리한다. 여기
에 소개한 함수들은 모두 많이 사용하는 함수이므로 잘 알아두어야 한다.

⑤ R 객체의 메타 데이터: 속성

우리는 R 객체에 값(데이터)을 할당한다. 객체의 입장에서 그 본질적인 값 이외에 추가로 부가 정보를 가질 수 있다. 이것을 '속성(attributes)'이라고 한다. 이런 속성에 해당하는 것이 앞에서 본 이름(names), 디멘션(dim), 클래스(class) 등이다. 이런 특수한 속성 이외에도 사용자가 정의한 속성도 사용할 수 있다.

어떤 R 객체가 가진 '모든' 속성값들을 한꺼번에 알아볼 때는 `attributes()`라는 함수를 사용한다.

```
> attributes(ddf)
$names
[1] "id"    "pt_name" "category" "scores"

$row.names
 [1]  1  2  3  4  5  6  7  8  9 10

$class
[1] "data.frame"
```

출력 결과를 보면 이 함수는 R 리스트를 출력하고 있음을 알 수 있다. 속성들은 종류가 여러 가지이기 때문에 이처럼 다양한 것을 한꺼번에 처리할 수 있는 R 객체를 리스트로 출력하는 것은 어찌 보면 당연하다.

출력만 하는 대신 이것을 R 객체로 저장해보자.

```
> attr_list <- attributes(ddf)
```

`attr_list`는 R 리스트이기 때문에 앞에서 설명한 방법대로 각각에 대해 접근할 수 있다. 여기서는 간단한 $를 사용했다.

```
> attr_list$names
[1] "id"    "pt_name" "category" "scores"
> attr_list$row.names
 [1]  1  2  3  4  5  6  7  8  9 10
> attr_list$class
[1] "data.frame"
```

또는 attr()이라는 함수를 사용하여 '개별 속성'에 접근할 수 있다. 첫 번째 인자는 조사 대상이 되는 객체를, 두 번째 인자는 파악하고자 하는 속성의 이름을 준다.

```
> attr(ddf, "names")
[1] "id"     "pt_name" "category" "scores"
> attr(ddf, "row.names")
 [1]  1  2  3  4  5  6  7  8  9 10
> attr(ddf, "class")
[1] "data.frame"
```

attr() 함수를 대체형[1]으로 사용하여 속성을 임의로 지정할 수 있다. ddf라는 데이터 프레임에 example이라는 속성을 만들고, 여기에 "my Data Set"이라고 줘보자.

```
> attr(ddf, "example") <- "my Data Set"
```

그런 다음 ddf의 속성들이 어떻게 바뀌었는지 알아보자.

```
> attributes(ddf)
$names
[1] "id"     "pt_name" "category" "scores"

$row.names
 [1]  1  2  3  4  5  6  7  8  9 10

$class
[1] "data.frame"

$example
[1] "my Data Set"
```

이 값을 추출해보면 다음과 같다.

```
> attr(ddf, "example")
[1] "my Data Set"
```

---

1 할당문에서 좌변에 두는 것이다.

그리고 객체 자체를 출력해보자. 데이터 자체는 바뀐 것이 없을 것이다.

```
> ddf
   id pt_name  category  scores
1   1       a     Treat      35
2   2       b   Control      45
3   3       c     Treat      56
4   4       d   Control      38
5   5       e     Treat      45
6   6       f   Control      37
7   7       g     Treat      23
8   8       h   Control      22
9   9       i     Treat      30
10 10       j   Control      41
```

그런데 str() 함수로 구조를 보면 이 내용을 더 확인할 수 있다.

```
> str(ddf)
'data.frame': 10 obs. of 4 variables:
$ id        : chr "1" "2" "3" "4" ...
$ pt_name   : Factor w/ 10 levels "a","b","c","d",..: 1 2 3 4 5 6 7 8 9 10
$ category  : Factor w/ 2 levels "Control","Treat": 2 1 2 1 2 1 2 1 2 1
$ scores    : num 35 45 56 38 45 37 23 22 30 41
- attr(*, "example")= chr "my Data Set"
```

R에서 특별하게 취급되는 속성에는 이름(names), 행이름(row.names), 디멘션(dim), 디멘션이름(행과 열의 이름, dimnames), 시계열 데이터에서 쓰는 tsp, 객체의 클래스를 의미하는 class 등이 있다.

여기서 클래스(class)는 R에서 제네릭 함수(generic function)를 이해하는 데 중요한 속성이다. R의 제네릭 함수들은 인자로 주어진 R 객체의 속성인 '클래스를 읽고' 읽은 속성에 따라 함수들을 분배한다. 우리가 데이터 프레임을 인쇄했을 때 그렇게 보이는 이유는 print.data.frame이라는 함수에 그렇게 정의되어 있기 때문이다. 코드는 print(ddf)라고 하지만, ddf의 클래스에 따라서 거기에 맞게 정의된 함수를 선택한다는 개념이다. 그러므로 이 클래스 속성을 파악하는 class() 함수도 꼭 기억할 필요가 있다.

```
> class(ddf)
[1] "data.frame"
```

⑥ 팩터: 카테고리형 데이터를 표현

R은 처음에 통계학의 도구로 쓰이기 시작했다. 통계학에서도 데이터 타입은 매우 중요하다. 통계학에서 카테고리형 변수를 표현하는 것이 '팩터(factor)'라는 데이터 구조이다. 이를테면 성별과 같은 것을 표현한다고 했을 때 성별에는 "M" 또는 "F" 등과 같이 정해진 값들 가운데 하나가 선택된다. R에서는 이런 값들을 '팩터의 레벨(levels)'이라고 부른다.

다음과 같은 문자형(character) 벡터로 시작해보자.

```
> gender <- c("M", "F", "F", "M", "F", NA)
> gender
[1] "M" "F" "F" "M" "F" NA
```

이 벡터를 팩터로 바꾸려면 factor() 또는 as.factor() 함수를 사용한다.

```
> gender <- as.factor(gender)
> gender
[1] M    F    F    M    F    <NA>
Levels: F M
```

이런 팩터를 출력하게 되면 레벨 속성도 같이 출력된다. factor() 함수는 주어진 벡터의 요소 값들을 같은 종류별로 묶은 다음 알파벳 순서로 레벨을 정하고, 그 레벨에 해당되는 값을 다시 부여한다. 이런 팩터는 문자열이 아니기 때문에 출력된 모양을 보면 큰따옴표가 없다는 것을 알 수 있다.

앞에서 ddf라는 데이터 프레임을 만들 때 pt_name, category 벡터가 팩터로 자동으로 바뀐 것은 data.frame()이라는 함수의 stringsAsFactors라는 인자 때문이다. 이것은 문자열 벡터를 자동으로 팩터로 변환하도록 디폴트가 설정되어 있다.

이번에는 이 값을 FALSE로 줘보자. 보는 바와 같이 문자열이 그대로 유지되고 있음을 알 수 있다. 엑셀 등과 같이 사각형 모양의 데이터가 들어 있는 파일을 R로 읽어올 때 read.csv(), read.table() 등과 같은 함수를 쓰게 된다. 이때 stringsAsFactors라는 옵션이 data.frame() 함수의 디폴트와 같이 팩터로 전환하도록 되어 있는 경우가 많은데, 때에 따라서 필요한 방법을 선택하는 것이 좋다.

```
> id <- 1:10
> pt_name <- letters[1:10]
> category <- rep(c("Treat", "Control"), 5)
> scores <- c(35, 45, 56, 38, 45, 37, 23, 22, 30, 41)
> df1 <- data.frame(id, pt_name, category, scores, stringsAsFactors = FALSE)
> str(df1)
'data.frame': 10 obs. of 4 variables:
$ id       : int 1 2 3 4 5 6 7 8 9 10
$ pt_name  : chr "a" "b" "c" "d" ...
$ category : chr "Treat" "Control" "Treat" "Control" ...
$ scores   : num 35 45 56 38 45 37 23 22 30 41
```

⑦ 행렬과 배열

다음은 데이터 프레임과 같이 사각형 모양을 가진 행렬(matrix)에 대해서 알아보자. 행렬은 데이터 프레임과 같은 점도 있지만 다른 점이 많다. 행렬은 기본적으로 벡터를 가지고 만든다. 벡터에 디멘션(dim) 속성이 부여된 것이기 때문에 데이터 프레임과 본질적으로 다르다. 벡터는 같은 데이터 타입을 가진 요소로 구성되고, 이것을 2차원으로 배열한 행렬 역시 그 구성요소들은 모두 같은 데이터 타입을 가진다. 그러나 앞에서 본 데이터 프레임의 경우 그것을 구성하는 열들은 서로 다른 데이터 타입이 가능했다.

```
> j <- 1:35
> attr(j, "dim") <- c(5, 7) # 또는 dim(j) <- c(5, 7)
> j
     [,1][,2][,3][,4][,5][,6][,7]
[1,]   1   6  11  16  21  26  31
[2,]   2   7  12  17  22  27  32
[3,]   3   8  13  18  23  28  33
[4,]   4   9  14  19  24  29  34
[5,]   5  10  15  20  25  30  35
> class(j)
[1] "matrix"
```

행렬은 벡터를 matrix() 함수로 넘겨서 만들 수도 있다. nrow는 행의 수, ncol에는 열의 수를 부여한다.

```
> k <- 1:35
> matrix(k, nrow = 5, ncol = 7)
     [,1][,2][,3][,4][,5][,6][,7]
[1,]   1   6  11  16  21  26  31
[2,]   2   7  12  17  22  27  32
[3,]   3   8  13  18  23  28  33
[4,]   4   9  14  19  24  29  34
[5,]   5  10  15  20  25  30  35
```

벡터를 2차원으로 배열하여 행렬을 만들 때 열 방향으로 값들을 재배열한다. 만약 행을 기준으로 값을 재배열하고자 한다면 byrow = TRUE라는 옵션을 사용한다.

```
> l <- 1:35
> matrix(l, nrow = 5, ncol=7, byrow = TRUE)
     [,1][,2][,3][,4][,5][,6][,7]
[1,]   1   2   3   4   5   6   7
[2,]   8   9  10  11  12  13  14
[3,]  15  16  17  18  19  20  21
[4,]  22  23  24  25  26  27  28
[5,]  29  30  31  32  33  34  35
```

행렬의 합은 +, 행렬의 곱은 **%*%** 연산자를 사용한다. t()는 행렬을 전치(transpose)한다. 수학적으로 행렬의 곱이 성사되려면 앞의 행렬의 열의 개수와 뒤의 행렬의 행의 개수가 같아야 한다.

```
> a <- matrix(1:6, nrow=2)
> b <- matrix(3:8, nrow=2)
> a
     [,1][,2][,3]
[1,]   1   3   5
[2,]   2   4   6
> b
     [,1][,2][,3]
[1,]   3   5   7
[2,]   4   6   8
```

```
> a + b
     [,1][,2][,3]
[1,]   4   8  12
[2,]   6  10  14
> a%*%t(b)
     [,1][,2]
[1,]  53  62
[2,]  68  80
```

R에는 행렬의 연산과 관련된 다양한 함수들이 준비되어 있다. 다음 rbind()는 행으로 두 행렬을 합치고, cbind()는 열로 두 행렬을 합친다. 이런 행렬은 2차원적인 디멘션을 가지는 것으로, 배열(array)의 특수한 경우이다.

```
> rbind(a, b)
     [,1][,2][,3]
[1,]   1   3   5
[2,]   2   4   6
[3,]   3   5   7
[4,]   4   6   8
> cbind(a, b)
     [,1][,2][,3][,4][,5][,6]
[1,]   1   3   5   3   5   7
[2,]   2   4   6   4   6   8
```

다음은 벡터 a를 2행, 5열로 된 것을 5층으로 쌓아 올린 배열이다. 3차원 이상의 구조를 지닌 데이터는 쉽게 와닿지 않기 때문에 이런 배열은 자주 사용하지 않는다.

```
> a <- 1:50
> dim(a) <- c(2, 5, 5)
> a
, , 1

     [,1][,2][,3][,4][,5]
[1,]   1   3   5   7   9
[2,]   2   4   6   8  10

, , 2

     [,1][,2][,3][,4][,5]
[1,]  11  13  15  17  19
[2,]  12  14  16  18  20
```

```
, , 3

     [,1][,2][,3][,4][,5]
[1,]  21  23  25  27  29
[2,]  22  24  26  28  30

, , 4

     [,1][,2][,3][,4][,5]
[1,]  31  33  35  37  39
[2,]  32  34  36  38  40

, , 5

     [,1][,2][,3][,4][,5]
[1,]  41  43  45  47  49
[2,]  42  44  46  48  50
```

⑧ R에 내장된 데이터셋

R은 뉴질랜드 오클랜드대학교의 통계학 교수였던 로버트 젠틀맨(Robert Gentleman)과 로스 이하카(Ross Ihaka)가 학생들에게 쉬운 통계학 도구를 제공하는 데서 시작되었다. 그래서인지 R을 설치할 때는 베이스 R과 함께 교육용으로 쉽게 사용할 수 있는 데이터셋도 설치된다. 이들 데이터셋은 datasets이라는 패키지에 내장되어 있고, 이 패키지는 R 콘솔을 시작할 때 자동으로 로딩된다. search() 함수를 실행해서 확인해보길 바란다.

```
> search()
 [1] ".GlobalEnv"        "package:captioner"  "package:knitr"
 [4] "package:shiny"     "package:methods"    "package:stats"
 [7] "package:graphics"  "package:grDevices"  "package:utils"
[10] "package:datasets"  "Autoloads"          "package:base"
```

이들 데이터셋에 어떤 것들이 있는지 보려면 R 콘솔에서 다음과 같이 실행한다.

```
> data()
```

여기서 어떤 데이터를 사용하고자 한다면, data() 함수를 사용해 데이터셋을 로딩하면 된다. 또는 그대로 이름을 써도 로딩된다. mtcars라는 데이터셋을 본다.

```
> data(mtcars)
> mtcars
```

	mpg	cyl	disp	hp	drat	wt	qsec	vs	am	gear	carb
Mazda RX4	21.0	6	160.0	110	3.90	2.620	16.46	0	1	4	4
Mazda RX4 Wag	21.0	6	160.0	110	3.90	2.875	17.02	0	1	4	4
Datsun 710	22.8	4	108.0	93	3.85	2.320	18.61	1	1	4	1
Hornet 4 Drive	21.4	6	258.0	110	3.08	3.215	19.44	1	0	3	1
Hornet Sportabout	18.7	8	360.0	175	3.15	3.440	17.02	0	0	3	2
Valiant	18.1	6	225.0	105	2.76	3.460	20.22	1	0	3	1
Duster 360	14.3	8	360.0	245	3.21	3.570	15.84	0	0	3	4
Merc 240D	24.4	4	146.7	62	3.69	3.190	20.00	1	0	4	2
Merc 230	22.8	4	140.8	95	3.92	3.150	22.90	1	0	4	2
Merc 280	19.2	6	167.6	123	3.92	3.440	18.30	1	0	4	4
Merc 280C	17.8	6	167.6	123	3.92	3.440	18.90	1	0	4	4
Merc 450SE	16.4	8	275.8	180	3.07	4.070	17.40	0	0	3	3
Merc 450SL	17.3	8	275.8	180	3.07	3.730	17.60	0	0	3	3
Merc 450SLC	15.2	8	275.8	180	3.07	3.780	18.00	0	0	3	3
Cadillac Fleetwood	10.4	8	472.0	205	2.93	5.250	17.98	0	0	3	4
Lincoln Continental	10.4	8	460.0	215	3.00	5.424	17.82	0	0	3	4
Chrysler Imperial	14.7	8	440.0	230	3.23	5.345	17.42	0	0	3	4
Fiat 128	32.4	4	78.7	66	4.08	2.200	19.47	1	1	4	1
Honda Civic	30.4	4	75.7	52	4.93	1.615	18.52	1	1	4	2
Toyota Corolla	33.9	4	71.1	65	4.22	1.835	19.90	1	1	4	1
Toyota Corona	21.5	4	120.1	97	3.70	2.465	20.01	1	0	3	1
Dodge Challenger	15.5	8	318.0	150	2.76	3.520	16.87	0	0	3	2
AMC Javelin	15.2	8	304.0	150	3.15	3.435	17.30	0	0	3	2
Camaro Z28	13.3	8	350.0	245	3.73	3.840	15.41	0	0	3	4
Pontiac Firebird	19.2	8	400.0	175	3.08	3.845	17.05	0	0	3	2
Fiat X1-9	27.3	4	79.0	66	4.08	1.935	18.90	1	1	4	1
Porsche 914-2	26.0	4	120.3	91	4.43	2.140	16.70	0	1	5	2
Lotus Europa	30.4	4	95.1	113	3.77	1.513	16.90	1	1	5	2
Ford Pantera L	15.8	8	351.0	264	4.22	3.170	14.50	0	1	5	4
Ferrari Dino	19.7	6	145.0	175	3.62	2.770	15.50	0	1	5	6
Maserati Bora	15.0	8	301.0	335	3.54	3.570	14.60	0	1	5	8
Volvo 142E	21.4	4	121.0	109	4.11	2.780	18.60	1	1	4	2

이 데이터셋에 대한 정보는 help(데이터셋 이름)로 확인할 수 있다.

```
> help(mtcars) # 또는 help("mtcars")
```

이런 데이터셋을 사용할 때 가장 먼저 해보는 일들은 다음과 같다.

```
> mtcars # 내용 보기
```

	mpg	cyl	disp	hp	drat	wt	qsec	vs	am	gear	carb
Mazda RX4	21.0	6	160.0	110	3.90	2.620	16.46	0	1	4	4
Mazda RX4 Wag	21.0	6	160.0	110	3.90	2.875	17.02	0	1	4	4
Datsun 710	22.8	4	108.0	93	3.85	2.320	18.61	1	1	4	1
Hornet 4 Drive	21.4	6	258.0	110	3.08	3.215	19.44	1	0	3	1
Hornet Sportabout	18.7	8	360.0	175	3.15	3.440	17.02	0	0	3	2
Valiant	18.1	6	225.0	105	2.76	3.460	20.22	1	0	3	1
Duster 360	14.3	8	360.0	245	3.21	3.570	15.84	0	0	3	4
Merc 240D	24.4	4	146.7	62	3.69	3.190	20.00	1	0	4	2
Merc 230	22.8	4	140.8	95	3.92	3.150	22.90	1	0	4	2
Merc 280	19.2	6	167.6	123	3.92	3.440	18.30	1	0	4	4
Merc 280C	17.8	6	167.6	123	3.92	3.440	18.90	1	0	4	4
Merc 450SE	16.4	8	275.8	180	3.07	4.070	17.40	0	0	3	3
Merc 450SL	17.3	8	275.8	180	3.07	3.730	17.60	0	0	3	3
Merc 450SLC	15.2	8	275.8	180	3.07	3.780	18.00	0	0	3	3
Cadillac Fleetwood	10.4	8	472.0	205	2.93	5.250	17.98	0	0	3	4
Lincoln Continental	10.4	8	460.0	215	3.00	5.424	17.82	0	0	3	4
Chrysler Imperial	14.7	8	440.0	230	3.23	5.345	17.42	0	0	3	4
Fiat 128	32.4	4	78.7	66	4.08	2.200	19.47	1	1	4	1
Honda Civic	30.4	4	75.7	52	4.93	1.615	18.52	1	1	4	2
Toyota Corolla	33.9	4	71.1	65	4.22	1.835	19.90	1	1	4	1
Toyota Corona	21.5	4	120.1	97	3.70	2.465	20.01	1	0	3	1
Dodge Challenger	15.5	8	318.0	150	2.76	3.520	16.87	0	0	3	2
AMC Javelin	15.2	8	304.0	150	3.15	3.435	17.30	0	0	3	2
Camaro Z28	13.3	8	350.0	245	3.73	3.840	15.41	0	0	3	4
Pontiac Firebird	19.2	8	400.0	175	3.08	3.845	17.05	0	0	3	2
Fiat X1-9	27.3	4	79.0	66	4.08	1.935	18.90	1	1	4	1
Porsche 914-2	26.0	4	120.3	91	4.43	2.140	16.70	0	1	5	2
Lotus Europa	30.4	4	95.1	113	3.77	1.513	16.90	1	1	5	2
Ford Pantera L	15.8	8	351.0	264	4.22	3.170	14.50	0	1	5	4
Ferrari Dino	19.7	6	145.0	175	3.62	2.770	15.50	0	1	5	6
Maserati Bora	15.0	8	301.0	335	3.54	3.570	14.60	0	1	5	8
Volvo 142E	21.4	4	121.0	109	4.11	2.780	18.60	1	1	4	2

```
> head(mtcars) # 내용 보기
```

	mpg	cyl	disp	hp	drat	wt	qsec	vs	am	gear	carb
Mazda RX4	21.0	6	160	110	3.90	2.620	16.46	0	1	4	4
Mazda RX4 Wag	21.0	6	160	110	3.90	2.875	17.02	0	1	4	4
Datsun 710	22.8	4	108	93	3.85	2.320	18.61	1	1	4	1
Hornet 4 Drive	21.4	6	258	110	3.08	3.215	19.44	1	0	3	1
Hornet Sportabout	18.7	8	360	175	3.15	3.440	17.02	0	0	3	2
Valiant	18.1	6	225	105	2.76	3.460	20.22	1	0	3	1

```
> str(mtcars) # 적어도 class(mtcars), 클래스 확인, 변수들 확인
'data.frame':  32 obs. of 11 variables:
$ mpg  : num 21 21 22.8 21.4 18.7 18.1 14.3 24.4 22.8 19.2 ...
$ cyl  : num 6 6 4 6 8 6 8 4 4 6 ...
$ disp : num 160 160 108 258 360 ...
$ hp   : num 110 110 93 110 175 105 245 62 95 123 ...
$ drat : num 3.9 3.9 3.85 3.08 3.15 2.76 3.21 3.69 3.92 3.92 ...
$ wt   : num 2.62 2.88 2.32 3.21 3.44 ...
$ qsec : num 16.5 17 18.6 19.4 17 ...
$ vs   : num 0 0 1 1 0 1 0 1 1 1 ...
$ am   : num 1 1 1 0 0 0 0 0 0 0 ...
$ gear : num 4 4 4 3 3 3 3 4 4 4 ...
$ carb : num 4 4 1 1 2 1 4 2 2 4 ...
> summary(mtcars) # 숫자로 보는 써머리
      mpg              cyl              disp             hp
 Min.   : 10.40   Min.   : 4.000   Min.   :  71.1   Min.   :  52.0
 1st Qu.: 15.43   1st Qu.: 4.000   1st Qu.: 120.8   1st Qu.:  96.5
 Median : 19.20   Median : 6.000   Median : 196.3   Median : 123.0
 Mean   : 20.09   Mean   : 6.188   Mean   : 230.7   Mean   : 146.7
 3rd Qu.: 22.80   3rd Qu.: 8.000   3rd Qu.: 326.0   3rd Qu.: 180.0
 Max.   : 33.90   Max.   : 8.000   Max.   : 472.0   Max.   : 335.0
      drat             wt              qsec             vs
 Min.   : 2.760   Min.   : 1.513   Min.   : 14.50   Min.   : 0.0000
 1st Qu.: 3.080   1st Qu.: 2.581   1st Qu.: 16.89   1st Qu.: 0.0000
 Median : 3.695   Median : 3.325   Median : 17.71   Median : 0.0000
 Mean   : 3.597   Mean   : 3.217   Mean   : 17.85   Mean   : 0.4375
 3rd Qu.: 3.920   3rd Qu.: 3.610   3rd Qu.: 18.90   3rd Qu.: 1.0000
 Max.   : 4.930   Max.   : 5.424   Max.   : 22.90   Max.   : 1.0000
      am              gear             carb
 Min.   : 0.0000   Min.   : 3.000   Min.   : 1.000
 1st Qu.: 0.0000   1st Qu.: 3.000   1st Qu.: 2.000
 Median : 0.0000   Median : 4.000   Median : 2.000
 Mean   : 0.4062   Mean   : 3.688   Mean   : 2.812
 3rd Qu.: 1.0000   3rd Qu.: 4.000   3rd Qu.: 4.000
 Max.   : 1.0000   Max.   : 5.000   Max    : 8.000
```

⑨ 데이터 프레임 서브세팅

데이터 프레임은 R 데이터 구조 중 실용적인 측면에서 가장 많이 사용하는 것이다. 엑셀 프로그램이나 기타 파일, 데이터베이스 등에서 데이터를 읽어오는 대부분의 함수들은 기본적으로 데이터 프레임으로 읽어들인다. 또 데이터 프레임은 스프레드시트나 데이터베이스의 테이블과 비슷하게 사람들이 가장 직관적으로 이해하기 편해서 자주 사용한다. 그러므로 R에 능숙해지기 위해서는 데이터 프레임을 자유자재로 활용할 수 있는 능력을 갖추어야 한다.

데이터 프레임 서브세팅은 앞에서 소개한 벡터 서브세팅의 개념을 2차원으로 연장한 것이다. 여기서는 R에 내장된 mtcars라는 데이터 프레임을 가지고 설명하겠다. 이 데이터는 미국 자동차 관련 잡지에서 뽑은 것으로, 자세한 내용은 R 콘솔에서 help(mtcars)를 통해 확인하기 바란다.

먼저 어떤 구조를 가졌는지 str() 함수로 확인하자.

```
> str(mtcars)
'data.frame':  32 obs. of 11 variables:
$ mpg  : num 21 21 22.8 21.4 18.7 18.1 14.3 24.4 22.8 19.2 ...
$ cyl  : num 6 6 4 6 8 6 8 4 4 6 ...
$ disp : num 160 160 108 258 360 ...
$ hp   : num 110 110 93 110 175 105 245 62 95 123 ...
$ drat : num 3.9 3.9 3.85 3.08 3.15 2.76 3.21 3.69 3.92 3.92 ...
$ wt   : num 2.62 2.88 2.32 3.21 3.44 ...
$ qsec : num 16.5 17 18.6 19.4 17 ...
$ vs   : num 0 0 1 1 0 1 0 1 1 1 ...
$ am   : num 1 1 1 0 0 0 0 0 0 0 ...
$ gear : num 4 4 4 3 3 3 3 4 4 4 ...
$ carb : num 4 4 1 1 2 1 4 2 2 4 ...
> head(mtcars)
                   mpg cyl disp  hp drat   wt  qsec vs am gear carb
Mazda RX4         21.0  6  160  110 3.90 2.620 16.46  0  1   4    4
Mazda RX4 Wag     21.0  6  160  110 3.90 2.875 17.02  0  1   4    4
Datsun 710        22.8  4  108   93 3.85 2.320 18.61  1  1   4    1
Hornet 4 Drive    21.4  6  258  110 3.08 3.215 19.44  1  0   3    1
Hornet Sportabout 18.7  8  360  175 3.15 3.440 17.02  0  0   3    2
Valiant           18.1  6  225  105 2.76 3.460 20.22  1  0   3    1
```

모든 변수가 numeric이어서 실린더수(cyl), 자동/수동 여부(am) 등은 팩터로 변환할 것이다. 그리고 mtcars를 mtcars_df로 변환하여 사용할 것이다.

```
> mtcars_df <- mtcars
> mtcars_df$cyl <- as.factor(mtcars_df$cyl)
> mtcars_df$am <- as.factor(mtcars_df$am)
> str(mtcars_df)
'data.frame':  32 obs. of 11 variables:
$ mpg  : num 21 21 22.8 21.4 18.7 18.1 14.3 24.4 22.8 19.2 ...
$ cyl  : Factor w/ 3 levels "4","6","8": 2 2 1 2 3 2 3 1 1 2 ...
$ disp : num 160 160 108 258 360 ...
$ hp   : num 110 110 93 110 175 105 245 62 95 123 ...
$ drat : num 3.9 3.9 3.85 3.08 3.15 2.76 3.21 3.69 3.92 3.92 ...
$ wt   : num 2.62 2.88 2.32 3.21 3.44 ...
$ qsec : num 16.5 17 18.6 19.4 17 ...
$ vs   : num 0 0 1 1 0 1 0 1 1 1 ...
$ am   : Factor w/ 2 levels "0","1": 2 2 2 1 1 1 1 1 1 1 ...
$ gear : num 4 4 4 3 3 3 3 4 4 4 ...
$ carb : num 4 4 1 1 2 1 4 2 2 4 ...
```

9-1 특정 셀에 접근하기, 수정하기

데이터 프레임은 [행, 열]의 문법을 가지고 서브세팅한다. 열 단위, 행 단위에 대해서는 뒤에서 설명한다. 특정 셀에 접근할 때는 그 인덱스를 주면 된다.

```
> head(mtcars_df)
                   mpg cyl disp  hp drat    wt  qsec vs am gear carb
Mazda RX4          21.0  6  160 110 3.90 2.620 16.46  0  1    4    4
Mazda RX4 Wag      21.0  6  160 110 3.90 2.875 17.02  0  1    4    4
Datsun 710         22.8  4  108  93 3.85 2.320 18.61  1  1    4    1
Hornet 4 Drive     21.4  6  258 110 3.08 3.215 19.44  1  0    3    1
Hornet Sportabout  18.7  8  360 175 3.15 3.440 17.02  0  0    3    2
Valiant            18.1  6  225 105 2.76 3.460 20.22  1  0    3    1
> mtcars_df[1, 2]
[1] 6
Levels: 4 6 8
```

이 데이터 프레임은 1행, 2열의 값을 가지고 있다. 좌변에 두면 값을 수정할 수도 있다.

```
> mtcars_df[1, 2] <- 8
> head(mtcars_df)
                   mpg cyl disp  hp drat    wt  qsec vs am gear carb
Mazda RX4          21.0  6  160 110 3.90 2.620 16.46  0  1    4    4
Mazda RX4 Wag      21.0  6  160 110 3.90 2.875 17.02  0  1    4    4
Datsun 710         22.8  4  108  93 3.85 2.320 18.61  1  1    4    1
Hornet 4 Drive     21.4  6  258 110 3.08 3.215 19.44  1  0    3    1
Hornet Sportabout  18.7  8  360 175 3.15 3.440 17.02  0  0    3    2
Valiant            18.1  6  225 105 2.76 3.460 20.22  1  0    3    1
```

다시 돌려놓는다.

```
> mtcars_df[1, 2] <- 6
> head(mtcars_df)
                   mpg cyl disp  hp drat    wt  qsec vs am gear carb
Mazda RX4          21.0  6  160 110 3.90 2.620 16.46  0  1    4    4
Mazda RX4 Wag      21.0  6  160 110 3.90 2.875 17.02  0  1    4    4
Datsun 710         22.8  4  108  93 3.85 2.320 18.61  1  1    4    1
Hornet 4 Drive     21.4  6  258 110 3.08 3.215 19.44  1  0    3    1
Hornet Sportabout  18.7  8  360 175 3.15 3.440 17.02  0  0    3    2
Valiant            18.1  6  225 105 2.76 3.460 20.22  1  0    3    1
```

참고로 데이터 프레임에 열을 추가하는 것도 간단하다. 다음과 같이 데이터 프레임에 새로운 열을 만들면서 좌변에 두면 된다.

```
> mtcars_df$plus <- mtcars$mpg * 1000
> head(mtcars_df)
                   mpg cyl disp  hp drat    wt  qsec vs am gear carb  plus
Mazda RX4          21.0  6  160 110 3.90 2.620 16.46  0  1    4    4 21000
Mazda RX4 Wag      21.0  6  160 110 3.90 2.875 17.02  0  1    4    4 21000
Datsun 710         22.8  4  108  93 3.85 2.320 18.61  1  1    4    1 22800
Hornet 4 Drive     21.4  6  258 110 3.08 3.215 19.44  1  0    3    1 21400
Hornet Sportabout  18.7  8  360 175 3.15 3.440 17.02  0  0    3    2 18700
Valiant            18.1  6  225 105 2.76 3.460 20.22  1  0    3    1 18100
```

열을 제거할 수도 있다. '없다'는 뜻의 NULL 값을 주면 된다.

```
> mtcars_df$plus <- NULL
> head(mtcars_df)
                   mpg cyl disp  hp drat    wt  qsec vs am gear carb
Mazda RX4          21.0  6  160 110 3.90 2.620 16.46  0  1    4    4
Mazda RX4 Wag      21.0  6  160 110 3.90 2.875 17.02  0  1    4    4
Datsun 710         22.8  4  108  93 3.85 2.320 18.61  1  1    4    1
Hornet 4 Drive     21.4  6  258 110 3.08 3.215 19.44  1  0    3    1
Hornet Sportabout  18.7  8  360 175 3.15 3.440 17.02  0  0    3    2
Valiant            18.1  6  225 105 2.76 3.460 20.22  1  0    3    1
```

9-2 열들의 선택

데이터셋이 큰 경우 그중에 꼭 필요한 열만 선택하는 일은 아주 흔한 일이다. 이것을 열을 '선택한다(select)'라고 표현한다.

여기서는 mpg, cyl, disp, wt, am이라는 열만 선택하려고 한다. 앞에서 설명했듯이 데이터 프레임에서의 서브세팅은 아토믹 벡터의 2차원적인 확장이다. 아토믹 벡터에서는 [인덱스]를 가지고 작업했는데, 데이터 프레임에서는 [행, 열]의 구조를 가지고 작업한다. 여기서는 열이 관심 대상이므로 콤마(,) 뒤의 열에 집중한다.

우리가 원하는 열들만 추출하기 위해서는 다음과 같이 한다. 여기서는 열의 이름을 사용하고 순서를 약간 변형했다. 열의 순서도 사용할 수 있지만 이름을 사용하는 것이 더욱 편리하다.

```
> selected <- mtcars_df[ , c('mpg', 'wt', 'am', 'cyl', 'disp')]
> head(selected)
                   mpg    wt am cyl disp
Mazda RX4          21.0 2.620  1   6  160
Mazda RX4 Wag      21.0 2.875  1   6  160
Datsun 710         22.8 2.320  1   4  108
Hornet 4 Drive     21.4 3.215  0   6  258
Hornet Sportabout  18.7 3.440  0   8  360
Valiant            18.1 3.460  0   6  225
```

코드를 잘 보면, 인덱싱할 때 [행, 열] 부분에서 열 부분을 빈 공간으로 두었다. 빈 공간은 모든(all)을 의미한다. [] 안에 음의 정수로 된 벡터를 사용하면, 해당 위치의 것들은 제외한다는 의미가 여기서도 적용된다. 열에서도 마찬가지다. 단, 주의할 부분은 -c("mpg", "wt") 등을 써서 mpg, wt 열을 제외할 수는 없다. 다음 코드를 봐도 알 수 있듯이 음수를 표시하는 단항 연산자인 -를 문자열(character)에 대해서 적용할 수는 없기 때문이다.

```
> selected[ , -(3:5)]
                     mpg    wt
Mazda RX4            21.0   2.620
Mazda RX4 Wag        21.0   2.875
Datsun 710           22.8   2.320
Hornet 4 Drive       21.4   3.215
Hornet Sportabout    18.7   3.440
Valiant              18.1   3.460
Duster 360           14.3   3.570
Merc 240D            24.4   3.190
Merc 230             22.8   3.150
Merc 280             19.2   3.440
Merc 280C            17.8   3.440
Merc 450SE           16.4   4.070
Merc 450SL           17.3   3.730
Merc 450SLC          15.2   3.780
Cadillac Fleetwood   10.4   5.250
Lincoln Continental  10.4   5.424
Chrysler Imperial    14.7   5.345
Fiat 128             32.4   2.200
Honda Civic          30.4   1.615
Toyota Corolla       33.9   1.835
Toyota Corona        21.5   2.465
Dodge Challenger     15.5   3.520
AMC Javelin          15.2   3.435
Camaro Z28           13.3   3.840
Pontiac Firebird     19.2   3.845
Fiat X1-9            27.3   1.935
Porsche 914-2        26.0   2.140
Lotus Europa         30.4   1.513
Ford Pantera L       15.8   3.170
Ferrari Dino         19.7   2.770
Maserati Bora        15.0   3.570
Volvo 142E           21.4   2.780
```

⑨-③ 행들을 필터

앞에서 열에 대해서는 선택(select)이라는 단어를 사용했는데, 행에 대해서는 필터(filter)라는 단어를 사용한다. 엑셀을 써본 독자들이라면 비슷한 기능이 있다는 것을 알 것이다. 이번에는 행이 주된 관심이기 때문에 [행, 열]에서 행에 주목한다.

필터를 위해서 행의 이름이나 인덱스를 사용할 수 있다. 이런 것을 슬라이싱(slicing)이라고 부른다.

```
> sliced <- selected[c(1:10), ]
> sliced
                  mpg   wt    am cyl disp
Mazda RX4         21.0  2.620  1   6  160.0
Mazda RX4 Wag     21.0  2.875  1   6  160.0
Datsun 710        22.8  2.320  1   4  108.0
Hornet 4 Drive    21.4  3.215  0   6  258.0
Hornet Sportabout 18.7  3.440  0   8  360.0
Valiant           18.1  3.460  0   6  225.0
Duster 360        14.3  3.570  0   8  360.0
Merc 240D         24.4  3.190  0   4  146.7
Merc 230          22.8  3.150  0   4  140.8
Merc 280          19.2  3.440  0   6  167.6
```

필터는 대부분의 경우에 조건을 사용한다. 어떤 값 이상의 것만을 필터링하거나, 어떤 조건에 맞는 행들만을 필터링한다. 몇 가지 사례를 볼 것인데, 먼저 카테고리형 변수인 실린더를 사용하여 6기통을 가진 행들만 필터링해본다.

코드를 보면 [행, 열]에서 열이 비어 있다. 여기에서도 비어 있는 것은 '모든(all)'을 의미한다.

```
> filtered_cyl_6 <- selected[selected$cyl == 6, ]
> filtered_cyl_6
                mpg   wt    am cyl disp
Mazda RX4       21.0  2.620  1   6  160.0
Mazda RX4 Wag   21.0  2.875  1   6  160.0
Hornet 4 Drive  21.4  3.215  0   6  258.0
Valiant         18.1  3.460  0   6  225.0
Merc 280        19.2  3.440  0   6  167.6
Merc 280C       17.8  3.440  0   6  167.6
Ferrari Dino    19.7  2.770  1   6  145.0
```

다음은 무게(wt)가 평균 이상의 행들만 필터링해본다.

```
> mean(selected$wt)
[1] 3.21725
> wt_over_mean <- selected[selected$wt >= mean(selected$wt), ]
> wt_over_mean
                      mpg    wt   am cyl disp
Hornet Sportabout    18.7  3.440  0   8  360.0
Valiant              18.1  3.460  0   6  225.0
Duster 360           14.3  3.570  0   8  360.0
Merc 280             19.2  3.440  0   6  167.6
Merc 280C            17.8  3.440  0   6  167.6
Merc 450SE           16.4  4.070  0   8  275.8
Merc 450SL           17.3  3.730  0   8  275.8
Merc 450SLC          15.2  3.780  0   8  275.8
Cadillac Fleetwood   10.4  5.250  0   8  472.0
Lincoln Continental  10.4  5.424  0   8  460.0
Chrysler Imperial    14.7  5.345  0   8  440.0
Dodge Challenger     15.5  3.520  0   8  318.0
AMC Javelin          15.2  3.435  0   8  304.0
Camaro Z28           13.3  3.840  0   8  350.0
Pontiac Firebird     19.2  3.845  0   8  400.0
Maserati Bora        15.0  3.570  1   8  301.0
```

여기에서 행 필터와 직접 관련은 없을지 모르지만, 행 필터를 하다 보면 생기는 문제가 하나 있다. wt_over_mean 데이터 프레임의 cyl은 실제 값을 보면 레벨이 6과 8이 되어야 하는데, str() 함수를 적용해보면 이전의 레벨이 그대로 유지되어 있다.

```
> str(wt_over_mean)
'data.frame':  16 obs. of 5 variables:
$ mpg  : num 18.7 18.1 14.3 19.2 17.8 16.4 17.3 15.2 10.4 10.4 ...
$ wt   : num 3.44 3.46 3.57 3.44 3.44 ...
$ am   : Factor w/ 2 levels "0","1": 1 1 1 1 1 1 1 1 1 1 ...
$ cyl  : Factor w/ 3 levels "4","6","8": 3 2 3 2 2 3 3 3 3 3 ...
$ disp : num 360 225 360 168 168
```

사용되지 않는 레벨은 factor() 함수를 적용하면 사라진다.

```
> wt_over_mean$cyl <- factor(wt_over_mean$cyl)
> str(wt_over_mean)
'data.frame':  16 obs. of 5 variables:
 $ mpg  : num 18.7 18.1 14.3 19.2 17.8 16.4 17.3 15.2 10.4 10.4 ...
 $ wt   : num 3.44 3.46 3.57 3.44 3.44 ...
 $ am   : Factor w/ 2 levels "0","1": 1 1 1 1 1 1 1 1 1 1 ...
 $ cyl  : Factor w/ 2 levels "6","8": 2 1 2 1 1 2 2 2 2 2 ...
 $ disp : num 360 225 360 168 168
```

⑨-④ 열의 선택과 행의 필터를 동시에

앞에서 소개한 두 가지 방법을 쓰면 열의 선택과 행의 필터를 동시에 할 수도 있다. 다음은 cyl
이 "4"이거나 "6"인 행들을 필터링하고 "mpg", "wt", "cyl" 열들만 선택한 것이다.

```
> selected_filtered <- mtcars_df[mtcars_df$cyl %in% c("4", "6"), c("mpg", "wt",
"cyl")]
> selected_filtered
                   mpg   wt   cyl
Mazda RX4          21.0  2.620  6
Mazda RX4 Wag      21.0  2.875  6
Datsun 710         22.8  2.320  4
Hornet 4 Drive     21.4  3.215  6
Valiant            18.1  3.460  6
Merc 240D          24.4  3.190  4
Merc 230           22.8  3.150  4
Merc 280           19.2  3.440  6
Merc 280C          17.8  3.440  6
Fiat 128           32.4  2.200  4
Honda Civic        30.4  1.615  4
Toyota Corolla     33.9  1.835  4
Toyota Corona      21.5  2.465  4
Fiat X1-9          27.3  1.935  4
Porsche 914-2      26.0  2.140  4
Lotus Europa       30.4  1.513  4
Ferrari Dino       19.7  2.770  6
Volvo 142E         21.4  2.780  4
```

행의 조건은 다음과 같이 했다.

```
mtcars_df$cyl %in% c("4", "6")
```

%in% 연산자는 멤버십을 따지는 R 연산자로, 잘 쓰면 매우 유용하다.

```
> "a" %in% c("a", "b", "c")
[1] TRUE
>
> c("a", "b") %in% c("a", "b", "c")
[1] TRUE TRUE
>
> 3 %in% c(1, 2, 4)
[1] FALSE
> 3 %in% c(1, 3, 5)
[1] TRUE
```

우리는 다음과 같은 표현식으로 서브세팅을 시도했다.

```
mtcars_df[mtcars_df$cyl %in% c("4", "6"), c("mpg", "wt", "cyl")]
```

사실 %in% 연산자를 쓰지 않으면 다음과 같이 코딩해야 한다.

```
mtcars_df[mtcars_df$cyl == "4" | mtcars_df$cyl == "6", c("mpg", "wt", "cyl")]
```

자신이 코딩한 경우라면 간결하다고 자평할 수 있으나, 다른 사람이 작성한 코드라면 까다롭다고 느낄 수 있다. 코드는 보기 좋고 이해하기 편해야 하기 때문에 과정을 나누어 진행하는 것이 좋다. 그런데 과정을 나누려고 보면 중간 객체들을 만들어야 하는 수고를 해야 하고, 이런 과정이 성능에도 영향을 줄 수 있다. 그런데 (뒤에서 설명하겠지만) 이렇게 하지 않고 체인 (chain)으로 연결하는 방법도 있다. 이 방법을 익혀서 이해하기 쉽게 코딩하는 습관을 가지는 것이 좋다.

다음 서브세팅 코드를 보자.

```
df1 <- mtcars[mtcars$cyl == 6 | mtcars$cyl == 4, ]
```

처음 이런 코드를 보면 mtcars라는 대상이 되는 데이터 프레임이 자주 나오기 때문에 []
안에 있는 것과 밖에 있는 것이 서로 연관되어 있다고 생각할 수 있다. 그런데 사실 R의 입장
에서는 관련이 없다. R이 하는 것은 표현식을 평가하는 것 이외에는 별다를 것이 없다. 즉 []
안에 있는 표현식은 논리형 벡터를 만드는 과정에 불과하다. 실제로 보면 다음과 같은 논리형
벡터를 얻는 과정인 것이다.

```
> mtcars$cyl == 6 | mtcars$cyl == 4
 [1]  TRUE  TRUE  TRUE  TRUE FALSE  TRUE FALSE  TRUE  TRUE  TRUE  TRUE
[12] FALSE FALSE FALSE FALSE FALSE FALSE  TRUE  TRUE  TRUE  TRUE FALSE
[23] FALSE FALSE FALSE  TRUE  TRUE  TRUE FALSE  TRUE FALSE  TRUE
```

이 논리형 벡터가 [] 안에 사용되고 있는 것뿐이다. 따라서 다음과 같이 단계를 나눠서 해
도 전혀 문제가 되지 않는다. 이 경우에는 논리형 벡터를 condition이라는 벡터에 할당하고
[] 안에 넣었다.

```
> condition <- mtcars$cyl == 6 | mtcars$cyl == 4
> mtcars[condition, ]
                mpg cyl  disp  hp drat    wt  qsec vs am gear carb
Mazda RX4      21.0   6 160.0 110 3.90 2.620 16.46  0  1    4    4
Mazda RX4 Wag  21.0   6 160.0 110 3.90 2.875 17.02  0  1    4    4
Datsun 710     22.8   4 108.0  93 3.85 2.320 18.61  1  1    4    1
Hornet 4 Drive 21.4   6 258.0 110 3.08 3.215 19.44  1  0    3    1
Valiant        18.1   6 225.0 105 2.76 3.460 20.22  1  0    3    1
Merc 240D      24.4   4 146.7  62 3.69 3.190 20.00  1  0    4    2
Merc 230       22.8   4 140.8  95 3.92 3.150 22.90  1  0    4    2
Merc 280       19.2   6 167.6 123 3.92 3.440 18.30  1  0    4    4
Merc 280C      17.8   6 167.6 123 3.92 3.440 18.90  1  0    4    4
Fiat 128       32.4   4  78.7  66 4.08 2.200 19.47  1  1    4    1
Honda Civic    30.4   4  75.7  52 4.93 1.615 18.52  1  1    4    2
Toyota Corolla 33.9   4  71.1  65 4.22 1.835 19.90  1  1    4    1
Toyota Corona  21.5   4 120.1  97 3.70 2.465 20.01  1  0    3    1
Fiat X1-9      27.3   4  79.0  66 4.08 1.935 18.90  1  1    4    1
Porsche 914-2  26.0   4 120.3  91 4.43 2.140 16.70  0  1    5    2
```

```
Lotus Europa30.44  95.1113 3.771.51316.90   1   1   5   2
Ferrari Dino19.76  145.0175 3.622.77015.50   0   1   5   6
Volvo 142E21.4     4 121.01094.112.78018.60  1   1   4   2
```

그러므로 다음과 같이 코딩해서는 안 된다. cyl이라는 독립적인 벡터가 존재하지 않기 때문이다.

```
df1 <- mtcars[cyl == 6 | cyl == 4, ]
```

그런데 mtcars를 반복하지 않아도 되는 방법이 있다. 대표적인 경우가 subset()이다.

```
> df2 <- subset(mtcars, cyl == 6 | cyl == 4)
> df2
```

	mpg	cyl	disp	hp	drat	wt	qsec	vs	am	gear	carb
Mazda RX4	21.0	6	160.0	110	3.90	2.620	16.46	0	1	4	4
Mazda RX4 Wag	21.0	6	160.0	110	3.90	2.875	17.02	0	1	4	4
Datsun 710	22.8	4	108.0	93	3.85	2.320	18.61	1	1	4	1
Hornet 4 Drive	21.4	6	258.0	110	3.08	3.215	19.44	1	0	3	1
Valiant	18.1	6	225.0	105	2.76	3.460	20.22	1	0	3	1
Merc 240D	24.4	4	146.7	62	3.69	3.190	20.00	1	0	4	2
Merc 230	22.8	4	140.8	95	3.92	3.150	22.90	1	0	4	2
Merc 280	19.2	6	167.6	123	3.92	3.440	18.30	1	0	4	4
Merc 280C	17.8	6	167.6	123	3.92	3.440	18.90	1	0	4	4
Fiat 128	32.4	4	78.7	66	4.08	2.200	19.47	1	1	4	1
Honda Civic	30.4	4	75.7	52	4.93	1.615	18.52	1	1	4	2
Toyota Corolla	33.9	4	71.1	65	4.22	1.835	19.90	1	1	4	1
Toyota Corona	21.5	4	120.1	97	3.70	2.465	20.01	1	0	3	1
Fiat X1-9	27.3	4	79.0	66	4.08	1.935	18.90	1	1	4	1
Porsche 914-2	26.0	4	120.3	91	4.43	2.140	16.70	0	1	5	2
Lotus Europa	30.4	4	95.1	113	3.77	1.513	16.90	1	1	5	2
Ferrari Dino	19.7	6	145.0	175	3.62	2.770	15.50	0	1	5	6
Volvo 142E	21.4	4	121.0	109	4.11	2.780	18.60	1	1	4	2

subset() 함수 안에서 cyl이라는 열의 이름을 mtcars$cyl이라 하지 않아도 되는 이유는 subset() 함수가 특별하기 때문이다. 이런 함수들은 비표준 평가(non-standard evaluation)를 따른다고 말한다. 반면 앞에서 소개한 []의 방식을 표준 평가라고 한다. 이런 비표준 평가를 타이핑해야 코드를 줄일 수 있기 때문에 인터랙티브 환경, 즉 R 콘솔에서 한 줄씩 진행하는 경우는 매우 도움이 된다. 그러나 프로그래밍을 할 때는 이것을 사용할 수 없다.

다음을 보자.

```
> x <- "cyl"
> df3 <- subset(mtcars, x == 6 | x == 4)
> df3
 [1] mpg cyl disp hp drat wt qsec vs  am  gear carb
<0 행> <또는 row.names의 길이가 0입니다>
```

9-6 그룹으로 분리

데이터셋에 카테고리형 변수가 있다는 것은 데이터셋을 그 변수의 레벨에 따라 나누어 분석하고자 하는 의도가 기본적으로 담겨 있는 것이다. 치료군과 비치료군을 비교하는 것과 같다.

어떤 카테고리형 변수가 있을 때, 그 변수의 레벨에 따라서 그룹을 분리하는 함수로 split()이 있다. 첫 번째 인자에 나눌 데이터셋을 주고, 두 번째 인자로 팩터를 지정한다.

```
> split(mtcars_df, mtcars_df$cyl)
$`4`
               mpg cyl disp   hp drat   wt   qsec  vs am gear carb
Datsun 710     22.8  4 108.0  93 3.85 2.320 18.61  1  1   4    1
Merc 240D      24.4  4 146.7  62 3.69 3.190 20.00  1  0   4    2
Merc 230       22.8  4 140.8  95 3.92 3.150 22.90  1  0   4    2
Fiat 128       32.4  4  78.7  66 4.08 2.200 19.47  1  1   4    1
Honda Civic    30.4  4  75.7  52 4.93 1.615 18.52  1  1   4    2
Toyota Corolla 33.9  4  71.1  65 4.22 1.835 19.90  1  1   4    1
Toyota Corona  21.5  4 120.1  97 3.70 2.465 20.01  1  0   3    1
Fiat X1-9      27.3  4  79.0  66 4.08 1.935 18.90  1  1   4    1
Porsche 914-2  26.0  4 120.3  91 4.43 2.140 16.70  0  1   5    2
Lotus Europa   30.4  4  95.1 113 3.77 1.513 16.90  1  1   5    2
Volvo 142E     21.4  4 121.0 109 4.11 2.780 18.60  1  1   4    2

$`6`
               mpg cyl disp   hp drat   wt   qsec  vs am gear carb
Mazda RX4      21.0  6 160.0 110 3.90 2.620 16.46  0  1   4    4
Mazda RX4 Wag  21.0  6 160.0 110 3.90 2.875 17.02  0  1   4    4
Hornet 4 Drive 21.4  6 258.0 110 3.08 3.215 19.44  1  0   3    1
Valiant        18.1  6 225.0 105 2.76 3.460 20.22  1  0   3    1
Duster 360     14.3  8 360.0 245 3.21 3.570 15.84  0  0   3    4
Merc 280       19.2  6 167.6 123 3.92 3.440 18.30  1  0   4    4
Merc 280C      17.8  6 167.6 123 3.92 3.440 18.90  1  0   4    4
Ferrari Dino   19.7  6 145.0 175 3.62 2.770 15.50  0  1   5    6
```

```
$`8`
                       mpg cyl disp   hp  drat  wt     qsec   vs  am  gear  carb
Hornet Sportabout     18.7  8  360.0  175 3.15  3.440  17.02  0   0   3     2
Duster 360            14.3  8  360.0  245 3.21  3.570  15.84  0   0   3     4
Merc 450SE            16.4  8  275.8  180 3.07  4.070  17.40  0   0   3     3
Merc 450SL            17.3  8  275.8  180 3.07  3.730  17.60  0   0   3     3
Merc 450SLC           15.2  8  275.8  180 3.07  3.780  18.00  0   0   3     3
Cadillac Fleetwood    10.4  8  472.0  205 2.93  5.250  17.98  0   0   3     4
Lincoln Continental   10.4  8  460.0  215 3.00  5.424  17.82  0   0   3     4
Chrysler Imperial     14.7  8  440.0  230 3.23  5.345  17.42  0   0   3     4
Dodge Challenger      15.5  8  318.0  150 2.76  3.520  16.87  0   0   3     2
AMC Javelin           15.2  8  304.0  150 3.15  3.435  17.30  0   0   3     2
Camaro Z28            13.3  8  350.0  245 3.73  3.840  15.41  0   0   3     4
Pontiac Firebird      19.2  8  400.0  175 3.08  3.845  17.05  0   0   3     2
Maserati Bora         15.0  8  301.0  335 3.54  3.570  14.60  0   1   5     8
```

결과를 보면 이 함수의 반환값은 `mtcars_df`를 `cyl`의 레벨(levels)에 따라서 분리한 것들을 모은 하나의 R 리스트임을 알 수 있다. 조금 더 눈여겨볼 만한 것은 리스트의 구성요소에 백틱(`` ` ``, 보통 자판기에서 숫자 1 앞에 키가 위치한다)을 사용한 부분이다. 백틱에 대해서는 뒤에서 설명한다.

이런 `split()` 함수는 데이터 프레임뿐만 아니라 일반적인 벡터에도 사용할 수 있다.

```
> split(mtcars$cyl, mtcars$am)
$`0`
 [1] 6 8 6 8 4 4 6 6 8 8 8 8 4 8 8 8 8

$`1`
 [1] 6 6 4 4 4 4 4 4 8 6 8 4
```

이 코드도 `cyl`과 `am`이 어떤 연관이 있어서 그런 것은 아니고, 그 개수만 맞으면 된다.

```
> mtcars$cyl
 [1] 6 6 4 6 8 6 8 4 4 6 6 8 8 8 8 8 8 4 4 4 4 8 8 8 8 4 4 4 8 6 8 4
> mtcars$am
 [1] 1 1 1 0 0 0 0 0 0 0 0 0 0 0 0 0 0 1 1 1 0 0 0 0 0 1 1 1 1 1 1 1
```

이와 같은 독립적인 벡터가 있었을 때 `mtcars$cyl`의 요소의 값을 해당 인덱스의 위치에 존재하는 `mtcars$am`의 값에 따라서 구분할 수 있다.

어떤 독자는 이렇게 그룹으로 나눈 것이 데이터셋을 더 복잡하게 만들었다고 불평할 수 있다. 당연한 이야기다. 그런데 이런 것은 나중에 `apply` 계열의 함수를 사용할 줄 알게 되면 아주 강력한 기능을 발휘한다. 또 `dplyr` 패키지에서 소개한 `group_by()` 함수를 이해하는 데도 기초가 된다.

먼저 잠깐 보면 다음과 같은 코드를 사용해 각 그룹별로 데이터를 정리할 수 있다. 여기서는 그룹별 mpg의 평균을 계산해보았다.

```
> ex <- split(mtcars, mtcars$cyl)
> unlist(lapply(ex, function(df) mean(df$mpg)))
        4         6         8
26.66364  19.74286  15.10000
```

데이터를 정리할 때 소위 'split-apply-combine' 전략을 구사하는 과정에서 쓰일 수 있다. 이것은 데이터셋을 카테고리형 변수의 레벨에 따라서 분리한 다음, 분리된 서브셋에 어떤 함수를 적용하고, 적용된 그 결과를 하나의 객체로 묶어서 얻는 방법을 말한다. `split()` 함수는 이때 분리 과정에서 유용하게 사용될 수 있다.

9-7 문자열 서브세팅의 응용

서브세팅을 응용해 간단하게 해결할 수 있는 문제를 살펴보자. 성별에 대해 다음과 같이 코딩된 벡터가 있다. "u"는 결측치를 의미한다.

```
> gender <- c("f", "m", "m", "u", "f", "f")
```

이것을 다음과 같이 바꾸는 문제이다.

```
> gender2 <- c("Female", "Male", "Male", NA, "Female", "Female")
```

우선 바꿀 벡터(gender)의 값들을 이름(names)으로 하고, 그 이름에 대하여 바뀔 값이 부여된 벡터를 만든다.

```
> lookup <- c("Male", "Female", NA)
> names(lookup) <- c("m", "f", "u")
> lookup
      m        f        u
 "Male"  "Female"      NA
```

그런 다음 아래와 같이 한다.

```
> gender2 <- lookup[gender]
> names(gender2) <- NULL # 또는 unname()
> gender2
[1] "Female" "Male"  "Male"  NA     "Female" "Female"
```

이 과정을 이해하는 핵심은 lookup[gender]라는 부분에 있다. gender가 문자열 벡터이기 때문에 [] 안에 들어간 문자열은 대상 객체의 이름을 대상으로 값을 찾는다.

```
lookup[c("f", "m", "m", "u", "f", "f")]
```

[] 안의 벡터에서 첫 번째 요소의 값 "f"에 대해서는 이것을 이름으로 갖는 lookup의 값이 "Female"이다. 두 번째 요소의 값 "m"에 대해서는 이것을 이름으로 갖는 lookup의 값이 "Male"이다. 세 번째 요소의 값 "m"에 대해서는 그 값이 "Male"이다. 이런 식으로 마지막 "f"까지 진행된다. 이때 이름과 값이 있는 표가 있어야 하며 이 표에 대해서 [] 안에 바꿀 벡터를 넣어야 한다.

10 R에서 백틱의 역할

앞에서 split() 함수의 반환값인 리스트의 이름에서 백틱이 사용되었다. 백틱은 R에서 중요한 역할을 한다. 만약 []에 대한 도움말을 보려면 다음과 같이 실행한다.

```
> help(`[`) # 또는 ?`[`
```

R에서 객체의 이름을 만드는 규칙은 다음과 같다.

• 알파벳, 숫자, 마침표(.), 언더라인(_)을 조합하여 만들 수 있다.
• 숫자로 시작할 수 없고, .로 시작하는 경우도 바로 숫자가 따라오게 이름을 정할 수 없다.
• (당연히) 중간에 공백이 있어서는 안 된다.

그런데 백틱으로 둘러싸면 이 규칙을 무시할 수 있다.

```
> `my data` <- c(1, 2, 3)
> `my data`
[1] 1 2 3
> `8` <- c(TRUE, FALSE, TRUE)
> `8`
[1] TRUE FALSE TRUE
```

⑪ R의 원리

R은 S라는 언어를 바탕으로 만들어졌다. S 언어를 만든 존 챔버(John M. Chamber)는 다음과 같이 말했다. "R에 있는 모든 것은 객체이고, R에서 발생하는 모는 일은 함수 실행의 결과이다." R에 익숙해질수록 이 말의 의미를 점점 체험하게 될 것이다. 또 어떤 사람은 이렇게 물을 것이다. 그럼 다음 코드는 R 코드인데 어떻게 그 말에 부합하느냐고……

```
> x <- 3 + 5
> x
[1] 8
> y <- mtcars$mpg
> y
 [1] 21.0 21.0 22.8 21.4 18.7 18.1 14.3 24.4 22.8 19.2 17.8 16.4 17.3 15.2
[15] 10.4 10.4 14.7 32.4 30.4 33.9 21.5 15.5 15.2 13.3 19.2 27.3 26.0 30.4
[29] 15.8 19.7 15.0 21.4
```

이런 코드도 사실은 함수의 실행으로 이루어진다. 이것을 함수를 실행하는 모습으로 바꿔보면 다음과 같다. 주의할 것은 +, $ 등도 백틱으로 둘러싸면 함수라는 것이다.

```
> x <- `+`(3, 5)
> x
[1] 8
> y <- `$`(mtcars, mpg)
> y
 [1] 21.0 21.0 22.8 21.4 18.7 18.1 14.3 24.4 22.8 19.2 17.8 16.4 17.3 15.2
[15] 10.4 10.4 14.7 32.4 30.4 33.9 21.5 15.5 15.2 13.3 19.2 27.3 26.0 30.4
[29] 15.8 19.7 15.0 21.4
```

심지어 할당 <-도 백틱으로 둘러싸면 함수이다.

```
> `<-`(x1, `+`(3, 6))
> x1
[1] 9
```

이런 코드를 보면 R의 조상이 LISP의 Scheme이라는 언어라고 말하는 이유를 알 수 있다. 우리가 사용하는 연산자들도 실은 모두 함수인데, 사용하기 좀 더 편리하도록 다시 정의해 쓰는 것에 불과하다는 점을 이해할 필요가 있다. R에서 일어나는 모든 일은 함수 실행의 결과다.

⑫ 정리

이번 4장에서는 앞 장에 이어서 R 언어에서 정의된 기본 데이터 타입들을 살펴보았다. 또 객체에 대한 정보를 파악하는 방법, 객체가 가지고 있는 데이터들에 대한 서브세팅 방법 등을 다루었다.

3장에서 소개한 〈Introduction to R〉 문서를 읽었으면 해들리 위컴의 〈Advanced R〉에 도전해볼 것을 권한다. 실제 책으로도 출판된 것으로 웹에서 무료로 읽을 수 있다.

• Advanced R : http://adv-r.had.co.nz/

만약 bookdown 패키지(https://bookdown.org/yihui/bookdown/)를 사용할 수 있다면 최신 버전을 렌더링해서 볼 수 있다.

• Advanced R 깃허브 : https://github.com/hadley/adv-r

이렇게 R 언어의 기초를 닦은 뒤에는 '데이터를 다루는 법'을 배워야 한다. 다음 책이 많은 도움이 될 것이다.

• R for Data Science : http://r4ds.had.co.nz

Shiny

Chapter 5

샤이니 코딩을 위한 R 언어

R Shiny Programming Guide

R 사용자들은 대부분 인터랙티브 환경에 익숙하다. 그런데 샤이니 앱을 작성하려면 인터랙티브 환경에서 벗어나 프로그래밍을 해야 한다. 인터랙티브 환경에서는 사용자가 모든 것을 주도하는 반면, 프로그래밍 모드에서는 컴퓨터가 알아서 처리하게끔 해야 한다. 그래서 인터랙티브 환경과 프로그래밍 환경에서 R 코딩은 다른 점이 많다.

5장에서는 인터랙티브 모드와 프로그래밍 모드의 차이점에 주안을 두면서, 샤이니 앱을 개발할 때 실수를 범할 수 있는 내용들을 정리하였다. 이런 내용들은 샤이니 앱을 만들 때뿐만 아니라, 전반적인 R 언어 지식과 기술을 끌어올리는 데도 큰 도움을 줄 수 있다.

여기서 설명하는 내용은 샤이니를 만들어본 경험이 없는 독자라면 '왜 이런 알쏭달쏭한 내용을 알아야 하지'라고 의문을 품을 수 있다. 그런 경우라면 일단 쭉 넘어간 다음 나중에 앱을 만들면서 문제를 접했을 때 다시 읽어볼 것을 권한다.

❶ $, [[, [서브세팅의 차이점

어떤 데이터에서 그 일부를 얻는 과정을 서브세팅이라고 한다. R은 아주 다양한 서브세팅 방법을 제공한다. 그중 가장 흔한 것이 $, [, [[등을 사용한 서브세팅이다. 이것들은 비슷한 것 같으면서도 조금씩 다르다.

샤이니 앱을 만들 때 서브세팅을 하는 경우에 가장 중요한 사실은 [또는 [[는 프로그램적으로 원하는 변수를 지정할 수 있지만, $는 그러면 안 된다는 것이다. 이를테면 input$sel에서 mtcars 데이터 프레임에 있는 변수들을 선택하도록 앱을 구성했을 때, 서브세팅을 할 때에 다음과 같이 해서는 안 된다.

```
mtcars$input$sel 또는 mtcars$`input$sel`
```

다음과 같이 [또는 [[을 써야 한다.[1]

```
mtcars[input$sel] 또는 mtcars[[input$sel]]
```

샤이니 앱에서 반응성 값(reactive values)에 접근할 때도 비슷한 방법으로 접근해야 한다. 일반적으로는 $을 사용해서 input$sel과 같은 방법을 사용한다. 그런데 이것을 프로그램적으로 접근하려면 [[을 사용해야 한다.

참고로 [을 사용하여 반응성 값에 접근하면 오류가 발생하므로 다음과 같은 방법을 쓴다.

```
x <- "sel"
input[[x]]
```

---

1 이 둘의 결과는 조금 다르다. http://adv-r.had.co.nz/Subsetting.html 등을 참고한다.

② R 함수

②-1 반환값을 반환하는 방법

샤이니 앱을 만들 때 필요한 가장 중요한 R 언어 지식은 아무래도 R 함수이다. 특히 샤이니 앱을 만들 때 R에서 두 가지 방법으로 함수가 값을 반환한다는 사실을 아는 것이 중요하다.

R 함수의 반환값은 다음 두 가지 방법 중 하나로 반환된다.

• return() 함수를 사용한 명시적인 방법
• 함수의 몸체(body)에서 가장 마지막 표현식의 값

다음은 두 방법으로 각각의 함수를 정의한 것이다. 차이는 없다.

```
sq1 <- function(x) return(x * x)

sq2 <- function(x) x * x
```

함수 안에서 if 같은 조건문을 써서 함수를 일부러 빠져나가게 할 필요가 있을 때는 return() 함수를 명시적으로 사용한다. 그러나 대부분의 경우에는 두 번째 방법인 마지막 표현식을 반환값으로 사용한다.

R에서 하나의 함수는 하나의 객체만을 반환할 수 있다. 이는 R의 규칙이다. 만약 여러 가지 객체를 반환해야 하는 경우라면, 리스트(list)와 같은 객체로 그 객체들을 묶어서 하나의 리스트로 반환해야 한다. R에서 lm() 함수와 같은 통계 분석을 위한 함수는 대부분 이런 방법을 통해서 결과를 반환한다.

샤이니 앱에서 사용되는 함수 중에 tagList()라는 함수가 있다. 이것은 UI 요소들을 다이내믹하게 출력할 때 필요한 것으로, 여러 개의 UI들을 반환하고 싶을 때 일반적인 리스트처럼 하나로 묶어서 반환할 수 있다.

2-2 반환값과 부수효과의 차이

R에서 어떤 일이 벌어지는 것은 모두 함수 호출에 의한 것이다. 우리가 함수를 실행하는 이유는 두 가지로 요약할 수 있다.

- 첫째, 반환값(retrun value)을 얻는다.
- 둘째, 부수효과(side effect)를 얻는다.

반환값과 부수효과가 무엇인지 알아보자. R에서 함수를 호출하면 값이 반환된다. NULL 값이 반환되는 경우도 있지만 이것도 하나의 값으로 보면, 모든 함수 호출은 값을 반환한다.

```
> x <- mean(1:10)
> x
[1] 5.5
```

함수는 값을 반환할 뿐만 아니라 부수효과를 낼 수도 있다. 다시 이야기하자면 R에서 모든 함수는 값을 반환하고, 어떤 함수는 값을 반환하기도 하지만 부수효과도 낸다. 부수효과는 플롯이 될 수도 있고, 콘솔에 대한 출력이 될 수도 있다. 즉 실행되는 함수의 입장에서 함수 밖의 세계에 어떤 영향을 주는 것을 부수효과라고 한다. print() 함수를 예로 들어보자. 다음과 같이 하면 R 콘솔에 값이 인쇄되는데 이것은 부수효과이다.

```
> print("abc")
[1] "abc"
```

다음 코드를 보자. 이 코드는 콘솔에 출력하고(부수효과) 값도 반환되어 이것이 x에 할당된다(값의 반환).

```
> x <- print("abc")
[1] "abc"
> x
[1] "abc"
```

또 다른 예는 hist() 함수이다. 이 함수는 그래픽 디바이스에 플롯을 출력하기도 하지만 다음과 같이 하면 플롯에 대한 정보들이 저장되기도 한다.

```
> his <- hist(rnorm(1000))
> his
$breaks
 [1] -3.0 -2.5 -2.0 -1.5 -1.0 -0.5  0.0  0.5  1.0  1.5  2.0  2.5  3.0

$counts
 [1]   9  10  47  91 158 170 201 158  89  38  21   8

$density
 [1]  0.018 0.020 0.094 0.182 0.316 0.340 0.402 0.316 0.178 0.076 0.042
[12] 0.016

$mids
 [1] -2.75 -2.25 -1.75 -1.25 -0.75 -0.25  0.25  0.75  1.25  1.75  2.25
[12]  2.75

$xname
[1] "rnorm(1000)"

$equidist
[1] TRUE

attr(,"class")
[1] "histogram"
```

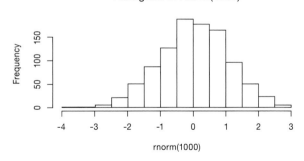

Histogram of rnorm(1000)

그래픽 출력은 부수효과이고, 변수에 할당되는 것은 값의 반환에 의한 것이다. 이렇게 반환값과 부수효과의 차이를 알면, 샤이니 앱을 구성하는 요소 중에서 반응성 표현식(reactive expression)과 관찰자(reactive observer)의 차이를 더 잘 이해할 수 있다. 반응성 표현식은 값을 반환하고 관찰자는 부수효과를 낸다. 반응성 표현식은 `reactive({})` 함수로 만들고, 관찰자는 `observe({})` 함수로 만든다.

③ 함수들을 하나의 리스트로 묶기

R에서 함수는 일반 객체와 똑같이 취급된다. 함수는 소위 'first-class citizen'으로 취급된다고 한다. 그래서 변수에 할당되고, 다른 함수의 인자로 사용되고, 다른 함수의 반환값으로 사용되기도 한다. R은 함수형 프로그래밍 언어로서, 함수도 객체의 한 종류이다.

또한 이러한 이유로 함수들을 하나의 리스트로 묶어서 관리할 수 있으며 다음과 같은 코딩을 할 수 있다. fns라는 리스트에 필요한 함수들을 저장한다. 다음은 이런 함수들을 lapply() 함수를 사용하여 주어진 값에 대해서 하나씩 적용한 것이다.

```
> set.seed(2017)
> fns <- list(mean, median, sd, var, min, max)
> x <- sample(c(1:100), 30, replace = TRUE)
> unlist(lapply(fns, function(f) f(x)))
[1] 50.53333 47.50000 28.54124 814.60230 1.00000 95.00000
```

마지막 lapply() 문법을 이해하기 힘들 수도 있다. fns에 있는 요소들을 하나씩 꺼내서 그것을 다음 함수 function(f) f(x)로 보낸다. 여기서 f는 개별 함수 하나를 의미한다. 좀 복잡해 보이기는 하지만 이해하고 나면 코드를 간결하게 작성할 수 있다.

샤이니에는 tags라는 리스트에 HTML 요소들을 만들 수 있는 함수들이 저장되어 있다. 이를테면 <p>라는 HTML 요소를 만들 때는 tags$p()라는 함수를 사용한다. <p>처럼 흔하게 사용하는 함수는 그냥 p()라고 쓸 수도 있지만, 기본적으로는 tags$p()와 같은 형태를 사용한다. 일반 리스트 요소에 접근하는 방법과 같이 $를 사용하고 끝에 ()를 붙여서 함수를 호출한다.

④ 환경

필자의 경우 컴퓨터 언어와 관련해서 공부할 때 가장 어려운 부분 중 하나가 어떤 단어의 의미가 해당 언어에서만 쓰는 특이한 것인지, 아니면 일반적인 단어로 사용하는 것인지 분간되지 않을 때다. R에서 환경(environment)이라는 개념이 그랬다. RStudio에 'Environment'라는 창을 보고 나서야 그 의미를 분명하게 이해할 수 있었다.

R에서 환경은 리스트 못지 않게 중요한 데이터 타입 중 하나다. R에서는 환경이 일반 단어가 아니고, 아토믹 벡터 또는 리스트와 같은 R 객체의 한 종류이다. 환경이라는 개념을 이해하지 못하면 클로저(closer), 함수 호출, R 패키지의 작동 원리도 항상 마법처럼 느껴질 것이다. 심지어 ls(), rm() 함수도 제대로 이해하지 못한 것일 수 있다.

다음 글들에는 R 환경에 관한 설명이 정말 잘 정리되어 있다. 여기서는 이런 글들을 이해하기 위한 기초적인 내용만 설명한다.

- How R Searches and Finds Stuff: http://blog.obeautifulcode.com/R/How-R-Searches-And-Finds-Stuff/
- Advanced R의 Environments 장: http://adv-r.had.co.nz/Environments.html

4-1 환경과 이름 찾기(resolution)

R 콘솔에서 다음과 같이 실행하면, 글로벌 환경(global environment)에서 x라는 객체와 그 객체의 값(1:3이라는 정수형 벡터)에 대한 바인딩을 만드는 셈이다. R 콘솔에서 실행되는 모든 계산은 이런 글로벌 환경에서 이루어지며 R에서는 이를 .GlobalEnv라고 이름 지어 부른다.

```
> x <- 1:3
```

다음과 같이 x를 입력했을 때 그 값이 출력되는 것은 글로벌 환경에 x가 있기 때문이다. 그리고 y라는 객체는 찾을 수 없기 때문에 이것을 출력하라고 하면 오류(error)가 발생한다.

```
> x
[1] 1 2 3
> y
Error in eval(expr, envir, enclos): 객체 'y'를 찾을 수 없습니다
```

R 콘솔에서 다음과 같은 계산도 문제없이 실행된다.

```
> sum(1:10)
[1] 55
```

R에서는 함수도 하나의 객체다. 현재 글로벌 환경에는 sum이라는 객체가 존재하지 않는데, 어떻게 R은 이 함수를 사용하여 계산을 하는 것일까? R에서 어떤 이름을 주고 객체를 찾을 때는 find() 함수를 사용할 수 있다.

```
> find("x")
[1] ".GlobalEnv"
> find("y")
character(0)
> find("sum")
[1] "package:base"
```

이 의미는 x라는 이름을 가진 객체는 .GlobalEnv에 존재하고, y라는 이름의 객체는 존재하지 않으며, sum이라는 이름의 객체는 package:base에 존재한다는 것이다. 이것을 보더라도 R이 뭔가를 찾을 때는 현재 있는 공간, 즉 현재의 환경만을 뒤지는 것이 아님을 알 수 있다. 실제로 현재의 환경에서 탐색한 뒤 있으면 그 값을 출력하고, 없으면 다음 단계의 환경을 탐색한다. 마치 인형 속에 인형이 들어 있는 러시아 인형 마트료시카(Matryoshka)의 구조와 비슷하다. 즉 환경들이 계속 이어진 구조를 지닌 것이다.

이렇게 이어진 구조를 탐색 경로(search path)라고 하는데, search()라는 함수를 사용하여 알 수 있다. 다음과 같이 처음 .GlobalEnv에서 시작하여 마지막 package:base까지 환경을 이동하면서 어떤 객체의 위치를 찾는다. 없으면 오류가 발생하는 것이다.

```
> search()
[1] ".GlobalEnv"          "tools:RGUI"
[3] "package:stats"       "package:graphics"
[5] "package:grDevices"   "package:utils"
[7] "package:datasets"    "package:methods"
[9] "Autoloads"           "package:base"
```

환경은 구조적으로 프레임(frame)과 인클로저(enclosure)로 구성된다. 프레임이란 이름과 값에 대한 바인딩이고, 인클로저란 이 환경에서 뭔가를 찾지 못할 때 다음에 어느 환경으로 이동할지를 지목해주는 포인터이다. 환경은 이름과 값에 대한 바인딩의 집합이라 정의할 수도 있는데, 이는 환경의 프레임에 대한 부분을 말하는 것이다. 이처럼 R을 사용하는 순간, 우리는 이미 많은 환경을 만들어놓고 R 객체들을 만들고 사용하게 되는 것이다.

4-2 함수와 환경

함수의 정의와 호출은 환경이라는 개념과 밀접하게 연관되어 있다. 함수와 관련된 환경은 대부분 눈에 보이지 않게 만들어지고 소실된다. 함수와 관련된 환경의 종류는 네 가지가 있다. 다음 사이트(http://adv-r.had.co.nz/Environments.html#function-envs)의 글을 잘 읽어보기 바란다.

4-3 특별한 용도의 객체로서 환경의 사용

함수와 연관된 환경과 같이 눈에 보이지 않게 작동하는 환경도 있지만, 사용자가 직접 환경을 만들 수도 있다. new.env()라는 함수를 만들어본다.

```
> e1 <- new.env()
> typeof(e1)
[1] "environment"
```

이렇게 만든 e1이라는 환경에 x라는 객체를 만들고 그 값 1:3을 할당해본다.

```
> e1$x <- 1:3
```

어떤 환경에 있는 객체를 보려면 $을 사용하여 접근한다.

```
> e1$x
[1] 1 2 3
```

환경이라는 객체는 아토믹 벡터, 데이터 프레임, 리스트 등 다른 R 객체와 근본적으로 다른 점이 있다. 프로그램 용어로는 mutable하다고 표현하는데, 있는 그 자체로 값이 수정될 수 있다는 특징을 가진다. 대부분의 R 객체는 immutable하다. 객체를 다른 객체로 복사하고 값을 좀 바꿔보면 그 차이를 알 수 있다.

```
> a <- 1:3
> b <- a
> a
[1] 1 2 3
> b
[1] 1 2 3
> a[2] <- 5
> a
[1] 1 5 3
> b
[1] 1 2 3
```

이것을 보면 a의 값을 b에 할당하고, 원래의 a의 두 번째 요소의 값을 수정해도 b의 값은 바뀌지 않는 것을 알 수 있다.

다음에는 환경을 만들고 비슷한 과정을 진행해본다.

```
> e_a <- new.env()
> e_b <- e_a
> e_a
<environment: 0x7fa01b1a3678>
> e_b
<environment: 0x7fa01b1a3678>
> e_a$j <- 1:3
> e_b$j
[1] 1 2 3
> identical(e_a, e_b)
[1] TRUE
```

환경 e_a를 e_b로 할당하고, e_a의 값을 일부 수정해보았다. 코드를 보면 e_b는 어떤 할당 등을 하지 않았음에도 불구하고 j라는 객체를 가지게 되었음을 알 수 있다. 특히 이러한 특징은 어떤 상태(state)를 저장하기 좋기 때문에 환경 객체를 사용하면 구현하기 편리하다. 여기서 상태란 프로그램이 실행되고 있을 때 특정 시점에서 프로그램의 변수들의 값을 말한다.

샤이니가 사용하는 객체지향시스템

샤이니 앱을 작성하기 위해서 R이 사용하는 객체지향시스템(object-oriented system)을 다 이해할 필요는 없다. 그렇지만 샤이니의 input 객체, session 객체 등이 R6 클래스를 사용해 만들어졌다는 사실은 알고 있는 것이 좋다.

R6 클래스에 대해서는 비니에트 문서를 읽어볼 것을 권한다.

```
> vignette("Introduction", package="R6")
```

⑥ 느긋한 평가와 조급한 평가

샤이니에서 반응성 표현식은 느긋한 평가(lazy evaluation)를 따르고, 관찰자는 조급한 평가 (eager evaluation) 방법에 따라서 코드를 실행한다고 한다.

느긋한 평가는 값이 필요할 때까지 코드를 실행하지 않는다는 의미를 가진다. 즉 필요한 경우에 평가를 한다는 의미이다. R에서 함수의 인자 값은 기본적으로 이런 느긋한 평가에 의해서 확정된다. 반응성 표현식이 이런 느긋한 평가를 따른다는 사실은, 반응성 표현식에 포함된 어떤 반응성 값이 바뀌어도 이 반응성 표현식을 사용하는 코드가 뒤에 붙지 않으면 표현식이 실행되지 않는다는 것을 의미한다. 뒤에서 반응성 표현식을 사용하는 경우에 그 표현식들이 평가되고 값이 부여된다.

참고로 샤이니에서 반응성 표현식은 캐시 기능이 있다. 그러므로 반응성 값이 바뀌지 않은 상태에서 체인의 후단에서 반응성 표현식에 접근하면, 이 캐시된 값을 바로 전달해주기 때문에 전체 앱의 효율이 향상된다.

조급한 평가는 코드를 바로 평가한다는 의미이다. 관찰자가 조급한 평가 방법을 따른다는 말은, 이 관찰자가 사용하는 반응성 표현식이나 반응성 값들이 변경되면 지체 없이 실행된다는 것을 의미한다. 지체 없이 실행되고 (앞에서 설명했듯이) 이것이 부수효과를 내기 때문에 결론적으로 브라우저에 결과가 바로 표시된다.

R의 스코핑 규칙과 《-를 사용한 할당

R에서 어떤 변수에 값을 할당할 때 <- 연산자를 사용한다. 이런 연산자는 현재의 환경에서 해당 변수에 값을 할당한다. 환경(environment)은 '객체와 값에 대한 바인딩 집합'으로 정의되며, 중요한 R 객체의 하나이다.

보통 R 콘솔에서 프롬프트에서 실행되는 것들은 글로벌 환경(global environment)에서 이루어진다. 함수가 호출되면 그 함수는 자체의 실행 환경(execuation environment)을 만들고 그 안에서 자체의 변수와 값에 대한 바인딩을 관리한다.

R이 어떤 변수의 값을 찾아가는 과정은 렉시컬 스코핑 규칙을 따른다. 이 규칙에 따르면, 가장 먼저 현재의 일이 진행되고 있는 환경에서 변수와 그 값이 있는지 확인한다. R 프롬프트에서라면 글로벌 환경에서 먼저 찾는다. 함수가 실행되는 상황이라면 이 함수의 실행 환경에서 먼저 찾는다. 만약 변수와 값에 대한 바인딩을 찾지 못하면, 이 환경에 대한 부모 환경(parent environment)에서 찾게 된다. R 프롬프트에서 글로벌 환경에 대한 부모 환경은 마지막에 추가한 패키지 환경이 된다. 함수의 경우에는 이 함수를 호출한 환경이 된다.

<- 연산자는 현재의 환경에 객체와 값을 바인딩시킨다. 다음 예를 보자.

```
> x <- 1
> fun1 <- function() {
+  x <- 2
+  x
+ }
> fun1()
[1] 2
> x
[1] 1
```

이 경우 fun1() 함수 안에서는 객체 x에 2가 할당되고 있는데, 이 함수를 호출한 이후에 함수 밖에 있는 x는 영향을 받지 않는다. 영향을 주기 위해서는 <<- 연산자를 사용해야 한다. 이 연산자는 함수를 호출한 환경에서 객체와 값을 바인딩시킨다.[2]

다음 예를 보자.

---

2 참고로 이 연산자가 R 프롬프트(글로벌 환경)에서 사용될 때는 <-과 차이가 없다.

```
> x <- 1
> fun2 <- function() {
+   x <<- 2
+   x
+ }
> fun2()
[1] 2
> x
[1] 2
```

다음은 샤이니 앱에서 알림 메시시지를 보여주는 역할을 하는 showNotification()이
라는 함수의 도움말 페이지에 나오는 샤이니 앱이다.

```
shinyApp(
 ui = fluidPage(
  actionButton("show", "Show"),
  actionButton("remove", "Remove")
 ),
 server = function(input, output) {
  # A queue of notification IDs
  ids <- character(0)
  # A counter
  n <- 0

  observeEvent(input$show, {
   # Save the ID for removal later
   id <- showNotification(paste("Message", n), duration = NULL)
   ids <<- c(ids, id)
   n <<- n + 1
  })

  observeEvent(input$remove, {
   if (length(ids) > 0)
    removeNotification(ids[1])
   ids <<- ids[-1]
  })
 }
)
```

이 앱을 보면 "show"라는 아이디를 가진 버튼을 클릭할 때마다 showNotification()
함수에 의해서 메시지 창이 하나씩 늘어난다. 이 함수는 이런 메시지 창에 대한 아이디를 반

환하기 때문에 메시지 창이 늘어날 때 생기는 아이디를 모아서 `ids`라는 객체에 할당하기도 한다. 그리고 n이라고 하는 카운터를 사용하여 추가되는 메시지의 내용을 정하고 동시에 메시지 창이 몇 개나 출력되었는지 기록할 수 있게 한다. 한편 `"remove"`라는 아이디를 가진 버튼을 클릭하면 메시지 창이 하나씩 제거되고, 이와 동시에 아이디를 모은 `ids`에서 첫 번째 항목이 제거된다. `ids`는 이렇게 메시지 창을 출력할 때도 필요하고 제거할 때도 필요하다. 그래서 이것을 `observeEvent()` 함수 밖에 두고, 각각의 액션이 일어날 때 그것을 체크할 수 있도록 그 안에서 `<<-` 할당 연산자를 사용하고 있다.

R에서 레퍼런스 클래스(RC, Reference Class)로 생성되는 객체가 아닌 경우에 어떤 객체가 가진 값은 그 자리에서 변경되지 않는다. 우리가 값을 변경하는 경우 대부분 이름은 같지만 새로운 객체를 만드는 경우가 많다. 이런 이유로 일반 R 객체에 대해 어떤 시점의 데이터인 상태(state)를 저장하는 것은 쉽지 않다. 그래서 `<<-` 연산자가 필요하게 된다. 이를테면 어떤 함수를 호출할 때마다 지금까지 호출된 횟수를 출력하는 함수를 만드는 문제와 같은 것이다. 지금까지 호출된 횟수가 일종의 상태이다. 이런 함수를 `<<-` 없이는 만들기 쉽지 않다.

⑧ 표현식의 사용

샤이니 서버 함수에서 사용되는 `render*()` 함수의 첫 번째 인자는 표현식(expression)이다. 하나 이상의 표현식이 필요한 경우에는 이것을 `{}`으로 감싸면 하나의 표현식으로 처리된다. 그리고 복수의 표현식을 사용할 때는 R 함수에서와 같이 마지막 표현식의 값이 전체 표현식의 값이 되도록 프로그래밍해야 한다. R은 표현식을 대상으로 프로그래밍할 수 있는 언어다. 이에 관해서는 R이 설치될 때 포함되는 〈The R Language Defintion〉이라는 문서의 'Computing on the language' 장에 잘 설명되어 있다.

샤이니의 `render*()` 함수들과 반응성 표현식을 만드는 `reactive()` 함수 내부를 보면 `installExprFunction()`이라는 샤이니 내부 함수를 첫 부분에 사용한다.

```
> library(shiny)
필요한 패키지를 로딩중입니다: methods
> renderText
function (expr, env = parent.frame(), quoted = FALSE, outputArgs = list())
{
```

```
  installExprFunction(expr, "func", env, quoted)
  renderFunc <- function(shinysession, name, ...) {
    value <- func()
    return(paste(utils::capture.output(cat(value)), collapse = "\n"))
  }
  markRenderFunction(textOutput, renderFunc, outputArgs = outputArgs)
}
<environment: namespace:shiny>
```

이 함수는 다음과 같이 정의되어 있다.

```
> installExprFunction
function (expr, name, eval.env = parent.frame(2), quoted = FALSE,
  assign.env = parent.frame(1), label = deparse(sys.call(-1)[[1]]),
  wrappedWithLabel = TRUE, ..stacktraceon = FALSE)
{
  if (!quoted) {
    quoted <- TRUE
    expr <- eval(substitute(substitute(expr)), parent.frame())
  }
  func <- exprToFunction(expr, eval.env, quoted)
  if (length(label) > 1) {
    label <- paste0(label, collapse = "\n")
  }
  if (wrappedWithLabel) {
    func <- wrapFunctionLabel(func, label, ..stacktraceon = ..stacktraceon)
  }
  else {
    registerDebugHook(name, assign.env, label)
  }
  assign(name, func, envir = assign.env)
}
<environment: namespace:shiny>
```

이 함수의 행동을 들여다보면 render*() 함수의 역할을 추측해볼 수 있다. 이것을 R 콘
솔에서 실행해본다.

```
library(shiny)
installExprFunction({x <- 1; y <- x + 1; x + 3}, name = "k")
k
function (...)
{
```

```
  if (..stacktraceon)
    ..stacktraceon..(`NULL`(...))
  else `NULL`(...)
}
<environment: 0x1066d7920>
k()
[1] 4
```

그 결과를 보면 {x <- 1; y <- x + 1; x + 3}이라는 표현식을 가지고 k라는 함수를 만들고 있으며, 이 함수는 마지막 표현식을 반환하는 R 함수의 형태를 지닌 것을 알 수 있다. 그리고 마지막 표현식의 값이 전체 표현식의 반환값이 된다. 즉 이 코드들이 하나의 함수의 바디로 취급된다.

⑨ 비표준 평가(non-standard evaluation)와 탈출구(escape hatch)

R에서 표준 평가와 비표준 평가라는 용어가 사용되는 것을 들어본 적이 있을 것이다. 비표준 평가를 사용하는 대표적인 경우가 subset()이다.

```
> subset(mtcars, mpg > mean(mpg))
                mpg cyl disp   hp drat    wt  qsec vs am gear carb
Mazda RX4      21.0   6 160.0 110 3.90 2.620 16.46  0  1    4    4
Mazda RX4 Wag  21.0   6 160.0 110 3.90 2.875 17.02  0  1    4    4
Datsun 710     22.8   4 108.0  93 3.85 2.320 18.61  1  1    4    1
Hornet 4 Drive 21.4   6 258.0 110 3.08 3.215 19.44  1  0    3    1
Merc 240D      24.4   4 146.7  62 3.69 3.190 20.00  1  0    4    2
Merc 230       22.8   4 140.8  95 3.92 3.150 22.90  1  0    4    2
Fiat 128       32.4   4  78.7  66 4.08 2.200 19.47  1  1    4    1
Honda Civic    30.4   4  75.7  52 4.93 1.615 18.52  1  1    4    2
Toyota Corolla 33.9   4  71.1  65 4.22 1.835 19.90  1  1    4    1
Toyota Corona  21.5   4 120.1  97 3.70 2.465 20.01  1  0    3    1
Fiat X1-9      27.3   4  79.0  66 4.08 1.935 18.90  1  1    4    1
Porsche 914-2  26.0   4 120.3  91 4.43 2.140 16.70  0  1    5    2
Lotus Europa   30.4   4  95.1 113 3.77 1.513 16.90  1  1    5    2
Volvo 142E     21.4   4 121.0 109 4.11 2.780 18.60  1  1    4    2
```

이런 비표준 평가를 사용하면 대상이 되는 데이터 프레임의 이름과 $ 등을 반복적으로 사용해야 하는 불편을 줄일 수 있기 때문에 매우 편리하다. 해들리 위컴(Hadley Wickham)의 유명한 패키지인 ggplot2, dplyr 등에서도 이런 비표준 평가 함수들을 많이 볼 수 있다.

이런 함수들을 '비표준'이라고 부르는 이유는 '표준적인' 방법을 따르지 않기 때문이다. 표준적 방법이란, R이 변수와 그에 대한 값을 찾아가는 일반적 방법인 '렉시컬 스코핑(lexical scoping)'을 말한다. R에서 이름(name)과 그 값에 대한 바인딩은 환경(environment)이라는 객체에서 정의되기 때문에 렉시컬 스코핑은 이런 환경들의 체인을 따라서 값을 찾아나가는 방법을 말한다.

비표준 평가에서는 보통 주어진 데이터 프레임이나 리스트에 있는 요소들을 쉽게 사용할 수 있도록, 그 데이터 프레임이나 리스트를 마치 함수의 실행 환경처럼 사용할 수 있게 만든다. 예를 들면 위의 mtcars라는 데이터 프레임에 있는 mpg라는 열은 mtcars라는 환경에서 이미 존재하는 mpg라는 변수로 보게 만들었기 때문에 굳이 다시 $ 등을 쓰지 않아도 사용할 수 있다.

이런 비표준 평가는 인터랙티브 환경에서는 타이핑의 양을 줄이기 때문에 매우 편리하다. 그러나 프로그래밍을 할 때는 다르다. 이를테면 사용자가 mtcars 데이터 프레임에서 어떤 숫자형 열을 선택하고 그 열의 평균보다 큰 값만을 서브세팅한다고 하면, 다음과 같이 해서는 원하는 결과를 얻지 못한다.

```
subset(mtcars, input$sel > mean(input$sel))
```

그 이유는 input$sel은 문자열이 될 것이고, 이 문자열은 mtcars 열의 이름들과 아무런 관련이 없기 때문이다. 이런 위험을 피하기 위해서 subset() 함수의 도움말 페이지를 보면 다음과 같은 내용을 확인할 수 있다.

```
This is a convenience function intended for use interactively. For programming
it is better to use the standard subsetting functions like [, and in particular
the non-standard evaluation of argument subset can have unanticipated
consequences.
```

도움말에서는 프로그램을 하는 경우에는 [를 쓸 것을 권한다. $가 아닌 이유는 앞 장에서 설명했다. 이렇게 비표준 함수가 있는데, 프로그래밍 환경에서 쓸 수 있게 만든 것을 해들리 위컴은 탈출구(escape hatch)라고 표현했다.[3] dplyr 패키지에서 사용하는 select_() 함수와 같은 탈출구에 대해서는 패키지 비니에트에 잘 소개되어 있으니 읽어보길 권한다.

비니에트를 보면 이런 탈출구 역할을 하는 함수를 사용할 때 quote라는 방법을 사용한다고 쓰여 있다. 이것은 R 함수의 quote()에서 온 말이다. 우리말로 '인용하다'라는 뜻인데, '따로 평가하지 않고 그대로 가져온다'라는 의미를 담고 있다. 다음 예를 보면서 알아보자.

```
> x <- quote(1 + 5)
> x
1 + 5
```

만약 1 + 5라는 것이 quote() 함수 안에 들어 있지 않으면 R은 이것을 바로 6으로 평가한다. 평가하지 않고 그대로 가져와서 x라는 변수에 할당한다. 참고로 이것을 평가하여 값으로 바꿀 때는 eval()이라는 함수를 사용한다.

```
> eval(x)
[1] 6
```

비니에트를 보면 dplyr 패키지에서 탈출구 함수를 쓸 때 이런 quote를 사용해야 한다고 설명한다. 패키지에서는 세 가지 방법을 쓸 수 있다.

• ~ 사용
• quote()의 사용
• 문자열 사용

---

3 http://adv-r.had.co.nz/Computing-on-the-language.html#calling-from-another-function 참고

즉 다음과 같이 사용한다.

```
> library(dplyr)
> summarise_(mtcars, ~mean(mpg))
 mean(mpg)
1 20.09062
> summarise_(mtcars, quote(mean(mpg)))
 mean(mpg)
1 20.09062
> summarise_(mtcars, "mean(mpg)")
 mean(mpg)
1 20.09062
```

샤이니 앱을 작성할 때는 (필요에 따라 다르긴 하지만) 주로 문자열 방법을 사용하는데, 이때 paste()나 paste0() 함수를 곁들여 쓰는 경우가 많다. 다음은 그러한 예다.

```
library(shiny)
library(dplyr)

ui <- fluidPage(
 selectInput("sel", "선택", c("mpg", "cyl", "am")),
 verbatimTextOutput("txt")
)


server <- function(input, output, session){
 output$txt <- renderPrint({
  summarise_(mtcars, "평균" = paste0("mean(", input$sel, ")"))
 })
}

shinyApp(ui, server)
```

이런 문제는 샤이니에서 인기 있는 그래픽 패키지인 ggplot2 패키지를 사용할 때도 자주 접하게 된다. 다음 앱은 mtcars를 사용한 산점도에서 사용자가 color 에스테틱(aesthetic)을 선택하여 플롯팅해볼 수 있게 하는 것이다. aes() 함수를 시도해보면 원하는 결과를 잘 얻지 못한다. 이런 경우 aes_string()이라는 탈출구 함수를 사용할 수 있다.

```r
library(shiny)
library(ggplot2)

ui <- fluidPage(
  selectInput("sel", "선택", c("cyl", "am")),
  plotOutput("plot")
)


server <- function(input, output, session){
  output$plot <- renderPlot({
    ggplot(mtcars) +
      geom_point(aes_string("wt", "mpg", color = paste0("factor(",input$sel, ")"))) +
      labs(color = input$sel )
  })
}

shinyApp(ui, server)
```

이 앱은 다음과 같이 렌더링된다.

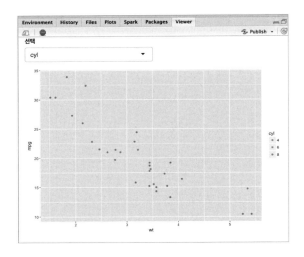

⑩ R에서 파일 다루기

샤이니 앱을 만들다 보면 로컬 파일을 다루어야 할 때가 있다.

- renderPlot()/plotOutput()을 넘어 renderImage()/imageOutput()을 사용할 필요가 있는 경우(?renderImage를 실행하여 예제 코드를 확인해보기 바란다.)
- 샤이니 앱에 대한 로그 파일이 필요한 경우
- 여러 세션에서 사용할 수 있는 데이터 소스를 만들 때, 즉 앱에 연결되는 사용자들끼리 데이터를 공유할 수 있게 만들고 싶을 때

이런 것들을 구현한 샤이니 앱의 코드를 읽다 보면, 파일 시스템을 다루기 위한 다양한 함수들이 사용된다는 점을 확인할 수 있다. 'reactivePoll and reactiveFileReader'라는 사례 앱[4]의 코드를 한번 둘러보기 바란다.

⑩-1 경로 다루기

경로(path)는 파일의 위치를 말하는 것으로 디렉터리, 디렉터리와 서브디렉터리와의 구분 기호, 파일 이름, 파일 확장자 등의 연결로 표시된다. 윈도우를 사용하는지, 맥이나 리눅스 등 유닉스 계열을 사용하는지에 따라서 경로를 표시하는 방법이 다르다. 유닉스 계열에서는 디렉터리와 서브디렉터리 사이를 /(포워드 슬래시)로 구분한다. 윈도우에서는 이런 포워드 슬래시도 사용 가능하지만 \(백워드 슬래시)도 쓸 수 있다. 이런 백워드 슬래시를 문자열 안에서 사용할 때는 이스케이핑해야 하기 때문에 \\을 사용해야 한다는 점을 기억하자.

R.home() 함수는 R이 설치되어 있는 디렉터리를 알려준다. getwd()는 현재 세션의 워킹 디렉터리 경로를 반환한다. setwd()로 워킹디렉터리를 바꿀 수 있다. .libPaths()는 R이 사용하는 라이브러리(패키지가 저장되어 있는 디렉터리)를 알려주거나, 커스텀 라이브러리를 추가할 수 있다. dir.create()이라는 함수를 사용하여 원하는 위치에 디렉터리도 만들 수 있

---

4 http://shiny.rstudio.com/gallery/reactive-poll-and-file-reader.html

다. 어떤 디렉터리가 존재하는지는 dir.exists()라는 함수를 사용할 수 있다.

```
> if (!dir.exists("myDir")) dir.create("myDir")
```

file.path() 함수는 주어진 문자열을 이어 붙여서 파일에 대한 경로를 만든다.

```
> file.path("parent", "child")
[1] "parent/child"
```

normalizePath() 함수는 운영체제에 따라서 경로를 표시하는 방법이 다른데, 현재 사용되는 시스템에 맞게 경로를 수정해준다. 필자는 맥을 사용해 이렇게 표시되는 것이고 윈도우 사용자라면 그 형식에 맞게 출력될 것이다.

```
> normalizePath(file.path("parent", "child"), mustWork = FALSE)
[1] "parent/child"
```

때로는 운영체제의 홈 디렉터리에 대해 ~ 표시로 대표되는 부분을 실제 절대 경로로 표시하고 싶은 경우가 있다. 이럴 때는 path.expand() 함수를 사용한다.

```
> path.expand("~")
[1] "/Users/brainiac"
```

어떤 파일에 대한 전체 경로가 주어졌을 때, 이 경로에서 파일 이름만을 취할 때는 basename() 함수, 파일 이름을 제외한 경로명은 dirname()으로 확인할 수 있다. system.file() 함수로 컴퓨터에 설치된 R 프로그램을 구성하는 시스템 파일에 접근할 수 있는데, 이 함수에 package 인자를 쓰면 해당 패키지가 저장된 파일에 접근할 수 있다.

다음은 샤이니 패키지에 있는 뉴스 파일에 대한 경로이다.

```
> shiny_news <- system.file("NEWS.md", package = "shiny")
> shiny_news
[1] "/Library/Frameworks/R.framework/Versions/3.3/Resources/library/shiny/
NEWS.md"
```

이런 경로에서 파일 이름과 디렉터리는 다음과 같이 접근할 수 있다.

```
> basename(shiny_news)
[1] "NEWS.md"
> dirname(shiny_news)
[1] "/Library/Frameworks/R.framework/Versions/3.3/Resources/library/shiny"
```

10-2 파일을 다루는 함수들

어떤 디렉터리에 존재하는 파일 리스트를 보려면 list.files() 또는 dir() 함수를 사용한다.

```
> list.files(R.home())
> # 또는 dir(R.home())
```

pattern 인자를 사용하여 특정 이름을 가진 파일들을 확인할 수 있고, all.files 인자를 사용하여 히든 파일들을 볼 수도 있다. 이외의 다양한 옵션들은 ?list.files을 실행하여 도움말을 참고한다.

어떤 디렉터리에 파일이 존재하는지 확인하려면 file.exists() 함수를 사용한다.

```
> file.exists("myExample1.Rmd")
```

또 파일을 생성하는 file.create(..., showWarnings=TRUE) 함수가 있다. 현재의 워킹디렉터리에 myExample.txt라는 파일을 만드는 방법이다.

```
> file.create("myExample.txt")
```

다음은 현재의 디렉터리에 myExample1.txt, myExample2.txt 파일을 생성한다.

```
> file.create("myExample1.txt", "myExample2.txt")
> # 또는 다음과 같이 문자열 벡터로 지정할 수 있다.
> # file.create(c("myExample1.txt", "myExample2.txt"))
```

다음은 ex라는 서브디렉터리에 myExample.txt라는 파일을 만든다.

```
> file.create("ex/myExample.txt", )
```

그리고 파일을 삭제하는 file.remove() 함수와 unlink() 함수가 있다. 이 둘은 거의 차이가 없다.

⑩-③ 파일에 대한 정보를 읽는 함수

파일에 대한 정보는 크기, 마지막으로 수정된 시간, 권한 등등 아주 다양하다. 이런 정보들은 file.info()라는 함수로 확인할 수 있다. 이 함수는 디렉터리, 파일에 대한 정보를 데이터 프레임으로 반환한다. 이 데이터 프레임에서는 행에 파일의 이름, 열에 그 파일에 대한 정보를 가지고 있다.

```
> file_info <- file.info(dir())
> head(file_info)
                    size  isdir  mode          mtime               ctime
_book               680    TRUE   755  2017-04-17 14:05:08  2017-04-17 14:05:08
_bookdown_files      68    TRUE   755  2017-04-17 12:48:16  2017-04-17 12:48:16
_bookdown.yml       414   FALSE   644  2017-04-16 17:59:04  2017-04-17 09:14:22
_bookdown2.yml      551   FALSE   644  2017-04-09 10:02:53  2017-04-09 10:03:08
_chunk_setting.R    697   FALSE   644  2017-03-31 23:56:46  2017-03-31 23:57:02
_main.html       129465   FALSE   644  2017-04-01 09:52:33  2017-04-01 09:52:37
                              atime  uid  gid      uname  grname
_book            2017-04-17 14:11:49  501   20   braniac   staff
_bookdown_files  2017-04-17 14:12:10  501   20   braniac   staff
_bookdown.yml    2017-04-17 14:12:10  501   20   braniac   staff
_bookdown2.yml   2017-04-17 13:10:52  501   20   braniac   staff
_chunk_setting.R 2017-04-17 14:12:14  501   20   braniac   staff
_main.html       2017-04-17 13:10:52  501   20   braniac   staff
```

자세한 정보는 함수의 도움말을 확인한다. 여기에 시간과 관련된 mtime, ctime, atime 등이 있는데, 샤이니 앱들을 보면 mtime을 쓰는 경우가 많다. mtime은 최종 수정된 시간을 말하며, file.mtime() 함수로도 접근할 수 있다. 샤이니 용어로 표현하자면 '샤이니에서 세션 간에 데이터를 공유하기 위해서, 샤이니 코드 밖에 데이터 파일을 두고, 이 파일의 내용이 바뀌는 것을 무효화하는 신호로 사용하려고 할 때' file.mtime() 함수를 사용할 수 있다.

(10-4) 임시 디렉터리와 파일

R 세션이 시작되면 이 세션과 관련된 임시 디렉터리가 생성되고, R 세션이 종료되면 이 임시 디렉터리는 삭제된다. 이 디렉터리는 tempdir() 함수로 확인할 수 있다. 그리고 이 디렉터리에 tempfile()이라는 함수를 사용하여 파일을 생성할 수 있는데, 이 함수 자체는 임시 파일의 이름만 반환한다. 따라서 파일을 만들려면 file.create()라는 함수를 사용해야 한다.

다음은 임시 디렉터리 경로이다.

```
> tempdir()
[1] "/var/folders/vk/d_727sns7616518v83nvm0180000gn/T//Rtmpug6whH"
```

이 디렉터리에 tmp1이라는 파일을 만들려면 다음과 같이 한다.

```
> tmp1 <- tempfile(fileext = ".png")
> file.create(tmp1)
[1] TRUE
```

이런 임시 디렉터리는 R 세션이 종료되면 사라진다. 샤이니에서는 파일 업로드, 파일 다운로드, 이미지를 처리하는 과정에서 이런 임시 디렉터리와 임시 파일이 중요하게 사용된다.

⑪ 인터랙티브 모드에서는 드물게 사용하지만, 샤이니에서는 유용한 함수들

이 절에서는 R 콘솔에서는 거의 사용하지 않지만 프로그래밍할 때 유용한 함수들을 몇 가지 소개한다. 아주 간단한 문제인데 프로그래밍할 때는 중요할 수 있다.

R 콘솔에서 37이라는 값을 객체 x에 할당하려면 어떻게 할까? 당연히 다음과 같이 한다.

```
> x <- 37
```

여기에서 x라는 이름이 기존에 존재하지 않고, 프로그래밍 방식으로 다이내믹하게 생성되는 이름이라면 이 코드를 그대로 쓸 수 없다. 예를 들어 1에서 10까지 반복하면서 vs라는 문자열 벡터에 "x1", "x2", …, "x10"이라는 요소들을 생성하고, 이들의 이름에 각각 1에서 10까지 값을 할당해보자. 즉 x1 객체에는 1, x2 객체에는 2 등을 할당하는 것이다.

```
> for(i in 1:10) {
+   vs <- paste0("x", i)
+   ...
+ }
```

이러한 방법은 생각보다 까다로울 수 있다. 이런 경우 사용하는 함수가 assign() 함수이다. 이 함수를 사용하면 다음과 같이 코딩할 수 있다.

```
> for(i in 1:10) {
+   vs <- paste0("x", i)
+   assign(vs, i)
+ }
> x1
[1] 1
> x2
[1] 2
> x3
[1] 3
```

이 함수는 assign(이름, 값)의 형태로 사용하는데, 현재 환경에서 이름에 대한 값을 바인딩하게 만든다.

이제 앞의 코드에서 R 콘솔에서처럼 그 값을 확인하기 위해서 x1, x2, x3 등으로 이름을 입력하여 그 값이 출력되게 하였다. 이것을 프로그래밍 방식으로 하려면 어떻게 할까? 다음과 같이 get(이름) 함수를 사용한다.

```
> for(i in 1:10) {
+ vs <- paste0("x", i)
+ assign(vs, i)
+ print(get(vs))
+ }
[1] 1
[1] 2
[1] 3
[1] 4
[1] 5
[1] 6
[1] 7
[1] 8
[1] 9
[1] 10
```

이런 함수들은 샤이니의 selectInput() 입력 위젯에서 어떤 것을 선택하고, 선택한 그 이름을 가진 R 데이터셋을 얻을 때 유용하게 사용된다. 이런 입력 위젯의 값은 input$sel로 전달되는데, 이것은 샤이니 서버 함수에서 텍스트로 사용된다. 객체의 이름이 아닌 것이다. 만약 이것이 "mtcars"가 된다면 샤이니 서버 함수에서 get("mtcars")를 통해서 R 객체를 가지고 올 수 있다.

switch()는 원시 함수(primitive function)의 하나인데 다음과 같이 사용한다.

```
switch(statement, list)
```

첫 번째 인자인 statement가 어떤 값으로 평가되는지에 따라서 사용되는 방법이 조금씩 다르다. 먼저 statement가 숫자인 경우에는 list 부분의 그 숫자에 해당되는 순번에 있는 표현식을 실행한다. 만약 리스트의 개수 범위를 넘어서면 NULL을 반환한다. 아래는 x가 3의 값을 가지므로 세 번째 표현식 rnorm(5)를 평가한 것이다.

```
> x <- 3
> switch(x, 2 + 2, mean(1:10), rnorm(5))
[1] 1.1944265 -0.4820681 1.3178624 -1.1298316 -0.9263514
```

statement가 문자인 경우에는 list의 이름들을 조회하여 정확히 매칭되는 이름에 할당되는 표현식이 실행된다. 부분적으로 매칭되는 것은 허용되지 않는다. 다음 예를 보자. Type에 어떤 문자열이 할당되면, 할당된 그 문자열을 이름(name)으로 가지는 표현식을 찾아서 실행한다.

```
> center <- function(x, type) {
+ switch(type,
+     mean = mean(x),
+     median = median(x),
+     trimmed = mean(x, trim = .1))
+ }
> x <- rcauchy(10)
> center(x, "mean")
[1] -4.402532
> center(x, "median")
[1] -0.9131448
```

샤이니 앱에서는 사용자가 선택한 값에 따라서 다른 계산을 하게 할 필요가 자주 생기는데, switch() 함수를 사용하면 간결하게 코딩할 수 있다.

⑫ R 세션과 options()

R 세션은 R을 시작하고 끝낼 때까지를 말한다. R 콘솔을 시작할 때도 세션에 적용될 디폴트 설정값들을 사용하게 되는데, 대표적인 경우가 options()와 그래픽 환경에 영향을 주는 par() 함수이다. 어떤 패키지를 로딩하는 것도 세션에 영향을 주는 주요 요인 중에 하나다.

현재 R 세션의 설정값들은 콘솔에서 options() 함수를 실행해보면 알 수 있다.

```
> options()
```

그래픽 환경에 대한 기본 설정은 다음과 같이 알 수 있다.

```
> par()
```

패키지가 로딩된 상태들을 포함하여 세션 전반에 대한 정보는 sessionInfo() 함수로 알수 있다.

```
> sessionInfo()
```

어떤 R 패키지들은 이들 옵션 값을 바꾸어서 R이 실행되는 데 영향을 준다. 샤이니에도 여러 가지 글로벌 옵션들이 정해져 있다. 이것은 다음과 같이 실행하면 알 수 있다. shiny-options를 둘러싼 것은 백틱(`, 키보드 1 앞에 있는 키)임을 주의한다.

```
>?`shiny-options`
```

⑬ R 지식을 적극 활용하여 샤이니 앱 만들기

앞에서 설명한 내용들을 활용하여 샤이니 앱을 어떻게 작성해나가는지 살펴보기로 하자. 다음 앱을 보자. 이 앱은 mtcars 데이터셋에서 연비 mpg와 무게 wt, 그리고 나머지 하나의 변수를 추가하여 그 관계들을 알아볼 수 있게 한 것이다.

```
library(shiny)
library(ggplot2)
library(dplyr)

df <-
 mtcars %>%
 select(wt, mpg, cyl, vs, am, gear, carb) %>%
 mutate_at(3:7, as.factor)

ui <- fluidPage(
 selectInput("sel", "그룹선택", choices = c("cyl", "vs", "am", "gear", "carb") ),
 plotOutput("carPlot"),
 verbatimTextOutput("carAnova")
)

server <- function(input, output) {

 df_sub <- reactive({
  df[, c("wt", "mpg", input$sel)]
 })
```

```
output$carPlot <- renderPlot({
  category <- input$sel
  ggplot(df_sub(), aes(wt, mpg))  +
   geom_point(aes_(color = as.name(category)), size = 3) +
   geom_smooth(method = "lm")
})

output$carAnova <- renderPrint({
  formul <- as.formula(paste("mpg ~ wt", "+", input$sel))
  anova(lm(formul, data = df_sub()))
})
}

shinyApp(ui, server)
```

이 앱은 다음 그림과 같이 만들어진다.

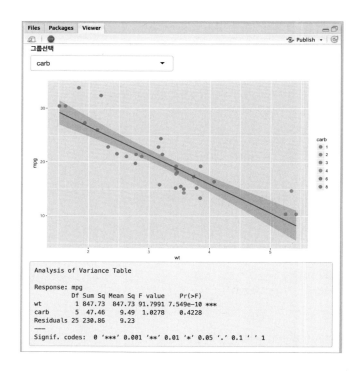

코드를 잠깐 살펴보자. UI 함수와 서버 함수 밖에서 dplyr 패키지를 사용하고, mtcars 데이터셋의 일부를 취하여 변수 타입을 바꾼 다음, 이것을 df라는 데이터 프레임에 할당했다.

```
df <-
mtcars %>%
select(wt, mpg, cyl, vs, am, gear, carb) %>%
mutate_at(3:7, as.factor)
```

UI 코드에서는 wt, mpg 이외에 레전드에서 사용할 변수를 선택하려고 selectInput() 이라는 입력 위젯 함수를 사용했다. 그리고 플롯과 텍스트 출력물이 있다. 서버 함수에서는 df를 읽어서 그중 계산에 필요한 열들만 선별했다. 이 과정은 reactive() 안에서 이루어진다. 이것이 반응성 표현식 df_sub이다.

이 반응성 표현식을 기반으로 하여 ggplot2 패키지를 사용해서 플롯을 그리고 ANOVA 테이블을 만들었다. 이 과정에서 언더바가 있는 aes_() 함수를 사용했고, 문자열을 사용해 formula 객체를 만들기 위해서 as.formula() 함수를 사용했다. 다음과 같이 사용하지 않았다는 점에 주의한다.

```
ggplot(df_sub(), aes(wt, mpg))  + geom_point(aes(color = as.name(category)),
size = 3) + geom_smooth(method = "lm")

formul <- mpg ~ wt + input$sel
```

이렇게 해서 왜 원하는 결과를 얻지 못하는지는 이후에 자세히 설명한다.

13-1 스콥, 반응성 맥락과 비반응성 맥락

먼저 R의 스코핑 기능과 밀접하게 연관되어 있는 반응성 맥락과 비반응성 맥락을 알아보자. 앞의 앱에서 사용된 객체들을 스콥과 연결해보면 다음 그림과 같다.

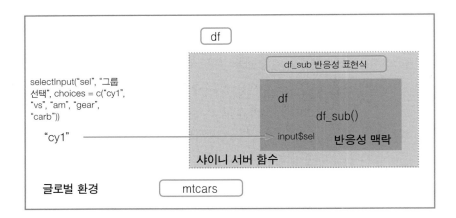

- 글로벌 환경: 가장 밖에 있는 환경으로, `mtcars`라는 객체가 있고 이것을 약간 변형하여 사용자가 만든 `df`라는 객체가 존재한다. 이런 객체는 그 안에 있는 함수 안에서 모두 접근 가능하다.

- 샤이니 서버 함수에 의한 스콥: 글로벌 환경에 존재하는 `df`라는 객체를 서브세팅해서 `df_sub`라는 반응성 표현식을 만들었다. 서브세팅할 때 `[`를 사용한 점에 주의해야 하는데, 반응성 표현식의 값을 사용하여 서브세팅하기 때문에 그렇다.

샤이니에는 R 함수와 관련된 스콥 이외에 고려해야 할 사항이 또 있다. 그것은 반응성(reactivity)과 관련된 '반응성 맥락'이라는 것이다. 샤이니 앱에서 사용자 인터랙션은 기본적으로 반응성에 기반하고 있다. 이런 반응성은 반응성 맥락 안에서 이루어진다.

위의 그림에서 가장 안쪽에 있는 사각형이 반응성 맥락이다. 반응성 맥락은 샤이니 서버 함수 안에서 `reactive()` 함수 또는 `render*()` 함수로 생성되는 또 하나의 특수한 스콥이다. UI에서 `selectInput()` 입력 위젯에서 값을 선택하는 것은 이런 반응성 맥락으로 값을 입력하는 것이다. 이런 방법을 통해야만 반응성 맥락으로 값을 전달할 수 있다.

입력 위젯에서 사용자가 입력한 값은 `input$sel`이라는 객체로 서버 함수에서 사용되는데, 샤이니에서는 이것을 '반응성 값(reactive values)'이라고 한다. `reactive()` 함수가 만드는 것은 '반응성 표현식(reactive expression)'이라고 말한다. 그리고 render*() 함수는 반응성의 결과물을 내는 것으로 '관찰자(observer)'라고 한다. 각각에 대해서는 샤이니 반응성을 설명하는 부분에서 다시 정리할 것이다.

일반적인 R 함수의 스코핑 규칙과 같이 안에서는 밖에 접근할 수 있지만, 밖에서는 안에 있는 것에 그냥 접근할 수 없다. 즉 반응성 맥락에 있는 객체를 반응성 맥락 밖에서 접근할 수 없다. 이것은 함수 안의 변수를 함수 밖에서 접근할 수 없는 것과 마찬가지다. 반면 반응성 맥락 안에서는 반응성 밖의 객체를 사용할 수 있다. 함수 안에서는 함수 밖의 객체에 접근할 수 있는 것과 같다. 이 앱에서 df라는 객체는 반응성 맥락 밖, 글로벌 환경에 존재하며 따라서 이것을 반응성 맥락에서 접근하여 사용하는 것은 아무 문제가 없다.

```r
df_sub <- reactive({
 df[, c("wt", "mpg", input$sel)]
})
```

reactive()로 생성되는 것은 반응성 표현식으로, 이것은 장차 값으로 치환될 수 있는 것이지 아직 하나의 값을 가지고 있지 않다. 반응성 표현식의 값을 사용하고 싶을 때는 끝에 ()를 쓰면 된다. 함수를 호출한다고 생각하면 되는데, 표현식을 실행해서 값을 만든다고 생각하면 된다. 이 앱에서 보면 아래와 같이 renderPlot() 함수에서 df_sub()로 접근한 것을 확인할 수 있다.

```r
output$carPlot <- renderPlot({
 category <- input$sel
 ggplot(df_sub(), aes(wt, mpg))  +
  geom_point(aes_(color = as.name(category)), size = 3) +
  geom_smooth(method = "lm")
})
```

selectInput()에 의해서 선택된 값은 input$sel에 할당되고 이것은 반응성 맥락에 존재하게 된다. 따라서 input$set은 반응성 맥락이라면 어디에서든 사용 가능하다. input$sel은 반응성 맥락에 존재하는 반응성 값이기 때문에 반응성 맥락 밖에서 접근하면 앱이 실행되지 않는다. 이런 반응성 값은 reactive() 또는 render*(), 나중에 설명할 observe() 함수 등과 같이 반응성 맥락을 만드는 함수에서 사용되어야 한다.

13-2 비표준평가의 탈출구 사용 예

앞의 renderPlot() 안에서 다음과 같이 ggplot2 패키지를 사용한 플롯 작성 코드를 사용했다.

```
category <- input$sel
ggplot(df_sub(), aes(wt, mpg))  +
 geom_point(aes_(color = as.name(category)), size = 3) +
 geom_smooth(method = "lm")
```

인터랙티브 환경에 익숙하고 프로그램을 잘 해보지 않은 경우라면 다음과 같이 코딩하면 된다고 생각할 수 있다.

```
category <- input$sel
ggplot(df_sub(), aes(wt, mpg))  +
 geom_point(aes(color = input$sel), size = 3) +
 geom_smooth(method = "lm")
```

차이를 발견했는지 모르겠다. aes_()라는 탈출구 역할을 하는 함수가 사용되었다. 다음 코드도 앞에서 설명한 이유와 비슷한 이유로 다음과 같이 코딩했다.

```
output$carAnova <- renderPrint({
 formul <- as.formula(paste("mpg ~ wt", "+", input$sel))
 anova(lm(formul, data = df_sub()))
})
```

14 코드 실행 과정과 앱의 상태

샤이니 코드들이 실행되는 과정을 머릿속에 하나의 그림으로 담고 있는 것이 좋다. 그 과정은 일반적인 웹 페이지들의 실행 과정과 거의 유사하다. 샤이니 패키지에 내장되어 있는 "04_mpg"라는 앱을 단일 파일 앱으로 만들고, 이 앱을 가지고 설명한다.

```
library(shiny)
library(datasets)
mpgData <- mtcars
mpgData$am <- factor(mpgData$am, labels = c("Automatic", "Manual"))

ui <- fluidPage(
 titlePanel("Miles Per Gallon"),
 sidebarLayout(
  sidebarPanel(
   selectInput("variable", "Variable:",
         c("Cylinders" = "cyl",
           "Transmission" = "am",
           "Gears" = "gear")),

   checkboxInput("outliers", "Show outliers", FALSE)
  ),
  mainPanel(
   h3(textOutput("caption")),

   plotOutput("mpgPlot")
  )
 )
)


server <- function(input, output) {

 formulaText <- reactive({
  paste("mpg ~", input$variable)
 })

 output$caption <- renderText({
  formulaText()
 })

 output$mpgPlot <- renderPlot({
  boxplot(as.formula(formulaText()),
      data = mpgData,
      outline = input$outliers)
 })
}

shinyApp(ui, server)
```

이 앱을 실행하면, 샤이니 코드들이 앞에서 순차적으로 실행된다. 필요한 라이브러리를 로딩하고 데이터를 준비한다.

```
library(shiny)
library(datasets)
mpgData <- mtcars
mpgData$am <- factor(mpgData$am, labels = c("Automatic", "Manual"))
```

ui와 server 객체를 얻는다.

```
ui <- fluidPage(...)
server <- function(input, output) { ... }
```

ui 객체와 server 객체를 합쳐서 샤이니 앱 객체를 만든다.

```
shinyApp(ui, server)
```

그러면 앱이 실행되는데, 이 과정까지는 선형적(synchronous)이라 할 수 있다. 그런 다음에는 사용자의 값에 반응하는 단계로 접어든다. 일반적인 웹 페이지에서는 이것을 이벤트 루프가 작동한다고 설명하고, 샤이니 앱에서는 반응성 체인이 작동한다고 흔히 이야기한다. 사용자가 어떤 값을 입력하면 이것이 반응성 값으로 연결되고, 이 반응성 값을 사용하는 코드들은 모두 반응성 체인으로 연결되어 실행된다. 사용자가 어떤 값을 선택할지 사전에 알 수 있는 것은 아니므로, 이런 상황에 대체할 수 있어야 한다. 그래서 이 과정은 근본적으로 비선형적(asynchronous)이다. 이 과정은 앱이 종료될 때까지 지속된다.

샤이니 앱이 실행되고 있을 때, 특정 시점에서 샤이니 앱이 가지고 있는 정보를 '상태(state)'라고 부른다. 이를테면 현재 input$sel에 할당된 값은 상태에 해당한다. 샤이니에서 상태는 북마킹(bookmarking)이라고 불리는 방법으로 처리한다. 북마킹 기술에 대해서는 뒤에서 설명한다.

정리하자면 UI와 샤이니 서버 함수 밖의 코드는 처음 샤이니가 시작될 때 단지 1회만 실행된다. 반면 UI와 샤이니 서버 함수 안의 코드들은 여러 번 반복 사용된다. 이 과정을 개념적으로 그려보면 다음과 같은데, 이런 과정을 머릿속에 그리면서 샤이니 앱을 작성해야 한다.

세션 시작 → → → ○ → 세션 종료

동기식

비동기식

15 스콥과 시야(visibility)

한 명의 사용자가 샤이니 앱을 실행하고 종료할 때까지를 세션(session)이라고 부른다. 우리가 샤이니 앱을 웹에 게시하고 여러 사람이 접속하여 사용한다고 생각해보자. 사용자들이 어느 정도 있을 때에는 이런 상황이 더 현실적이다. 즉 복수의 세션이 존재하게 되는데, 이런 경우에 고민해보아야 하는 것이 어떤 데이터가 있을 때 세션에 독립적으로 구성할지 아니면 종속적으로 구성할지 여부이다. '세션에 독립적'이라는 말은 사용자마다 같은 이름의 데이터라고 할지라도, 같은 시간대에 연결한 다른 사용자와는 다른 값을 가지도록 구성한다는 의미이다. '세션에 종속적'이라는 말은 어떤 한 사용자가 값을 수정했을 때 같은 이름의 데이터를 사용하는 다른 사용자에게 영향을 줘서 바뀐 내용이 반영되도록 앱을 구성한다는 의미이다.

샤이니에 내장된 앱을 보면서 이 의미를 좀 더 구체적으로 알아보자.

```
library(shiny)
ui <- fluidPage(
  titlePanel("Old Faithful Geyser Data"),

  sidebarLayout(
    sidebarPanel(
      sliderInput("bins",
            "Number of bins:",
            min = 1,
            max = 50,
            value = 30)
    ),
```

```
  mainPanel(
    plotOutput("distPlot")
  )
 )
)
server <- function(input, output) {

 output$distPlot <- renderPlot({
   x  <- faithful[, 2]
   bins <- seq(min(x), max(x), length.out = input$bins + 1)

   hist(x, breaks = bins, col = 'darkgray', border = 'white')
 })
}

shinyApp(ui = ui, server = server)
```

    RStudio에서 이 앱을 작성해 실행한 뒤 브라우저를 열어 확인하자. 두 사람이 앱을 사용하는 상황은 브라우저를 두 개 열어서 보면 된다. 두 개의 브라우저를 열어서 보았을 때 한쪽 슬라이드를 바꾸어도(즉 세션의 상태를 변경시켜도) 다른 쪽 브라우저는 아무런 반응이 없는데(상태의 변화가 없다), 이는 우리가 보는 많은 앱들은 세션이 독립적이라는 것을 말해준다. 즉 내가 사용한다고 해서 이 앱을 사용하는 다른 사람에게 영향을 주지는 않는다.

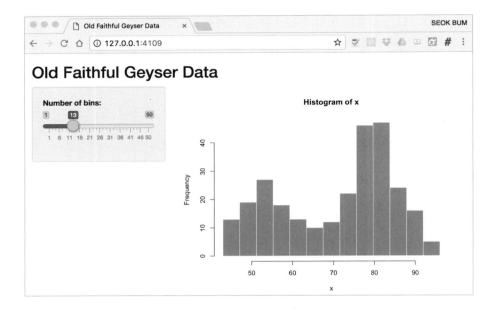

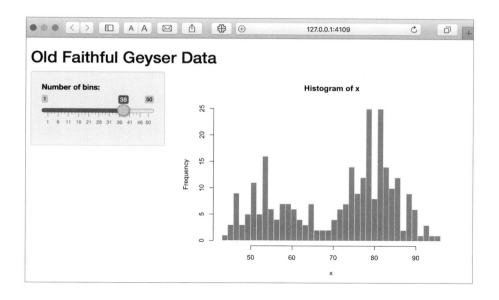

그렇다면 내가 변경한 값이 다른 사람에게 영향을 주도록 만들려면 어떻게 해야 할까? 이 문제를 어느 수준에서 풀지에 따라 두 가지 방법으로 풀 수 있다.

- 첫 번째, 사용자가 웹 페이지를 리프레쉬(refresh)할 때 바뀐 값이 반영되게 한다.
- 두 번째, 사용자가 웹 페이지를 리프레쉬하지 않아도 바뀐 값이 반영되게 한다. 진짜 반응성(reactive) 으로 움직이게 한다.

어찌되었든 이런 기능을 지닌 샤이니 앱을 만들려면, 샤이니 서버 함수 안에서 샤이니 서버 함수 밖의 객체에 접근할 수 있어야 한다. 즉 R 객체를 샤이니 서버 함수 밖에 두고, 샤이니 서버 함수 안에서 <<- 할당 연산자를 사용하여 R 객체의 값을 바꾸어야 한다. 샤이니 서버 함수 안에서 밖에 있는 객체에 <<- 할당 연산자를 사용하여 값을 바꾸어도 이것이 반응성으로 바로 반영되지 않고, 기본적으로 웹 페이지를 리프레쉬하여야 한다.

```
library(shiny)
src <- 1

ui <- fluidPage(
 actionButton("done", "더하기"),
 textOutput("outText")
)
server <- function(input, output, session) {

 output$outText <- renderPrint({
  src
 })

 observeEvent(input$done, {
  src <<- src + 1
 })
}
shinyApp(ui = ui, server = server)
```

위와 같이 하면 아래 그림과 같은 앱이 생성된다. 이 앱에서 버튼을 클릭하면 샤이니 서버 밖에 있는 src라는 객체의 값이 1씩 증가되고, 이 src 값이 반응성으로 출력된다. 두 개의 브라우저를 열어 한쪽에서 버튼을 클릭하고 나서 같은 브라우저 혹은 다른 브라우저에서 리프레쉬하면, 현재 앱이 가지고 있는 src 값이 반영된 결과를 얻는지 확인해볼 수 있다. 리프레쉬하지 않으면 변경된 값을 보지 못한다.

리프레쉬를 시키지 않아도 값이 자연스럽게 자동적으로 바뀌게 하려면 별도의 기능이 필요하고, 별도의 함수가 준비되어 있다. 이런 기능을 이해하기 위해서는 샤이니 반응성에 대한 이해가 필요하기 때문에 이 부분은 뒤로 미룬다.

16) 정리

이 장에서는 샤이니 코딩을 위한 R 언어에 대해 설명했다. 특히 인터랙티브 환경이 아닌 프로그래밍 환경에서 R 언어를 사용할 때 주의할 점을 알아보고, 샤이니 앱에서 필수적으로 사용하게 되는 표현식(expression)의 개념을 살펴보았다. 그리고 샤이니 세션과 세션 간의 데이터 공유 방법에 대해서도 부분적으로 살펴보았다.

Shiny

## Chapter 6

샤이니 입출력 위젯

R Shiny Programming Guide

Search

6장에서는 샤이니 앱에서 UI를 구성하는 입출력 위젯에 대해 설명한다. 사용자는 입력 위젯에 값을 입력하고, 샤이니 서버 함수에서 계산된 결과를 출력 위젯을 통해 출력할 수 있다.

입출력 위젯은 UI를 구성하는 핵심적 요소이다. 뒤에서 다룰 샤이니 레이아웃은 이 핵심 요소들을 보기 좋게 배치하는 방법을 말한다. 그리고 이들을 서로 연결하는 샤이니 반응성에 대해서는 다음 장에서 살펴볼 것이다.

   +

샤이니 앱의 기본 틀

2장에서 소개한 바와 같이 단일 파일 앱은 다음과 같은 틀을 가지는데, 처음 샤이니를 배울 때 이유를 불문하고 이 코드는 암기하라고 권한다.

```
library(shiny)
ui <- fluidPage(
 # 입출력 위젯
)

server <- function(input, output, session) {
 # 서버 코드
}

shinyApp(ui, server)
```

이 장에서는 샤이니 서버 함수에 대해 다루지 않고, 오로지 UI의 입출력 위젯에 집중한다. 그러므로 앞으로 설명하는 내용들은 코드에서 '# 입출력 위젯'이라고 되어 있는 부분에 코딩하여 연습하면 된다.

RStudio에는 코드 시니펫을 자동으로 입력해주는 기능도 있다. 편집창에서 shinyui, shinyserver라고 입력하다 보면 다음과 같은 툴팁이 올라온다.

만약 이 기능이 제대로 작동하지 않으면, RStudio의 글로벌 설정창에서 다음 그림과 같이 스니펫 기능이 활성화되도록 설정한다.

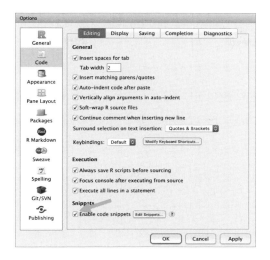

2 입력 위젯 함수

샤이니 입력 위젯은 사용자들이 입력하는 값을 받는 장치로, R 함수로 구현되어 있다. 입력 위젯 함수들은 입력하는 값의 종류와 방법에 따라 여러 가지가 있는데, 공통적으로 다음과 같은 특징을 지닌다.

- 샤이니 입력 위젯 함수들은 전부는 아니지만 대체로 `textInput()`, `numericInput()`, `dateInput()`, `fileInput()` 등과 같이 `Input`으로 끝나는 이름을 가진다.
- 입력 위젯의 첫 번째 인자는 문자열로 제시되는 `inputId`로, 이것을 '입력 아이디'라고 부른다. 입력 아이디는 샤이니의 반응성 체인에서 아주 중요한 역할을 한다. 반응성 체인은 명시적으로 입력 아이디에 의존한다.
- 입력 위젯의 두 번째 인자는 레이블(label)로, 이것은 화면에 표시되는 입력 위젯의 제목이 된다.
- 입력 위젯 함수들의 세 번째 이후 인자들은 각 함수의 목적에 따라 다르다.

숫자를 입력하는 `numericInput()` 함수는 전형적인 예로 다음과 같은 형태로 사용한다.

```
numericInput("sel", "값 입력", value = 50, min = 40, max = 100)
```

③ 반응성 맥락으로 통하는 문

샤이니의 반응성 모드는 '반응성 맥락'이라는 특수한 환경에서 실행된다. 샤이니의 반응성 맥락은 글로벌 환경(R 콘솔의 환경)이 아니라 새로운 함수의 실행 환경(execution environment)으로 이해해야 한다. R에서 함수 밖에서 함수 안의 변수에 접근할 수 없는 것과 같은 이치로, 글로벌 환경에서는 이 반응성 맥락의 값에 접근할 수 없다. R에서 함수 안에서 함수 밖의 변수에 접근할 수 있는 것과 같은 이치로, 반응성 맥락에서는 글로벌 환경에 있는 값에 접근할 수 있다. 즉 보통의 방법으로는 반응성 맥락에 있는 객체에 접근할 수 없고 이 객체에 값을 할당할 수 없다.

그런데 입력 위젯은 그것을 가능하게 하는 장치이다. 숫자를 입력하는 numericInput() 입력 위젯을 다음과 같이 사용했다고 가정해보자.

```
numericInput("sel", "값 입력", value = 50, min = 40, max = 100)
```

이런 함수로 숫자 입력 위젯이 만들어지면, 이 위젯에 입력되는 값은 반응성 맥락에 존재하는 input 객체에 sel이라는 슬롯으로 할당되고, 샤이니 서버 함수에서는 input$sel의 형태로 그 값에 접근하게 된다. 그러므로 입력 위젯 함수들은 유일한 것은 아니지만, 반응성 맥락에 접근하는 가장 중요한 통로임을 이해해야 한다.

4 입력 위젯 함수들의 종류

이제 각 용도별 입력 위젯 함수들에 대해서 알아보자.

4-1 텍스트 입력용 입력 위젯

텍스트 입력용 입력 위젯 함수에는 textInput()과 textAreaInput()이 있다. 다음 앱은 텍스트를 입력받아서 그대로 출력한다.

```
library(shiny)
ui <- fluidPage(
 textInput("myText", "텍스트를 입력하세요."),
 verbatimTextOutput("txt")
)

server <- function(input, output, session) {
 output$txt <- renderPrint({
  req(input$myText)
  input$myText
 })
}

shinyApp(ui, server)
```

textAreaInput() 함수도 거의 비슷한데, 여러 문장 등이 있는 텍스트와 같이 구조화되지 않은 텍스트를 입력받을 때 사용한다.

웹에서 패스워드를 입력하는 폼에 패스워드를 입력할 때는 입력하는 텍스트가 보이지 않는다. 샤이니의 passwordInput()도 같은 기능을 한다.

```
library(shiny)

ui <- fluidPage(
 passwordInput("password", "패스워드")
)

server <- function(input, output, session){

}
shinyApp(ui, server)
```

passwordInput()을 사용한 경우 다음 그림과 같이 렌더링된다.

웹에서 사용자의 이름과 패스워드로 사용자를 인식하는 방법을 인증(authentication) 기능이라고 부른다. 이런 인증 기능을 구현하려면 데이터베이스에 사용자와 사용자의 패스워드를 저장하는 기능과 이를 암호화하는 과정 등을 갖추어야 한다.

인터넷을 찾아보면 이런 인증 기능을 샤이니에서 구현한 사례들을 찾아볼 수 있다. 하지만 샤이니의 현재 버전 1.0.0에는 아직까지 공식적인 인증 기능이 들어가 있지 않다. 아마도 데이터베이스 기능들이 좀 더 잘 정의되고 나서 공식적인 샤이니 인증 시스템이 구현되지 않을까 기대해본다.

4-2 숫자 입력용 입력 위젯들

숫자 입력용 입력 위젯 함수들 중 가장 기본은 숫자를 직접 입력할 수 있게 해주는 numeric Input()이다. numericInput()인 경우 첫 번째, 두 번째 인자는 앞에서 본 입력 위젯 함수들의 공통적인 특징 그대로 입력 아이디와 레이블이다. 그다음은 숫자 입력용 위젯에 필요한 내용들이다. 초깃값을 설정하는 value, 최솟값과 최댓값을 정해주는 min, max 인자가 있다. 그리고 숫자 입력 위젯의 오른쪽에는 위아래 화살표 모양이 있는데 이것을 사용하면 숫자를 단계적으로 올리거나 내릴 수 있다. 올리거나 내리는 폭은 step 옵션으로 결정한다.

함수의 도움말을 보면 아주 간단한 앱을 볼 수 있다.

```
library(shiny)
ui <- fluidPage(
 numericInput("obs", "Observations:", 10, min = 1, max = 100),
 verbatimTextOutput("value")
)
server <- function(input, output) {
 output$value <- renderText({ input$obs })
}
shinyApp(ui, server)
```

이 앱은 다음과 같이 렌더링된다.

sliderInput()는 숫자를 직접 입력하는 대신 슬라이더를 사용하여 숫자를 입력하게 해주는 입력 위젯이다. 이 함수는 numericInput()보다 더 많은 옵션들을 제공한다.

sliderInput() 함수의 첫 번째 인자는 입력 아이디이고, 두 번째 인자는 레이블이다. 그리고 이후에 쓰이는 인자들이 min, max, value가 있어서 입력값의 최솟값, 최댓값, 초깃값을 결정한다. 이 부분들은 numericInput() 위젯 함수의 인자들과 같다. 슬라이더 입력 위젯들의 다양한 쓰임새는 샤이니 갤러리의 'Sliders'라는 앱[1]에 잘 나와 있다. 이 앱이 생성하는 입력 위젯들은 다음 그림에서 볼 수 있다.

이 슬라이더 입력 위젯들은 다음과 같이 sliderInput()을 사용해 만들어졌다.

① 정수 입력: 디폴트로 numericInput()과 거의 유사하다.

```
sliderInput("integer", "Integer:",
    min=0, max=1000, value=500)
```

② 소숫점을 가진 숫자: step 옵션을 사용하면 소숫점을 표현할 수 있다.

```
sliderInput("decimal", "Decimal:",
    min = 0, max = 1, value = 0.5, step= 0.1)
```

---

1 http://shiny.rstudio.com/gallery/sliders.html

③ 범위 선택: value 값으로 2개의 요소를 가진 벡터를 사용하여 범위를 선택할 수 있다.

```
sliderInput("range", "Range:",
    min = 1, max = 1000, value = c(200,500))
```

④ 사용자 정의 포맷과 애니메이션: pre 옵션과 animate=TRUE

```
sliderInput("format", "Custom Format:",
    min = 0, max = 10000, value = 0, step = 2500,
    pre = "$", sep = ",", animate=TRUE)
```

⑤ 애니메이션 조절: animate 옵션에 animationOptions() 함수 사용

```
sliderInput("animation", "Looping Animation:", 1, 2000, 1,
    step = 10, animate=
      animationOptions(interval=300, loop=TRUE)))
```

이외에도 틱을 보일지 여부를 결정하는 tick 옵션, 원화 표시 등을 할 때처럼 천 단위로 콤마가 찍히게 하는 sep이라는 옵션도 있다. 주어진 값이 날짜나 숫자가 될 수도 있다. 이것들을 활용해서 원화를 선택할 수 있게 하는 슬라이더를 만들어 보면 다음과 같다. 이때 원화 표시를 하기 위해서는 pre라는 옵션(prefix의 약자)에 원화 표시에 해당하는 HTML 엔터티 (entity)인 "₩"를 잘 주는 것이 중요하다.

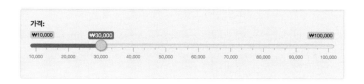

```
sliderInput("won", "가격:",min=10000, max=100000, value=30000,
sep=",",  step=5000, pre="&#8361;")
```

값들을 날짜로 입력하면 날짜도 선택할 수 있다. 날짜 입력을 위한 별도의 입력 위젯에 대해서는 뒤에서 다시 설명한다.

```
sliderInput("interval", "기간:",
            min=as.Date("2017-01-01"),
            max=as.Date("2017-12-31"),
            value=c(as.Date("2017-03-01"),as.Date("2017-05-31")))
```

이처럼 `sliderInput()`은 쓰임새가 많기 때문에 도움말을 잘 참고하여 사용하길 권한다.

4-3 리스트에서 선택을 위한 입력 위젯

여러 항목에서 하나 또는 그 이상의 값을 선택할 수 있는 입력 위젯을 만드는 방법에 대해 살펴보자.

1) selectInput()

`selectInput()` 입력 위젯을 사용하면 리스트에서 원하는 값을 선택할 수 있다.

```
selectInput("sel", "다음에서 선택:",
            choices = c("초급", "중급", "고급"))
```

첫 번째 인자는 입력 아이디이고, 두 번째 인자는 레이블이다. 세 번째 인자인 choices에 주목할 필요가 있다. 가장 간단한 형태는 위의 그림과 같이 그냥 이름이 없는 벡터를 사용하는 것으로 UI에도 그 값들이 나열된다. 이름이 있는 벡터를 사용할 경우에는 아래 그림과 같이 UI에 이름이 표시되고 그 값이 데이터로 사용된다.

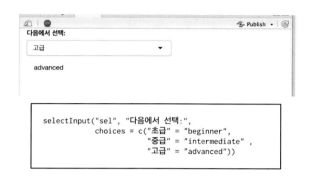

```
selectInput("sel", "다음에서 선택:",
            choices = c("초급" = "beginner",
                        "중급" = "intermediate",
                        "고급" = "advanced"))
```

리스트를 사용하여 선택지를 분류해서 표현할 수 있다.

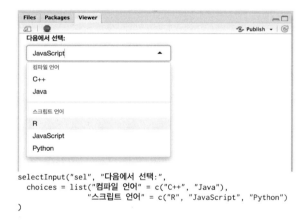

```
selectInput("sel", "다음에서 선택:",
    choices = list("컴파일 언어" = c("C++", "Java"),
                   "스크립트 언어" = c("R", "JavaScript", "Python")
)
```

이외에도 여러 가지 값들을 동시에 선택할 수 있는 multiple 옵션이 있다. 초기 선택값을 첫 번째 요소가 아닌 다른 것으로 하고 싶을 때는 selected 옵션을 사용한다.

2) 라디오 버튼: radioButtons()

radioButtons() 함수는 라디오 버튼 입력 위젯을 만든다. 사용법은 selectInput()과 거의 동일하다. 도움말 페이지의 앱을 보자.

```r
library(shiny)
ui <- fluidPage(
 radioButtons("dist", "Distribution type:",
        c("Normal" = "norm",
          "Uniform" = "unif",
          "Log-normal" = "lnorm",
          "Exponential" = "exp")),
 plotOutput("distPlot")
)

server <- function(input, output) {
 output$distPlot <- renderPlot({
  dist <- switch(input$dist,
          norm = rnorm,
          unif = runif,
          lnorm = rlnorm,
          exp = rexp,
          rnorm)

  hist(dist(500))
 })
}

shinyApp(ui, server)
```

앱을 실행해보면 selectInput()과 같이 choices라는 옵션에서 이름이 있는 벡터를 사용하는 경우, UI에 이름이 표시되고 입력값으로 그 값이 사용됨을 알 수 있다.

4-4 체크박스와 버튼 입력 위젯

checkboxInput()은 체크박스를 만든다. 체크박스에서 선택된 값은 논리값으로 사용된다. 첫 번째 인자는 입력 아이디, 두 번째 아이디는 레이블이다. 세 번째 인자는 초깃값으로 사용할 value로, TRUE 또는 FALSE 값으로 준다.

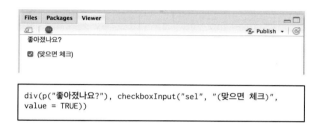

```
div(p("좋아졌나요?"), checkboxInput("sel", "(맞으면 체크)",
value = TRUE))
```

체크박스와 상당히 유사해 보이는 checkboxGroupInput()도 있다. 이 입력 위젯은 (이름이 의미하는 바와 같이) 여러 개의 값을 하나로 묶어서 하나의 문자열 벡터로 서버에서 사용되게 한다. 체크박스(checkboxInput())와 달리 선택된 값이 논리값으로 사용되지는 않는다.

```
library(shiny)

ui <- fluidPage(
  checkboxGroupInput("sels", "전공 언어(복수 선택 가능)",
                     c("C와 그 방언들", "Java",
"JavaScripts", "R", "Perl")),
  verbatimTextOutput("langs")
  )

server <- function(input, output) {
  output$langs <- renderPrint({
    input$sels

  })
}

shinyApp(ui, server)
```

4-5 날짜 입력 위젯

날짜를 입력하는 dateInput()은 다음과 같이 사용된다.

• 첫 번째, 두 인자: 입력 아이디와 레이블
• value: 보통 yyyy-mm-dd 포맷으로 날짜를 입력한다.
• language: 사용 언어의 선택

이렇게 선택된 값은 문자열 형태로 서버에서 사용된다.

기간을 선택하는 dateRangeInput()도 있다. 다음 그림과 같이 start, end라는 인자에 시작되는 날짜와 끝나는 날짜를 지정한다. 나머지 인자들은 dateInput()과 유사하다.

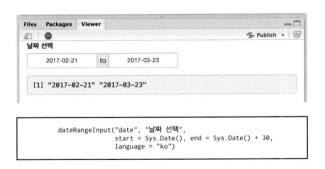

파일 입력 위젯

파일을 업로드할 때 파일을 선택하는 `fileInput()` 입력 위젯이 있다. `fileInput()`을 사용한 파일 업로드 기술은 9장에서 자세히 다룬다.

4-7 **버튼**

`actionButton()`과 `actionLink()` 입력 위젯 함수로 버튼을 만든다. 이 입력 위젯 함수는 첫 번째 인자인 입력 아이디와 두 번째 인자인 레이블밖에 없다. 버튼을 만들고 클릭하면 버튼의 아이디에 해당하는 값(정수)이 1씩 증가한다.

이 값 자체가 중요한 경우는 그렇게 많지 않다. 그래서 대부분의 샤이니 서버 로직은 그 값 자체가 아니라, 이 값이 변한다는 사실을 활용하여 구성한다. 다음은 `actionButton()` 도움말 페이지에 있는 앱이다.

```
library(shiny)
ui <- fluidPage(
 sliderInput("obs", "Number of observations", 0, 1000, 500),
 actionButton("goButton", "Go!"),
 plotOutput("distPlot")
)
```

```
server <- function(input, output) {
 output$distPlot <- renderPlot({
  # Take a dependency on input$goButton. This will run once initially,
  # because the value changes from NULL to 0.
  input$goButton

  # Use isolate() to avoid dependency on input$obs
  dist <- isolate(rnorm(input$obs))
  hist(dist)
 })
}

shinyApp(ui, server)
```

샤이니 서버 코드를 보면 renderPlot() 함수 안에서 input$goButton 값이 어떤 변수에 할당되지 않고, 한 문장에서 단독으로 사용되고 있다. 반응성 관찰자들은 '그것을 사용하는 반응성 값이 변경되면 자동으로 재실행된다'는 샤이니 앱의 디폴트 행동을 따른다. 그래서 input$goButton이 바뀌면 renderPlot() 안에 있는 전체 코드가 바뀌는 것이다.

또 actionButton() 등은 observeEvent(), eventReactiv() 등의 함수와 결합하여 자바스크립트 이벤트 기반의 코드와 비슷하게 코드를 구성할 수 있다. 사용자가 클릭하면 원하는 코드가 실행되게 만들 수 있다.

⑤ 출력 위젯

지금까지 샤이니 앱에서 값을 입력할 수 있는 다양한 입력 위젯을 살펴보았다. 이제는 계산된 결과를 보여주는 출력 위젯에 대해서 알아보자. 들어가기 전에 2장 3절 〈샤이니 앱에서 데이터가 전달되는 방식〉에서 설명한 내용을 상기할 필요가 있다(p.47). 샤이니 반응성은 ① 데이터에 대한 아이디, ② 그 데이터를 사용하는 함수와의 관계를 바탕으로 한다는 것이다.

이러한 내용은 출력 위젯에서도 그대로 반영된다. 더불어 출력 위젯에서는 출력물의 종류를 염두에 두어야 한다. 출력 위젯들은 출력 아이디를 가지고 있으며, 출력물의 종류에 따라서 이름이 붙여진다. 샤이니 서버 함수에서 출력물은 모두 render*() 함수를 통해서 생성되고,

그것을 아이디로 연결한 다음, 해당 출력물의 타입에 따라서 *Output("아이디")라는 함수로 UI에 렌더링하게 된다. * 부분은 출력물의 종류를 가리킨다. render*() 함수 안에서는 반응성 맥락에서 코드들이 실행되고, 결과물들은 이 함수의 '부수효과(side effect)'로 생성된다.

5-1 렌더 함수와 출력 함수

출력은 항상 render*() 함수와 그에 대응하는 *Output() 함수를 사용하여 구현한다. 기본 패턴은 다음과 같다.

샤이니 서버 함수 안에서 renderPlot()이 사용된다.

```
output$myResult <- renderPlot({
 hist(myData, breaks = input$sel)
})
```

이 코드에서는 계산 결과를 output 객체의 myResult 슬롯으로 보낸다. 그 결과를 UI에 표시하기 위해서는 다음과 같은 형태로 코딩해야 한다.

```
plotOutput("myResult")
```

샤이니 서버 함수 역시 R 함수이기 때문에 함수 안의 마지막 표현식이 그 함수의 반환값이라는 것을 염두에 두어야 한다. 그리고 출력 결과가 생각했던 대로 처리되지 않는 경우에는 render*() 함수의 도움말을 보고, 결과를 부수효과로 내보낼 때 어떤 함수가 사용되는지 살펴보아야 한다.

출력에 대한 커스터마이징을 위해서는 역시 도움말 페이지를 활용해서 render*() 함수가 제공하는 출력물의 너비와 크기를 맞추는 인자들을 주목할 필요가 있다. 커스텀 스타일을 위해서는 어떤 CSS 클래스로 지정되는지 알아야 한다.

이제 출력물의 타입별로 이렇게 앱을 구성하는지 살펴보자.

간략한 텍스트는 renderText()로 만들어지고 이것과 짝을 이루어 textOutput()으로 출력된다. R 콘솔에서 summary(mtcars)를 실행한 결과와 같이 조금 복잡한 텍스트는 renderPrint() 함수로 만들고, verbatimTextOutput()으로 출력된다. 간단한 예를 보면 다음과 같다.

```
library(shiny)
ui <- fluidPage(
 h2(textOutput("txt")),
 verbatimTextOutput("sum1")
)

server <- function(input, output) {
 output$txt <- renderText({
   "mtcars를 사용한 회귀 분석"
 })
 output$sum1 <- renderPrint({
   summary(lm(mpg ~ wt + qsec, data = mtcars))
 })
}

shinyApp(ui, server)
```

이 앱은 다음 그림과 같이 렌더링된다.

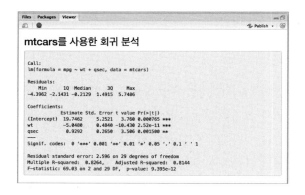

표는 기본적으로 renderTable()과 tableOutput()을 사용하여 출력한다. render Table() 함수가 표를 만들 때는 xtable이라는 R 패키지를 사용하므로 제대로 사용하기 위해 이 패키지의 비니에트를 한번 읽어보기 바란다. renderTable() 함수의 도움말을 보면 정렬, 행간의 높이, 소수점 자릿수 등 표 출력을 조절할 수 있는 다양한 인자들이 준비되어 있다.

다음은 renderTable()과 tableOutput()의 사용 예이다. broom이라는 패키지를 사용하여 결과를 출력했다. 이 패키지는 해들리 위컴의 '정돈된 데이터(tidy data)' 이론에 입각하여 통계 분석 객체를 데이터 프레임의 형태로 돌려놓기 때문에 편리하다.

```
library(shiny)
library(broom)
ui <- fluidPage(
 h2(textOutput("txt")),
 tableOutput("tab1")
)

server <- function(input, output) {
 output$txt <- renderText({
   "mtcars를 사용한 회귀 분석"
 })
 output$tab1 <- renderTable({
  tidy(lm(mpg ~ wt + qsec, data = mtcars))
 }, striped = TRUE, hover = TRUE, bordered = TRUE)
}

shinyApp(ui, server)
```

이 앱은 다음 그림과 같이 렌더링된다.

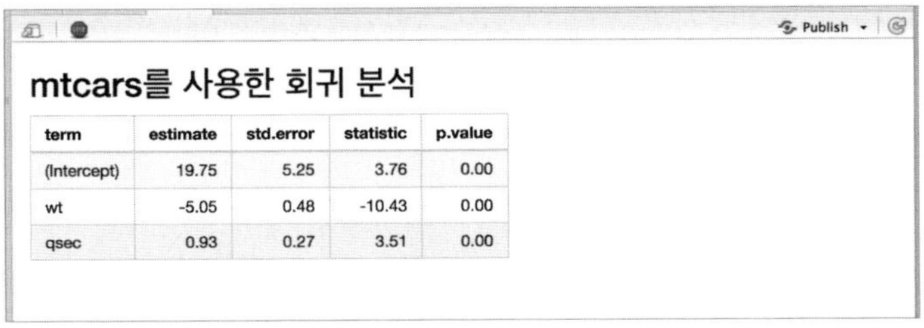

mtcars를 사용한 회귀 분석

term	estimate	std.error	statistic	p.value
(Intercept)	19.75	5.25	3.76	0.00
wt	-5.05	0.48	-10.43	0.00
qsec	0.93	0.27	3.51	0.00

그리고 DataTables[2]라고 하는 표와 관련된 자바스크립트 라이브러리를 활용하여 다이내 믹 표를 만드는 renderDataTable() 함수와 이것을 렌더링해주는 DataTableOutput() 함수가 있다. 도움말 페이지의 예를 실행해보기 바란다.

```
shinyApp(
 ui = fluidPage(
  fluidRow(
   column(12,
    dataTableOutput('table')
   )
  )
 ),
 server = function(input, output) {
  output$table <- renderDataTable(iris,
   options = list(
    pageLength = 5,
    initComplete = I("function(settings, json) {alert('Done.');}")
   )
  )
 }
)
```

이 앱은 다음 그림과 같이 렌더링된다.

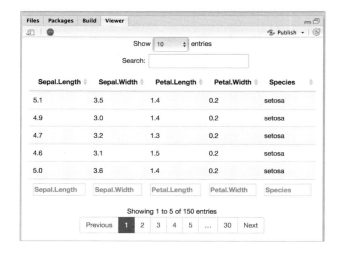

---

2 https://datatables.net

renderDataTable()은 DT R 패키지와 관련이 많은데, DataTables 라이브러리에 대한 R 바인딩의 하나로 구현된 `htmlwidgets` 패키지의 하나이다. 이 부분은 `htmlwidgets`을 다룰 때 설명한다.

5-4 플롯 출력

플롯(plot)은 대표적인 샤이니 출력물의 하나이고, `renderPlot()`과 `plotOutput()` 함수를 사용하여 출력한다. 이 방법은 다음에 설명할 이미지 처리 방법과는 조금 다른데, R 코드로 작성되는 것이라면 이 방법을 사용하면 된다. 간단한 앱을 만들어보면 다음과 같다.

```
library(shiny)

ui <- fluidPage(
 plotOutput("myPlot")
)

server <- function(input, output, session) {
 output$myPlot <- renderPlot({
  plot(mtcars$wt, mtcars$mpg)
 })
}

shinyApp(ui, server)
```

이 앱을 렌더링하면 다음 그림과 같다.

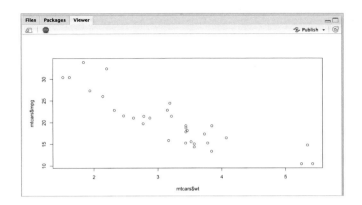

이렇게 플롯을 생성하고 출력하는 기능 이외에도 플롯에 인터랙션 기능을 추가할 수 있다. 이 기능은 10장 1절 〈샤이니 인터랙티브 플롯〉에서 설명한다(p. 356).

5-5 이미지 출력

앞에서 플롯을 출력하는 데 사용하는 `renderPlot()`과 `plotOutput()`을 보았다. 이 함수들로 출력할 수 있는 플롯은 일반적인 R 콘솔에서 `png()` 디바이스 등과 같이 기본 디바이스를 사용하여 플롯을 만드는 경우로 한정된다.

이런 한계를 벗어난 플롯, 이를테면 어떤 이미지를 만드는 패키지들을 사용하여 임시 파일에 플롯을 저장하고 이것을 출력하게 하는 일을 하려면 `renderImage()`, `imageOutput()` 함수를 사용해야 한다. 이 방법은 파일 다운로드 방법과 많이 연관되기 때문에 관련된 내용을 다룰 때 같이 설명한다.

5-6 일반적인 이미지 사용하기

앞 절의 플롯 출력이나 `renderImage()`를 사용한 방법은 R 프로그래밍 방법으로 플롯이나 이미지를 생성하고 그것을 출력하는 것을 의미한다. 이번에는 자신이 찍은 사진과 같이 일반적인 이미지를 샤이니 앱에 사용하는 방법에 대해서 알아보자.

먼저 www 디렉터리를 만들고 여기에 이미지 파일을 넣는다. 아래 그림과 같이 R 홈페이지에서 R 로고를 다운로드해 사용해본다.

그런 다음 www 디렉터리와 같은 위치에 **app.R** 파일을 만들고 다음 내용을 넣는다.

```
library(shiny)
ui <- fluidPage(
 fluidRow(
  column(3,
    img(src="Rlogo.png", width="100%")
    ),
  column(9,
   sliderInput("obs", "No. of Random Numbers",
        min = 30, max = 100, value = 50, width = "100%"),
   plotOutput("myPlot", width = "100%"))
 )
)

server <- function(input, output, session) {
 output$myPlot <- renderPlot({
  hist(rnorm(input$obs))
 })
}

shinyApp(ui, server)
```

주의해서 볼 것은 **tags$img()** 함수를 사용하여 이미지를 부른 방법이다. 경로는 www 디렉터리가 루트가 되고, 이것에 상대적인 값으로 지정하면 된다.

```
img(src="Rlogo.png", width="100%")
```

이 앱은 다음 그림과 같이 렌더링된다.

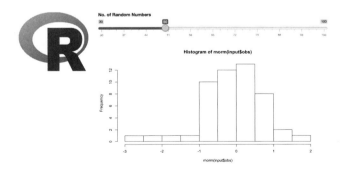

⑥ 다이내믹 UI: 프로그램적으로 UI 조절하기

지금까지 설명한 패턴은 샤이니 서버 함수에 render*() 함수를 사용하고, 그 아이디에 맞추어 UI에서 *Output() 함수를 사용하는 것이었다. 여기서는 UI에서 버튼 클릭 같은 입력을 받아 서버에서 UI를 만드는 정반대의 방법을 살펴볼 것이다.

　여기에서 설명할 다이내믹 UI라는 것은 프로그래밍을 통해서 어떤 조건에 맞는 경우나 사용자가 원하는 경우에 선택적으로 UI를 생성하는 기능을 말한다. 여러 가지 방법이 있는데 가장 유연한 것은 샤이니 버전 0.14부터 추가된 insertUI(), removeUI() 함수를 사용하는 것이다. 그다음으로 유연한 방법은 renderUI(), uiOutput() 함수를 조합하여 사용하는 것이다. 가장 간단한 방법은 conditionalPanel() 함수를 사용하는 것으로, 이 방법부터 살펴보자.

　11장 2절 〈shinyjs 패키지의 활용〉에서 비슷한 기능을 제공하는 shinyjs라는 패키지를 소개할 것인데(p. 401), 자신에게 맞는 것을 선택하여 사용하길 권한다.

⑥-1 conditionalPanel()

conditionalPanel() 함수는 UI에서 사용된다. 이것은 다음에 설명하는 renderUI() 함수, insertUI() 함수들이 서버 함수에서 사용되는 점과 차별되는 부분이기도 하다. conditionalPanel() 함수의 첫 번째 인자는 condition으로 그 값은 '자바스크립트 표현식'이다. 이 표현식이 참인 경우에는 conditionalPanel() 내부의 UI 코드가 실행되고, 거짓인 경우에는 실행되지 않는다.

　도움말 페이지에 나와 있는 예를 약간 확장하여 다음과 같은 앱을 만들어볼 수 있다.

```
library(shiny)
library(ggplot2)

ui <- fluidPage(
 titlePanel("diamonds 데이터"),
 selectInput(
  "plotType", "Plot Type",
  c(Scatter = "scatter",
   Histogram = "hist")),
```

```r
    # Only show this panel if the plot type is a histogram
    conditionalPanel(
     condition = "input.plotType == 'hist'",
     selectInput(
      "breaks", "Breaks",
      c("Sturges",
        "Scott",
        "Freedman-Diaconis",
        "[Custom]" = "custom")),

     # Only show this panel if Custom is selected
     conditionalPanel(
      condition = "input.breaks == 'custom'",
      sliderInput("breakCount", "Break Count", min=1, max=1000, value=10)
     )
    ),
   plotOutput("plot")
)

server <- function(input, output, session){

brs <- reactive({
   if (input$breaks == "custom") {
    input$breakCount
   } else {
    input$breaks
   }
})

 p <- reactive({
   if (input$plotType == "scatter") {
    plot(diamonds$carat, diamonds$price, col= "red")
   } else {
    hist(diamonds$carat, breaks = brs())
   }
})

 output$plot <- renderPlot({
  p()
 })
}

shinyApp(ui, server)
```

conditionalPanel()을 사용한 앱은 다음 그림과 같이 렌더링된다.

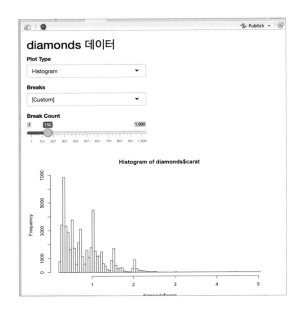

이 앱은 사용자가 플롯의 타입을 선택하면 선택된 상황에 따라 다르게 반응한다. 일반적인 산점도는 특별한 처리 없이 그대로 보여주고, 히스토그램인 경우에는 구간의 개수에 따라서 다르게 보이기 때문에 흔히 사용되는 Sturges 방법 이외에 Scott, Freedman-Diaconis 방법을 선택할 수 있게 하고, 추가로 사용자가 직접 선택할 수 있게 만든 것이다.

사용자가 산점도("scatter")를 선택하는 경우에는 추가로 선택할 옵션이 없으므로 그 이하의 UI는 보이지 않게 하고, 히스토그램을 선택하는 경우에는 "Breaks"를 보여주고 나아가서 구간 선택을 커스텀 방식으로 하게 되면 이것을 선택할 수 있는 슬라이더를 보여주도록 만든 것이다. 그래서 이 앱은 두 번에 걸쳐서 conditionalPanel()을 사용한다.

첫 번째 conditionalPanel()은 플롯의 타입이 히스토그램인 경우에 렌더링되게 한다. 그 코드를 보면 다음과 같다.

```
conditionalPanel(
  condition = "input.plotType == 'hist'",
  ...
)
```

condition 인자의 값으로 주는 자바스크립트 표현식을 주의한다. 자바스크립트에서는 R

에서 데이터 프레임의 열을 선택할 때 쓰는 $과 같이, 객체의 프로퍼티에 접근할 때 .를 사용한다.

두 번째 conditionalPanel()은 첫 번째 conditionalPanel() 안에 있어서 마치 if문을 두 번 쓰는 것과 비슷하다. 이런 조건들과 맞는 로직을 위해서 서버 함수에도 if문이 두 번 사용되는 것을 볼 수 있다.

6-2 renderUI()와 uiOutput() 함수

renderUI() 함수는 UI가 아닌 '샤이니 서버 함수'에서 실행되고, 이것을 uiOutput() 함수를 통해 UI에 렌더링되게 하는 방법이다. renderUI() 함수 도움말 페이지에 나와 있는 앱을 보자.

```
library(shiny)
ui <- fluidPage(
 uiOutput("moreControls")
)

server <- function(input, output) {
 output$moreControls <- renderUI({
  tagList(
   sliderInput("n", "N", 1, 1000, 500),
   textInput("label", "Label")
  )
 })
}
shinyApp(ui, server)
```

이 앱은 다음 그림과 같이 렌더링된다.

코드를 보면 UI는 단지 서버에서 오는 UI를 받는 것에 불과하다. 샤이니 서버 함수는 renderUI() 함수를 써서 입력 위젯들을 tagList()에 묶어서 내보내고 있다.

그런데 입력 위젯만 renderUI(), uiOutput()으로 렌더링할 수 있는 것은 아니다. 다음 예를 보자.

```r
library(shiny)

ui <- fluidPage(
 titlePanel("표나 플롯 중에서 선택하는 앱"),
 radioButtons("selected", label = "표시할 내용 선택", choices = list("table",
"plot")),
 uiOutput("tbl2"),
 uiOutput("plot2")
 )


server <- function(input, output, session){

 output$tbl <- renderTable({
  mtcars
 })
 output$tbl2 <- renderUI({
  if (input$selected == "table") {
  tableOutput("tbl")
  }
 })


 output$plt <- renderPlot({
  plot(mtcars$wt, mtcars$mpg)
 })

 output$plot2 <- renderUI({
  if (input$selected == "plot") {
   plotOutput("plt")
  }
 })

}

shinyApp(ui, server)
```

이 앱은 다음과 같이 렌더링된다.

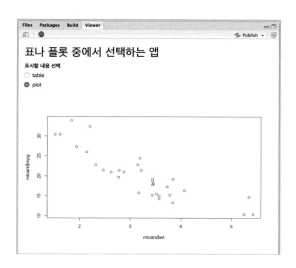

이 앱은 표나 플롯을 선택하고, 선택한 값에 따라서 화면에 내용을 표시하도록 하는 예이다. 표 처리 부분만 보자. 아이디를 잘 볼 필요가 있다.

```
output$tbl <- renderTable({
 mtcars
})
output$tbl2 <- renderUI({
 if (input$selected == "table") {
 tableOutput("tbl")
 }
})
```

앞에서 아이디 "tbl"을 renderUI() 안에 있는 tableOutput()에서 받고 있다. 이것을 "tbl2"로 렌더링하고, 이 아이디를 uiOutput()에서 받고 있다. 이런 중간 과정을 거치게 되면 여기에서와 같이 어떤 로직을 적용할 수 있다.

⑥-③ 원하는 곳, 원하는 수만큼 UI 삽입/삭제

insertUI(), removeUI() 함수를 사용하면 UI를 다이내믹하게 삽입하거나 삭제할 수 있다. 그런데 이 기능을 살펴보기 전에 다음 사실을 알아야 한다. 샤이니는 제이쿼리(jQuery)[3]라는 자바스크립트 라이브러리를 내부적으로 사용한다. 제이쿼리는 웹 페이지에 대한 API인 DOM(document object model)을 쉽게 조작할 수 있는 다양한 기능들을 제공한다. 샤이니 앱을 커스터마이징할 때 이런 제이쿼리가 다양하게 사용되기 때문에 이에 대한 기본 지식을 어느 정도 알아야 한다.

inputUI() 함수의 도움말 페이지에 나와 있는 예제 앱을 살펴보자.

```
library(shiny)

ui <- fluidPage(
 actionButton("add", "Add UI")
)

server <- function(input, output, session) {
 observeEvent(input$add, {
  insertUI(
   selector = "#add",
   where = "afterEnd",
   ui = textInput(paste0("txt", input$add),
         "Insert some text")
  )
 })
}

shinyApp(ui, server)
```

---

3 http://jquery.com

insertUI()를 사용한 이 앱은 다음 그림과 같이 렌더링된다.

actionButton("add", "Add UI") UI는 아이디가 add인 버튼을 생성한다. 사용자가 이 버튼을 클릭하면 insertUI() 함수가 호출된다. insertUI() 함수는 다음과 같이 사용된다.

```
insertUI(
 selector = "#add",
 where = "afterEnd",
 ui = textInput(paste0("txt", input$add),
        "Insert some text")
)
```

세 가지 인수가 사용되는데 그 사용법은 다음과 같다.

- selector: 삽입한 UI의 위치를 정하는 기준이 되는 인수이다. jQuery를 써본 경험이 있다면 아주 쉬운데, 제이쿼리 $()에서 () 안에 들어가는 문자열을 지정한다. 앞에서 만든 버튼이 id = "add"를 가지기 때문에 아이디 선택자인 #add를 사용하였다.

- where: 앞의 selector에서 지정한 DOM 요소를 기준으로 어느 곳에 UI를 삽입할지 지정하는 요소이다. "afterEnd"는 그다음에 삽입한다는 뜻이다. 디폴트 값은 "beforeEnd"로 선택된 요소 안에 삽입하게 된다. 보통 <div id = "myUI">라고 UI에서 컨테이너를 지정하고, 여기에 내용을 넣을 것이라면 "beforeEnd"를 쓴다. 나머지 옵션 값들은 도움말 페이지를 참고한다.

- ui: 말 그대로 삽입할 UI 요소이다. 이 경우에는 텍스트 입력 위젯이다.

실제로 사용할 때 가장 문제가 될 수 있는 것은 제이쿼리 선택자[4]를 지정하는 방법을 아는 것이다. 필자가 권하는 방법은 R 콘솔에서 샤이니 패키지를 로딩한 선택자로 사용되는 UI를 콘솔에서 실행해보는 것이다. 그런 다음 적절한 제이쿼리 선택자를 선택한다.

```
> actionButton("add", "Add UI")
<button id="add" type="button" class="btn btn-default action-button">Add UI</
button>
```

이제 removeUI()를 사용한 예를 보자. 함수의 도움말을 보면 다음과 같은 앱이 있다.

```
library(shiny)

ui <- fluidPage(
 actionButton("rmv", "Remove UI"),
 textInput("txt", "This is no longer useful")
)

server <- function(input, output, session) {
 observeEvent(input$rmv, {
  removeUI(
   selector = "div:has(> #txt)"
  )
 })
}

shinyApp(ui, server)
```

이 앱을 실행해 버튼을 클릭하면 텍스트 입력 위젯이 제거된다.

---

4 https://api.jquery.com/category/selectors/

removeUI() 함수의 쓰임새를 보면 다음과 같다.

```
removeUI(
 selector = "div:has(> #txt)"
)
```

이 함수에서도 selector라는 인자가 사용되었는데, 이번에는 복잡한 "div:has(>
#txt)"라고 암호 같은 문자열을 사용했다. 제이쿼리에서는 이런 선택자를 콘텐츠 필터
(content filter)라고 부른다. 제이쿼리 선택자 사이트(https://api.jquery.com/has-selector/)를 보
면 :has() 콘텐츠 필터 선택자에 대한 설명을 볼 수 있다.

그럼 왜 이런 복잡한 선택자를 사용해야 하는지 궁금할 수 있다. 그래서 UI를 실행해보는
것이 좋다.

```
> textInput("txt", "This is no longer useful")
<div class="form-group shiny-input-container">
 <label for="txt">This is no longer useful</label>
 <input id="txt" type="text" class="form-control" value=""/>
</div>
```

"div:has(> #txt)"는 이것 전체를 선택하기 위함이다. 그 의미는 '<div> 요소들을 선택
하는데, 그 자식 요소가 txt라는 아이디(#)를 가진 것을 선택한다'라는 의미이다.

현재 샤이니가 제공하고 있는 입력 위젯 함수들에서는 사용자가 임의로 렌더링될 HTML
요소의 아이디나 클래스를 지정할 수 없다. 따라서 당분간은 이런 복잡한 선택자들을 쓸 수밖
에 없을 것 같다.

6-4 insertUI()와 removeUI()의 활용

insertUI()를 사용하면 원하는 곳에, 원하는 수만큼 UI를 넣을 수 있다. 이 말은 얼핏 들으면 특별하다고 느껴지지 않을지 모르겠지만, 실은 상당히 유연하고 유용한 샤이니 앱을 만들수 있는 기능을 제공한다는 의미를 담고 있다.

앞에서 insertUI() 도움말 페이지의 앱을 약간 수정하여 다이내믹하게 삽입되는 textInput()을 통해서 문자열을 입력받게 한 다음, 이것을 다시 하나의 문장으로 반환하는 앱이다.

```r
library(shiny)
library(stringr)
ui <- fluidPage(
 actionButton("add", "Add UI"),
 verbatimTextOutput("allText")
)

server <- function(input, output, session) {
 observeEvent(input$add, {
  insertUI(
   selector = "#add",
   where = "afterEnd",
   ui = textInput(paste0("txt", input$add),
          "Insert some text", placeholder = "문자를 입력하세요.")
  )
 })

 output$allText <- renderPrint({
  req(input$add)
  txts <- unlist(lapply(seq(1, input$add), function(x) paste0("txt", x)))
  paste(unlist(lapply(txts, function(x) str_trim(input[[x]]))), collapse = " ")
 })
}

shinyApp(ui, server)
```

이 단계에서는 그다지 유용한 앱이 아닐 수 있지만, 어떤 앱에 비슷한 논리를 적용하여 원하는 결과를 만들 수 있을 것이다. 이와 같은 기능을 사용하면 여러 각도에서 데이터셋을 탐색할 때도 좋고, 여러 가지 모델 후보들의 결과를 보여주는 데도 많은 도움이 된다. 이에 대해서는 다음 사례 앱을 참고하기 바란다. .csv 파일을 입력받고 x축과 y축을 정하여 여러 그래프들을 만들어 서로 비교할 수 있는 앱이다.

• 사례 앱 : https://github.com/jcheng5/user2016-tutorial-shiny/blob/master/insertui.R

 정리

이 장에서는 샤이니 입력, 출력에 관계되는 여러 함수들과 그 개념을 배웠다. 꽤 많은 함수들이 있기 때문에 처음에는 눈에 들어오지 않을 수 있다. 그러나 샤이니 앱을 이해하는 가장 중요한 방법은 직접 만들면서 확인하는 것이므로 본문의 내용을 거듭 보고 따라하면서 익히기 바란다.

R
Shiny

Chapter 7

샤이니 반응성

Chapter

6

7

8

9

10

7장에서는 샤이니의 엔진에 대해 설명하려고 한다. 특히 샤이니가 디폴트로 사용하는 반응성 프로그래밍(reactive programming) 모드에 대해 집중적으로 살펴볼 것이다.

샤이니 앱이 처음 실행될 때부터 반응성 모드로 시작되는 것은 아니다. 처음 실행될 때는 필요한 패키지들을 로딩하고, 데이터 셋을 설정하는 등의 일을 일반적인 R 스크립트 코드와 같이 선형적이고 비반응성으로 시작하게 된다. 이런 코드들이 실행되고 나면 반응성 모드로 전환되고, 사용자와 인터랙션하는 등의 일은 대부분 반응성 모드에서 이루어지게 된다.

이 장에서는 또한 샤이니 앱이 디폴트로 사용하는 반응성 프로그램의 개념과 그것들을 사용하는 방법을 자세히 소개한다. 이런 지식들을 바탕으로 독자들은 더 뛰어난 샤이니 앱을 만들 수 있다.

① 반응성 프로그래밍의 의미

반응성 프로그래밍(reative programming)은 단어가 새로울 뿐 낯선 개념은 아니다. 가장 간단한 형태는 엑셀 수식이다. 엑셀에서 몇 개의 셀들의 관계를 수식 등을 통해 정해놓은 뒤 해당 셀들의 값을 바꾸면 자동적으로 수식이 계산되는 것이 바로 반응성이다. 이렇게 반응성은 데스크톱 소프트웨어에서는 아주 자연스러운 것이다.

그렇지만 웹의 경우에는 이야기가 달라진다. 기본적으로 웹에서는 클라이언트와 서버의 연결이 단편적이고 독립적이다. 클라이언트에서 콘텐츠를 요청[1]하고, 서버는 요청을 받은 콘텐츠에 대해 응답[2]하는 것으로 하나의 연결에 대한 세션이 종료된다. 따라서 서버의 어떤 데이터가 변경되어도, 클라이언트가 새로운 요청을 통해서 변경된 데이터를 받지 않으면 이전의 상태가 유지될 수밖에 없다. 이런 부분에 대한 해결책으로 최근에는 많은 웹 개발 프레임워크에서 반응성(reactivity)이라는 개념을 채용하고 있다.

샤이니의 경우 미티어(Meteor)[3]라는 자바스크립트 기반의 풀 스택 웹프레임워크를 모델로 삼았다고 하는데, 미티어는 DDP(Distributed Data Protocol)라 불리는 방법을 사용하여 반응성을 구현한다. 이런 반응성을 R 언어로 접근하게 만든 것이 샤이니 패키지이다.[4]

참고로, 샤이니가 미티어의 반응성 모델을 보고 개발되기는 했지만 미티어 모델과는 차이가 있다. 미티어에서는 데이터베이스의 데이터에 대한 반응성을 중요하게 다룬다. 즉 반응성으로 데이터를 로딩한다. 샤이니의 반응성은 오히려 페이스북이 내놓은 리액(React)이라는 UI 라이브러리에 더 가깝다. 리액은 클라이언트에서 웹 컴포넌트가 가진 값에 반응성으로 UI를 수정한다.

프로그래밍 방식을 따질 때 절차형 프로그래밍(procedural programming)과 선언형 프로그래밍(declarative programming)이라는 말을 사용한다. 절차형은 과정 자체를 하나하나 지시하도록 프로그래밍하는 것을 말하고, 선언형은 사전에 규칙을 정해놓은 뒤 그에 맞게 코딩하는 것을 말한다. 반응성 프로그래밍을 사용한다는 말은 선언형 프로그래밍 방식을 따른다는 의미를 내포하고 있다. 선언형 방식에서는 사전에 정해진 규칙에 따르기만 하면 의도하는 결과가 나오기 때문에 작성해야 하는 코드의 양이 훨씬 줄어들게 된다. 샤이니 역시 그러하다.

---

1   이것을 request라고 부른다.
2   이것을 response라고 부른다.
3   https://www.meteor.com
4   https://www.rstudio.com/rviews/2017/01/04/interview-with-joe-cheng/

컴퓨터 공부에 대한 나만의 팁이 하나 있다. 추상적 개념일수록 구체적인 코드를 가지고 이해하려 한다는 점이다. 이 장이 특히 그런 방법이 필요하다. 읽는 것만으로는 이해하기 어렵고 직접 코딩하면서 생각해야 좀 더 쉬울 것이다.

② 샤이니 반응성의 핵심

반응성은 두 개 이상의 객체들을 하나의 연결된 고리로 묶어서 앞의 어떤 값이 바뀌면 이 값에 의존하는 다른 객체들도 바뀌게 되는 알고리즘이다. 이런 고리를 '반응성 체인(reactive chain)'이라고 부른다. 그래서 객체 사이의 관계가 핵심인데, 샤이니에서 이런 관계는 다음 두 가지 개념을 바탕으로 정의한다.

• 데이터 아이디
• 데이터의 사용

우선 데이터에 대한 아이디가 중요하다. 샤이니에서는 데이터 아이디를 따라서 로직이 이동하게 된다. 샤이니가 반응성 모드를 따른다는 것은 샤이니 코드도 선형적으로 작성되지 않는다는 것을 의미한다. 따라서 다른 사람이 만든 샤이니 코드를 앞에서 뒤로 쭉 읽어가는 방법으로는 내용을 잘 파악할 수 없고, 데이터 아이디를 따라서 코드를 이해하는 것이 중요하다. 앞 장에서 입출력 위젯 함수를 보았는데, 첫 번째 인자가 모두 데이터 아이디인 이유는 이런 데이터 아이디가 샤이니에서 가장 중요한 역할을 하기 때문이다.

그다음으로는 서로 다른 아이디를 가진 객체가 서로 관계가 있다는 것을 어떻게 표현할지가 중요하다. 반응성 체인을 형성하는 중요한 고리는 해당 데이터를 '사용'하는 것이다. 이를테면 샤이니 서버 함수에서 다음과 같은 코드를 사용한다고 해보자.

```
ouput$txt <- renderText({
  input$sel
})
```

이 관계에서 sel이라는 아이디로 입력된 데이터와 txt라는 아이디로 출력되는 데이터가 반응성 체인으로 엮이는 것은 renderText() 함수가 input$sel을 사용하기 때문이다. 이렇게 되면 input$sel이 바뀌고 반응성으로 ouput$txt가 바뀐다.

이런 기본 지식을 바탕으로 샤이니 반응성을 이해하고자 할 때 다음과 같은 주제별로 접근할 것을 권한다.

① 반응성 맥락과 비반응성 맥락의 차이점

  • 반응성 맥락을 만드는 방법은?

② 반응성을 구성하는 요소들

  • 반응성 값(reactive values):

    – input 객체

    – 반응성 값을 만드는 방법은?

  • 반응성 표현식(reactive expression)과 관찰자(observer)

    – 이 둘의 차이점

    – 반응성 표현식을 만드는 방법

    – 관찰자를 만드는 방법

  • 반응성 표현식을 사용해야 할 때

  • 반응성 종점(reactive endpoint)

    – output 객체

③ 반응성을 조절하는 방법

  • 반응성 체인에서 의도적으로 벗어나게 하기

  • 필요한 경우에만 코드를 실행되게 하기(이벤트)

  • 반응성 맥락에 값을 전달하는 방법

샤이니 반응성 시스템 구성요소들의 개념은 다소 추상적이다. 그래서 간단한 앱을 통해 구체적인 코드로 설명하려고 한다. 다음과 같은 앱을 보자.

```r
library(shiny)

ui <- fluidPage(
 textInput("myText", "텍스트 입력"),
 c
)

server <- function(input, output, session){
 output$result <- renderText({
  input$myText
 })
}

shinyApp(ui, server)
```

이 앱은 다음과 같이 렌더링된다.

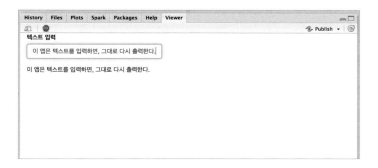

이 앱에서 textInput() 입력 위젯으로 입력된 값은 아이디가 "myText"로 이것은 input이라는 객체의 슬롯을 통해서 샤이니 서버 함수에 전달된다. 샤이니 서버 함수에서는 input$myText 또는 input[["myText"]]를 사용하여 값에 접근할 수 있다. 이 상황을 염두에 두고 샤이니 반응성 요소들을 이해해보자.

(3-1) 반응성 값

input 객체를 통해서 샤이니 서버로 전달되는 input$myText와 같은 것을 '반응성 값 (reactive values)'이라고 한다. 이런 반응성 값은 '반응성 맥락(reactive context)' 안에서만 사용할 수 있다. 만약 비반응성 맥락에서 사용하게 되면 이 값이 존재하지 않기 때문에 샤이니 앱은 오류를 생성한다.

textInput()과 같은 입력 위젯들은 반응성 값을 만들 수 있는 가장 중요한 툴이다. 반응성 맥락에 값을 만들 수 있는 방법은 이러한 입력 위젯을 사용하거나 reactiveValues(), reactiveVal() 함수를 사용하는 것으로 다음과 같이 정리할 수 있다.

• 반응성 값을 만드는 방법
  - 입력 위젯을 사용
  - reactiveValues() 또는 reactiveVal() 함수를 사용

(3-2) 반응성 맥락

다음은 '반응성 맥락(reactive context)'이라는 개념이다. 이것은 반응성 코드들이 실행되는 부분으로 기본적으로 다음 세 가지 방법으로 만들 수 있다. 이 방법들은 꼭 암기하기 바란다.

• render*() 함수
• reactive() 함수
• observe() 함수

앞의 앱에서는 renderText()를 사용하여 반응성 맥락을 만들고 있다.

```
output$result <- renderText({
 input$myText
})
```

이 함수가 반응성 맥락을 형성하기 때문에 input$myText라는 반응성 값을 사용할 수 있다. 반응성 맥락 안에 {}로 묶인 R 코드들은 하나의 표현식으로 처리된다. 이 표현식의 값은

일반적인 R 함수와 같이 마지막 표현식의 값이란 점도 기억해야 한다.

다음 앱을 보자.

```
library(shiny)
myData <- mtcars

ui <- fluidPage(
 numericInput("sel", "mtcars 데이터 행의 개수 입력",
       value = 6, min = 6, max = nrow(myData)),
 tableOutput("carData")
)

server <- function(input, output, session){
 output$carData <- renderTable({
  head(myData, input$sel)
 })
}

shinyApp(ui, server)
```

이 앱에서 반응성 맥락과 비반응성 맥락을 구분할 수 있어야 한다.

```
library(shiny)
myData <- mtcars

ui <- fluidPage(

   numericInput("sel", "mtcars 데이터 행의 개수 입력",
               value = 6, min = 6, max = nrow(myData)),

   tableOutput("carData")
)

server <- function(input, output, session){

   output$carData <- renderTable({
     head(myData, input$sel)
   })
                        이것이 반응성 맥락이고, 나머지는 비반응성 맥락이다.
}

shinyApp(ui, server)
```

이 반응성 맥락에서는 비반응성 맥락에 있는 myData라는 객체와 반응성 맥락에 존재하는 input$sel을 사용하고 있다.

```
output$carData <- renderTable({
 head(myData, input$sel)
})
```

이처럼 반응성 맥락에서는 비반응성 맥락에 있는 데이터에 접근할 수 있다. 그러나 비반응성 맥락에서 반응성 값들에 접근할 수는 없다.

다음 앱을 보자.

```
library(shiny)
myData <- mtcars

ui <- fluidPage(
 numericInput("sel", "mtcars 데이터 행의 개수 입력",
        value = 6, min = 6, max = nrow(mtcars)),
 tableOutput("carData")
)

server <- function(input, output, session){

 output$carData <- renderTable({
  head(myData, input$sel)
 })

 tryCatch({
  x <- input$sel
 }, error = function(c) cat(c$message))

}

shinyApp(ui, server)
```

이 앱에서는 비반응성 맥락에서 x <- input$sel이라는 코드로 반응성 값을 사용하고 있다. 이것이 에러를 만들 것으로 예측되기 때문에 다음 그림과 같이 tryCatch() 함수를 사용하여 에러 메시지를 출력하게 하였다.

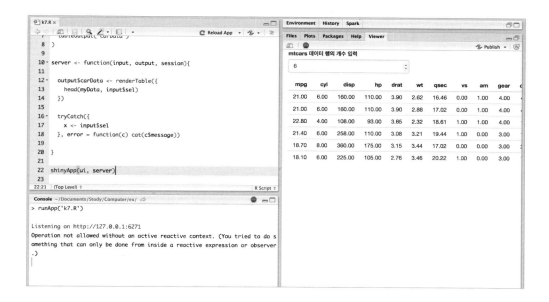

오류 메시지를 보면 다음과 같다.

Operation not allowed without an active reactive context. (You tried to do something that can only be done from inside a reactive expression or observer.)

반응성 맥락이 없는 상태에서는 허용되지 않는 연산이며, 반응성 표현식이나 관찰자 안에서 이루어져야 할 연산을 비반응성 맥락에서 시도했다는 의미이다.

3-3 반응성 종점

반응성 종점은 반응성 체인의 마지막에 위치하는 것으로 '부수효과(side effect)'를 통해서 결과를 사용자에게 출력한다. 다음 코드에서 output 객체를 말한다.

```
output$result <- renderText({
  input$myText
})
```

renderText({})가 출력하는 데이터의 종류는 텍스트이고, 이것은 "result"라는 출력 아이디를 가진다. UI에서 이것을 출력할 때는 출력물의 유형과 출력 아이디가 필요하다. 그래서 다음과 같이 코딩한다.

```
textOutput("myText")
```

3-4 반응성 표현식

3절 시작 부분(p.243)에서 소개한 앱에서는 input$myText가 바뀜에 따라 output$result가 하나의 체인으로 묶였다. 그 이유는 앞에서 설명한 대로 renderText() 함수가 input$myText를 사용하기 때문이다.

반응성 표현식의 개념을 설명하기 위해서 숫자를 2개 입력한 다음 사칙연산을 하는 간단한 앱을 다음과 같이 만들어보았다.

```
library(shiny)

ui <- fluidPage(
    titlePanel("간단한 계산을 위한 앱"),
    wellPanel(
     p("숫자 2 개와 계산법을 선택하세요.")
    ),
    textInput("num1", "첫 번째 숫자"),
    textInput("num2", "두 번째 숫자"),
    radioButtons("cal", "계산법의 선택", c("+" = "더하기", "-" = "빼기", "*" = "곱하기", "/"
= "나누기"), inline = TRUE),
    h2("결과"),
    textOutput("result")
  )

server <- function(input, output, session){
 output$result <- renderText({
  req(input$num1, input$num2)
  num1 <- as.numeric(input$num1)
  num2 <- as.numeric(input$num2)
  switch(input$cal,
      "더하기" = {paste(num1, "+", num2, "=", num1 + num2)},
      "빼기" = {paste(num1, "-", num2, "=", num1 - num2)},
      "곱하기" = {paste(num1, "*", num2, "=", num1 * num2)},
      "나누기" = {paste(num1, "/", num2, "=", round(num1 / num2, 2))}
      )
```

```
  })
}

shinyApp(ui, server)
```

이 앱은 다음과 같이 된다.

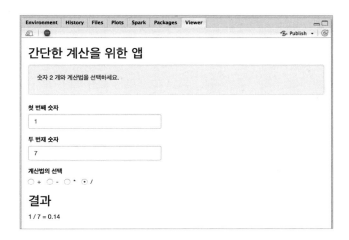

이 앱의 경우에는 3개의 반응성 값이 사용되었다.

```
input$num1
input$num2
input$cal
```

반응성 값은 모두 `renderText()` 안에서 사용되기 때문에 3개 가운데 하나만 값이 바뀌어도 결과가 바뀐다. 이 앱에서는 이런 반응성 값들과 반응성 종점들이 직접적으로 연결되어 있다. 그래서 반응성 값과 반응성 종점 사이에 뭔가 있는 것이 유리할 수 있다.

앞의 앱을 '반응성 표현식'을 사용하는 앱으로 바꿔보면 다음과 같다. 반응성 표현식은 `reactive()` 함수를 사용하여 만든다. 앞에서도 보았지만 이 함수는 반응성 맥락을 형성하기 때문에 반응성 값을 사용할 수 있다.

```
library(shiny)

ui <- fluidPage(
    titlePanel("간단한 계산을 위한 앱"),
    wellPanel(
      p("숫자 2 개와 계산법을 선택하세요.")
    ),
    textInput("num1", "첫 번째 숫자"),
    textInput("num2", "두 번째 숫자"),
    radioButtons("cal", "계산법의 선택", c("+" = "더하기", "-" = "빼기", "*" = "곱하기", "/"
= "나누기"), inline = TRUE),
    h2("결과"),
    textOutput("result")
  )

server <- function(input, output, session){

 outputTxt <- reactive({
  req(input$num1, input$num2)
  num1 <- as.numeric(input$num1)
  num2 <- as.numeric(input$num2)
  switch(input$cal,
      "더하기" = {paste(num1, "+", num2, "=", num1 + num2)},
      "빼기" = {paste(num1, "-", num2, "=", num1 - num2)},
      "곱하기" = {paste(num1, "*", num2, "=", num1 * num2)},
      "나누기" = {paste(num1, "/", num2, "=", round(num1 / num2, 2))}
      )
 })

 output$result <- renderText({
  outputTxt()
 })
}

shinyApp(ui, server)
```

반응성 표현식은 값을 만들 수 있는 코드라고 볼 수 있다. reactive() 안에 표현식들이
{}에 묶여 있을 때, 그 값은 R 함수와 마찬가지로 마지막 표현식이다. 이 경우에는 switch()
함수의 반환값이다.

반응성 표현식은 값을 만들 수 있는 코드인데, 실제 그 값을 얻기 위해서는 함수의 호출과
같이 끝에 ()를 붙여야 한다. 반응성 표현식은 그 결과를 캐싱(저장)한다. 그래서 반응성 표현
식은 그 값이 앱의 여러 군데에서 다시 사용되는 경우 주로 사용한다. 계산이 오래 걸리는 부

분을 반응성 표현식으로 만들면 캐싱된 값을 반환하므로, 이런 부분을 반응성 표현식으로 두는 경우가 많다. 이런 반응성 표현식은 뒤에서 이것을 사용하지 않으면 값이 부여되지 않는다. 즉 이것은 느긋한 계산법에 따라서 값이 부여된다.

③-5 반응성 관찰자

이제 반응성 표현식과 항상 비교되는 '관찰자(observer)'를 살펴보자. 반응성 관찰자는 observe()라는 함수를 사용하여 만든다. 반응성 관찰자(reactive observer)는 직접 사용되는 경우보다 내부적으로 사용되는 경우가 많아 눈에 잘 띄지 않는다. 그 때문에 새롭게 샤이니를 공부하는 독자들에게는 어려운 개념일 수 있다.

반응성 관찰자는 어떤 '코드 덩어리'이다. 이것은 R의 레퍼런스 클래스라는 객체지향시스템에 기반해서 만들어졌다. 반응성 관찰자가 보통 어떤 객체로 할당되지 않는 이유는 그것이 값을 반환하는 것을 목적으로 하지 않고 부수효과를 얻기 위해 사용되기 때문이다.[5] R 콘솔에서 어떤 객체 x를 출력할 때 콘솔에서 print(x)라고 명령을 실행시키는 것과 별반 다르지 않다.

구체적인 사례를 살펴보자. 앞의 앱에 코드를 추가하여 다음과 같이 바꾸어보았다. 샤이니 서버 함수 부분을 주목하자.

```
library(shiny)

ui <- fluidPage(
    titlePanel("간단한 계산을 위한 앱"),
    wellPanel(
     p("숫자 2 개와 계산법을 선택하세요.")
    ),
    textInput("num1", "첫 번째 숫자"),
    textInput("num2", "두 번째 숫자"),
    radioButtons("cal", "계산법의 선택", c("+" = "더하기", "-" = "빼기", "*" = "곱하기", "/"
= "나누기"), inline = TRUE),
    h2("결과"),
    textOutput("result")
    )

server <- function(input, output, session){
```

---

5 값을 반환하는 경우도 있기는 하다.

```
outputTxt <- reactive({
 req(input$num1, input$num2)
 num1 <- as.numeric(input$num1)
 num2 <- as.numeric(input$num2)
 switch(input$cal,
     "더하기" = {paste(num1, "+", num2, "=", num1 + num2)},
     "빼기" = {paste(num1, "-", num2, "=", num1 - num2)},
     "곱하기" = {paste(num1, "*", num2, "=", num1 * num2)},
     "나누기" = {paste(num1, "/", num2, "=", round(num1 / num2, 2))}
     )
})

output$result <- renderText({
 outputTxt()
})

observe({
 cat(outputTxt(), "\n")
})
}

shinyApp(ui, server)
```

이렇게 하면 R 콘솔에서도 아래 그림처럼 그 결과가 출력된다.

이것은 다음과 같은 코드에 의한 효과이다.

```
observe({
 cat(outputTxt(), "\n")
})
```

이 코드 덩어리가 반응성 관찰자이다. 이 반응성 관찰자는 outputTxt()라는 반응성 표현식의 값을 가져와서 콘솔에 출력한다. 이렇게 반응성 관찰자는 값을 반환하는 것이 아니라 콘솔에 출력하는 것과 같이 부수효과를 조급한 평가(eager evaluation)를 통해서 바로 만들어낸다.

이제 반응성 관찰자가 간단한 앱 코드에서 잘 드러나지 않는 이유를 알아보자. 사실 대부분의 반응성 종점(output)들은 이런 observe() 함수를 거쳐서 UI에 결과로 출력되는데, 이 부분이 감추어져 있다. 이것을 보여주기 위해서 앞의 앱에서 result라는 반응성 종점 부분을 바꾸어보자.

```
output$result <- renderText({
 outputTxt()
})
```

이 부분을 다음과 같이 바꾼다.

```
observe({
 output$result <- renderText({
  outputTxt()
 })
})
```

결과를 보면 알겠지만 결과는 동일하다. ouput$result <- renderText({})만 있어도 이것은 observe({}) 안에 있는 것과 같다. 즉 암묵적으로 observe({})가 사용된다.

대부분 결과를 UI로 출력하는 것이므로 이런 경우에는 명시적으로 observe()를 사용할 필요가 없다. 그러면 '어떤 경우에 명시적으로 observe()를 사용해야 하는가'라는 의문이 생길 수 있다.

- 대표적인 경우는 앞에서 본 바와 같이 R 콘솔에 로그를 표시하는 것이다.
- 통상적인 샤이니 반응성 체인은 입력 위젯을 통해 값을 입력받고, 이것을 처리하여 문자, 표, 플롯

등으로 내보내는 것이다. 이와 같이 눈에 보이는 것은 output$result <- renderText({})와 같은 패턴을 따른다고 보면 된다. 앞에서도 설명했지만 이런 경우는 암묵적으로 observe()가 사용된다.

- 그렇지만 눈에 보이는 것이 아닌 것을 다룰 때도 observe() 함수가 사용된다. 반응성이 샤이니 '앱의 상태'를 조절한다고 생각해보자. 이를테면 입력 위젯의 어떤 값에 따라서 샤이니 앱의 상태를 바꿀 수 있다. 7장 6절(p.272), 11장 2-2절(p.405)의 예가 그런 경우이다.

observe()를 명시적으로 사용할 필요가 있는 경우는 ① 로그 출력과 같은 부수효과를 얻고자 할 때, ② 앱의 상태를 변경하고자 할 때라고 정리해두자.

반응성 표현식과 반응성 관찰자의 차이는 다음과 같이 정리할 수 있다.

- 반응성 표현식
  - reactive()로 생성
  - 값을 반환
  - 느긋한 평가

- 반응성 관찰자
  - observe()로 생성
  - 부수효과
  - 조급한 평가

 무효화의 개념

샤이니 함수의 도움말이나 어떤 함수의 이름에 '무효화(invalidation)'라는 단어가 들어가 있는 경우를 볼 수 있다. 무효화라는 개념은 어떤 객체와 어떤 객체와의 관계를 따질 때 사용한다. 아무런 관련이 없는 객체끼리는 이런 말을 쓰지 않으며, 반응성 체인으로 연결된 객체들끼리 사용하는 개념이다.

먼저 이것은 일반 R에 있는 개념이 아니고, 샤이니에서 반응성 메커니즘을 구현하면서 설정된 개념이라는 점을 이해할 필요가 있다. 무효화/유효화(invalidation/validation)라는 말은 반응성 체인으로 연결된 객체들의 상태를 말할 때 사용한다. 샤이니의 반응성과 관련된 코드를 가지고 알아보자.

글로벌 환경에서 isolate()라는 함수를 사용하면 반응성 객체에 접근할 수 있다. 아래 코드는 반응성 맥락에서 대부분의 연산이 실행된다. 그래서 비반응성 맥락인 일반 R 코드와 어떤 차이가 있는지 잘 이해하는 것이 중요하다. 반응성 값을 만드는 reactiveValues() 함수에 대해서는 뒤에서 자세히 소개한다.

① reactiveValues()로 반응성 값인 values의 a에 3을 할당하고, 이 값에 4를 더해서 b에 할당되게 하였다. 그럼 당연하게도 b의 값은 7이 될 것이다.

```
> values <- reactiveValues( a = 3)
> isolate(values$a)
[1] 3
> b <- isolate(values$a + 4)
> isolate(b)
[1] 7
```

② 그런 다음 a에 5를 할당하였다. 일반적인 R 콘솔에서 사용하는 경우라면 b의 값이 9가 되어야 하는데, 그렇지 않고 원래의 값 7을 가지고 있음을 확인할 수 있다.

```
> values$a <- 5
> isolate(values$a)
[1] 5
> isolate(b)
[1] 7
```

이와 같이 샤이니 반응성 환경(reactive context)에서는 values$a와 이것을 사용하는 b 객체(values$a + 4)가 R 콘솔에서처럼 자동으로 그 값이 반영되지 않는다. 무효화/유효화는 values$a와 이것을 사용하는 객체 b의 관계로 다음과 같이 정의할 수 있다.

• 유효화 상태 : values$a의 값이 반영되어 객체 b의 값이 확정된 상태
• 무효화 상태 : values$a의 값이 변경되었지만, 아직 values$a + 4가 실행되지 않아서 객체 b의 값이 확정되지 못한 상태

그러면 어떻게 해야 무효화 상태를 유효화 상태로 자동으로 만들 수 있을까? 먼저 반응성 표현식을 사용한 방법을 보자. values2$aa + 4라는 표현식을 reactive() 함수를 사용하여 반응성 맥락으로 놓으면, 자동으로 값이 반영되면서 이 문제가 해결된다.

```
> values2 <- reactiveValues(aa = 3)
> isolate(values2$aa)
[1] 3
>
> bb <- reactive({
+   values2$aa + 4
+ })
> isolate(bb())
[1] 7
```

다음으로 반응성 관찰자(reactive observer)를 사용해보자.

```
> obsB <- observe({
+   print(values2$aa + 4)
+ })
> shiny:::flushReact()
[1] 7
```

이번에도 자동으로 값이 반영되었다. 즉 반응성 관찰자 또는 반응성 표현식으로 두 객체를 연결하면 된다.

여기서 반응성 표현식과 반응성 관찰자의 차이점을 다시 확인할 수 있다. 반응성 관찰자는 부수효과를 만들어야 한다. 그렇기 때문에 여기서는 print() 함수를 사용하였다. 그리고 이런 반응성 관찰자들이 부수효과를 외부에서 받아볼 수 있게 플러싱(flush)이라는 개념을 사용하고 있다. flushReact()는 샤이니 패키지의 내부 함수이다.

정리하면 무효화라는 것은 반응성 체인으로 연결된 객체들 사이에서 앞의 값이 변경되었지만 이것을 사용하는 뒤의 객체가 이러한 변화를 반영하지 못하는 상태이다. 샤이니는 이 무효화 상태를 하나의 정보로 사용한다. 무효화가 되었으니 상황을 유효화하게 만들어야 하므로 필요한 코드들을 실행시키는 것이다. 결론적으로 바뀐 값에 대하여 그것을 반영하여 새로운 결과를 만들어낸다. 위의 코드로 사용한 예에서 설명했듯이 이 과정에 반응성 표현식과 반응성 관찰자들이 관여하고, 이 둘은 자신이 사용하는 반응성 값의 변화를 관찰한다는 공통점이 있다. 하지만 반응성 표현식은 값을 반환하게 하고, 반응성 관찰자는 부수효과를 통해서 사용자에게 결과를 보여준다.

여기에 설명된 내용과 더불어 샤이니 반응성 체인들이 실행되는 것들을 어떻게 제어하고 있는지는 샤이니 개발자 사이트를 참고하기 바란다.

• Execution scheduling : https://shiny.rstudio.com/articles/execution-scheduling.html

⑤ 샤이니 반응성을 조절하는 방법

필요한 경우에는 샤이니에서 반응성을 조절해야 한다. 이런 기능들이 왜, 어떻게 필요한지 앞의 앱을 조금씩 수정해가면서 설명하겠다.

5-1 isolate() 함수: 반응성 맥락의 고립 지역

isolate() 함수는 표현식을 인자로 받는다. 이 함수는 그 이름이 의미하듯이 뭔가를 고립시키는데 '반응성 맥락에 있으면서 그 안의 코드를 고립시킨다(실행하지 않는다)'.

isolate() 함수의 행동을 이해하기 위해서 앞의 앱을 다음과 같이 바꾸었다. 첫 번째 숫자(실제로는 텍스트) 입력은 디폴트로 30이 되게 하고, 그 값이 추가로 다시 표시되게 하였다.

```
library(shiny)

ui <- fluidPage(
    titlePanel("간단한 계산을 위한 앱"),
    wellPanel(
     p("숫자 2 개와 계산법을 선택하세요.")
    ),
    textInput("num1", "첫 번째 숫자", value = 30),
    textInput("num2", "두 번째 숫자"),
    radioButtons("cal", "계산법의 선택", c("+" = "더하기", "-" = "빼기", "*" = "곱하기", "/"
= "나누기"), inline = TRUE),
    h2("결과"),
    textOutput("result"),
    textOutput("result2")
    )
```

```
server <- function(input, output, session){

  outputTxt <- reactive({
   req(input$num1, input$num2)
   num1 <- as.numeric(input$num1)
   num2 <- as.numeric(input$num2)
   switch(input$cal,
       "더하기" = {paste(num1, "+", num2, "=", num1 + num2)},
       "빼기" = {paste(num1, "-", num2, "=", num1 - num2)},
       "곱하기" = {paste(num1, "*", num2, "=", num1 * num2)},
       "나누기" = {paste(num1, "/", num2, "=", round(num1 / num2, 2))}
       )
  })

  output$result <- renderText({
   outputTxt()
  })



  output$result2 <- renderText({
   paste("첫 번째 입력값:", input$num1)
  })

  observe({
   cat(outputTxt(), "\n")
  })
}

shinyApp(ui, server)
```

이 앱은 다음과 같이 된다. 첫 번째 값에 대하여 반응성으로 텍스트가 변할 것이다.

이 앱에서 다음과 같이 수정해보자. 이렇게 하면 첫 번째 값을 바꾸어도 "첫 번째 입력값: 30"은 변함없이 그대로 있음을 확인할 수 있다.

```
output$result2 <- renderText({
 paste("첫 번째 입력값:", isolate(input$num1))
})
```

isolate() 함수의 행동에서 약간 이해하기 어려운 부분은 이처럼 앱이 처음 실행될 때는 안의 코드가 실행된다는 점이다. 반응성 맥락에서 처음부터 아예 실행되지 않는다는 뜻은 아니라는 것이다. 경우에 따라서는 처음 한번만 실행되게 하는 목적으로 isolate() 함수를 사용하지만, 실은 그보다 많은 경우에 '필요한 때에만' 실행시키고 싶은 코드를 isolate()에 넣는다. 그렇게 하기 위해서는 isolate()가 쓰인 반응성 맥락에서 어떤 반응성 값이 업데이트되도록 만들면 된다. 가장 흔한 경우가 actionButton()과 이 isolate()를 혼합하여 사용하는 것이다. 이런 경우 버튼을 클릭하는 경우에만 현재의 값이 반영된다.

그 패턴을 보면 isolate()가 사용된 반응성 맥락에 클릭 등에 반응하는 반응성 값을 넣으면, 이 값이 바뀔 때마다 이 반응성 맥락에 있는 전체 코드가 isolate()를 무시하고 실행된다. 그래서 다음과 같은 패턴을 사용한다. 먼저 UI에서 actionButton()을 추가하고, 이 버튼에서 생성되는 반응성 값을 isolate()가 사용된 맥락에 넣는다.

```
actionButton("beReactive", "값을 반영하라!")

output$result2 <- renderText({
 input$beReactive
 paste("첫 번째 입력값:", isolate(input$num1))
})
```

이렇게 하면 버튼을 클릭할 때마다 input$beReactive 값이 1씩 증가되고, render
Text() 안의 코드가 다시 실행된다. 앱에 반영해보면 다음과 같다.

```
library(shiny)

ui <- fluidPage(
 titlePanel("간단한 계산을 위한 앱"),
 wellPanel(
  p("숫자 2 개와 계산법을 선택하세요.")
 ),
 textInput("num1", "첫 번째 숫자", value = 30),
 textInput("num2", "두 번째 숫자"),
 radioButtons("cal", "계산법의 선택", c("+" = "더하기", "-" = "빼기", "*" = "곱하기", "/" =
"나누기"), inline = TRUE),
 h2("결과"),
 textOutput("result"),
 actionButton("beReactive", "값을 반영하라!"),
 textOutput("result2")
)

server <- function(input, output, session){

 outputTxt <- reactive({
  req(input$num1, input$num2)
  num1 <- as.numeric(input$num1)
  num2 <- as.numeric(input$num2)
  switch(input$cal,
      "더하기" = {paste(num1, "+", num2, "=", num1 + num2)},
      "빼기" = {paste(num1, "-", num2, "=", num1 - num2)},
      "곱하기" = {paste(num1, "*", num2, "=", num1 * num2)},
      "나누기" = {paste(num1, "/", num2, "=", round(num1 / num2, 2))}
  )
 })

 output$result <- renderText({
  outputTxt()
 })
```

```
output$result2 <- renderText({
 input$beReactive
 paste("첫 번째 입력값:", isolate(input$num1))
})

observe({
 cat(outputTxt(), "\n")
})
}

shinyApp(ui, server)
```

이렇게 하면 버튼을 클릭했을 때 첫 번째 입력된 값이 반영되어 결과로 출력될 것이다.

isolate() 함수를 사용할 때는 다음 사항을 주의해야 한다.

- isolate() 함수는 반응성 맥락 안에서만 사용할 수 있다.

- 그 인자는 reactive() 함수 등과 같이 표현식이다. 여러 행으로 된 표현식은 {}으로 감싼다.

- isolate() 안에 있는 코드는 적어도 처음 한 번은 실행된다. 만약 처음부터 실행되지 않게 하려면 별도의 코드를 써서 처음 상황을 제어해야 한다.

- 완전히 고립되는 것은 아니고, 다시 반응성 체인으로 묶이게 하고 싶을 때에는 사용된 맥락에 반응성 값을 넣는다.

5-2 이벤트에 반응: observeEvent(), eventReactive()

버튼을 클릭했을 때 어떤 결과를 얻을 수 있도록 프로그래밍한다고 해보자. 버튼 클릭과 같은 것을 웹 프로그래밍에서는 이벤트(event)라고 부른다. 일반적인 웹 프로그래밍에서는 자바스크립트를 사용하여 이런 이벤트를 구현한다. 어떤 HTML 요소에 어떤 종류의 이벤트를 부여해서, 해당 이벤트가 발생했을 때 실행시킬 함수 등을 정의하는 방식으로 프로그래밍한다. 이것을 이벤트 기반 프로그래밍(event-driven programming)이라고 한다.

샤이니 웹 앱 역시 웹 애플리케이션이기 때문에 이런 기능을 구현할 수 있다. 샤이니는 좀 더 간편하게 사용할 수 있도록 observeEvent() 함수와 eventReactive() 함수를 준비해두고 있다. 이 둘의 차이를 잘 이해하려면 다음 사항을 확실히 알고 넘어가는 것이 좋다.

- observeEvent(): 이 함수는 반응성 관찰자(reactive observer)를 반환한다.
- eventReactive(): 이 함수는 반응성 표현식(reactive expression)을 반환한다.

따라서 observeEvent()는 어떤 '액션'을 원할 때 사용하고, eventReactive()는 '값'을 원할 때 사용한다. eventReactive()가 반환하는 것이 반응성 표현식이기 때문에 실제 값을 얻기 위해서는 끝에 ()를 붙여야 한다.

사용하는 패턴은 비슷하다. 먼저 observeEvent()는 다음과 같은 패턴을 사용한다.

```
observeEvent(input$do, {
  ...
})
```

위와 같이 하면 input$do의 값이 바뀌고, 뒤에 있는 {} 안의 코드들이 실행된다. observeEvent()는 반응성 관찰자를 반환하기 때문에 대부분의 결과들을 출력할 때 사용한다.

다음은 아주 간단한 앱이다. "실행"이라고 된 버튼을 클릭하면 히스토그램이 출력된다.

```
library(shiny)
ui <- fluidPage(
 actionButton("do", "실행"),
 plotOutput("histo")
)

server <- function(input, output) {
 observeEvent(input$do, {
  output$histo <- renderPlot({
   hist(rnorm(1000))
  })
 })
}

shinyApp(ui, server)
```

eventReactive() 역시 비슷한 패턴을 사용한다.

```
df <- eventReactive(input$do, {
  ...
})
```

이 경우에도 input$do가 바뀌면 뒤의 {} 안의 코드가 실행된다. 단, 이 경우에는 반응성 표현식이 반환되므로 이것을 df라는 객체로 할당한다. 이것을 사용하려면 뒤에서 df()를 사용해야 하는데, 다음과 같이 할 수 있다.

```
library(shiny)
ui <- fluidPage(
 actionButton("do", "실행"),
 plotOutput("histo")
)

server <- function(input, output) {
 df <- eventReactive(input$do, {
     rnorm(1000)
   })
 output$histo <- renderPlot({
  hist(df())
 })
}

shinyApp(ui, server)
```

eventReactive()를 사용하여 반응성 표현식을 만들어 이것을 df라는 객체에 할당하고, 뒤에서 히스토그램을 작성할 때 df()를 사용하여 값에 접근한다.

이런 기본 지식을 바탕으로 observeEvent() 함수 도움말 페이지에 나와 있는 앱을 분석해보자.

```
shinyApp(
 ui = fluidPage(
  column(4,
   numericInput("x", "Value", 5),
   br(),
   actionButton("button", "Show")
  ),
  column(8, tableOutput("table"))
 ),
 server = function(input, output) {
```

```
 observeEvent(input$button, {
  cat("Showing", input$x, "rows\n")
 })

 df <- eventReactive(input$button, {
  head(cars, input$x)
 })

 output$table <- renderTable({
  df()
 })
 }
)
```

이 앱은 다음과 같이 렌더링된다.

이 앱에 숫자를 입력하면 그 개수만큼의 데이터 행이 나타난다. 하나는 UI 행의 형태로, 다른 하나는 콘솔에 텍스트 형태로 출력된다.

[Show] 버튼을 클릭하면 input$button 값이 1씩 증가한다. 따라서 다음과 같은 코드에 의해 텍스트가 부수효과로서 R 콘솔에 출력된다.

```
observeEvent(input$button, {
 cat("Showing", input$x, "rows\n")
 })
```

마찬가지로 다음과 같은 코드에 의해 반응성 표현식이 생성된다. 이 반응성 표현식은 뒤에서 표를 만들 때 사용된다(df()).

```
df <- eventReactive(input$button, {
  head(cars, input$x)
})
```

5-3 반응성 값 직접 만들기: reactiveValues(), reactiveVal()

보통 샤이니 앱에서는 여러 입력 위젯들을 사용해서 반응성 값들을 결정하고, 이것을 서버 함수로 보내 원하는 로직을 진행한다. 그러나 이런 입력 위젯들을 사용하지 않고도 reactiveValues(), reactiveVal() 함수로 반응성 값을 만들어 사용할 수 있고, 그런 기능이 필요한 경우들이 실제로 존재한다.

앞에서 사용한 앱을 사용해 reactiveValues(), reactiveVal() 함수의 용도를 잠깐 살펴보자.

```
library(shiny)

ui <- fluidPage(
  titlePanel("간단한 계산을 위한 앱"),
  wellPanel(
    p("숫자 2 개와 계산법을 선택하세요.")
  ),
  textInput("num1", "첫 번째 숫자", value = 30),
  textInput("num2", "두 번째 숫자"),
  radioButtons("cal", "계산법의 선택",
        c("+" = "더하기", "-" = "빼기", "*" = "곱하기", "/" = "나누기"),
        inline = TRUE),
  h2("결과"),
  actionButton("clear", "결과 보기/삭제"),
  textOutput("result"),
  textOutput("result2")
)

server <- function(input, output, session){

  outputTxt <- reactive({
    req(input$num1, input$num2)
    num1 <- as.numeric(input$num1)
```

```
  num2 <- as.numeric(input$num2)
  switch(input$cal,
      "더하기" = {paste(num1, "+", num2, "=", num1 + num2)},
      "빼기" = {paste(num1, "-", num2, "=", num1 - num2)},
      "곱하기" = {paste(num1, "*", num2, "=", num1 * num2)},
      "나누기" = {paste(num1, "/", num2, "=", round(num1 / num2, 2))}
  )
})

v <- reactiveValues(data = TRUE)

observeEvent(input$clear, {
 v$data <- !(v$data)
})

output$result <- renderText({
 if (v$data) return()
 outputTxt()
})
}

shinyApp(ui, server)
```

이 앱은 reactiveValues()를 사용해 토글 버튼을 추가하여 결과를 보거나 삭제할 수 있게 만들었다.

이 앱에서는 v <- reactiveValues(data = TRUE)를 사용하여 반응성 값인 v를 만들었다. 이것을 clear라는 액션 버튼과 연결하여 observeEvent()를 사용하여 버튼을 클릭할 때마다 TRUE/FALSE 값이 바뀌게 하였다. 그 값의 조건에 따라서 텍스트가 출력 여부를 결정하게 하였다.

이런 reactiveValues() 함수를 사용하여 생성되는[6] 반응성 값은 R의 리스트(list)와 거의 유사하다. 그래서 v <- reactiveValues(data = TRUE)와 같이 해서 반응성 값을 만들면 이것은 v$data 또는 v[['data']] 문법을 사용하여 값에 접근한다.

reactiveValues()를 제대로 사용하려면 명확히 이해해야 한다. 이 함수는 반응성 값을 만들고 그 값을 반응성 맥락에서 사용할 수 있지만, 이 함수 자체가 반응성 맥락에 있는 값에 접근하지는 못한다. 오해가 있을 수 있기 때문에 사례를 들어 설명해보겠다.

```
library(shiny)

ui <- fluidPage(
 verbatimTextOutput("txt")
)

server <- function(input, output, session) {
 val <- reactiveValues(a = "샤이니는 놀랍다.")
 output$txt <- renderPrint({
  val$a
 })
}

shinyApp(ui, server)
```

이 앱은 기대하는 바대로 "샤이니는 놀랍다."라는 텍스트를 출력할 것이다. reactiveValues()가 반응성 값인 val을 만들었고, 이 val은 반응성 값이기 때문에 반응성 맥락인 renderPrint() 안에서 사용될 수 있다.

---

6 만드는 방법은 도움말 페이지를 참고한다.

이것을 바꾸어서 어떤 텍스트를 입력받고, 그것을 val$a로 저장한 후 출력하기 위해 다음과 같이 구성한다고 생각해보자.

```
library(shiny)
ui <- fluidPage(
 textInput("sel", "텍스트 입력"),
 verbatimTextOutput("txt")
)

server <- function(input, output, session) {
 val <- reactiveValues(a = input$sel)
 output$txt <- renderPrint({
  val$a
 })
}

shinyApp(ui, server)
```

이 앱은 오류를 일으킨다. reactiveValues()가 반응성 맥락을 만들지 못하기 때문이다. 따라서 a = input$sel은 반응성 값을 반응성 맥락이 아닌 곳에서 접근한 것이다.

이런 reactiveValues()는 주로 프로그램상에서 중간에 어떤 로직이 필요한 경우에 사용된다. 카운터를 만든다든지 아니면 앞에서 소개한 앱에서와 같이 중간 과정에서 필요한 변수를 만들어야 할 때 사용된다.

reactiveVal() 함수는 reactiveValues() 함수처럼 반응성 값을 만들 수 있는 함수인데, reactiveValues()는 복수의 값을 처리할 때 사용하고 reactiveVal()은 값이 하나일 때 주로 사용한다.

일반적인 R 콘솔이라면 a라는 객체에 1을 할당한 다음, 그 값을 출력할 때 다음과 같이 할 것이다.

```
> a <- 1
> a
[1] 1
```

반응성 맥락에서 aa라는 반응성 값을 reactiveVal()이라는 함수를 사용하여 만들 때는 다음과 같이 한다.

```
aa <- reactiveVal()  ## aa라는 반응성 값을 정의
```

이 객체에 값을 할당할 때는 다음과 같이 한다.

```
aa(10) ## aa라는 반응성 값에 10을 할당
```

나중에 이 반응성 값에 접근할 때는 다음과 같이 한다.

```
aa()
```

앞의 앱은 reactiveVal()을 사용하여 바꾸면 다음과 같이 만들 수 있다. 주의할 점은 이 함수로 생성되는 것이 일반적인 R 객체가 아니라 반응성 값이고, 실제 그 값에 접근할 때는 뒤에 ()를 사용한다는 점이다.

```
library(shiny)

ui <- fluidPage(
 titlePanel("간단한 계산을 위한 앱"),
 wellPanel(
  p("숫자 2 개와 계산법을 선택하세요.")
 ),
 textInput("num1", "첫 번째 숫자", value = 30),
 textInput("num2", "두 번째 숫자"),
 radioButtons("cal", "계산법의 선택",
       c("+" = "더하기", "-" = "빼기", "*" = "곱하기", "/" = "나누기"),
       inline = TRUE),
 h2("결과"),
 actionButton("clear", "결과 보기/삭제"),
 textOutput("result"),
 textOutput("result2")
)

server <- function(input, output, session){

 outputTxt <- reactive({
  req(input$num1, input$num2)
  num1 <- as.numeric(input$num1)
  num2 <- as.numeric(input$num2)
  switch(input$cal,
      "더하기" = {paste(num1, "+", num2, "=", num1 + num2)},
      "빼기" = {paste(num1, "-", num2, "=", num1 - num2)},
      "곱하기" = {paste(num1, "*", num2, "=", num1 * num2)},
      "나누기" = {paste(num1, "/", num2, "=", round(num1 / num2, 2))}
```

```
    )
  })

  # v <- reactiveValues(data = TRUE)
  v <- reactiveVal(TRUE)

  observeEvent(input$clear, {
   #v$data <- !(v$data)
   v(!v())
  })

  output$result <- renderText({
   # if (v$data) return()
   if (v()) return()
   outputTxt()
  })
}

shinyApp(ui, server)
```

(5-4) 타이머 사용

샤이니 앱에 시계를 표시하는 것처럼 일정 시간 간격으로 코드가 실행되게 하는 타이머를 만드는 방법에 대해서 알아보자.

reactiveTimer(밀리초, session) 함수는 반응성 맥락에 인자 없이 호출할 수 있는 함수를 반환한다. 반환된 함수를 반응성 맥락에서 호출하게 되면, 일정한 간격으로 반응성 맥락에 있는 코드들이 실행된다. 한편 invalidateLater(밀리초, session) 함수는 반응성 맥락에서 바로 사용되어 주어진 밀리초마다 반응성 맥락에 있는 코드들을 실행되게 만든다. 두 번째 인자로 session이 사용되는 것처럼 이 함수들을 사용하려면 샤이니 서버 함수에 session 인자를 반드시 넣어야 한다.

샤이니 갤러리에 'Timer'라는 앱이 있는데, 그 코드를 단일 파일 앱으로 만들어보면 다음과 같다.

```
library(shiny)
ui <- fluidPage(
    textOutput("currentTime")
   )

server <- function(input, output, session){
 output$currentTime <- renderText({
  invalidateLater(1000, session)
  paste("The current time is", Sys.time())

 })
}

shinyApp(ui, server)
```

이 앱은 다음과 같이 실행된다.

이 앱을 reactiveTimer() 함수로 사용할 때는 로직이 약간 다르다. 다음과 같이 코딩할
수 있다.

```
library(shiny)
ui <- fluidPage(
    textOutput("currentTime")
   )

server <- function(input, output, session){
 timer <- reactiveTimer(1000, session)
 output$currentTime <- renderText({
  timer()
  paste("The current time is", Sys.time())

 })
}

shinyApp(ui, server)
```

6 다이내믹하게 입력을 수정: 인풋 업데이터 함수들

이 기능은 이미 어떤 입력 위젯이 존재하고, 그 입력 위젯의 값에 따라서 다른 입력 위젯의 값을 업데이트하는 기능이다. 이런 기능들은 어떤 입력값에 대해서 다른 입력값들을 바꿀 필요가 있을 경우에 특히 유용하다. 이를테면 어떤 회사 직원들의 직무를 출력하는 프로그램을 작성한다고 했을 때, A라는 입력 위젯에서 부서를 선택하게 하고, 그렇게 선택된 값을 바탕으로 B라는 입력 위젯에서 부서에 속한 직원들을 열거하여 선택할 수 있도록 만드는 경우이다.

*Input()과 같은 입력 위젯들은 그에 대응하는 업데이트 함수를 가지고 있다. 이를테면 textInput()에 대해서 updateTextInput()이라는 함수가 있고, radioButtons()에 대해서 updateRadioButtons()라는 함수가 존재한다. 샤이니 패키지가 사용하는 이름에 관한 관례에 따라 대소문자를 바꾸고, 입력 위젯 함수 앞에 접두사로 update를 붙여 나타낸다.

이 기능은 session이라는 특별한 객체를 필요로 한다. 왜냐하면 이 함수들은 샤이니 서버 함수에서 클라이언트로 메시지를 전달해야 하는데, 이런 역할을 하는 것이 session 객체에 포함되어 있는 sendInputMessage(inputId, message)이기 때문이다. 직접 이런 함수(메서드)를 사용할 수도 있지만, 업데이트 함수를 사용하면 직접 이 함수를 호출할 필요가 없다. 업데이트 함수가 내부에서 이들을 사용하기 때문이다.

하부 레벨을 조금 더 살펴보면, 이런 서버로부터 넘겨진 메시지를 처리하기 위해서 인풋 바인딩 객체(input binding object)의 receiveMessage(el, message)가 필요하게 되지만, 기존에 존재하는 입력 위젯들은 이런 인풋 바인딩을 감추고 있어서 사용자가 직접 이것들을 관리할 필요는 없다.

이런 기능을 사용하기 위해 실용적인 관점에서 알아둘 내용은 다음의 두 가지다.

- 샤이니 서버 함수는 function(input, output, session) {...} 형태가 되어야 한다. session을 생략하면 안 된다.
- update*() 함수의 첫 번째 인자는 session이 되어야 한다.

updateTextInput() 함수의 도움말에 다음과 같은 앱이 있다.

```
ui <- fluidPage(
 sliderInput("controller", "Controller", 0, 20, 10),
 textInput("inText", "Input text"),
 textInput("inText2", "Input text 2")
)

server <- function(input, output, session) {
 observe({
  x <- input$controller

  updateTextInput(session, "inText", value = paste("New text", x))

  updateTextInput(session, "inText2",
   label = paste("New label", x),
   value = paste("New text", x))
 })
}

shinyApp(ui, server)
```

이 앱에는 세 개의 입력 위젯이 있다. 아이디가 **controller**인 슬라이더 입력 위젯에서 숫자를 입력받은 뒤, 그것에 따라서 **inText** 아이디를 가진 출력에서는 그 값을 바꿀 수 있고, **inText2** 아이디를 가진 텍스트 출력에서는 그 레이블과 값을 바꿀 수 있다. 이렇게 사용자가 선택한 값을 활용하여 다시 입력 위젯의 내용을 바꿀 수 있게 한 것이다.

이런 업데이트 함수를 사용하여 다음과 같은 앱을 만들어볼 수 있다.

```
team <- c("A", "B", "C")
members <- letters[1:9]
years <- as.integer(c(5, 6, 7, 9, 3, 4, 4, 5, 2))
team_members <- data.frame(team = rep(team, c(4, 3, 2)), members, years)

ui <- fluidPage(
 h2("부서의 직원 선택"),
 selectInput("depart", "먼저 부서 선택하세요.",
         c("A 팀" = "A", "B 팀" = "B", "C 팀" = "C")),
 selectInput("inDepart", "다음 부서의 직원을 선택하세요.", choices = character(0)),
 textOutput("txt"),
 h2("직원 명단"),
 tableOutput("tbl")
)

server <- function(input, output, session) {
```

```
observe({
 x <- team_members[team_members$team == input$depart, "members"]
 x <- as.character(x)
 if (is.null(x))
  x <- character(0)
 updateSelectInput(session, "inDepart",
        choices = x
        )
})

output$txt <- renderText({
  member_years <- team_members[team_members$members == input$inDepart,
"years"]
 paste(input$depart," 팀의 ",
    input$inDepart ," 직원의 경력은 ",
    member_years ,"년 입니다.", sep = "")
})

output$tbl <- renderTable({
 team_members
 })
}

shinyApp(ui, server)
```

이 앱은 다음과 같이 렌더링된다.

이 앱은 직원 명단을 부서별로 보고, 그중에 조건에 합당한 명단을 추리는 로직을 가지고 있다. 이렇게 입력 업데이트 함수들은 어떤 입력 위젯이 다른 입력 위젯과 관계가 있는 내용을 표시하거나 선택할 때 많은 도움이 된다. 잊지 말 것은 session 객체를 사용한다는 점이다. 그리고 observe()를 사용한 점도 눈여겨볼 필요가 있다.

외부 데이터에 대한 반응성 구현

샤이니 앱은 기본적으로 사용자가 입력 위젯 등으로 입력한 값에 반응하여 작동한다. 여기에서는 샤이니 웹 앱이 서버에 게시되고, 이것을 여러 사람들이 사용한다고 생각해보자. 보통 샤이니 앱에서는 한 사용자가 입력 위젯으로 입력한 값은 그 사용자에게만 영향을 미친다. 보통 한 사용자가 샤이니 앱을 시작하고 종료할 때까지의 연결 상태를 세션(session)이라고 부른다. 그래서 세션과 세션 사이에는 데이터가 공유되지 않는 것이 기본이다.

그런데 한 세션에서 웹에 어떤 영향을 줘서 앱의 상태가 바뀌었을 때, 같은 앱을 사용하는 다른 사람의 세션에 앱의 상태가 반영되게 하려면 어떻게 해야 할까? 우선 샤이니 앱 코드가 아닌 외부 파일에 데이터를 기준으로 앱을 만드는 방법을 생각할 수 있다. 12장에서는 샤이니 앱에서 외부 파일과 같이 지속성 데이터를 다루는 방법을 포괄적으로 살펴볼 것이다. (이번 장은 샤이니 반응성에 대한 장이므로) 여기서는 외부 데이터를 어떤 반응성으로 샤이니 앱에 연결시켜 사용할 수 있는지 그 방법에 집중해보자.

외부 데이터 소스에 대하여 반응성을 구현하기 위해서는 다음 두 가지 과정이 필요하다.

- 외부 데이터 소스에 어떤 변화가 있다는 것을 읽을 수 있어야 한다. 이전 상태와 비교해서 달라진 정보를 사용하여 무효화 정보를 보내게 한다.
- 그다음에는 변화가 있을 때 파일을 읽어들이게 한다.

이런 역할을 하는 함수가 reactivePoll() 함수로, 다음과 같이 사용한다.

```
reactivePoll(intervalMillis, session, checkFunc, valueFunc)
```

reactivePoll() 함수와 유사하지만 파일을 읽는 데 특화된 reactiveFileReader() 함수도 있다.

```
reactiveFileReader(intervalMillis, session, filePath, readFunc, ...)
```

샤이니 갤러리에 보면 'Reactive poll and file reader'이라는 앱[7]이 있다. 앱의 server.R 코드를 보면 이 함수들을 사용한 예를 볼 수 있다.

```
fileReaderData <- reactiveFileReader(500, session,
                    logfilename, readLines)
```

루트에 있는 logfilename 파일을 0.5초마다 readLines() 함수를 사용하여 읽는다.

```
pollData <- reactivePoll(4000, session,
 checkFunc = function() {
  if (file.exists(logfilename))
   file.info(logfilename)$mtime[1]
  else
   ""
 },
 valueFunc = function() {
  readLines(logfilename)
 }
)
```

이것은 logfilename 파일에 대하여 file.info() 함수의 mtime 값을 읽는 함수를 checkFunc 인자로 전달한다.[8] 그리고 valueFunc 인자에는 그 값이 바뀌었을 때 실행할 함수를 전달한다.

함수에 대한 도움말을 보면 checkFunc에는 최대한 간단한 함수를 사용하라고 권하는데, 이는 무효화 정보를 얻기 위해서 이 함수를 매우 자주 실행해야 하기 때문이다. 이 기능을 잘 활용하면 외부 파일뿐만 아니라 데이터베이스에 대한 반응성도 구현할 수 있다.

---

7 http://shiny.rstudio.com/gallery/reactive-poll-and-file-reader.htm
8 이 함수는 5장 10-3절 〈파일에 대한 정보를 읽는 함수〉 부분을 참고한다(p. 184).

8) 정리

이번 장에서는 샤이니 앱의 기본 실행 모드인 샤이니 반응성에 대해 알아보았다. 이처럼 약간 추상적인 내용은 여러 각도에서 설명하는 글들을 읽어볼 필요가 있다. 샤이니 개발자 사이트에 샤이니 반응성 모드에 대한 설명이 잘되어 있으니, 그 내용들을 종합하여 자신의 것으로 만들기 바란다.

다소 간단한 개념도 있고, 좀 더 깊은 생각을 요하는 개념들도 있다. 자신의 문제에서 어떤 것을 적용할지 고민해보지 않고서는 감이 잘 오지 않을 수 있다. 그래서 많은 앱을 만들어보고 내용을 다시 한 번 확인하는 습관이 필요하다.

R
Shiny

Chapter 8

샤이니 레이아웃과 UI

R Shiny Programming Guide

Search

어떤 애플리케이션이든 사용자 인터페이스는 중요하다. 미적인 측면은 물론이고 기능적인 측면에서도 그러하다. 8장에서는 샤이니의 실제 콘텐츠를 이루는 입력 위젯들과 출력물들을 효율적으로 배열하고 보기 좋은 페이지로 만드는 방법을 다룬다.

웹 페이지를 만들 때 가장 어려운 부분 가운데 하나가 페이지 레이아웃을 잡는 방법이다. 만약 CSS로 하위 레벨의 언어들을 사용해 앱 레이아웃을 구성해야 한다면, 아마도 샤이니는 현재의 인기를 누리지 못했을 것이다. 샤이니는 이런 세부적인 내용을 잘 몰라도 앱을 구성할 수 있도록 여러 함수들을 제공한다.

처음에 간단한 함수로 레이아웃을 구성하여 샤이니 앱을 개발하다 보면, 언젠가 자신이 원하는 대로 커스터마이징을 하고 싶을 때가 올 것이다. 이 장에서는 샤이니 레이아웃의 기본을 설명하고, 더 나아가 커스터마이징할 때 필요한 내용들을 정리하였다. 그리고 알림 메시지 작성법과 같이 UI와 관련된 내용들도 소개한다.

① 샤이니 레이아웃의 기초

실제 샤이니 레이아웃을 위한 함수들을 다루기 전에 몇 가지 개념들을 알아보자. 샤이니는 레이아웃을 위해서 내부적으로 부트스트랩[1]이라고 하는 CSS 프레임워크를 사용한다. 부트스트랩 프레임워크는 디바이스의 크기에 따라 콘텐츠들의 크기가 자동으로 변하고 재배열되는 '응답형(responsiveness)'[2]을 기본으로 채택하고 있으며, 샤이니에서도 이것을 디폴트로 사용한다.

부트스트랩은 12열 기반의 '플루이드 그리드 시스템(fluid grid system)'을 사용한다. 그 개념을 간단히 설명하면 다음과 같다. 이런 내용은 샤이니에서도 그대로 적용된다.

- 플루이드 그리드 시스템은 웹 페이지에서 콘텐츠들을 배치하기 위해서 하나의 행(row)을 먼저 정의한 뒤, 이 행을 12열로 나누어 사용할 수 있게 설정하고 작업을 시작한다.

- 출력물의 컬럼(열) 하나가 전체 12열을 차지할 수도 있고, 출력물 2개의 너비가 각각 4, 8 혹은 3, 9열을 차지할 수도 있다. 극단적으로 열의 너비가 1인 것들이 12개 들어갈 수도 있다. 요지는 행을 먼저 정의해야 한다는 것과 같은 행에 들어가는 콘텐츠들의 너비의 합이 항상 12가 되어야 한다는 것이다.

샤이니 앱에서 입력 위젯과 출력 위젯이 실제 콘텐츠라고 한다면, 이 장에서는 이런 콘텐츠를 담을 컨테이너를 만들고 배치하는 방법을 설명한다. 이런 컨테이너에는 크기별로 **Page, Layout, Panel**이 있다. **Page**는 웹 페이지를 만드는 가장 큰 단위의 컨테이너이고, **Layout**은 이미 정해진 레이아웃을 그대로 쓸 때 사용한다. **Panel**은 관련 있는 콘텐츠를 묶을 때 사용한다.

그리고 기존에 정해진 레이아웃이 아닌 사용자가 직접 플루이드 그리드 시스템 안에서 공간들을 나누어 사용할 수 있도록 `fluidRow()`, `column()` 함수 등이 준비되어 있다. 아직 완전하지 않지만 플렉스 레이아웃이라는 최신의 CSS 레이아웃 개념이 적용된 함수도 포함되어 있다.

---

1 http://getbootstrap.com
2 샤이니의 기본 모드인 'reactive'는 반응성으로 번역했고, 부트스트랩의 'responsive'는 응답형으로 번역했다. 특별한 기준이 있는 것은 아니다.

② 페이지를 구성하는 함수

컨테이너에서 가장 큰 단위인 페이지를 구성하는 함수를 보자.

②-1 fluidPage() 함수

그 이름이 시사하듯 fluidPage() 함수는 부트스트랩 플루이드 그리드 시스템을 사용하여 페이지를 구성할 수 있게 해주는 함수로, 샤이니 앱을 구성할 때 가장 많이 쓰인다. 그래서 샤이니 앱의 UI는 보통 다음과 같이 시작한다.

```
ui <- fluidPage(...)
```

플루이드 그리드 시스템을 사용한다는 것은 앱의 콘텐츠가 브라우저 전체 너비를 꽉 채운다는 의미를 가진다. 플루이드 페이지 안에서 하나의 행은 그 행에 들어가는 콘텐츠들을 기준선에 맞추어놓는다. 앞에서 설명했듯이 열은 이렇게 만들어진 행 안에 들어간다. 이런 열들은 하나의 행 안에서 콘텐츠가 얼마만큼의 너비를 차지할지를 결정한다.

이 fluidPage() 함수 안에 고수준의 Layout() 함수들을 사용할 수 있고, 저수준의 fluidRow(), column() 함수들을 사용해 콘텐츠를 배치할 수 있다. sidebarLayout() 은 다음과 같은 형태가 된다.

```
ui <- fluidPage(
    titlePanel(),
    sidebarLayout(
     sidebarPanel(),
     mainPanel()
    )
   )
```

fluidRow(), column()을 사용하는 경우는 좀 더 유연하게 레이아웃을 구성할 수 있다. column() 함수에서 첫 번째 인자는 열의 너비(width)이다. 이들 너비는 하나의 행 안에서 전체 합이 12가 되도록 맞춘다.

```
ui <- fluidPage(
    title = "제목",
    fluidRow(
     column(4, ...),
     column(8, ...)
    )
   )
```

2-2 fixedPage() 함수

fluidPage()가 브라우저의 전체 폭을 사용한다면, fixedPage() 함수는 한정된 공간만을 사용한다. 전형적인 디스플레이에서는 940px, 약간 작은 경우에는 724px, 큰 디스플레이에서는 1170px로 고정되어 좌우 공간이 남게 된다.

fixedPage() 함수 역시 플루이드 레이아웃을 구성한다. 단, 여기서는 sidebarLayout() 같은 고수준의 함수는 사용할 수 없으며 저수준의 fixedRow(), column() 함수를 사용해서 레이아웃을 구성해야 한다. 헷갈리지 않게 fluidPage()와 fluidRow(), fixedPage()와 fixedRow()가 각각 짝을 이루어 사용된다고 보면 된다.

2-3 fillPage() 함수

fillPage() 함수는 브라우저의 상하, 좌우를 꽉 채우는 앱을 만든다. 이 함수는 플렉스 박스(flex box)라는 새로운 CSS 레이아웃을 사용하는데, 아직은 완전하지 않다. 앞서 살펴본 fluidPage(), fixedPage()의 경우 좌우 방향으로 화면을 채우거나 고정된 너비로 앱을 만들지만 상하 방향으로 화면을 채우지는 않는다. 콘텐츠들은 위에서 채워지기 시작해 아래로 이동한다. 그래서 화면 아래 부분이 남을 수도 있고, 내용이 많아 스크롤 기능으로 올려 봐야 할 수도 있다.

fillPage() 함수는 웹 페이지의 모든 내용물을 담는 <body> 요소를 전체 브라우저의 너비에 꽉 차게 맞추기 때문에 그 안에 들어가는 내용물도 꽉 차게 만들 수 있다. 구체적인 사례는 뒤에서 다룬다.

②-④ navbarPage() 함수

navbarPage() 함수는 일반적인 웹 페이지에서 흔히 볼 수 있는 스타일로, 상단에 내비게이션바(navigation bar)가 있는 앱을 만들 때 사용한다. 샤이니에서는 여러 페이지를 만드는 기능을 지원하지 않기 때문에 이를 대신하여 여러 페이지를 가진 것처럼 보이게 하는 탭셋(tabset)과 탭(tab)을 사용할 수 있다. 그래서 navbarPage() 함수 안에 tabPanel()을 많이 사용한다. 그리고 메뉴를 구성할 수 있는 navbarMenu() 함수도 함께 사용한다.

```
navbarPage("App Title",
 tabPanel("Plot"),
 navbarMenu("More",
  tabPanel("Summary"),
  "----",
  "Section header",
  tabPanel("Table")
 )
)
```

이 함수를 사용한 간단한 앱은 다음과 같다. 테마를 지정하는 방법은 뒤에서 설명한다.

```
library(shiny)
library(shinythemes)
ui <- navbarPage("App Title", theme = shinytheme("united"),
        tabPanel("Plot"),
        navbarMenu("More",
            tabPanel("Summary"),
            "----",
            "Section header",
            tabPanel("Table")
        )
)

server <- function(input, output, session) {
}

shinyApp(ui, server)
```

이 앱은 다음 그림과 같이 렌더링된다.

③ 고수준 레이아웃을 위한 sidebarLayout 함수

sidebarLayout() 함수는 고수준(대부분이 미리 준비되어 있어 별도 과정 없이 바로 사용할 수 있는) 레이아웃을 만들어주는 함수로, 전통적인 샤이니 앱에서 가장 많이 사용되어왔다. 이 함수 안에서 페이지 타이틀을 만드는 titlePanel(), 입력 위젯들을 위한 sidebarPanel(), 출력물을 위한 mainPanel()을 놓고 사용한다. 그래서 다음과 같은 패턴을 사용한다.

```
ui <- fluidPage(
 titlePanel("title"),
 sidebarLayout(
  sidebarPanel(),
  mainPanel()
 )
)
```

샤이니 앱에 포함된 예제 앱인 01_hello는 이 레이아웃을 사용한다. 실행하려면 R 콘솔에서 shiny::runExample("01_hello")을 실행한다. 그러면 아래 그림과 같은 앱을 볼 수 있다.

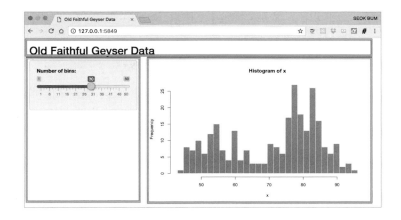

이 레이아웃은 입력부와 출력부를 4:8로 나눈다. 이 레이아웃을 사용하면 비교적 무난한 앱을 만들 수 있다. 하지만 사용자가 원하는 형태로 자유롭게 커스터마이징을 하기에는 한계가 있다.

④ 커스터마이징을 위한 저수준 레이아웃 함수들

고수준의 레이아웃을 제공하는 sidebarLayout() 함수의 경우에는 무난하다는 장점이 있었다. 하지만 사용자가 원하는 대로 레이아웃을 조절하기 위해서는 그보다 저수준의 함수들이 필요하다. 이 함수들은 앞에서 설명한 부트스트랩의 플루이드 그리드 시스템에 기반하여 콘텐츠를 배열한다. 원리는 앞에서 설명한 바와 같은데, 이런 원리를 응용하면 자신이 원하는 대로 앱 안에서 콘텐츠들을 배치할 수 있다.

- 먼저 사용할 행을 정의한다. 이 행 안에 들어가는 콘텐츠들은 하나의 수평선 위에 정렬한다. 이것을 fluidRow()(fluidPage()를 사용하는 경우) 또는 fixedRow()(fixedPage()를 사용하는 경우) 함수로 정의한다.

- 이 행 안에 열들을 정의한다. 하나의 열 안에 포함되는 열들의 너비는 모두 합쳐서 12가 되게 한다. 이것은 column()이라는 함수로 정의하는데 첫 번째 인자는 width로 그 열의 너비를 지정한다. 그리고 offset이라는 옵션을 사용하여 앞의 열과 거리를 둘 수 있도록 하는데, 오프셋을 사용하는 경우에는 이 오프셋까지 합쳐서 12가 되게 만든다.

- 좀 더 나아가 어떤 열 안에 행이 들어가게 하면 그 행은 이것을 포함하는 열의 범위 안에서 새로운 행을 만들고, 다시 자식 열을 포함할 수 있다.

샤이니 갤러리[3]에 있는 "Plot plus three columns"이라는 사례 앱을 분석해보자. 이 앱은 아래 그림과 같이 2행으로 되어 있다. 1행에는 플롯이 전체 너비를 차지하고 있고, 2행에는 3개의 열이 들어 있다.

샤이니 갤러리에서 이 앱에 대한 UI 코드를 살펴보자. 전체는 다음과 같다.

```r
library(shiny)
library(ggplot2)

dataset <- diamonds

fluidPage(

  title = "Diamonds Explorer",

  plotOutput('plot'),
```

---

3 https://shiny.rstudio.com/gallery/

```
hr(),

fluidRow(
 column(3,
  h4("Diamonds Explorer"),
  sliderInput('sampleSize', 'Sample Size',
       min=1, max=nrow(dataset),
       value=min(1000, nrow(dataset)),
       step=500, round=0),
  br(),
  checkboxInput('jitter', 'Jitter'),
  checkboxInput('smooth', 'Smooth')
 ),
 column(4, offset = 1,
  selectInput('x', 'X', names(dataset)),
  selectInput('y', 'Y', names(dataset), names(dataset)[[2]]),
  selectInput('color', 'Color', c('None', names(dataset)))
 ),
 column(4,
  selectInput('facet_row', 'Facet Row',
   c(None='.', names(diamonds[sapply(diamonds, is.factor)]))),
  selectInput('facet_col', 'Facet Column',
   c(None='.', names(diamonds[sapply(diamonds, is.factor)])))
 )
 )
)
```

간추려보면 다음과 같다.

```
fluidPage(
 title = "Diamonds Explorer",
 plotOutput('plot'),

 hr(),

 fluidRow(
  column(3,
   ...
  ),
  column(4, offset = 1,
   ...
  ),
```

```
   column(4,
    ...
   )
  )
 )
```

fluidPage() 안에 제목과 플롯을 먼저 배치한 후 fluidRow()을 써서 하나의 행을 정의했다. 그런 다음 이 행에 3개의 열을 배치했다. 열의 너비는 3 + 4 + 1(offset) + 4로 모두 12가 된다.

다음은 샤이니 레이아웃 가이드[4]에 나와 있는 내용으로 열 안에 행을 다시 배치하는 방법에 대해 알아보자.

```
ui <- fluidPage(
   fluidRow(
    column(12,
     "Fluid 12",
     fluidRow(
      column(6,
       "Fluid 6",
       fluidRow(
        column(6,
         "Fluid 6"),
        column(6,
         "Fluid 6")
        )
       ),
      column(width = 6,
       "Fluid 6")
      )
     )
    )
   )
```

중첩되어 헷갈릴 수 있는데, 이 경우에 핵심은 세 번째와 네 번째 "Fluid 6"는 두 번째 행의 첫 번째 열 안에서 생성된다는 것이다. 이 레이아웃인 경우에 경계를 줘서 표현해보면 다음 그림과 같다.

---

4   https://shiny.rstudio.com/articles/layout-guide.html

Fluid 12

Fluid 6	Fluid 6

Fluid 6	Fluid 6

fluidPage()에서 fluidRow()와 column()은 이렇게 사용하고, flixedPage()에서 fixedRow(), column() 함수도 똑같이 사용하면 된다.

⑤ 관련 있는 것들을 하나로 묶어주는 함수들

샤이니에는 관련 있는 것들을 하나로 묶어주는 함수들이 있다. 이 함수들의 이름 뒤에는 'Panel'이라고 붙는다.

5-1 탭셋과 탭패널

탭은 다음 그림과 같은 것들이다.

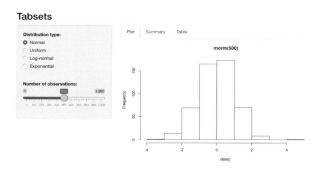

샤이니는 여러 페이지를 가진 앱을 만드는 기능을 지원하지 않는다. 그래서 앱이 복잡한 경우에는 탭을 사용하여 '여러 페이지를 가진 것과 같은 효과'를 얻을 수 있다는 점에서

tabsetPanel()과 tabPanel()은 중요하다. 사용법은 간단하다. tabsetPanel() 안에서 각각의 탭을 tabPanel()로 구성하면 된다.

실질적인 콘텐츠는 tabPanel()이라고 보면 되고, 이것들은 tabsetPanel()뿐만 아니라 navblistPanel(), navbarPage() 안에 담을 수 있다.

```
tabsetPanel(
 tabPanel("Plot", plotOutput("plot")),
 tabPanel("Summary", verbatimTextOutput("summary")),
 tabPanel("Table", tableOutput("table"))
 )
```

샤이니 갤러리에 "Tabsets"이라는 앱[5]이 있는데 이것의 UI 코드를 보자. 그 뼈대만 보면 다음과 같다.

```
library(shiny)
fluidPage(

 titlePanel("Tabsets"),
 sidebarLayout(
  sidebarPanel(
  ),

  mainPanel(
   tabsetPanel(type = "tabs",
    tabPanel("Plot", plotOutput("plot")),
    tabPanel("Summary", verbatimTextOutput("summary")),
    tabPanel("Table", tableOutput("table"))
   )
  )
 )
)
```

tabsetPanel()은 탭을 구성하는 tabPanel()들을 안에 포함하고 있으며, tabPanel()들은 첫 번째 인자로 이름을 가지고 있다. 이 이름으로 탭의 제목을 만든다.

---

5 https://shiny.rstudio.com/gallery/tabsets.html

⑤-② 내비게이션 리스트

내비게이션 리스트는 다음 그림과 같은 것들이다. 이것은 샤이니 갤러리의 "navlistPanel example"이라는 앱에서 발췌했다.

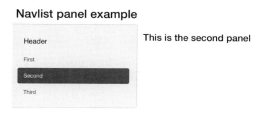

내비게이션 리스트를 만들려면 앞에서 사용한 tabsetPanel() 대신 navlistPanel()을 쓰면 된다. 갤러리에서 UI 코드를 보면 다음과 같다. navlistPanel()의 첫 번째 인자로 제목을 주고, 안에 tabPanel()들을 배치하였다.

```
fluidPage(

titlePanel("Navlist panel example"),

navlistPanel(
  "Header",
  tabPanel("First",
   h3("This is the first panel")
  ),
  tabPanel("Second",
   h3("This is the second panel")
  ),
  tabPanel("Third",
   h3("This is the third panel")
  )
 )
)
```

5-3 강조할 부분을 표현하는 wellPanel()

샤이니 갤러리에서 위젯들을 모아서 보여주는 "Widget Gallery"라는 앱이 있다. 이 앱은 입력 위젯들을 하나로 보여주기 때문에 해당 위젯들이 어떤 형태로 되어 있는지 파악할 때 큰 도움이 된다. 이 앱을 보면 하나의 입력 위젯을 wellPanel() 안에서 표현하고 있다. 그 가운데 단일 체크박스는 다음과 같다.

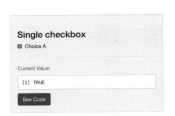

UI를 보면 주변의 배경색과 다르게 회색 바탕으로 되어 있고, 안에 관련된 내용들을 보여준다. 이것의 UI 코드는 다음과 같다.

```
wellPanel(
    h3("Single checkbox"),
    checkboxInput("checkbox", label = "Choice A",
            value = TRUE),
    hr(),
    p("Current Value:", style = "color:#888888;"),
    verbatimTextOutput("checkboxOut"),
    a("See Code", class = "btn btn-primary btn-md",
     href = "https://gallery.shinyapps.io/070-widget-checkbox/")
  )
```

h3(), hr(), p(), a() 등은 다음 절에서 소개한다. 이처럼 wellPanel()은 비교적 작은 부분을 차지하지만, 관련된 것들을 하나로 모아서 표현하는 데 도움이 된다.

자바스크립트 프론트엔드 툴 중에서 최근 굉장히 인기를 모으고 있는 것이 React[6]이다. 여기에 사용하는 JSX(JavaScript Extension)라는 문법 체계는 자바스크립트 언어로 HTML 태그를 렌더링한다. 이와 비슷하게 샤이니는 R 언어로 HTML 태그를 작성할 수 있다.

h1(), img() 함수들과 같이 흔히 사용되는 일부 태그들은 HTML 태그 이름과 동일한 이름을 가진 함수들이 있는데, 이들을 포함하여 모든 함수는 tags라는 R 리스트에 들어 있다. R 함수는 하나의 객체로 리스트에 저장할 수 있다. 각 함수는 그 이름으로 접근하는데, 대부분 HTML 태그 이름과 동일하다. 이를테면 <ul> 태그를 만들 때는 tags$ul()을 사용한다. 그리고 자식 요소들은 함수를 중첩하여 표현한다. 태그의 속성은 R 함수에서 인자를 사용하는 식으로 작성한다. HTML을 아는 독자들이라면 이 함수를 적절히 사용하여 원하는 내용을 표현할 수 있을 것이다.

```
> tags$ul(
+ tags$li("a"),
+ tags$li("b")
+ )
<ul>
 <li>a</li>
 <li>b</li>
</ul>
```

또 하나 알아두어야 할 함수는 tagList()이다. React에서 자바스크립트 함수를 사용할 때도 그러하지만, R 함수를 사용할 때도 HTML 요소들을 반환해야 할 경우 함수가 하나의 값만을 반환한다는 원칙이 있다. 그렇기 때문에 여러 개의 값을 반환해야 할 경우에는 이것들을 하나의 객체로 모아야 한다. 이런 경우에 tagList() 함수를 사용한다.

```
x <- list(tags$h1("Title"),
    tags$h2("Header text"),
    tags$p("Text here"))
tagList(x)
```

---

6 https://facebook.github.io/react/

특히 이 함수는 샤이니 모듈[7]을 만들 때 자주 사용하게 된다. 모듈 UI는 R 함수로 만드는데 UI에 사용되는 요소들을 묶어서 하나의 단위로 구성할 때 유용하게 쓰인다.

전체 UI를 HTML로 만들기

R로 작성된 샤이니 UI 코드는 결국은 HTML로 변환된다. 왜냐하면 브라우저는 R을 이해하지 못하기 때문이다. 대부분 샤이니가 제공하는 함수들을 가지고 UI를 구성하겠지만, HTML을 직접 사용하여 UI를 작성할 수도 있다. 이때 중요하게 지켜야 할 몇 가지 규칙이 있다.

• 루트 폴더에 www라는 폴더를 만들고, 이 안에 index.html 파일을 만들어 UI를 작성한다.
• 샤이니가 제공하는 UI 함수들이 반환하는 객체들과 같도록 요소의 클래스(class)를 제대로 지정해 준다.

이 기능을 독자들이 잘 사용할 것 같지는 않으므로 이 정도만 설명하겠다. 더 궁금한 사항이 있다면 샤이니 개발자 사이트에서 "Build your entire UI with HTML"[8]이라는 글을 참고하기 바란다.

⑧ HTML 템플릿 사용

HTML 템플릿을 사용하여 전체 페이지를 구성할 수 있고, 페이지의 일부 컴포넌트를 구성할 수도 있다. HTML 템플릿에서는 {{ r_expression }} 형태의 문법을 사용한다.

이런 템플릿을 프로세싱하기 위해서 ui.R에서 htmlTemplate()이라는 함수를 사용한다. 이 함수의 첫 번째 인자는 템플릿 파일의 경로이름(path)이다. 추가 인자로 이 템플릿에 있는 R 코드를 실행하기 위한 변수들을 넘겨준다. 예를 들면 다음과 같이 된다.

---

7 9장 3절 〈샤이니 모듈〉을 참고한다(p. 328).
8 http://shiny.rstudio.com/articles/html-ui.html

템플릿 이름이 `shiny_template.html`이고, 이 파일 안에는 다음과 같은 내용이 있다고 가정해보자.

```
모두 {{ x }} 개의 사과가 있었다.
```

ui.R은 다음과 같다.

```
apples <- c( 2, 3, 5, 3)
htmlTemplate("shiny_template.html", x = sum(apples) )
```

샤이니 앱을 실행하면 `shiny_template.html`이 프로세싱되면서 `{{ x }}` 부분에 sum (apples)을 계산해 넣어서 "모두 13 개의 사과가 있었다"라고 출력하게 된다. 샤이니 앱에서는 sum(apples) 부분이 입력 위젯이 되거나 출력 함수가 되는 것이 보통이다.

이런 HTML 템플릿 파일은 보통 ui.R, server.R, app.R 파일과 같은 위치에 놓고 사용한다. 만약 서브디렉터리를 만들어 거기에 놓고 사용한다면, `htmlTemplate()` 함수의 첫 번째 인자에서 해당 템플릿의 위치를 정확하게 경로로 지정해주어야 한다.

8-1 전체 페이지 형태의 HTML 템플릿

전체 페이지 형태의 HTML 템플릿을 만들 때는 다음과 같이 한다. 우선 템플릿을 구성한다. "shiny_complete.html"이라고 해보겠다. 이 파일은 다음과 같은 형태로 구성한다.

```
<!DOCTYPE html>
<html>
 <head>
  {{ headContent() }}
  {{ bootstrapLib() }}
 </head>
 <body>
  <div>
   {{ slider }}
   {{ histo }}
  </div>
 </body>
</html>
```

이렇게 전체 페이지 형태의 HTML 템플릿을 만들 때는 <head>에서 다음과 같은 내용을 반드시 넣어야 한다. 이것은 샤이니 앱을 구동하기 위한 리소스들을 가져오기 위해서다.

```
{{ headContent() }}
```

그런데 샤이니 앱이 채용하고 있는 트위터 부트스트랩 프레임워크는 여기에 포함되어 있지 않다. 이것을 가져오려면 다음과 같은 내용도 <head>에 넣어야 한다.

```
{{ bootstrapLib() }}
```

이 템플릿을 사용하여 다음과 같은 앱을 만들 수 있다. htmlTemplate() 함수 안에서 HTML 템플릿 파일에 사용된 slider와 histo 객체를 찾을 수 있을 것이다.

```
library(shiny)

ui <- htmlTemplate("shiny_complete.html",
    slider = sliderInput("rand_no", "난수의 개수", min = 1, max = 100, value = 50),
    histo = plotOutput("distPlot")
    )

server <- function(input, output) {

  output$distPlot <- renderPlot({
    hist(rnorm(input$rand_no))
  })
}
shinyApp(ui = ui, server = server)
```

8-2 페이지의 일부 컴포넌트로 사용

이 방법은 아주 큰 페이지의 일부에서 샤이니 앱의 콘텐츠를 넣을 때 사용한다. 보통은 "component.html"을 앞에서와 같이 구성한다.

```
<div>
 <p>모두 {{ x }} 개의 사과가 있었다.</p>
</div>
```

그런 다음 ui.R에는 다음과 같은 형태가 되게 한다.

```
fluidPage(
 ...
 htmlTemplate("component.html", x = sum(apples)),
 ....
)
```

애플리케이션이 더 크고 복잡할수록 이런 재사용 가능한 컴포넌트들을 사용하고 조합하여 원하는 결과를 얻을 수 있다. 더 자세한 내용은 https://shiny.rstudio.com/articles/templates. html을 참고하기 바란다. 디펜던시가 겹치는 문제 등을 해결하는 방법들이 자세하게 소개되어 있다.

9 아이콘 사용하기

아이콘을 효과적으로 사용하면 사용자들이 좀 더 직관적으로 앱을 사용할 수 있다. 샤이니에서는 폰트 오썸[9]과 부트스트랩 CSS 프레임워크에서 제공하는 글리피콘[10] 아이콘을 사용할 수 있다. 아이콘을 사용할 수 있는 함수는 icon이라는 인자를 가지고 있는데, tabPanel() 함수와 actionButton(), actionLink() 등이 대표적이다. 물론 일반 문자처럼 독립적으로 사용할 수도 있다.

---

9 http://fontawesome.io/icons/
10 http://getbootstrap.com/components/#glyphicons

아이콘을 만들 때는 icon() 함수를 사용하여 앞의 함수들의 icon 인자의 값으로 전달한다. 독립적으로 사용할 때는 그대로 icon() 함수를 단독으로 사용한다.

```
icon(name, class = NULL, lib = "font-awesome")
```

- name: 사용할 아이콘의 이름을 지정한다. 사용할 아이콘은 폰트 오썸이나 글리피콘 사이트를 보고 고르며, 그 이름은 fa-, glyphicon-을 생략하고 나머지만 문자열로 준다.
- class: 아이콘 사이트에 보면 아이콘의 크기를 fa-3x(3배 크기)와 같이 클래스로 지정하는 방법 등을 찾을 수 있다.
- lib: 폰트 오썸을 사용하는 경우 "font-awesome", 글리피콘을 사용하는 경우 "glyphicon"을 지정한다.

다음은 이런 내용을 바탕으로 navbarPage()를 가진 샤이니 앱을 만들어본 것이다.

```
library(shiny)
ui <- navbarPage("아이콘 연습", theme = shinythemes::shinytheme("united"),
    tabPanel("플롯", icon = icon("bar-chart-o")),
    tabPanel("정리", icon = icon("list-alt")),
    tabPanel("표", icon = icon("table"),
        actionButton("btn", "뷰 업데이트", icon = icon("refresh"))
        )
)
server <- function(input, output, session) {

}

shinyApp(ui, server)
```

이 앱은 다음 그림과 같이 렌더링된다.

⑩ 테마 지정

샤이니는 부트스트랩 CSS 프레임워크를 사용한다. 부트와치[11]는 부트스트랩을 사용하는 웹 페이지에서 일괄적인 테마를 지정할 수 있게 해준다. 샤이니도 부트스트랩을 사용하기 때문에 이런 부트와치의 테마를 사용할 수 있다. shinythemes(Chang 2016) 패키지를 사용하여 샤이니 앱에서 이런 테마를 바로 사용할 수 있다.

사용법은 간단하다. 샤이니의 페이지를 구성하는 함수들 fluidPage(), navbarPage(), fixedPage()의 theme 인자의 값으로 패키지가 제공하는 shinytheme()라는 함수를 사용하여 값을 지정하면 된다. 예를 들어 united라는 테마를 사용하고자 한다면, theme = shinytheme("united")라고 하면 된다. 다음은 그 예다.

```
shinyApp(
 ui = navbarPage("United",
  theme = shinythemes::shinytheme("united"),
  tabPanel("Plot", "Plot tab contents..."),
  navbarMenu("More",
   tabPanel("Summary", "Summary tab contents..."),
   tabPanel("Table", "Table tab contents...")
  )
 ),
 server = function(input, output) { }
)
```

사용법과 개발 과정에서 테마를 고르면서 비교해볼 수 있는 themeSelector() 함수 등에 대한 소개는 패키지 깃허브[12]를 참고한다.

---

11 http://bootswatch.com
12 https://github.com/rstudio/shinythemes

⑪ 플렉스 박스 레이아웃 사용하기

앞에서 본 내용들은 대부분 샤이니가 디폴트로 채택하고 있는 부트스트랩 플루이드 그리드 레이아웃 방식을 따르는 방법이다. CSS를 아는 독자들이라면 이해하기가 좀 편할 수 있는데, 웹에서 콘텐츠의 레이아웃은 컨테이너(container)와 콘텐츠(content)와의 관계에 따라서 달라질 수 있다. 플루이드 그리드 레이아웃에서 한 행의 높이는 하나의 행의 열을 채우는 콘텐츠 중에서 가장 높은 것을 기준으로 작성된다. 만약 콘텐츠가 컨테이너의 높이보다 작은 경우에는 콘텐츠가 작게 표시된다.

반면 플렉스 박스 레이아웃은 CSS3에 비교적 최근에 추가된 기술로, 컨테이너에 콘텐츠를 꽉 채우는 목적으로 사용된다.[13] 브라우저들마다 CSS3의 플렉스 박스 레이아웃이 적용되는 정도가 다르기 때문에 이것을 사용해볼 계획이라면 최신의 크롬(Chrome) 브라우저를 이용하여 실행해볼 것을 권한다.

샤이니 앱에서 플렉스 박스를 사용할 때는 fluidPage()가 아닌 fillPage() 함수를 사용한다. 행 방향으로 진행되는 컨테이너를 생성하는 함수는 fillRow()이고, 열 방향으로 진행되는 컨테이너를 생성하는 함수는 fillCol()이다.

이런 fillPage(), fillRow(), fillCol() 함수는 컨테이너를 만들어주는 함수이지, 콘텐츠 자체를 만드는 함수는 아니라는 점을 유의해야 한다. 콘텐츠들이 이들 컨테이너를 꽉 채우려면 높이를 "100%" 등으로 지정해주어야 한다. 콘텐츠 자체가 자동으로 늘어나거나 줄어들거나 하지는 않는다는 의미이다.

이 앱은 브러쉬 기능을 사용한 앱으로 https://jjallaire.shinyapps.io/shiny-ggplot2-brushing/에 있는 flexdashboard의 한 예를 fillPage() 등의 함수로 재구성한 것이다. 브러쉬 기능은 뒤에 인터랙티브 플롯 부분에서 자세하게 소개할 것이다.

이 앱의 왼쪽 위 플롯에서 데이터 포인트들을 선택하면, 해당하는 내용의 행들을 골라내어 이것을 표시하는 표와 박스 플롯을 만든다.

---

13 https://developer.mozilla.org/en-US/docs/Web/CSS/CSS_Flexible_Box_Layout/Using_CSS_flexible_
    boxes

```
library(shiny)
library(ggplot2)
mtcars2 <- mtcars[, c("mpg", "cyl", "wt")]

ui <- fillPage(
 fillRow(
  fillCol(
   plotOutput("plot1", brush = brushOpts(id = "plot1_brush"), height = "100%"),
   plotOutput("plot2", height = "100%")
  ),
  fillCol(
   tableOutput("tbl")
  )
 )

)


server <- function(input, output) {

 selectedData <- reactive({
  data <- brushedPoints(mtcars2, input$plot1_brush)
  if (nrow(data) == 0)
   data <- mtcars2
  data
 })


 output$plot1 <- renderPlot({
  ggplot(mtcars2, aes(wt, mpg)) + geom_point()
 })

 output$plot2 <- renderPlot({
  ggplot(selectedData(), aes(factor(cyl), mpg)) + geom_boxplot()
 })

 output$tbl <- renderTable({
  selectedData()
 })

}


shinyApp(ui, server)
```

플렉스 박스 기술과 브라우저와의 관계 때문에 가급적 크롬 브라우저에서 실행해볼 것을 권한다. 아래 그림은 크롬 브라우저에서 플렉스 박스를 사용한 샤이니 앱을 실행해본 것이다.

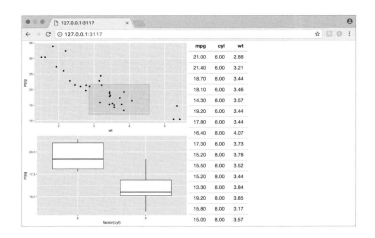

컨테이너가 차지하는 비율 등도 조절할 수 있는데, 이러한 사항은 소개한 함수들의 도움말 페이지를 참고하기 바란다.

⑫ 알림 메시지, 모달 대화상자, 진행 안내바

샤이니 앱에서 사용자에게 메시지를 전달하는 방법들을 알아보자.

⑫-1 알림 메시지

showNotification() 함수와 removeNofication() 함수를 사용해서 알림 메시지를 보여주거나 이것을 삭제할 수 있다. 다음 예는 샤이니 개발자 사이트[14]에서 인용한 것이다.

---

14 http://shiny.rstudio.com/articles/notifications.html

```
shinyApp(
 ui = fluidPage(
  actionButton("show", "Show")
 ),
 server = function(input, output) {
  observeEvent(input$show, {
   showNotification("This is a notification.")
  })
 }
)
```

이 앱은 다음과 같이 렌더링된다.

이 기능은 일종의 다이내믹 UI로 showNotification() 함수가 메시지 창을 만드는 UI 라고 볼 수 있다. 그 사용법은 다음과 같다.

```
showNotification(ui, action = NULL, duration = 5, closeButton = TRUE, id = NULL,
    type = c("default", "message", "warning", "error"), session =
getDefaultReactiveDomain())
```

showNotification() 도움말을 보면, 이 창은 duration이라는 옵션으로 창이 보이 는 시간을 조절할 수 있다. 디폴트가 5로 5초 동안 유지되는데, NULL 값을 주면 항상 보이게 된다.

그리고 type이라는 인자를 사용해서 창의 색을 바꿀 수 있다.

```
type = c("default", "message", "warning", "error")
```

action이라는 인자를 통해 사용자에게 추가 사항을 지시할 수도 있다. 또한 id라는 인자를 써서 생성되는 창의 아이디를 조절할 수 있는데, 이는 문자열을 사용해 지정하고 그러지 않으면 자동으로 생성된다. 아이디는 다음에 소개할 removeNotification() 함수를 사용하여 창을 제거하거나, 추가로 showNotification()을 사용하여 기존 창의 메시지를 변경하는 데 사용된다.

정확하게 그 메커니즘을 이해하기 위해서 showNotification()에서 생성되는 아이디를 출력해 어떤 문자열로 되는지 확인해보았는데, 잘되지 않았다. 아마도 별도의 공간에서 만들어지기 때문인 듯하고, 알림창을 조절하는 목적으로만 사용하기 위해 만든 것으로 보인다.

다음은 removeNotification() 함수를 써서 알림 메시지를 지우는 사례 앱을 보자. 도움말 페이지에서 참고했다.

```
shinyApp(
 ui = fluidPage(
  actionButton("show", "Show"),
  actionButton("remove", "Remove")
 ),
 server = function(input, output) {
  # A queue of notification IDs
  ids <- character(0)
  # A counter
  n <- 0

  observeEvent(input$show, {
   # Save the ID for removal later
   id <- showNotification(paste("Message", n), duration = NULL)
   ids <<- c(ids, id)
   n <<- n + 1
  })

  observeEvent(input$remove, {
   if (length(ids) > 0)
    removeNotification(ids[1])
   ids <<- ids[-1]
  })
 }
)
```

알림 메시지 창에 대한 아이디를 ids라는 문자열 벡터에 저장하고 있다. 그리고 이것을 removeNotification() 함수에서 해당 벡터의 첫 번째 요소로 사용하여 먼저 생성된 알림 메시지를 삭제하고 있다.

12-2 모달 대화상자

모달 대화상자는 아래 그림과 같이 중요하게 알려야 할 메시지가 있을 때 사용하는 대화상자를 말한다.

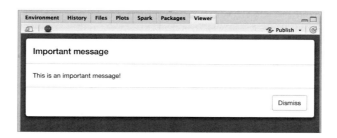

　　모달 대화상자는 샤이니 서버 함수 안에서 `modalDialog()`를 통해 생성하고, `showModal()`이라는 함수를 사용해 표시하거나 `removeModal()`이라는 함수를 사용해 제거한다. `modalDialog()` 함수의 도움말 페이지를 보면 다음과 같은 앱이 소개되어 있다.

```
shinyApp(
 ui = basicPage(
  actionButton("show", "Show modal dialog")
 ),
 server = function(input, output) {
  observeEvent(input$show, {
   showModal(modalDialog(
    title = "Important message",
    "This is an important message!"
   ))
  })
 }
)
```

modalDialog() 함수는 다음과 같은 형태로 사용한다. 창의 제목은 title 인자를 사용하고, 아래 버튼은 footer 인자를 사용해 작성하며, 그 크기는 size 인자를 사용한다. easyClose는 모달 대화상자의 버튼을 클릭할 필요 없이 다른 곳에서 클릭하거나, ESC 키 등을 클릭해도 넘어갈 수 있는지 여부를 결정한다.

```
modalDialog(..., title = NULL, footer = modalButton("Dismiss"), size = c("m",
"s", "l"), easyClose = FALSE, fade = TRUE)
```

이렇게 생성된 모달 대화상자는 일종의 UI로 이것을 실제 앱에 표시하기 위해서는 이 UI를 showModal() 함수로 넘겨야 한다. 그래서 다음과 같은 코드를 사용한다.

```
showModal(modalDialog(
  title = "Important message",
  "This is an important message!"
))
```

12-3 진행 안내바

샤이니에는 시간이 걸리는 계산이나 과정들을 진행할 때 사용자들에게 어느 정도 진행되었는지 알려주는 '진행 안내바(progress bar)'를 만들어주는 기능이 있다. 보통은 withProgress()와 incProgress() 함수를 조합하거나 withProgress()와 setProgress() 함수를 조합하여 사용한다. withProgress() 함수는 반응성 맥락에서 사용할 경우, 그 안에 계산이 오래 걸리는 표현식 등을 놓아서 이를 감싼다. incProgress()나 setProgress()는 계산 식의 중간에 놓이게 되고, 그래서 계산이 진행된 정도에 따라서 눈금 등이 표시될 수 있도록 한다.

withProgress() 또는 incProgress()/setProgress() 모두에서 진행 안내바의 메시지를 위해서 message와 detail이라는 인자를 사용할 수 있다. message에 지정한 문자열은 굵은 글씨체로, detail로 지정한 문자열은 일반적인 텍스트로 보인다. 두 군데에 모두 이 인자들이 사용되면 incProgress()나 setProgress()에 지정된 문자열이 우선하여 표시된다. 진행됨에 따라서 변함이 없는 경우에는 withProgress()에 놓은 것이 좋고, 진행됨에 따라서 변경되는 안내인 경우에는 incProgress()나 withProgress() 안에 지정한다. incProgress() 함수에는 변경되는 정도를 표현할 수 있는 amount 인자가 있고, setProgress()에는 없다.

다음은 샤이니 개발자 사이트[15]에 소개되어 있는 앱이다. 일부러 시간이 걸리도록 코딩을 했다. for 문을 10회 반복하도록 되어 있어서 incProgress()의 amount 인자의 값은 1/n으로 지정하였으며, 반복 변수의 값을 사용하여 detail의 문자열을 만들도록 하였다.

```
library(shiny)
ui <- shinyUI(basicPage(
 plotOutput('plot', width = "300px", height = "300px"),
 actionButton('goPlot', 'Go plot')
))

server <- function(input, output) {
 output$plot <- renderPlot({
  input$goPlot

  dat <- data.frame(x = numeric(0), y = numeric(0))

  withProgress(message = 'Making plot', value = 0, {
   n <- 10

   for (i in 1:n) {
    dat <- rbind(dat, data.frame(x = rnorm(1), y = rnorm(1)))
    incProgress(1/n, detail = paste("Doing part", i))
    Sys.sleep(0.1)
   }
  })
  plot(dat$x, dat$y)
 })
}

shinyApp(ui = ui, server = server)
```

---

15 http://shiny.rstudio.com/articles/progress.html

이 앱은 다음과 같이 만들어진다.

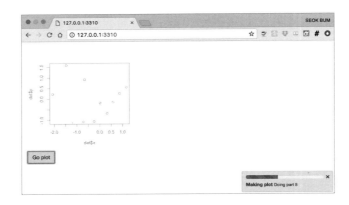

더 자세한 사항은 샤이니 개발자 사이트를 참고하기 바란다.

⑬ 커스텀 CSS

CSS는 Cascading Style Sheet의 약자로 웹 문서의 스타일을 지정하기 위한 언어다. 인터넷에 CSS를 배울 수 있는 https://www.w3schools.com/css/와 같은 다양한 리소스가 있다. CSS를 알면 샤이니 앱 개발에 유용하게 활용할 수 있다. 8장 10절 〈테마 지정〉에서 shinythemes 패키지를 활용해서 샤이니 테마를 지정하는 방법을 배웠는데(p.299), 이것도 사실은 이미 만들어진 스타일을 입히는 과정에 불과하다.

CSS 언어를 사용하여 만든 스타일 정의 파일을 '스타일시트'라고 부르고, 보통 .css라는 확장자를 가진다. 이런 스타일시트를 샤이니 웹 앱에 사용하는 방법은 일반적인 웹 페이지를 만들 때와 유사하다. 웹 페이지를 만들 때 스타일은 세 가지 방법으로 사용할 수 있다. ① 외부 스타일시트를 만들고 <link> 태그를 사용하여 부를 수 있고, ② HTML 페이지의 <head> 안에 <style>....</style>에 놓을 수 있다. ③ 개별적인 HTML 요소의 style 속성의 값으로 지정할 수 있다.

샤이니는 부트스트랩 CSS 프레임워크(Bootstrap v3.3.7 http://getbootstrap.com)를 디폴트로 사용한다. 이런 사실을 기반으로 해서 샤이니 앱의 각종 요소들에 대한 스타일을 별도로 정의하여 사용할 수도 있다. 부트와치(Bootwatch http://bootswatch.com)는 부트스트랩 프레임워크에 기반하여 대부분의 스타일을 미리 지정해놓은 스타일시트를 제공한다. 따라서 이것을 사용하면 간단하게 스타일을 바꿀 수 있다. 이것은 shinythemes 패키지가 제공하는 기능이기도 하다.

13-1 www 디렉터리에 스타일시트를 놓고 사용하기

2장 6-2절 〈www 디렉터리〉에서 샤이니 앱에서 www 디렉터리의 역할을 설명했다(p. 57). 커스텀 스타일시트는 흔히 이 www 디렉터리에 놓고 사용한다. 이곳에 스타일시트를 놓으면 별도의 파일 로딩 코딩이 필요없다. 이 디렉터리에 놓고 바로 fluidPage(), navbarPage(), fixedPage() 함수 등에서 제공하는 theme 인자에 이 파일 이름을 지정하여 사용하면 된다.

```
ui <- navbarPage("App Title", theme = "bootstrap.css",
        tabPanel("Plot"),
        navbarMenu("More",
            tabPanel("Summary"),
            "----",
            "Section header",
            tabPanel("Table")
        )
)
```

참고로 shinythemes 패키지를 사용할 때는 이 패키지를 사용하여 theme = shinytheme("united")와 같은 방법을 사용한다.

(13-2) HTML 헤더에 스타일 넣기

웹 페이지를 만들 때 다음과 같이 헤더에 직접 스타일을 지정할 수 있다.

```
<head>
 <style>
  ...
 </style>
</head>
```

샤이니 앱에서는 이것을 다음과 같이 표현한다(tags 객체에 대해서는 p. 293 8장 6절 〈R로 HTML 태그를 만들어 사용하기〉에서 설명했다).

```
tags$head(
 tags$style(
  HTML(...)
 )
)
```

또는 스타일들을 하나의 스타일시트(.css 파일)로 정리한 다음 includeCSS() 함수를 사용해서 헤더에 넣을 수 있다. 주의할 부분은 이 함수는 앱의 루트 디렉터리를 기준으로 한다는 점이다. 만약 루트에 my-styles.css 파일이 있다면 다음과 같은 형태로 읽는다.

```
ui <- fluidPage(
    includeCSS("my-styles.css"),
    ...
```

(13-3) 개별 HTML 요소에 스타일 넣기

tags 요소를 사용하여 HTML 요소를 넣는 경우 style 인자를 사용해서 CSS 스타일을 바로 지정할 수 있다. 다음은 그 예다.

```
tags$h2("My App", style="color: blue;")
```

부트스트랩 CSS 프레임워크는 기본적으로 HTML 요소의 클래스를 사용하여 스타일을 사용한다는 점에 착안하여 다음과 같이 할 수 있다.

```
tags$h2("My App", class="text-danger")
```

이것은 부트스트랩의 헬퍼 클래스[16]에 근거한 것이다. 앞에서 소개한 내용들은 대부분 tags 객체를 활용한 HTML 요소에 해당되는 이야기다. 사용자 입장에서는 샤이니의 입력 위젯들과 출력물들의 스타일까지 바꾸고 싶을 수 있는데, 아직까지는 샤이니에서 일관된 방법을 제시하지 않고 있다. 나중에 일관된 방법이 패키지로 개발되지 않을까 기대한다. 11장 2절 〈shinyjs 패키지의 활용〉에서 shinyjs 패키지를 설명할 때 일부 소개할 것이다(p. 401).

(14) 정리

이번 장에서는 주로 샤이니 앱의 외적인 면을 조절하기 위하여 레이아웃, 아이콘, 테마, 알림 메시지 기능, 커스텀 CSS 등의 지정 방법을 알아보았다. 처음에는 익혀야 할 기능이 많아서 능숙해지는 데 다소 시간이 걸릴 것이다. 다른 사람들이 개발한 앱을 유심히 보면서 다양한 레이아웃 법을 익히는 것도 좋은 방법이다. 무엇보다 자신이 직접 앱을 만들어보는 것만큼 좋은 방법은 없다.

---

16 http://getbootstrap.com/css/#helper-classes

R

Shiny

파일 처리, 값 유효성 검증,
샤이니 모듈

Search

지금까지 샤이니 앱을 만드는 데 필요한 기본적인 기능들을 공부했다. UI에서 입력, 출력 위젯을 다루는 방법과 이런 콘텐츠들을 배치하는 방법을 보았고, 샤이니 서버 함수에서 어떻게 반응성을 다루는지 살펴보았다.

이번 장부터는 앞에서 익힌 기본 기능을 바탕으로 해서 좀 더 고급의 기술들을 설명하고자 한다. 이런 기능들은 샤이니 앱을 만들어 혼자 사용하는 수준을 넘어서는 순간, 중요해지는 것들이다.

9장에서는 다음과 같은 기술들을 설명한다. 이런 기술들이 특별히 연관이 있어서 하나의 장으로 묶은 것은 아니기 때문에 각 절을 별도로 읽어도 좋다.

- 파일을 올리거나 내려받을 수 있도록 하는 기능
- 입력값의 유효성을 검증하는 기술
- 샤이니를 모듈별로 개발하는 방법

① 파일 업로드와 다운로드

샤이니 앱에 파일을 업로드할 수 있고 앱에서 파일을 다운로드할 수도 있다. 이때 임시 파일 (tempfile())을 사용하게 되는데, 일반 컴퓨터에서는 잘 쓰지 않는 패턴이다. 이런 방법을 쓰는 이유는 웹에서는 일반 사용자가 서버의 디렉터리에 파일을 기록할 수 있는 권한을 부여받지 않은 경우 일반적으로 쓰기가 허용되지 않고 아무 장소에나 파일을 저장할 수 없기 때문이다. 또한 업로드된 파일의 위치를 사용자가 알게 하면 이를 악의적으로 이용할 가능성이 존재하는 등 여러 문제가 발생할 수 있기 때문이다.

모든 R 세션에는 세션과 연관된 임시 디렉터리(tempdir())가 따라붙는다. 세션 사용자는 이 임시 디렉터리를 자유롭게 사용할 수 있지만, 세션이 종료되면 디렉터리 역시 함께 삭제된다. 이러한 기본 내용을 인지하고, 파일 업로드 다운로드와 관련된 좀 더 구체적인 사항들을 알아보자.

파일을 업로딩할 때는 fileInput() 입력 위젯을 사용한다. 문법은 다음과 같다.

```
fileInput(inputId, label, multiple = FALSE, accept = NULL, width = NULL,
buttonLabel = "Browse...",
  placeholder = "No file selected")
```

이 함수는 다른 입력 위젯과 마찬가지로 첫 번째 인자로 데이터 아이디를, 두 번째 인자로 레이블을 지정한다. 그 외에 accept 인자에 MIME 타입, buttonLabel에 버튼의 레이블, placeholder에 파일 업로드 전의 상태 등을 전달하는 텍스트를 지정한다. accept 인자에는 MIME 타입을 지정하는데, 이것은 브라우저에 파일의 타입을 알려주는 것이고 인터넷 표준으로 정해져 있다. 정의하는 방법 등은 인터넷[1] 자료를 참고한다.

예를 들어 fileInput("selFile", "파일선택", buttonLabel = "파일선택")과 같이 입력 위젯을 사용하여 파일을 업로딩했을 때, 어떤 정보가 input$selFile로 전달되는지 알아보자. 일반적인 값을 입력하는 위젯을 사용하는 경우에는 그 값이 직접 이런 객체로 전달되지만 파일을 업로딩할 때는 좀 다르다.

다음 샤이니 앱을 보자.

---

1   https://developer.mozilla.org/en-US/docs/Web/HTTP/Basics_of_HTTP/MIME_types

```
library(shiny)

ui <- fluidPage(
 fileInput("selFile", "파일선택", buttonLabel = "파일선택"),
 tableOutput("tbl")
)

server <- function(input, output, session) {
 output$tbl <- renderTable({
  req(input$selFile)
  input$selFile
 })
}

shinyApp(ui, server)
```

이 앱을 실행하고 파일을 선택한 뒤 업로드하면 아래 그림과 같이 나타난다.

그 내용을 보면 업로드 파일의 정보를 담고 있는 데이터 프레임이 출력되고, 기대했던 파일의 내용은 출력되지 않는 것을 알 수 있다.

input$selFile 객체에는 데이터가 들어 있지 않다. 이것은 단지 업로딩된 파일에 대한 정보를 가진 데이터 프레임(data frame)이다. 이 데이터 프레임의 한 행에는 업로딩된 개별 파일에 대한 정보가 담겨 있으며, 다음과 같은 열들을 가지고 있다.

• name: 웹 브라우저에 의해서 제공되는 파일 이름
• size: 파일의 크기(바이트)
• type: 브라우저에 의해서 보고되는 MIME 타입. 브라우저가 잘 모르는 경우는 빈 문자열
• datapath: 업로드된 데이터를 포함하고 있는 임시 파일에 대한 경로

이 앱을 다음과 같이 수정해보았다. .csv 파일을 올리고 그것을 읽는 read.csv() 함수를 사용했다. 그리고 그 내용물에 접근하기 위해서 input$selFile$datapath를 사용했다. 만약 파일의 내용을 출력하려면 datapath 열의 정보를 사용해야 한다. 업로드된 파일의 내용물은 이것이 가리키는 임시 파일에 저장되어 있기 때문이다.

```r
library(shiny)

ui <- fluidPage(
 fileInput("selFile", "파일선택", buttonLabel = "파일선택"),
 tableOutput("tbl")
)

server <- function(input, output, session) {
 output$tbl <- renderTable({
  req(input$selFile)
  read.csv(input$selFile$datapath)
 })
}

shinyApp(ui, server)
```

이 앱은 다음과 같이 렌더링된다.

mpg	cyl	disp	hp	drat	wt	qsec	vs	am	gear	carb
21.00	6	160.00	110	3.90	2.62	16.46	0	1	4	4
21.00	6	160.00	110	3.90	2.88	17.02	0	1	4	4
22.80	4	108.00	93	3.85	2.32	18.61	1	1	4	1
21.40	6	258.00	110	3.08	3.21	19.44	1	0	3	1
18.70	8	360.00	175	3.15	3.44	17.02	0	0	3	2
18.10	6	225.00	105	2.76	3.46	20.22	1	0	3	1

이번에는 파일을 다운로드하는 기능에 대해서 알아보자. 파일을 다운로드하려면 다음과 같은 것들이 필요하다.

- UI: downloadButton() 또는 downloadLink() 함수로, actionButton()과 유사하다. 여기에서 지정하는 아이디는 샤이니 서버 함수에서 사용되는 downloadHandler()의 출력 아이디와 연결된다.
- 샤이니 서버 함수: downloadHandler() 함수로, UI에서 만들어진 버튼이 클릭되었을 때 다운로드를 실행시키는 역할을 한다. 일종의 render*() 함수인데 다운로드라는 행동을 지시한다고 생각하면 된다.

downloadHandler() 함수는 다음과 같이 사용한다.

```
downloadHandler(filename, content, contentType = NA, outputArgs = list())
```

주요 인자는 다음과 같다.

- filename: 다운로딩될 파일의 이름을 확장자까지 포함해서 지정한다. 문자열로 주거나, 함수를 사용하여 반응성 값을 사용해 문자열을 출력하는 함수로 지정한다.
- content: 이것은 file이라는 인자를 가지는 함수로 지정한다. 이때 file은 내용이 저장되는 임시 파일에 대한 경로가 되고, 해당 함수의 바디 안에 이 파일로 데이터를 기록하는 코드가 들어가게 된다.

파일이 다운로딩되는 과정은 다음과 같은 과정으로 진행된다. UI에서 버튼이 클릭되면, 그것에 반응해서 다운로딩 될 콘텐츠가 임시 파일에 기록되고, 이것이 지정한 파일의 이름으로 다운로드된다.

다음은 downloadHandler() 함수 도움말에 나와 있는 샤이니 예제이다.

```
ui <- fluidPage(
 downloadLink("downloadData", "Download")
)

server <- function(input, output) {
 # Our dataset
 data <- mtcars

 output$downloadData <- downloadHandler(
  filename = function() {
   paste("data-", Sys.Date(), ".csv", sep="")
  },
  content = function(file) {
   write.csv(data, file)
  }
 )
}

shinyApp(ui, server)
```

주의해서 볼 것은 다음과 같다.

- UI의 downloadLink()에서 지정한 입력 아이디와 ouput$downloadData로 매칭되는 관계
- downloadHandler() 함수에서 filename 인자와 content 인자를 사용한 방법

1-1 이미지 다운로드

샤이니에서 renderPlot()과 plotOutput()으로 플롯을 생성하고 디스플레이할 수 있다. 그러나 이 방법으로는 R 그래픽 코드를 사용하여 작성되는 플롯들만 처리할 수 있다. 기존에 존재하는 이미지나 다른 프로그램이 만든 이미지 등은 이 방법으로 처리할 수 없다. 좀 더 일반적인 방법은 renderImage()와 imageOutput()을 사용하는 것이다.

renderImage()와 imageOutput() 함수들은 사용되는 함수들은 다르지만 앞 절에서 배운 파일 다운로드 방법과 상당히 유사한 과정을 거치므로 이 부분에서 같이 소개한다. 보다

자세한 설명은 샤이니 개발자 사이트에 있는 "Render images in a Shiny app"이라는 글[2]에 담겨 있다.

renderImage()의 사용법은 다음과 같다.

```
renderImage(expr, env = parent.frame(), quoted = FALSE, deleteFile = TRUE,
outputArgs = list())
```

첫 번째 인자인 expr은 반드시 R 리스트(list)를 반환하는 표현식이라야 한다. 이 리스트의 구조는 다음과 같다.

- src: 출력될 파일의 경로
- contentType: 파일의 MIME 타입
- width, height: 크기(픽셀)
- alt: 이미지가 디스플레이되지 못하는 상황에서 표시되는 텍스트

renderImage() 함수의 도움말 페이지를 보면 이 함수를 다양한 사례에 적용한 예가 잘 나와 있다. 하나씩 살펴보자.

다음은 임시 파일을 만들고, 해당 파일에 png(), dev.off()를 사용하여 이미지를 저장한 후 관련 정보를 리스트로 반환한 것이다.

```
# A plot of fixed size
output$plot1 <- renderImage({
  # A temp file to save the output. It will be deleted after renderImage
  # sends it, because deleteFile=TRUE.
  outfile <- tempfile(fileext='.png')

  # Generate a png
  png(outfile, width=400, height=400)
  hist(rnorm(input$n))
  dev.off()

  # Return a list
  list(src = outfile,
    alt = "This is alternate text")
}, deleteFile = TRUE)
```

---

2 http://shiny.rstudio.com/articles/images.html

다음은 session$clientData를 사용하여[3] 브라우저의 이미지 크기가 변하는 것을 읽어서 거기에 맞게 이미지를 생성하도록 하는 코드이다. 전반적인 과정은 앞에서와 같다.

```
output$plot2 <- renderImage({
  # Read plot2's width and height. These are reactive values, so this
  # expression will re-run whenever these values change.
  width  <- session$clientData$output_plot2_width
  height <- session$clientData$output_plot2_height

  # A temp file to save the output.
  outfile <- tempfile(fileext='.png')

  png(outfile, width=width, height=height)
  hist(rnorm(input$n))
  dev.off()

  # Return a list containing the filename
  list(src = outfile,
    width = width,
    height = height,
    alt = "This is alternate text")
}, deleteFile = TRUE)
```

다음은 기존에 만들어진 이미지를 보내는 방법이다. images라는 디렉터리에 이미지들이 저장되어 있을 때를 가정했다. 그 경로 정보를 반환되는 리스트의 src 값에 지정하였다.

```
# Send a pre-rendered image, and don't delete the image after sending it
# NOTE: For this example to work, it would require files in a subdirectory
# named images/
output$plot3 <- renderImage({
  # When input$n is 1, filename is ./images/image1.jpeg
  filename <- normalizePath(file.path('./images',
              paste('image', input$n, '.jpeg', sep='')))

  # Return a list containing the filename
  list(src = filename)
}, deleteFile = FALSE)
```

---

3 11장 1-5절 〈서버에서 session에 담긴 클라이언트 정보 읽기〉 부분을 참고한다(p. 396).

1-2 다이내믹 레포팅

샤이니 앱에서 보고서를 다운로딩하는 방법으로, 기본적인 로직은 파일 다운로드 방법과 같다. 이 내용은 14장 4-3절 〈보고서 다운로드〉에서 샤이니 인터랙티브 문서를 만드는 방법과 함께 소개하려고 한다(p.478).

2 입력값의 유효성 검증

입력값의 유효성을 검증(validation)하는 기능을 통해서 적절한 값이 입력되었는지 체크하고, 문제가 있으면 오류 메시지 등을 보내 사용자들이 그다음에 무엇을 할지 알려줄 수 있다.

기본적으로 샤이니는 코드에 어떤 문제가 발생하면 디폴트로 빨간색 텍스트를 출력한다. 이런 것들을 잘 다듬어 사용자들에게 유용한 정보로 바꾸어서 보여줄 필요가 있다. 이런 기능을 위해 샤이니에는 validate(), need(), req() 같은 함수가 있는데 이들을 조합하여 원하는 기능을 구현할 수 있다.

2-1 사례 앱

아주 간단한 앱에서 시작해보자. 사용자로부터 이름과 나이를 입력받을 수 있는데, 이것이 반드시 입력되기를 원한다고 가정해보자.

```
library(shiny)

ui <- fluidPage(
 titlePanel("사용자 이름과 나이"),
 textInput("myName", "이름", placeholder = "이름입력"),
 numericInput("myAge", "나이", value = NULL, min = 1, max = 110),
 textOutput("mine")
)
```

```
server <- function(input, output) {
 output$mine <- renderText({
  paste("당신의 이름은", input$myName, "이며, 나이는", input$Age, "세입니다.")
 })
}

shinyApp(ui, server)
```

이 앱을 실행하면 다음과 같이 된다.

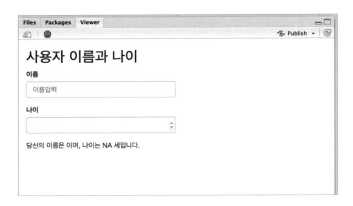

앱을 보면 샤이니 디폴트 에러 메시지가 표시되지는 않았지만, 출력된 텍스트가 그다지 자연스럽지 않다. 우리는 이 앱에서 사용자들이 이름과 나이를 반드시 입력하기를 원하므로 이런 경우에 사용할 수 있는 것이 유효성 검증이다. 값을 입력했을 때 '당신의 이름은 이며, 나이는 NA 세입니다'와 같은 텍스트가 나타나지 않게 하고, 필요한 경우 사용자들로 하여금 값을 입력하도록 안내하려 한다.

2-2 가장 간단한 형태: req() 함수

유효성 검증을 위해 가장 간단하게 사용할 수 있는 것이 req() 함수이다. req는 require의 약자이며, 이 함수의 인자는 필수적으로 필요한 객체들이다. 꼭 필요한 객체들이 없으면 오류가 발생하고 해당 블록의 코드가 진행되지 않는다. 단, 앱 실행이 완전히 중단되는 것은 아니다.

앞의 사례에서는 input$myName과 input$myAge를 필요로 했다. 이런 경우 다음과 같이 코딩한다.

```
req(input$myName, input$myAge)
```

이 함수는 두 가지 형태로 사용할 수 있다.

- 하나의 문장(statement)으로 사용
- 조건문에서 참/거짓 값이 들어가는 위치에 사용

앞의 앱을 다음과 같이 바꿔보았다.

```
library(shiny)

ui <- fluidPage(
 titlePanel("사용자 이름과 나이"),
 textInput("myName", "이름", placeholder = "이름입력"),
 numericInput("myAge", "나이", value = NULL, min = 1, max = 110),
 textOutput("mine")
)

server <- function(input, output) {
 output$mine <- renderText({
  req(input$myName, input$myAge)
  paste("당신의 이름은", input$myName, "이며, 나이는", input$age, "세입니다.")
 })
}

shinyApp(ui, server)
```

앱을 실행하면 앞에서와 다르게 출력 텍스트가 표시되지 않는 것을 확인할 수 있다.

이처럼 req() 함수는 사용하기는 간단하지만 에러 등이 표시되지 않는다. 만약 에러가 발생했을 때 그것에 대응해서 사용자에게 어떤 정보를 주기 원한다면, 이보다는 좀 복잡한 validate() 함수와 need() 함수를 조합하여 사용하는 것이 좋다.

2-3 validate()와 need() 함수를 사용한 유효성 검증

앞에서 예로 사용한 앱에서 이름과 나이를 입력하지 않았을 때 사용자에게 해당 내용이 빠져 있음을 알려주기 위해서 validate(), need() 함수를 사용해보자. 보통 validate() 함수 안에 need() 함수가 사용된다. need() 함수 대신 사용자가 정의한 함수를 사용할 수도 있는데 이 내용은 따로 설명하지 않겠다(도움말 페이지를 참고하도록 한다).

validate() 함수와 need() 함수는 다음과 같이 사용한다.

```
validate(
 need(input$myName != '', message = "이름은 필수적으로 입력해야 합니다.")
)
```

먼저 need() 함수의 사용법을 파악해야 한다. need() 함수의 첫 번째 인자는 참 또는 거짓으로 평가되는 표현식이다. 위의 경우에는 input$myName != ''이다. 두 번째 인자는 '첫 번째 인자가 거짓인 경우에 출력될 메시지'이다. 이 경우에는 입력 위젯에서 이름을 입력하지 않으면 input$myName은 빈 텍스트가 되고, 첫 번째 인자가 '' != ''가 되어서 거짓으로 평가 된다. 그래서 해당 메시지가 출력된다.

나이 입력인 경우에는 다음과 같이 코딩할 수 있다.

```
validate(
  need(input$myAge != '', message = "나이는 필수적으로 입력해야 합니다.")
)
```

이름과 나이를 모두 입력해야 하는 경우라면 앞의 두 개를 하나의 validate() 함수로 묶어서 다음과 같이 표현한다.

```
validate(
  need(input$myName != '', message = "이름은 필수적으로 입력해야 합니다."),
  need(input$myAge != '', message = "나이는 필수적으로 입력해야 합니다.")
)
```

이것을 앱에 적용해보면 다음과 같다.

```
library(shiny)

ui <- fluidPage(
  titlePanel("사용자 이름과 나이"),
  textInput("myName", "이름", placeholder = "이름입력"),
  numericInput("myAge", "나이", value = NULL, min = 1, max = 110),
  textOutput("mine")
)

server <- function(input, output) {
  output$mine <- renderText({
    validate(
      need(input$myName != '', message = "이름은 필수적으로 입력해야 합니다."),
      need(input$myAge != '', message = "나이는 필수적으로 입력해야 합니다.")
    )
    paste("당신의 이름은", input$myName, "이며, 나이는", input$myAge, "세입니다.")
  })
}

shinyApp(ui, server)
```

결과는 다음과 같이 나타난다. 이름만 입력한 경우에는 나이에 대한 메시지가 출력된다.

이처럼 샤이니에서는 숫자, 문자열, 참/거짓 등 다양한 값을 입력 위젯을 통해 입력할 수 있다. 이런 객체들에 대해서 need() 함수의 첫 번째 조건식을 잘 활용해야 하고, 각 상황에서 원활하게 사용할 수 있어야 한다. 그러기 위해서 샤이니는 조건식이 참, 거짓이 되는 상황을 일반 R 언어와 조금 다르게 확장해 정의하고 있다.

2-4 조건식의 참과 거짓

R에서 참은 TRUE 또는 T, 거짓은 FALSE 또는 F로 표현한다. 이런 사실만을 사용해 위와 같은 조건문을 구성하려면 새로운 함수를 만들거나 복잡한 코딩을 해야 할 수도 있다. 예를 들어 actionButton을 클릭해야만 뭔가를 실행하게 만들려면 '버튼이 클릭되면 참, 그렇지 않으면 거짓'으로 평가되는 조건식이 필요할 것이다. 샤이니 저자들은 이런 상황에 대비해서 참, 거짓으로 평가될 수 있게 규칙들을 준비해놓았다.

need() 함수의 첫 번째 인자인 표현식이 다음 값으로 평가되는 경우 거짓으로 본다.

• FALSE

• NULL

• "": 빈 줄

• 값을 가지고 있지 않은 원자형 벡터(An empty atomic vector)

• NA

- FALSE 또는 결측값만으로 구성되는 논리형 벡터
- try-error 클래스의 객체
- 클릭하지 않은 actionButton의 값

실제로 함수에 적용해보면 다음과 같다.

```
> library(shiny)
> need(FALSE, message = "출력메시지")
[1] "출력메시지"
> need(NULL, message = "출력메시지")
[1] "출력메시지"
> need("", message = "출력메시지")
[1] "출력메시지"
> need(c(), message = "출력메시지")
[1] "출력메시지"
> need(c(NA, FALSE), message = "출력메시지")
[1] "출력메시지"
> need(try(1 == 0), message = "출력메시지")
[1] "출력메시지"
```

그리고 샤이니에서는 어떤 표현식이 참인지 거짓인지 체크할 수 있는 isTruthy()라는 함수를 제공하고 있다.

```
> isTruthy( 1 > 2)
[1] FALSE
> isTruthy("")
[1] FALSE
> isTruthy(NULL)
[1] FALSE
> isTruthy(c())
[1] FALSE
> isTruthy(try(1 == 1))
[1] TRUE
```

③ 샤이니 모듈

이 절에서는 샤이니 앱을 모듈로 구성하는 방법을 소개한다. 샤이니 앱이 커질수록 모듈화된 방식이 중요해진다. 규모가 큰 프로젝트를 하나의 틀 안에서 만들다 보면 코드들이 엉켜서 나중에 앱을 이해하는 데 어려움을 겪을 수 있다. 중요한 기능에 집중해야 하며, 유지 관리를 원활하게 하기 위해서 모듈화된 작업 방식이 필요하다.

다른 언어에서와 마찬가지로 일반적으로 모듈은 항상 독립적인 단위로 만드는 부분과 이 독립 단위가 전체와 소통하는 방법을 전략적으로 마련할 필요가 있다. 모듈은 독립적인 실행 단위로 존재하면서도 필요에 따라서는 앱의 나머지 부분과 원활하게 통합되어야 한다. 따라서 모듈을 이해할 때는 '분리와 통합'이라는 관점을 가지고 그 방법을 이해하도록 한다.

③-1 샤이니 모듈과 네임스페이스

샤이니 모듈은 2개의 R 함수로 작성한다.

- UI를 구성하는 R 함수
- 서버 로직을 구성하는 함수(모듈 서버 함수, module server function)

모듈을 본격적으로 설명하기 이전에 샤이니 모듈 시스템에서 사용되는 '네임스페이스 (namespaces)'라는 개념을 이해해야 한다. A라는 모듈이 다음과 같은 UI 함수와 모듈 서버 함수로 구성되어 있다고 생각해보자.

- UI 함수: 슬라이더를 사용하여 사용자가 값을 입력하고, 그 값을 화면에 출력하도록 한다.
- 모듈 서버 함수: 사용자가 입력한 값을 받아서 반응성으로 다시 UI 함수에 값을 보낸다.

하나의 앱에서 모듈들을 반복하여 사용할 수 있다. 그렇게 반복 사용하는 것이 모듈을 만드는 중요한 이유이기도 하다. 모듈 A를 한 앱에서 2번 사용하여 다음 그림과 같이 2개의 슬라이더와 1개의 결과 출력이 있다고 생각할 수 있다.

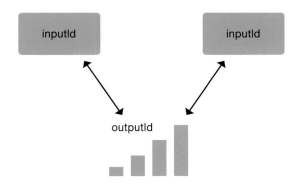

2장 3절 〈샤이니 앱에서 데이터가 전달되는 방식〉에서 설명한 바와 같이 샤이니 앱에서 반응성 체인이 만들어지는 데는 데이터 아이디가 중요하다(p.47). 그런데 그림과 같이 관계가 형성된 경우에는 이런 아이디들 간에 충돌이 발생한다. 샤이니는 충돌을 피할 수 있도록 네임스페이스라는 방법을 사용한다. 사용법은 간단하다. 모듈을 구성하는 한 쌍의 함수에 같은 아이디를 부여하는 것이다. 즉 UI 함수, 모듈 서버 함수 모두에 같은 문자열로 네임스페이스를 지정해준다. 이때 NS() 함수를 사용한다.

함수는 클로저라는 개념을 사용한다. 그래서 이 함수는 어떤 문자열을 받고, 하나의 함수를 반환한다. 반환된 함수에 다시 문자열을 전달하면, 앞에서 전달된 문자열과 −으로 결합된 문자열을 반환한다.

```
> ns <- NS("trial")
> ns("exmple")
[1] "trial-exmple"
```

구체적으로 어떻게 이용하는지는 이후 설명한다.

3-2 모듈 UI 함수와 모듈 서버 함수

이제 모듈 UI 함수와 모듈 서버 함수를 만들어보자. 모듈 함수 쌍을 만들 때 그 이름은 다음 관례를 따른다.

- UI 함수 이름은 끝에 Input/Output 또는 UI를 붙인다.
- 모듈 서버 함수의 이름은 Input/Output, UI가 없는 앞 부분만 사용한다.

관례에 따라 numberDisplayUI라는 UI 함수를 사용한다면, 모듈 서버 함수는 number Display라고 명명한다. 이들은 모두 R 함수이기 때문에 다음과 같이 시작한다.

```
numberDisplayUI <- function() { }
numberDisplay <- function() { }
```

먼저 UI 함수를 만들자. UI 함수의 첫 번째 인자는 항상 아이디(문자열)로 지정한다. 이것은 나중에 네임스페이스를 만드는 역할을 한다.

```
numberDisaplyUI <- function(Id) {
 ns <- NS(id)
 ...
}
```

다음에는 모듈 서버 함수를 작성한다. 이 함수의 인자는 항상 input, output, session 이라는 인자를 사용해야 한다. 일반적인 샤이니 앱에서는 session 객체를 사용하는 것이 옵션이지만 모듈에서는 반드시 사용해야 한다.

```
numberDisplay <- function(input, output, session) {
 ...
}
```

이제 로직을 추가할 차례다. sliderInput()을 사용하여 사용자로부터 1에서 100까지 숫자 가운데 하나를 입력받고, 그 값을 그대로 출력하는 간단한 앱을 구성해보려고 한다. 일반적인 샤이니 앱이라면 다음과 같은 코드로 작성될 것이다.

```
numberDisplayUI <- function(Id ) {
 ns <- NS(Id)
 sliderInput("inputNum", "Select Number:", min = 1, max = 100, value =50)
 textOutput("outputNum")
}

numberDisplay <- function(input, output, session) {
 output$outputNum <- renderText({
  input$inputNum
 })
}
```

이것을 가지고 앱을 구성한다면, 슬라이더로 입력된 숫자는 input$inputNum으로 서버 모듈에서 사용될 것이다. 이런 모듈이 두 번 사용되는 경우 앞에서 설명한 이름의 충돌이 발생한다. 그래서 네임스페이스가 필요하다. 네임스페이스는 입력, 출력 아이디를 ns()라는 함수로 둘러싸서 만든다.

```
numberDisplayUI <- function(Id ) {
 ns <- NS(Id)
 sliderInput(ns("inputNum"), "Select Number:", min = 1, max = 100, value =50)
 textOutput(ns("outputNum"))
}

numberDisplay <- function(input, output, session) {
 output$outputNum <- renderText({
  input$inputNum
 })
}
```

네임스페이스가 작동하는 원리는 비교적 간단하다. 이 모듈을 하나의 앱에서 두 번 사용한다고 생각해보자. 첫 번째 모듈을 호출할 때 "first"라는 아이디를 사용하고, 두 번째 모듈을 사용할 때(함수이므로 호출)는 "second"라는 아이디를 사용한다고 가정한다.

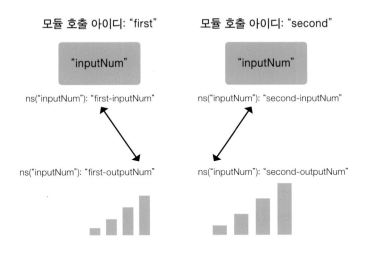

위의 그림에서 보듯이 UI 함수에서 입력 위젯의 아이디를 ns()라는 함수로 묶으면 첫 번째 것은 "first-inputNum", 두 번째 것은 "second-inputNum"이 된다. 이런 관계는 모듈 서버 함수의 ouput 객체와 UI 함수의 출력물과의 관계에도 그대로 적용된다.

여기서 하나 짚고 넘어갈 부분은, 모듈 서버 함수에서는 ns()가 사용되지 않는다는 점이다. 모듈 서버 함수는 일반 샤이니 앱의 서버 함수와 같은 모습으로 코딩한다고 보면 된다. 샤이니 저자들이 자세하게 설명하고 있지는 않지만, 그렇게 되도록 만들어놓았다.

네임스페이스 문제는 해결되었지만 조금 더 고려할 부분이 있다. `numberDisplayUI` 함수를 호출했을 때 반환되는 값을 생각해보자. 앞의 경우에는 R 함수의 문법에 따라서 `textOuput(ns("outputNum"))`이 마지막 표현식이므로 이것만 반환될 것이다. 일반 R 함수에서 여러 가지 것들을 묶어서 반환하기 위해서는 리스트(list)가 필요한데, 샤이니에서는 HTML 요소로 바뀔 것들을 묶는 역할을 하도록 `tagList()` 함수를 제공한다. 그래서 다음과 같이 바꾼다.

```
numberDisplayUI <- function(Id ) {
 ns <- NS(Id)
 tagList(
  sliderInput(ns("inputNum"), "Select Number:", min = 1, max = 100, value =50),
  textOutput(ns("outputNum"))
 )
}

numberDisplay <- function(input, output, session) {
 output$outputNum <- renderText({
  input$inputNum
 })
}
```

이렇게 해서 모듈이 완성되었다. 결론적으로 다음과 같이 정리할 수 있다.

- UI 함수의 이름에는 끝에 UI/Input/Output 등의 접미사를 쓰고, 모듈 서버 함수는 이것들 없이 바로 사용한다.
- UI 함수에는 클로저에 기반한 NS()라는 함수를 사용하여 네임스페이스 생성함수를 만들고, 이 함수로 입출력 아이디들을 묶는다.
- 모듈 서버 함수는 네임스페이스를 신경 쓸 필요가 없지만, 함수의 인자로 input, output, session이 모두 필요하다.

3-3 모듈 함수를 호출해서 사용하는 방법

샤이니 모듈은 두 개의 R 함수이다. 따라서 모듈을 사용한다는 것은 곧 이들 함수를 실행한다는 것을 의미한다. 실행할 수 있으려면 샤이니가 실행될 때 이들 함수가 등록되어 있어야 한다. 그래서 앱에서 이 모듈을 어디에 두어야 하는지가 중요해진다. 기본은 장소가 어디가 되었든 샤이니 앱 코드가 실행되기 이전에 함수가 등록되게 만드는 것이다. 가장 간단한 예로 단일파일 샤이니 앱에서 ui, server가 정의되기 전에 이들을 놓는다.

```
library(shiny)

numberDisplayUI <- function(Id ) {
 ns <- NS(Id)
 sliderInput(ns("inputNum"), "Select Number:", min = 1, max = 100, value =50)
 textOutput(ns("outputNum"))
}

numberDisplay <- function(input, output, session) {
 output$outputNum <- renderText({
  input$inputNum
 })
}

ui <- fluidPage(
 ...
)

server <- function(input, output) {
 ...
}

shinyApp(ui, server)
```

모듈에서 UI 함수는 당연히 ui에 놓는다. 모듈 UI 함수는 Id를 파라미터로 가지고 있어서 이것을 원하는 문자열로 지정한다. 먼저 "firstId"라고 사용해보았다. 이렇게 준 값은 앞에서 보았듯이 NS() 함수로 전달되어 네임스페이스를 만드는 앞의 단어로 사용된다. 그래서 다음과 같이 UI 함수를 호출하면 된다.

```
ui <- fluidPage(
 numberDisplay("fistId")
)
```

모듈 서버 함수는 당연히 server에 놓인다. 그런데 모듈 서버 함수를 호출할 때는 call Module()이라는 특수한 함수가 필요하다. 이 함수는 첫 번째 인자로 호출할 모듈 서버 함수의 이름을 문자열로 받는다. 그리고 중요한 것이 두 번째 인자인데 모듈 UI 함수를 호출할 때 사용한 아이디와 똑같은 값을 문자열로 전달한다. 모듈은 모듈 UI 함수와 모듈 서버 함수가 쌍으로 움직이기 때문에 이들을 맞춰주는 조치로 이해할 수 있다. 그래서 다음과 같이 작성한다.

```
server <- function(input, output) {
 callModule(numberDisplay, "firstId")
}
```

결론적으로 다음과 같은 앱을 만들 수 있다.

```
library(shiny)

numberDisplayUI <- function(Id ) {
 ns <- NS(Id)
 tagList(
  sliderInput(ns("inputNum"), "Select Number:", min = 1, max = 100, value = 50),
  textOutput(ns("outputNum"))
 )
}

numberDisplay <- function(input, output, session) {
 output$outputNum <- renderText({
  input$inputNum
 })
}

ui <- fluidPage(
 numberDisplayUI("firstId")
)

server <- function(input, output) {
 callModule(numberDisplay, "firstId")
}
shinyApp(ui, server)
```

그러면 다음과 같은 앱이 될 것이다.

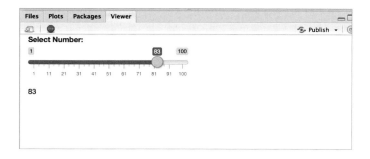

그런데 이런 모듈은 기본적으로 코드의 분리와 재사용을 목적으로 한다. 모듈을 한 번 더 사용해보려고 한다. 모듈을 이렇게 두 번 이상 사용하는 경우에 고려할 것은 역시 네임스페이스이다. 첫 번째로 모듈을 호출할 때 사용한 아이디를 피해서 사용해야 한다. 여기서는 "secondId"를 사용해보자. 모듈 UI 함수는 ui에서, 모듈 서버 함수는 server에서 호출하는 것은 같고 아이디만 다르다.

```
library(shiny)

numberDisplayUI <- function(Id ) {
 ns <- NS(Id)
 tagList(
  sliderInput(ns("inputNum"), "Select Number:", min = 1, max = 100, value = 50),
  textOutput(ns("outputNum"))
 )
}

numberDisplay <- function(input, output, session) {
 output$outputNum <- renderText({
  input$inputNum
 })
}

ui <- fluidPage(
 numberDisplayUI("firstId"),
 numberDisplayUI("secondId")
)

server <- function(input, output) {
 callModule(numberDisplay, "firstId")
 callModule(numberDisplay, "secondId")
}
shinyApp(ui, server)
```

그러면 다음 그림과 같은 앱이 된다.

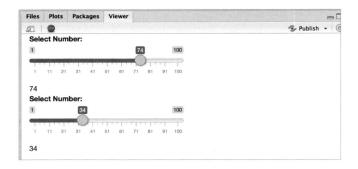

실제 앱을 사용해보면 같은 모듈을 사용하고 있지만 독립적으로 작동한다는 사실을 알 수 있다. 각각의 모듈이 고유한 네임스페이스를 가지고 있기에 가능한 일이다.

3-4 인자를 추가한 모듈 함수

모듈 UI 함수와 모듈 서버 함수 모두 R 함수로, 앞에서 설명한 필수적인 인자들 이외에도 사용자가 인자를 추가하여 정의할 수 있다. 앞에서 만든 모듈에서 슬라이드 레이블을 함수의 인자로 전달해 작성하려면 다음과 같이 할 수 있다.

```r
library(shiny)

numberDisplayUI <- function(Id, label) {
 ns <- NS(Id)
 tagList(
  sliderInput(ns("inputNum"), label, min = 1, max = 100, value = 50),
  textOutput(ns("outputNum"))
 )
}

numberDisplay <- function(input, output, session) {
 output$outputNum <- renderText({
  input$inputNum
 })
}
```

```
ui <- fluidPage(
  numberDisplayUI("firstId", label = "첫 번째 숫자 선택"),
  numberDisplayUI("secondId", label = "두 번째 숫자 선택")
)

server <- function(input, output) {
 callModule(numberDisplay, "firstId")
 callModule(numberDisplay, "secondId")
}
shinyApp(ui, server)
```

즉 numberDisplayUI 모듈 UI 함수에 label이라는 인자를 추가했고, 이 인자로 받은 정보를 sliderInput()에서 사용했다. 그리고 이 모듈 UI 함수를 호출하면서 이 레이블에 사용한 값을 전달했다.

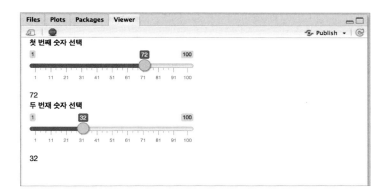

이런 인자는 모듈 UI 함수뿐만 아니라 모듈 서버 함수에서도 사용할 수 있다. 다음은 그러한 예로 똑같이 레이블을 전달하였다.

```
numberDisplayUI <- function(Id, label) {
 ns <- NS(Id)
 tagList(
  sliderInput(ns("inputNum"), label, min = 1, max = 100, value = 50),
  textOutput(ns("outputNum"))
 )
}
```

```
numberDisplay <- function(input, output, session, outputLabel) {
 output$outputNum <- renderText({
  paste(outputLabel, ":" , input$inputNum)
 })
}

ui <- fluidPage(
 numberDisplayUI("firstId", label = "첫 번째 값 선택"),
 numberDisplayUI("secondId", label = "두 번째 값 선택"),
 textOutput("value")
)

server <- function(input, output) {
 callModule(numberDisplay, "firstId", outputLabel = "첫 번째 선택된 값")
 callModule(numberDisplay, "secondId", outputLabel = "두 번째 선택된 값")
}

shinyApp(ui, server)
```

모듈 서버 함수의 input, output, session이라는 필수 인자에 outputLabel을 추가해서 사용하였고, 앱을 출력하는 데 이 정보를 사용하였다. 그리고 모듈 서버 함수를 호출하는 callModule() 함수에서 이 인자에 값을 지정하여 호출하였다.

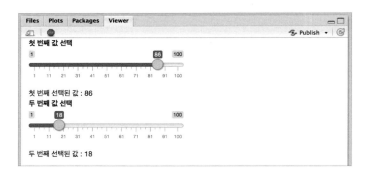

결론적으로 일반적인 R 함수와 같이 모듈 함수들에서도 인자를 추가하고 이들을 호출할 때 값을 달리함으로써 원하는 결과를 얻을 수 있다.

3-5 값을 반환하는 모듈과 그 값의 사용

아래 그림과 같은 앱을 만든다고 생각해보자. 모듈을 통해 선택된 2개의 값을 더해서 이것을 반응성으로 출력하게 만들려고 한다. 즉 첫 번째 모듈의 값과 두 번째 모듈의 값을 서로 더한다는 로직을 추가하려고 한다. 그렇게 하기 위해서는 모듈이 값을 반환할 수 있게 해야 한다.

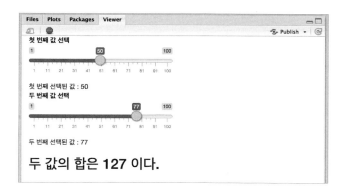

이 내용을 이해하기 위해서는 5장 2-2절 〈반환값과 부수효과의 차이〉와 7장 3절 〈샤이니 반응성의 구성요소〉 부분에 대한 지식이 필요하다(p. 164, p. 243). R 함수의 반환값과 부수효과의 차이를 알아야 하고, 샤이니에서 반응성 표현식과 반응성 관찰자의 차이를 이해해야 한다.

사용자로부터 값을 받아서 이것을 활용하여 어떤 계산을 하는 것은 서버 함수에서 이루어 진다(모듈에서는 모듈 서버 함수에서 이루어진다). 앞의 모듈 서버 함수를 다시 보면 다음과 같다.

```
numberDisplay <- function(input, output, session, outputLabel) {
 output$outputNum <- renderText({
  paste(outputLabel, ":" , input$inputNum)
 })
}
```

이 모듈 서버 함수는 아직까지는 부수효과만 내고 있다. 이제 이 모듈이 값을 반환하도록 해보자. R 함수에서 마지막 표현식의 값이 함수의 반환값이 된다는 것을 이용해야 한다. 그리고 이 값들이 아무런 조치 없이 함수 밖으로 반환되면 반응성 맥락을 벗어나게 되므로 반응성 표현식을 통해 반환되게 해야 한다. 그래서 다음과 같은 형태로 input$inputNum을 reactive({})에 넣어서 반환되게 한다.

```
numberDisplay <- function(input, output, session, outputLabel) {
 output$outputNum <- renderText({
  paste(outputLabel, ":" , input$inputNum)
 })
 reactive({input$inputNum})
}
```

이제 이 함수는 부수효과와 더불어 값을 반환하게 되었다. 함수가 값을 반환할 수 있게 되었으니 이제 이 값을 이용하는 방법을 알아보자.

앞서 설명했듯이 모듈 서버 함수는 `callModule()` 함수를 통해서 호출한다. 앞에서는 하나의 문장으로 부수효과만 사용했지만, 이번에는 그 값을 객체에 저장하여 반환값을 받도록 한다. R 콘솔에서 다음의 두 차이를 이해할 수 있다면 이러한 방법을 쉽게 받아들일 수 있을 것이다.

```
> hist(rnorm(1000))
> k <- hist(rnorm(1000))
```

그래서 다음과 같이 코딩한다.

```
num1 <- callModule(numberDisplay, "firstId", outputLabel ="첫 번째 선택된 값")
```

두 번째 모듈 서버 함수도 같은 방법으로 호출할 수 있다. 이 둘을 합하면 다음과 같다.

```
num1 <- callModule(numberDisplay, "firstId", outputLabel ="첫 번째 선택된 값")
num2 <- callModule(numberDisplay, "secondId", outputLabel = "두 번째 선택된 값")
```

서버 모듈 함수가 반환하는 것은 무엇인가? 그것은 `reactive({})`이고 반응성 표현식 (reactive expression)이다. 반응성 표현식을 가지고 실제 값을 얻을 때는 뒤에 괄호를 붙여 사용한다. 즉 샤이니 앱의 필요한 곳에서 num1(), num2()을 사용하면 그 값을 사용할 수 있다.

다음과 같이 앱을 구성해보았다.

```
library(shiny)

numberDisplayUI <- function(Id, label) {
 ns <- NS(Id)
 tagList(
  sliderInput(ns("inputNum"), label, min = 1, max = 100, value = 50),
  textOutput(ns("outputNum"))
 )
}

numberDisplay <- function(input, output, session, outputLabel) {
 output$outputNum <- renderText({
  paste(outputLabel, ":" , input$inputNum)
 })
 reactive({input$inputNum})
}

ui <- fluidPage(
 numberDisplayUI("firstId", label = "첫 번째 값 선택"),
 numberDisplayUI("secondId", label = "두 번째 값 선택"),
 h2(textOutput("sumValue"))
)

server <- function(input, output) {
 num1 <- callModule(numberDisplay, "firstId", outputLabel = "첫 번째 선택된 값")
 num2 <- callModule(numberDisplay, "secondId", outputLabel = "두 번째 선택된 값")
 output$sumValue <- renderText({
  paste("두 값의 합은", num1() + num2(), "이다.")
 })
}

shinyApp(ui, server)
```

이 앱에서는 두 모듈에서 반환되는 2개의 값을 더해서 새로운 문자열을 만들게 했고, 그 문자열을 output$sumValue로 보내고, h2() 함수(<h2> 요소를 만드는 함수)를 통해서 UI에 표시되게 만들었다. 여기서는 루트가 되는 샤이니 앱의 두 모듈에서 값을 가지고 와서 결과를 내도록 했지만, 이런 로직을 사용하면 모듈 간에 값을 보내는 것도 가능하다.

③-6 모듈에서 renderUI() 사용

앞에서 샤이니 서버 함수에서 `renderUI()` 함수를 사용하여 UI에서 `uiOutput()` 함수를 다이내믹하게 사용하는 방법을 배웠다. 이런 패턴에서 출력 위젯 함수는 샤이니 서버 함수 안에서 `renderUI()` 안에서 사용된다.

앞에서 모듈 UI 함수에서 네임스페이스 문제는 `ns <- NS(id)`라는 코드를 사용해 만들고, 데이터 아이디를 이 `ns()` 함수로 감싸는 방법으로 해결했다. 그런데 모듈 서버 함수에는 이것을 사용하지 않는다고 설명했다. `renderUI()`인 경우는 서버 함수임에도 불구하고 그 안에서 출력 위젯 함수를 사용하기 위해서는 네임스페이스가 필요한 상황이 되었다. 이런 경우에는 `renderUI()` 함수 안에서 `ns <- session$ns`라는 방법으로 해결할 수 있다. `session` 객체에 이런 함수가 준비되어 있으므로 데이터 아이디들을 이 `ns()` 함수로 둘러싸면 문제가 해결된다.

③-7 모듈 코드를 놓는 자리

이런 모듈 코드를 놓는 자리에 대해서 알아보자. 다음에 설명하는 모든 경우에 공통적인 사항은 본 샤이니 앱의 UI와 샤이니 서버 함수가 실행되기 전에 모듈 함수들이 등록되게 하는 것이다.

- ui.R/server.R로 구성되는 샤이니 앱에는 `global.R` 파일에 모듈 코드를 놓을 수 있다. 샤이니 앱이 실행될 때 `global.R` 파일은 언제나 나머지 코드보다 먼저 실행된다.
- app.R로 단일 파일로 작성하는 경우에는 같은 파일에서 UI 함수, 서버 함수가 실행되기 전에 모듈 코드를 놓는다.
- 두 경우를 막론하고 별도의 `.R` 파일을 만들고 `source()` 함수를 사용하여 UI 코드, 서버 코드가 실행되기 전에 이들이 실행되게 만든다.

3-8 샤이니 모듈 소개 사이트의 앱 분석 1

앞에서 샤이니 모듈의 개념을 소개하기 위하여 아주 기초적인 내용만 가지고 앱을 만들어보았다. 여기에서는 샤이니 모듈을 설명하는 사이트(https://shiny.rstudio.com/articles/modules.html)에서 사용하고 있는 앱을 분석해보면서 앞의 내용들이 어떻게 적용되는지 살펴보자.

전체 앱은 다음과 같다.

```
# Module UI function
csvFileInput <- function(id, label = "CSV file") {
 # Create a namespace function using the provided id
 ns <- NS(id)

 tagList(
  fileInput(ns("file"), label),
  checkboxInput(ns("heading"), "Has heading"),
  selectInput(ns("quote"), "Quote", c(
   "None" = "",
   "Double quote" = "\"",
   "Single quote" = "'"
  ))
 )
}

# Module server function
csvFile <- function(input, output, session, stringsAsFactors) {
 # The selected file, if any
 userFile <- reactive({
  # If no file is selected, don't do anything
  validate(need(input$file, message = FALSE))
  input$file
 })

 # The user's data, parsed into a data frame
 dataframe <- reactive({
  read.csv(userFile()$datapath,
      header = input$heading,
      quote = input$quote,
      stringsAsFactors = stringsAsFactors)
 })

 # We can run observers in here if we want to
 observe({
  msg <- sprintf("File %s was uploaded", userFile()$name)
  cat(msg, "\n")
 })
```

```
 # Return the reactive that yields the data frame
 return(dataframe)
}
VA
library(shiny)

ui <- fluidPage(
 sidebarLayout(
  sidebarPanel(
   csvFileInput("datafile", "User data (.csv format)")
  ),
  mainPanel(
   dataTableOutput("table")
  )
 )
)

server <- function(input, output, session) {
 datafile <- callModule(csvFile, "datafile",
           stringsAsFactors = FALSE)

 output$table <- renderDataTable({
  datafile()
 })
}

shinyApp(ui, server)
```

이 앱은 .csv 파일을 샤이니로 읽어와서 그 내용을 표시한다.

이 앱을 하나씩 분석해보자. 먼저 모듈 UI 함수이다.

```
# Module UI function
csvFileInput <- function(id, label = "CSV file") {
 # Create a namespace function using the provided id
 ns <- NS(id)

 tagList(
  fileInput(ns("file"), label),
  checkboxInput(ns("heading"), "Has heading"),
  selectInput(ns("quote"), "Quote", c(
   "None" = "",
   "Double quote" = "\"",
   "Single quote" = "'"
  ))
 )
}
```

함수 이름은 csvFileInput으로 모듈 UI 함수 이름에는 Input, Output, UI 등을 사용한다는 관례에 따라 Input을 사용했다. 이 함수는 id라는 네임스페이스를 위한 인자를 가지고 있고, 이것으로 함수의 시작부에서 ns<-NS(id)로 네임스페이스를 만든다. 그리고 label이라는 두 번째 인자를 가지고 있으며, 디폴트 값을 사용하고 있다. 만약 이 함수를 호출할 때 레이블에 대한 값을 주지 않는다면 이 값이 쓰일 것이고, 사용자가 값을 준다면 그 값을 사용하게 될 것이다.

UI를 위한 fileInput(), checkboxInput(), selectInput() 위젯을 사용하고 있으며 이것들을 하나의 값으로 반환하기 위해서 tagList() 함수 안에 두었다. 그리고 각 위젯에서 입력받는 값들을 추적하기 위해서 데이터 아이디를 앞에서 만든 ns() 함수로 감싸고 있다.

다음은 모듈 서버 함수를 보자.

```
# Module server function
csvFile <- function(input, output, session, stringsAsFactors) {
# The selected file, if any
userFile <- reactive({
 # If no file is selected, don't do anything
 validate(need(input$file, message = FALSE))
 input$file
})
```

```
# The user's data, parsed into a data frame
dataframe <- reactive({
 read.csv(userFile()$datapath,
     header = input$heading,
     quote = input$quote,
     stringsAsFactors = stringsAsFactors)
})

# We can run observers in here if we want to
observe({
 msg <- sprintf("File %s was uploaded", userFile()$name)
 cat(msg, "\n")
})

# Return the reactive that yields the data frame
return(dataframe)
}
```

먼저 함수 이름은 `csvFile`로 특정 접두사 없이 앞의 모듈 UI 함수에 대응하여 만들어졌다. 그리하여 `csvFileInput`과 `csvFile`이 하나의 모듈을 형성한다는 점을 알려주고 있다. `fileInput()`을 통해서 업로드되는 파일을 처리하는 방법과 `validate(need(...))` 함수를 사용해서 에러 메시지 등을 관리하는 방법은 본 장 2절 〈입력값의 유효성 검증〉 부분을 참고한다(p. 321). 업로딩된 파일은 `read.csv()` 함수를 사용하여 데이터를 읽고, 모듈 UI 함수를 통해 설정된 값들을 인자들의 값으로 사용하고 있다. 이런 모듈 서버 함수에서 `ns()`는 사용되지 않음을 볼 수 있다. `ns()` 함수는 오로지 모듈 UI 함수에서만 사용된다.

그리고 `csvFile()` 함수는 서버의 콘솔에 텍스트를 출력하는 부수효과를 내고 있으며, 생성한 데이터 프레임을 `return()` 함수를 통해서 반환하고 있다. 그런데 이 반환값의 데이터 타입이 무엇인지 유심히 살필 필요가 있다. `return(dataframe)`에서 그 앞의 코드를 보면 `dataframe`은 다음과 같이 생성되는 '반응성 표현식'이라는 것을 알 수 있다.

```
# The user's data, parsed into a data frame
dataframe <- reactive({
 read.csv(userFile()$datapath,
     header = input$heading,
     quote = input$quote,
     stringsAsFactors = stringsAsFactors)
})
```

이제 이 모듈을 사용하는 코드를 보자.

```
ui <- fluidPage(
 sidebarLayout(
  sidebarPanel(
   csvFileInput("datafile", "User data (.csv format)")
  ),
  mainPanel(
   dataTableOutput("table")
  )
 )
)

server <- function(input, output, session) {
 datafile <- callModule(csvFile, "datafile",
           stringsAsFactors = FALSE)

 output$table <- renderDataTable({
  datafile()
 })
}

shinyApp(ui, server)
```

모듈 UI 함수는 sidebarPanel() 안에서 호출하고 있다. callModule() 함수를 사용해 모듈 서버 함수를 호출하였다. 모듈이 반환하는 값은 실제 숫자와 같은 값이 아니라 반응성 표현식이다. 그것을 값으로 변환시키기 위해서 datafile()이라는 코드를 사용했다. 이 값은 renderDataTable() 함수에서 사용된다.

(3-9) 샤이니 모듈 소개 사이트의 앱 분석 2

샤이니 모듈을 소개하는 사이트를 보면 또 하나의 앱이 있다. 이 앱은 앞에서 본 앱보다 조금 복잡하다. 하지만 앞에서 보지 못했던 모듈끼리 정보를 전달하는 방법을 보여주고, 모듈을 별도의 파일로 분리하여 샤이니 앱을 구성하고 어떻게 사용하는지 보여주기 때문에 매우 재미있다. 다음 그림과 같은 실제 앱은 http://shiny.rstudio.com/gallery/module-example.html에서 확인할 수 있다.

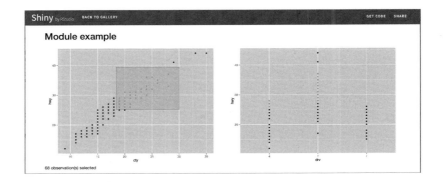

이 앱은 인터랙티브 플롯을 사용하고 있다 그러므로 샤이니 인터랙티브 플롯에 대한 지식이 없다면 10장 1절 〈샤이니 인터랙티브 플롯〉 부분을 먼저 공부하고 보는 것이 좋다 (p. 356). 앱의 어느 한쪽의 플롯에서 데이터 포인트들을 선택하면 다른 쪽 플롯에서 연관된 포인트들이 같은 색으로 출력된다.

먼저 모듈을 linked_scatter.R 파일에 정리하였다.

```
library(shiny)
library(ggplot2)

linkedScatterUI <- function(id) {
 ns <- NS(id)

 fluidRow(
  column(6, plotOutput(ns("plot1"), brush = ns("brush"))),
  column(6, plotOutput(ns("plot2"), brush = ns("brush")))
 )
}

linkedScatter <- function(input, output, session, data, left, right) {
 # Yields the data frame with an additional column "selected_"
 # that indicates whether that observation is brushed
 dataWithSelection <- reactive({
  brushedPoints(data(), input$brush, allRows = TRUE)
 })

 output$plot1 <- renderPlot({
  scatterPlot(dataWithSelection(), left())
 })

 output$plot2 <- renderPlot({
  scatterPlot(dataWithSelection(), right())
 })
```

```
  return(dataWithSelection)
}

scatterPlot <- function(data, cols) {
 ggplot(data, aes_string(x = cols[1], y = cols[2])) +
  geom_point(aes(color = selected_)) +
  scale_color_manual(values = c("black", "#66D65C"), guide = FALSE)
}
```

실제 앱의 뼈대는 app.R에 작성되어 있다.

```
library(shiny)

source("linked_scatter.R")

ui <- fixedPage(
 h2("Module example"),
 linkedScatterUI("scatters"),
 textOutput("summary")
)

server <- function(input, output, session) {
 df <- callModule(linkedScatter, "scatters", reactive(mpg),
         left = reactive(c("cty", "hwy")),
         right = reactive(c("drv", "hwy"))
 )

 output$summary <- renderText({
  sprintf("%d observation(s) selected", nrow(dplyr::filter(df(), selected_)))
 })
}

shinyApp(ui, server)
```

이 모듈은 linkedScatterUI()라는 모듈 UI 함수와 linkedScatter()라는 모듈 서
버 함수로 구성된다. linkedScatterUI() 함수는 다음과 같다.

```
linkedScatterUI <- function(id) {
 ns <- NS(id)
 fluidRow(
  column(6, plotOutput(ns("plot1"), brush = ns("brush"))),
  column(6, plotOutput(ns("plot2"), brush = ns("brush")))
 )
}
```

이 모듈 UI 함수는 2개의 플롯을 출력하고, 각각의 플롯에서 brush 이벤트를 만든다.

```
linkedScatter <- function(input, output, session, data, left, right) {
 # Yields the data frame with an additional column "selected_"
 # that indicates whether that observation is brushed
 dataWithSelection <- reactive({
  brushedPoints(data(), input$brush, allRows = TRUE)
 })

 output$plot1 <- renderPlot({
  scatterPlot(dataWithSelection(), left())
 })

 output$plot2 <- renderPlot({
  scatterPlot(dataWithSelection(), right())
 })

 return(dataWithSelection)
}

scatterPlot <- function(data, cols) {
 ggplot(data, aes_string(x = cols[1], y = cols[2])) +
  geom_point(aes(color = selected_)) +
  scale_color_manual(values = c("black", "#66D65C"), guide = FALSE)
}
```

linkedScatter() 모듈 서버 함수에서는 필수적인 input, output, session 인자들 이외에 data, left, right 인자들이 사용되고 있다. 이 모듈 서버 함수를 호출하는 callModule 함수를 보면 이것들은 reactive(mpg), left=reactive(c("cty", "hwy")), right=reactive(c("drv", "hwy"))를 사용한다. 즉 이들은 반응성 표현식이다.

그리고 브러쉬 이벤트를 사용하여 brushedPoints() 함수를 거쳐 선택된 서브 데이터셋들은 dataWithSelection이라는 반응성 표현식에 묶여 있다. 이 dataWithSelection 표현식은 2개의 플롯에서 모두 사용되고 있다. 앱에서 어느 한쪽의 데이터셋을 선택했을 때

반대 쪽에서 해당되는 점들의 색이 바뀌는 것은 이와 같이 두 플롯이 하나의 반응성 표현식을 두고 작성되었기 때문이다.

dataWithSelection 표현식은 사용자가 정의한 scatterPlot() 함수 안에서 호출된다. scatterPlot() 함수는 ggplot2 패키지를 이용하여 플롯을 만든다. 여기에서 사용된 aes(color=selected_)는 brushedPoints()에서 allRows=TRUE라는 옵션을 사용했을 때 자동으로 생성되는 새로운 열이다. 이 열에서 brush에 의해 선택된 행은 TRUE, 선택되지 않은 행은 FALSE 값을 가지게 된다. 따라서 이 TRUE/FALSE 값으로 포인트인 점의 색을 구분한다. 선택된 점은 #66D65C, 선택되지 않은 점은 원래의 색 black으로 그대로 둔다.

linkedScatter() 함수는 datWithSelection이라는 반응식 표현식을 반환하고 있다.

이 모듈은 linked_scatter.R이라는 파일에 저장되어 있다. 이제 이 모듈이 사용되는 코드를 보자. app.R을 하나씩 보자.

```
library(shiny)
source("linked_scatter.R")
```

이와 같은 코드는 실제 샤이니 앱이 정의되기 전에 모듈이 정의된 파일을 소싱함으로써 정의한 모듈 함수들이 먼저 정의되게 한다. 다음은 ui이다. scatters라는 아이디를 가지고 네임스페이스를 만들고 있다.

```
ui <- fixedPage(
 h2("Module example"),
 linkedScatterUI("scatters"),
 textOutput("summary")
)
```

다음은 server이다.

```
server <- function(input, output, session) {
 df <- callModule(linkedScatter, "scatters", reactive(mpg),
        left = reactive(c("cty", "hwy")),
        right = reactive(c("drv", "hwy"))
 )

 output$summary <- renderText({
  sprintf("%d observation(s) selected", nrow(dplyr::filter(df(), selected_)))
 })
}

shinyApp(ui, server)
```

callModule()을 통해서 linkedScatter 모듈 서버 함수를 호출하고, scatters 라는 아이디로 네임스페이스를 UI와 맞추고 있다. 그리고 필요한 값들을 반응성 표현식을 사용하여 모듈 서버 함수로 보내고 있다. 앞에서 보았듯이 모듈 서버 함수가 반환하는 dataWithSelection 반응성 표현식은 df라는 객체로 할당하고 있다. 이 반응성 표현식은 output$summary에서 선택된 데이터의 행의 개수 등을 계산하는 데 사용된다.

이 앱은 설명한 바와 같이 여러 가지 논리와 기술들이 섞여 있어서 제대로 파악하기가 조금 까다롭다. 그래도 이런 모듈을 사용할 때 반응성 표현식을 적절히 활용하면 자신이 원하는 효과를 거둘 수 있다.

 정리

이 장에서는 파일을 업로드하고 다운로드하는 방법, 사용자가 입력한 값을 검증하고 때로는 그것을 바탕으로 사용자에게 어떤 정보를 전달하는 방법, 그리고 큰 샤이니 앱에서 관련 있는 로직을 하나의 모듈로 구성하고 이것을 활용하는 방법에 대해서 설명했다.

Shiny

샤이니 인터랙티브 플롯과
샤이니 소도구

R Shiny Programming Guide

샤이니 인터랙티브 플롯은 베이스 R 그래픽 또는 ggplot2 패키지로 생성되는 플롯에 인터랙션 기능을 부여하고, 샤이니 소도구(gadget)는 R 콘솔에서 쉽게 사용할 수 있는 기능들을 제공한다. 이번 장에서는 이러한 샤이니 인터랙티브 플롯의 구현 방법과 샤이니 소도구의 원리를 설명한다.

아울러 샤이니 소도구를 활용한 ggedit이라는 패키지를 소개한다. 이 패키지를 사용해보면 이런 소도구를 어떻게 활용할 수 있을지 감을 잡을 수 있다. 물론 패키지 그 자체로도 유용하기 때문에 도움이 되리라 기대한다.

   +

1 샤이니 인터랙티브 플롯

샤이니 인터랙티브 플롯은 베이스 R 그래픽이나 ggplot2 패키지로 생성된 플롯에 대해 샤이니 앱을 통해서 인터랙션 기능을 부여하는 기능이다. 예를 들면, 관심이 가는 플롯상의 점에 클릭하면 실제 데이터 값을 읽을 수 있고, 특정 점들을 선택하면 해당 점들에 대한 데이터셋을 서브세팅할 수 있는 기능이다.

샤이니 인터랙티브 플롯은 아직까지 베이스 R 그래픽과 ggplot2 플롯에만 적용할 수 있다. 다른 그래픽 시스템으로 생성되는 플롯에는 적용할 수 없다는 한계가 있다. 그리고 거의 대부분 마우스에 기반한 인터랙션이다.

1-1 인터랙티브 플롯의 기본

샤이니 인터랙티브 플롯의 기본 로직은 다음과 같다.

- 샤이니 앱에서 UI로 출력된 플롯에서 클릭, 더블클릭, 호버링, 브러싱과 같은 마우스 이벤트를 사용하여 데이터를 읽는다.
- 읽은 정보를 샤이니 서버 함수로 전달하고, 이 정보를 기반으로 뭔가를 한다.

이벤트에 반응할 수 있도록 plotOutput() 함수에 이벤트와 같은 이름을 지닌 인자의 문자열을 지정한다. 이 문자열은 읽는 데이터셋에 대한 입력 아이디가 된다. 예를 들어보자.

```
plotOutput("plot1", click = "clicked_point")
```

이렇게 하면 샤이니 서버 함수에서는 input$clicked_point라는 객체에 접근할 수 있다. input$clicked_point는 이름을 가진 리스트(named list)로, 이 리스트 안에 관련된 정보들이 들어 있다. 이런 click 이벤트에는 클릭한 좌표(플롯상의 데이터에 맞추어진 값)를 저장하고 있는 x, y라는 요소가 들어가 있다. 그래서 실제 값을 사용할 때는 input$clicked_point$x, input$clicked_point$y로 접근할 수 있다.

이벤트의 종류에는 click, dblclick, hover, brush 등이 있다. 이 이벤트와 관련되는 데이터들은 다음과 같은 이름을 지닌 리스트로 저장된다.

- click: x, y
- dblclick: x, y
- hover: x, y
- brush: xmin, xmax, ymin, ymax

1-2 앱에 마우스 이벤트 추가하고 사용하기

다음과 같은 앱으로 작업을 시작한다고 생각해보자.

```
library(shiny)
ui <- fluidPage(
    h2("인터랙티브 플롯의 기본"),
    plotOutput("plot1"),
    h3("클릭한 위치 정보"),
    p(verbatimTextOutput("event_info"))
)

server <- function(input, output) {
 output$plot1 <- renderPlot({
  x <- mtcars$wt
  y <- mtcars$mpg
  plot(x, y)
 })
}

shinyApp(ui, server)
```

이 앱에 click 이벤트를 추가하려면 plotOutput() 부분을 다음과 같이 수정한다.

```
plotOutput("plot1", click = "clicked_point")
```

만약 dblclick 이벤트를 추가하려면 다음과 같이 한다.

```
plotOutput("plot1", dblclick = "dblclicked_point")
```

hover나 brush를 사용하는 경우도 비슷하다. 값으로 지정되는 문자열은 이벤트와 관련된 데이터 아이디 역할을 한다. 좀 더 자세한 옵션을 사용하려면 옵션 객체를 줄 수 있는데, 관련 내용은 뒤에서 다룬다.

앞의 코드를 사용하게 되면 input$clicked_point, input$dblclicked_point 등으로 관련 값들에 접근할 수 있다. click, dblclick, hover인 경우에는 이 리스트 안에 x축의 좌표값을 의미하는 x라는 변수와 y축의 좌표값을 의미하는 y라는 변수가 들어가게 된다. brush의 경우에는 xmin, ymin, xmax, ymax라는 값에 접근할 수 있다.

이런 지식을 활용하여 클릭한 곳의 위치를 보여주는 앱을 만들어볼 수 있다.

```
library(shiny)
ui <- fluidPage(
 h2("인터랙티브 플롯의 기본"),
 plotOutput("plot1", click = "clicked_point"),
 h3("클릭한 위치 정보"),
 p(verbatimTextOutput("event_info"))
)

server <- function(input, output) {
 output$plot1 <- renderPlot({
  x <- mtcars$wt
  y <- mtcars$mpg
  plot(x, y)
 })

 output$event_info <- renderText({
  paste("x:", input$clicked_point$x, "y:", input$clicked_point$y)
 })
}

shinyApp(ui, server)
```

이 앱은 다음과 같이 렌더링된다.

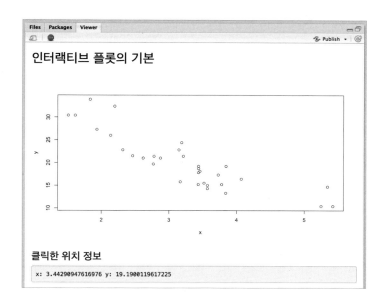

코드를 보면 클릭한 좌표의 x, y 값에 input$clicked_point$x, input$clicked_point$y라는 값으로 접근하는 것을 볼 수 있다. 그리고 출력되는 값들은 그래프의 스케일에 맞추어 있음을 확인할 수 있다. 앱에서 다음과 같은 코드에 dblclick, hover 등을 적용해보자. 그러면 클릭이냐, 더블 클릭이냐, 마우스를 올려놓느냐만 다를 뿐임을 알 수 있을 것이다.

```
plotOutput("plot1", click = "clicked_point"),
```

brush인 경우에는 특정 지점이 아닌 공간상의 범위에 대한 정보를 담고 있기 때문에 xmin, ymin, xmax, ymax 등을 가지게 된다. 다음과 같은 앱을 만들어보자.

```
library(shiny)
ui <- fluidPage(
  h2("인터랙티브 플롯의 기본"),
  plotOutput("plot1", brush = "brushed_area"),
  h3("클릭한 위치 정보"),
  p(verbatimTextOutput("event_info"))
)
```

```
server <- function(input, output) {
 output$plot1 <- renderPlot({
  x <- mtcars$wt
  y <- mtcars$mpg
  plot(x, y)
 })

 output$event_info <- renderText({
  paste("xmin:", input$brushed_area$xmin,
     "ymin:", input$brushed_area$ymin,
     "\nxmax:", input$brushed_area$xmax,
     "ymax:", input$brushed_area$ymax)
 })
}


shinyApp(ui, server)
```

이 앱은 다음과 같이 렌더링된다.

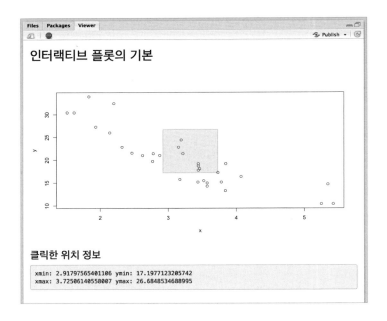

1-3 데이터 값을 읽는 데 사용되는 함수

인터랙티브 플롯의 용도를 생각해보았을 때, 가장 많이 사용되는 것은 플롯에 표시된 데이터 포인트를 통해서 이 포인트를 생성한 원래의 데이터를 가져오는 것이다. 이와 관련된 내용은 샤이니 사이트 https://shiny.rstudio.com/articles/selecting-rows-of-data.html에 잘 설명되어 있으니 같이 참고하면 좋겠다.

이 기능을 위해서 nearPoints(), brushedPoints()라는 함수를 사용할 수 있다. 이들 함수가 하는 역할은 원래 플롯에 사용된 데이터 프레임 등에서 마우스 이벤트에서 획득되는 정보를 사용하여 해당되는 데이터셋을 서브세팅하는 것이다. 앞 절에서 보았듯이 click, dblclick, hover 이벤트인 경우에는 x, y 정보를 얻을 수 있기 때문에 이것을 nearPoints() 함수에서 사용한다. 그리고 brush 이벤트에서는 xmin, ymin, xmax, ymax 정보를 얻을 수 있는데, 이것은 brushedPoints() 함수에서 사용한다.

이 함수들을 사용할 수 있으려면 다음 조건이 맞아야 한다.

- '데이터 프레임'을 사용하여 플롯팅된 것이라야 한다.
- 플롯팅할 때 변수의 변형이 없어야 한다. 변형이 있다면 데이터 프레임에 별도의 열을 만들어서 사용하고, 그 열을 기준으로 플롯팅해야 한다.

nearPoints() 함수의 기본 사용법은 다음과 같다.

```
nearPoints(mtcars, input$clicked_point, xvar = "wt", yvar = "mpg")
```

- 첫 번째 인자: 플롯에 사용된 데이터 프레임
- 두 번째 인자: 이벤트 아이디
- xvar: x축에 사용된 것이 데이터 프레임의 어떤 변수(열)인가?
- yvar: y축에 사용된 것이 데이터 프레임의 어떤 변수(열)인가?

이 함수는 디폴트로 5픽셀 범위 안에 있는 데이터셋을 읽는다. 이것은 threshold = 5로 지정되어 있는 threshold 옵션으로 지정할 수 있다. ggplot2() 패키지를 사용하여 만든 플롯에서 xvar, yvar 인자를 지정할 필요 없이 자동으로 설정된다.

디폴트를 사용해서 앱을 구성해보려고 한다.

```
library(shiny)
ui <- fluidPage(
 h2("인터랙티브 플롯의 기본"),
 plotOutput("plot1", click = "clicked_point"),
 h3("클릭한 위치에 근접해 있는 데이터셋"),
 p(verbatimTextOutput("event_info"))
)

server <- function(input, output) {

 output$plot1 <- renderPlot({
  plot(mtcars$wt, mtcars$mpg)
 })

 output$event_info <- renderPrint({
  nearPoints(mtcars, input$clicked_point, xvar = "wt", yvar = "mpg")
 })
}

shinyApp(ui, server)
```

원래의 데이터셋을 제대로 읽기 위해서 데이터 프레임을 그대로 유지했다. nearPoints()
함수는 R 리스트(일반적인 R에서 데이터 프레임은 리스트의 특수한 경우이다)를 반환하기 때문에
cat() 함수를 기본으로 하는 renderText()에서 사용할 수 없다. 이런 경우에는 render
Print()를 사용해야 한다. 실제는 다음 그림과 같다.

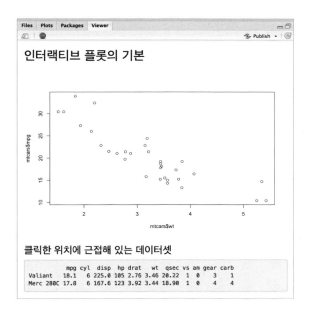

brushedPoints()는 brush 이벤트와 함께 사용한다. 다음 사례에서 볼 수 있듯이 그 사용법은 유사하다.

```
library(shiny)
ui <- fluidPage(
  h2("인터랙티브 플롯의 기본"),
  plotOutput("plot1", brush = "brushed_point"),
  h3("선택 영역 안에 있는 데이터셋"),
  p(verbatimTextOutput("event_info"))
)

server <- function(input, output) {

  output$plot1 <- renderPlot({
    plot(mtcars$wt, mtcars$mpg)
  })

  output$event_info <- renderPrint({
    brushedPoints(mtcars, input$brushed_point, xvar = "wt", yvar = "mpg")
  })
}


shinyApp(ui, server)
```

이 앱은 다음과 같이 렌더링된다.

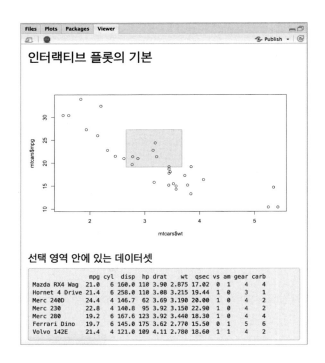

앞에서는 플롯에 사용된 데이터 프레임에서 nearPoints()나 brushedPoints()가 선택된 데이터셋을 서브세팅하여 해당 행들만을 반환했다. 만약 이 함수에 allRows = TRUE라는 인자를 적용하면 약간 변형된 전체 데이터 프레임을 반환할 수 있다. 원래의 데이터 프레임에 selected_라는 열이 추가되고, 선택된 행에 대해서는 TRUE 값이, 나머지 행에는 FALSE 값이 들어 있게 된다.

1-4 옵션 객체를 사용한 미세한 조정

앞에서는 click, dblclick, hover, brush 이벤트에 단순히 문자열을 지정하고, 이 문자열이 곧 데이터셋을 가리키는 데이터 아이디가 된다고 하였다. 대부분 이 방법으로 해결되지만 좀 더 미세한 기능들을 추가하기 위해서 단순 문자열이 아닌 R 객체를 지정하여 사용할 수 있다.

- click 이벤트 : clickOpts()
- dblclick 이벤트 : dblclickOpts()
- hover 이벤트 : hoverOpts()
- brush 이벤트 : brushOpts()

이들 함수의 첫 번째 인자는 모두 앞에서 문자열로 지정했던 데이터 아이디다. clickOp ts()에서는 clip = TRUE라는 옵션이 디폴트로 설정되어 있는데, 이것은 플로팅 영역에서 클릭한 이벤트만 클릭한다는 의미이다. 그리고 이것을 FALSE 값으로 지정하면 이미지 안 아무 데서나 클릭한 이벤트를 다 잡게 된다. brushOpts()에는 direction이라는 인자가 있는데 "xy"로 지정되면 두 축 모두 브러싱이 되고, "x"나 "y"로 지정되면 해당 방향으로만 브러싱이 된다.

② 샤이니 소도구

샤이니 소도구(gadget)는 일반적인 데이터 분석 과정에서 샤이니 앱을 하나의 도구로 사용할 수 있는 기능을 말한다. 이 기능을 활용하면 샤이니 개발자 사이트에 소개된 앱처럼 R 콘솔에서 간단한 도구를 만들 수 있다. 샤이니가 가지고 있는 인터랙티브 플롯 기능을 사용하여 특정 데이터 포인트에 해당하는 데이터셋만을 골라서 보는 등의 활동을 할 수 있다. 자세한 내용은 샤이니 개발자 사이트[1]에서 참고할 수 있다.

2-1 샤이니 소도구: 샤이니 앱을 함수화

기본적으로 샤이니 앱을 만들고, 이 샤이니 앱 객체[2]를 runGadget() 함수에 넣어서 만든다.

```
runGadget(샤이니앱)
```

---

1 http://shiny.rstudio.com/articles/
2 그 클래스는 shiny.appobj이다.

인터랙티브 환경에서 RStudio의 콘솔에서 View(mtcars)를 실행한 것과 같이 단지 내용을 확인하는 것뿐만 아니라, 샤이니 소도구가 값을 반환하게 코딩할 수도 있다. 또 miniUI라는 패키지를 통해서 RStudio의 뷰어창에 맞게 간단하게 UI를 구성할 수 있는 기능들을 사용할 수 있다.

샤이니 소도구 역시 샤이니 앱이기 때문에 이미 샤이니 앱을 만들 수 있다면 소도구 역시 어렵지 않게 만들 수 있다. 여기에서는 일반적인 샤이니 앱을 가지고 샤이니 소도구를 만드는 기본적인 방법을 설명한다. 그러고 나서 샤이니 앱을 함수로 만들고, 그 값을 받을 수 있게 만들어볼 것이다. 그다음에는 샤이니 소도구의 UI를 만들기 위해서 개발된 miniUI 패키지에 대해 살펴보자.

먼저 다음과 같이 일반적인 샤이니 앱을 만든다.

```
library(shiny)

myData <- mtcars

ui <- fluidPage(
 actionButton("done", "완료"),
 verbatimTextOutput("txt")
)

server <- function(input, output, session) {
 output$txt <- renderPrint({
 head(myData)
 })
 observeEvent(input$done, {
  k <- lapply(myData, class)
  stopApp(k)
 })
}

shinyApp(ui, server)
```

이 앱은 mtcars라는 데이터 프레임의 일부를 보여주고, done이라는 아이디를 가진 버튼을 클릭했을 때 샤이니 앱이 종료됨과 동시에 mtcars 각 열의 클래스를 출력하게 만든 것이다. 관심 있게 볼 것은 stopApp() 함수로, 이 함수는 샤이니 앱을 종료하고 값을 반환할 수 있게 만든다(자세한 내용은 도움말 페이지를 참고한다).

이 앱의 마지막 부분을 샤이니 소도구로 만들기 위해서 마지막을 runGadget() 함수로 둘러싼다.

```
library(shiny)

myData <- mtcars
ui <- fluidPage(
 actionButton("done", "완료"),
 verbatimTextOutput("txt")
)

server <- function(input, output, session) {
 output$txt <- renderPrint({
 head(myData)
 })
 observeEvent(input$done, {
  k <- lapply(myData, class)
  stopApp(k)
 })
}

runGadget(shinyApp(ui, server))
```

RStudio 편집창에 이렇게 작성되면 상단의 [Run App] 버튼이 사라진다. 샤이니 앱이 아닌 것으로 인식하기 때문이다. 대신 [Source] 버튼이 나타나는데, 이 버튼을 클릭하여 소싱한다. 그러면 다음 그림과 같이 되고, [완료] 버튼을 클릭하면 앱이 종료되면서 콘솔에 결과들이 출력된다.

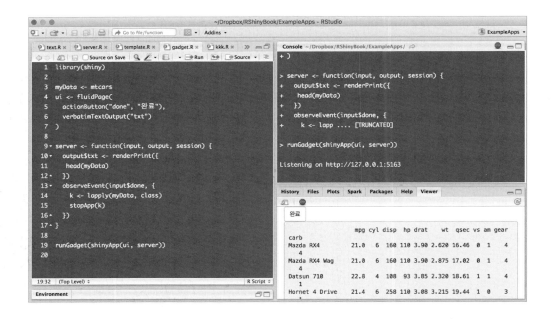

여기서는 mtcars를 myData라는 객체에 할당하여 사용했다. 다음에는 원하는 데이터 프레임을 아무것이나 전달할 수 있게 mtcars를 일반화하려고 한다. 이렇게 하려면 R 함수의 원리를 사용해야 한다.

어느 샤이니 강의 동영상에서 보았던 퀴즈를 하나 풀어보자. 다음과 같은 함수가 있다. 함수 f1의 결과를 함수 f2에서 사용하려면 어떻게 해야 할까?

```
f1 <- function(x, y) x + y;
f2 <- function(a) a/2
```

정답은 함수 f2가 함수 f1을 호출하게 만들면 된다. 다음 예를 보자.

```
> f1 <- function(x, y) x + y
> f2 <- function(a) a/2
> f2(f1(1, 3))
[1] 2
```

다음과 같은 코드도 가능하다. 함수 f1을 인자로 보낸다.

```
> f1 <- function(x, y) x + y
> f2 <- function(f1, a, b, divide) {
+  f1(a, b) / divide
+ }
> f2(f1, 3, 4, 3)
[1] 2.333333
```

이런 논리를 여기에 적용해본다. 우리가 만들 소도구를 함수 f2가 되게 하고, 샤이니 앱 코드들은 f1이 되게 한다. 앞의 코드를 다음과 같이 함수화한다.

```
library(shiny)

myG <- function(myData) {
 ui <- fluidPage(
  actionButton("done", "완료"),
  verbatimTextOutput("txt")
 )

 server <- function(input, output, session) {
  output$txt <- renderPrint({
   head(myData)
  })
  observeEvent(input$done, {
   k <- lapply(myData, class)
   stopApp(k)
  })
 }

 runGadget(shinyApp(ui, server))
}
```

이것을 소싱해서 myG()라는 함수가 등록되게 한 다음, R 콘솔에서 myG(mtcars) 또는 myG(iris) 등을 실행해본다. 이것을 실행하면 샤이니 소도구가 실행되고, 앱에서 버튼을 클릭하면 열의 클래스들이 R 콘솔에 표시되고 컨트롤이 다시 콘솔로 넘어온다. 앱을 종료할 때 뷰어창의 빨간 단추를 클릭하면 디버깅 모드로 들어가기 때문에 꼭 앱 안의 단추를 클릭해서 종료한다.

이제 간단한 샤이니 소도구가 완성되었다. 그런데 이 샤이니 소도구는 결점이 있다. 결과를 받아서 다음 단계로 사용하고 싶은데, 결과들이 R 콘솔에 출력된 뒤 앱이 종료되어버린다는 점이다.

샤이니 개발자 사이트를 보면 이 값은 .Last.value로 접근할 수 있다고 했다. 이것은 R 세션에서 마지막으로 평가된 값에 접근할 수 있도록 base 패키지에 정의되어 있는 객체이다. 샤이니 소도구를 실행하고 다음과 같이 실행하여 결과를 저장할 수도 있다.

```
> result <- .Last.value
```

하지만 그것보다는 다음과 같이 샤이니 소도구를 실행시키고 그것을 어떤 객체에 할당하도록 만들기를 권한다. 이것을 R 콘솔에서 실행하면 우선 myG(mtcars)가 실행되기 때문에 샤이니 소도구가 실행된다. 이것을 종료하면 함수가 종료되어 값이 반환되는 것처럼 result에 그 결과가 저장된다.

```
result <- myG(mtcars)
```

2-2 샤이니 개발자 사이트 앱 리뷰하기

샤이니 개발자 사이트[3]를 보면 다음과 같은 샤이니 소도구가 소개되어 있다. 이 샤이니 소도구는 샤이니 인터랙티브 플롯 기능을 사용하여 플롯을 출력할 수 있고, 관심 있는 부분을 선택하여 해당 데이터 포인트들에 대한 값을 얻을 수 있는 도구이다. (miniUI 패키지를 사용하여 UI를 구성하는 방법은 다음에 설명할 것이므로 이 부분은 무시하고 보아도 된다.)

```
library(shiny)
library(miniUI)
library(ggplot2)

ggbrush <- function(data, xvar, yvar) {

 ui <- miniPage(
  gadgetTitleBar("Drag to select points"),
  miniContentPanel(
    # The brush="brush" argument means we can listen for
    # brush events on the plot using input$brush.
    plotOutput("plot", height = "100%", brush = "brush")
  )
 )
```

---

3 http://shiny.rstudio.com/articles/gadgets.html

```
server <- function(input, output, session) {

 # Render the plot
 output$plot <- renderPlot({
  # Plot the data with x/y vars indicated by the caller.
  ggplot(data, aes_string(xvar, yvar)) + geom_point()
 })

 # Handle the Done button being pressed.
 observeEvent(input$done, {
  # Return the brushed points. See ?shiny::brushedPoints.
  stopApp(brushedPoints(data, input$brush))
 })
}

runGadget(ui, server)
}
```

이 코드 전체를 소싱하거나 R 콘솔에서 실행한 다음, 콘솔에서 이 소도구를 실행해보자.

```
result <- ggbrush(mtcars, "hp", "mpg")
```

샤이니 소도구를 실행하고, 관심 있는 점들을 선택한 다음 [Done] 버튼을 클릭한다. 그러고 나서 result 값을 출력해본다. 선택된 점들에 해당되는 데이터들이 추출된 것을 확인할 수 있을 것이다.

이 샤이니 소도구를 보면 샤이니 소도구가 어떤 의도로 사용될 수 있는지 힌트를 얻을 수 있다. 샤이니 소도구는 플롯처럼 사용된다. 데이터 분석 과정에서 플롯을 사용하여 데이터를 탐색하듯이 소도구를 이용하여 데이터 분석 과정에 도움을 받을 수 있다.

2-3 miniUI를 사용하여 간단한 UI 만들기

샤이니 앱의 UI를 구성하는 방법을 그대로 사용하여 샤이니 소도구의 UI를 구성할 수는 있다. 그러나 샤이니 소도구는 브라우저라는 큰 화면이 아니라 RStudio의 뷰어창과 같은 작은 공간에 디스플레이되어야 하므로 이를 효과적으로 사용하기 위해서 'miniUI'라는 패키지가 개발되었다.

miniUI 패키지는 플렉스 박스(flex box)라는 비교적 최근에 소개된 CSS 레이아웃 방법을 기반으로 해서 RStudio 뷰어창처럼 비교적 작은 공간을 잘 활용할 수 있게 만들어졌다. 일반적인 샤이니 앱이 전체 페이지에 fluidPage() 함수를 사용하는 것처럼, miniUI 패키지에서는 전체에 miniPage() 함수를 사용한다. 이 함수는 플렉스 박스이기 때문에 fluidPage() 같이 일반적인 UI 컴포넌트를 넣어서는 제대로 된 효과를 얻지 못하고, 이 컨테이너가 플렉스 박스인 것을 인지할 수 있는 스타일 정보를 가진 함수들을 사용해야 한다. 주로 다음과 같은 함수들을 사용한다.

- gadgetTitleBar(), miniTitleBar(): 타이틀 바를 만든다.
- miniContentPanel(): 플렉스 박스를 인식하지 못하는 일반적인 UI 객체들을 넣을 수 있다.
- miniTabstripPanel()과 miniTabPanel(): 탭 스트립을 패널을 만든다.
- miniButtonBlock(): 기다란 버튼을 만든다.

1) 타이틀 바 만들기

타이틀 바는 gadgetTitleBar() 또는 miniTitleBar() 샤이니 소도구의 타이틀을 구성한다. gadgetTitleBar()는 자동으로 왼쪽에 [Cancel], 오른쪽에 [Done]이라는 버튼을 생성해준다. 반면 miniTitleBar()는 버튼을 자동으로 생성해주지 않는다.

gadgetTitleBar()를 사용했을 때 자동으로 만들어지는 [Cancel] 버튼과 [Done] 버튼은 input$cancel, input$done이라는 아이디를 자동으로 생성하므로 이를 이용하여 프로그래밍한다. 만약 input$cancel에 반응하는 명시적인 코드 블록이 없을 때는 runGadget() 함수로 컨트롤이 넘어가는데, 이 함수는 stopOnCancel = TRUE라는 디폴트가 있어서 [Cancel] 버튼이 클릭되었을 때 자동으로 앱이 에러를 만들면서 중단되도록 되어 있다.

사용자가 버튼에 대한 아이디를 직접 지정해서 사용하고 싶은 경우에는 miniTitleBarButton() 함수로 [Done] 버튼을 만들고, miniTitleBarCancelButton()으로 [Cancel] 버튼을 만든 후, 이것을 actionButton()과 같은 문법으로 사용할 수 있다. 그 위치는 gadgetTitleBar() 함수나 miniTitleBar() 함수의 left, right 옵션을 지정하는 방식으로 지정할 수 있다. 이들 버튼에 primary = TRUE라고 주면, UI에서 핵심적인 버튼이라는 의미로 버튼의 색이 지정된다.

다음 샤이니 소도구는 gadgetTitleBar()를 아무런 옵션 없이 사용했다. 앞에서 사용된 actionButton()은 삭제된 점에 주의한다.

```
library(shiny)
library(miniUI)

myG <- function(myData) {
 ui <- miniPage(
  gadgetTitleBar("연습장"),
  verbatimTextOutput("txt")
 )

 server <- function(input, output, session) {
  output$txt <- renderPrint({
   head(myData)
  })
  observeEvent(input$done, {
   k <- lapply(myData, class)
   stopApp(k)
  })
 }

 runGadget(shinyApp(ui, server))
}
```

이것은 다음 그림과 같은 타이틀 바를 만든다.

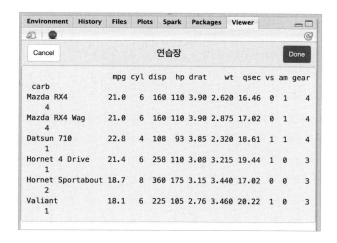

2) 콘텐츠 채우기

miniContentPanel() 안에서 일반적인 UI 콘텐츠를 넣을 수 있다. 이 함수는 플렉스 박스 안에 일반적인 UI 콘텐츠를 넣을 수 있도록 하는 역할을 한다. 만약 콘텐츠를 플렉스 박스에 꽉 채우고 싶으면 *Output() 함수의 height 값을 "100%"로 지정한다.

다음 샤이니 소도구는 히스토그램을 출력한다. 난수의 개수와 구간의 너비를 sliderInput()을 사용하여 입력할 수 있게 했다. 히스토그램의 모양은 이런 것들에 영향을 받기 때문에 샤이니 소도구를 활용하여 적당한 히스토그램을 얻을 수 있게 한 것이다.

```
library(shiny)
library(miniUI)
library(ggplot2)

gghisto <- function() {
ui <- miniPage(
  miniTitleBar("히스토그램(난수의 개수와 binwidth)",
        right = miniTitleBarButton("done","완료", primary = TRUE)),
   sliderInput("rnd", "난수의 개수", value = 300, min = 1, max = 1000),
   sliderInput("bin_width", "구간의 너비", value = 0.1, min = 0, max = 1),
  miniContentPanel(
   plotOutput("myPlot", height = "100%")
  )
)

 server <- function(input, output, session) {

 p1 <- reactive({
  df <- data.frame( x = rnorm(input$rnd))
  ggplot(df) + geom_histogram(aes_string(df$x),
                binwidth = input$bin_width,
                fill = "steelblue") +
   labs(x = "Standard Normal Random Numbers",
      title = paste("N:", input$rnd, "Bin Width:", input$bin_width)
      )
 })

 output$myPlot <- renderPlot({
  p1()
 })


 observeEvent(input$done, {
  stopApp(p1())
 })
 }
```

```
runGadget(shinyApp(ui, server))
}
```

이 샤이니 소도구를 gghisto() 등으로 실행해보자. 그럼 뷰어창에서 원하는 소도구가 실행될 것이다. 슬라이더를 움직여서 히스토그램을 바꿔보자.

여기서 생성되는 플롯도 반환받을 수 있다. myPlot <- gghisto()를 실행하고, 적당한 히스토그램을 위한 난수의 개수와 구간의 너비를 정한 뒤 샤이니 소도구를 중지한다. 그런 다음 myPlot을 R 콘솔에 입력하고 엔터키를 치면 그래픽 창에 플롯이 그려질 것이다.

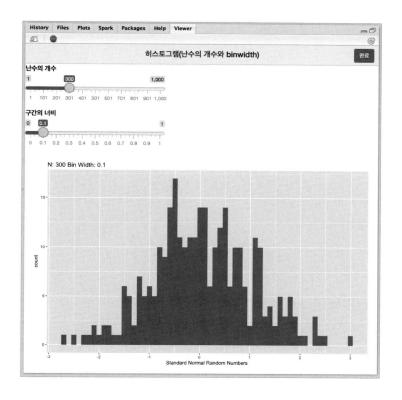

이 샤이니 소도구에서 sliderInput()은 miniContentPanel() 안에 넣지 않았다. 플롯만 넣고 높이를 100%로 했는데, 창의 크기를 바꿔보면 그 효과를 알 수 있다.

3) 탭 셋과 비슷한 효과

일반적인 샤이니 앱의 `tabsetPanel()`/`tabPanel()`과 비슷한 효과를 `miniTabstripPanel()`/`miniTabPanel()`로 구현할 수 있다. 패턴은 `miniTabstripPanel()` 안에서 `miniTabPanel()`을 넣고, `miniTabPanel()` 안에 `miniContentPanel()`을 넣은 후 다시 이 안에 실제 콘텐츠를 넣는다. 설명과 사례는 샤이니 개발자 사이트[4]를 참고한다.

4) 전체 너비를 채우는 버튼

`miniButtonBlock()`에 `actionButton()`을 넣으면 전체 너비를 채우는 버튼이 된다. 2개 이상 넣으면 공간을 균등하게 나눠서 버튼이 만들어진다. 이 역시 설명과 사례는 샤이니 개발자 사이트를 참고한다.

③ 샤이니 소도구의 활용: ggedit 패키지

ggedit(Sidi 2017) 패키지는 비교적 최근에 발표된 패키지로, 샤이니 소도구를 활용한 대표적인 경우라 생각되어 여기에 소개하려고 한다. ggedit 패키지는 ggplot2로 생성된 플롯에 대한 테마(theme)를 생성하며, 샤이니 소도구를 활용하여 만든 GUI를 생성할 수 있다. GUI로 지정한 값들의 효과를 바로 확인할 수 있고 플롯을 업데이트할 수 있다.

③-1 ggplot2 테마 시스템에 대한 간단한 소개

ggplot2 패키지 자체에 대해서는 좋은 책과 자료가 많이 있다. 여기서는 ggedit 패키지가 주로 주목하는 테마 시스템에 대해 간략하게 소개하려고 한다.

ggplot2에서 테마 시스템은 플롯에서 데이터와 직접적으로 관련이 없는 부분들을 관리하는 시스템을 말한다. ggplot2 패키지를 로딩하고 나서 `?theme`를 실행해보면 설명이 나와 있는데, 항목이 매우 많아 이해하기가 쉽지 않다. 한눈에 이해하기는 어려워도 ggplot2

---

4 http://shiny.rstudio.com/articles/gadget-ui.html

테마 시스템은 데이터와 테이터가 아닌 것을 독립적으로 관리하고, 데이터가 아닌 것에 대해서 독립적으로 값을 지정할 수 있기 때문에 상당히 유연하다. 그래서 ggedit은 이런 장점을 살리면서도 쉽게 접근할 수 있는 방법으로 고안되었다. 다만 인터페이스가 영문인 점이 우리에게는 좀 아쉽다.

ggplot2에서 테마를 지정하는 방법은 크게 두 가지로 볼 수 있다.

• 첫 번째는 사전에 정해진 테마를 바탕으로 한꺼번에 모든 것을 지정하는 방법이다. 이를 위한 함수로는 theme_bw(), theme_linedraw(), theme_light(), theme_dark(), theme_minimal(), theme_classic, theme_void() 등이 준비되어 있다.

```
> library(ggplot2)
> p <- ggplot(mpg, aes(displ, hwy, color = drv)) + geom_point()
> p
> p + theme_bw()
> p + theme_minimal()
```

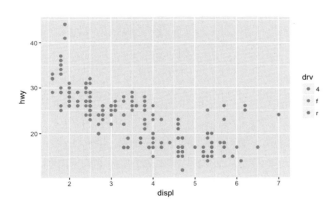

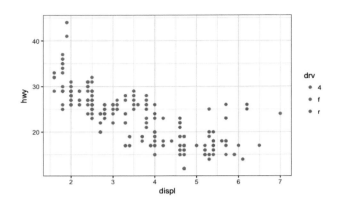

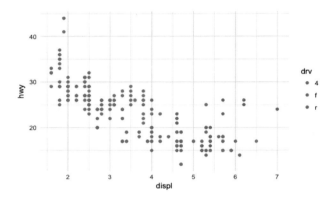

- 두 번째 방법은 개별 요소들을 독립적으로 지정하는 것으로, 일반적으로 theme(element.name = element_function()) 문법으로 사용한다. 요소들은 큰 단위부터 보자면 strip, plot, panel, axis, legend 등이 있으며 이 요소들의 하부 단위들이 존재한다. 그리고 요소에 옵션을 지정하는 함수에는 element_line(), element_rect(), element_text(), element_blank() 네 가지가 있다.

  이 방법을 사용하여 레전드 주변에 박스를 만들었다.

```
> p
> p + theme(legend.background = element_rect(color = "red"))
```

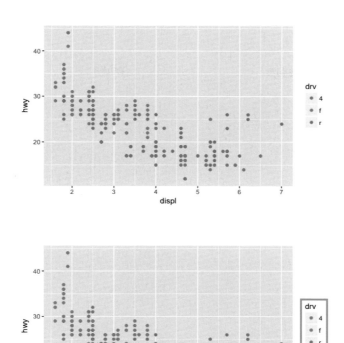

이런 요소들은 위계화되어 있어서 상위에서 설정된 값들을 유전 받는다. 그리고 하위에서 설정된 값이 유전된 값을 오버라이딩(overriding)할 수 있다.

다음은 모든 텍스트를 빨간색으로 바꾼 뒤 타이틀만 다시 검정색으로 바꾼 예이다.

```
> p
> p1 <- p + labs(title = "Red text color") +
+       theme(text = element_text(color = "red"))
> p1
> p2 <- p1 + theme(plot.title = element_text(color = "black"))
> p2
```

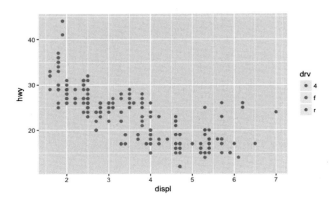

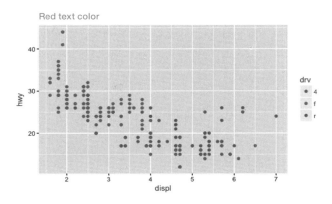

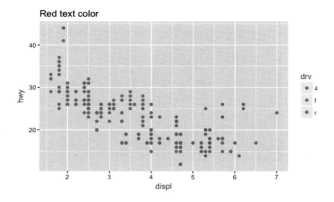

ggplot2 요소의 이름들은 다음과 같은 면을 조절한다.

- `strip`: 패시팅(faceting)을 할 때 각 패싯(facet)의 제목이나 축의 레이블을 의미한다.

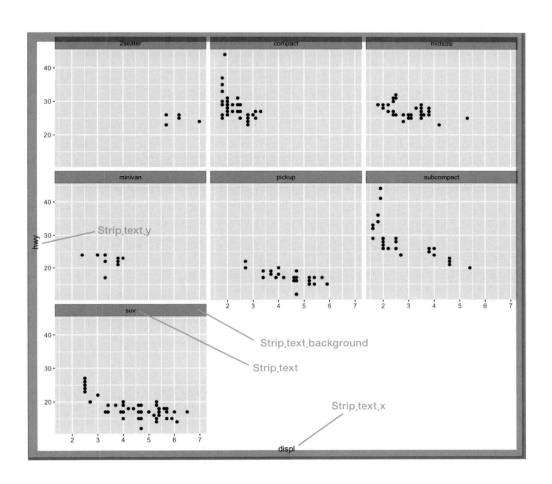

- `plot`과 `panel`: `plot`은 그래픽 디바이스에 그려지는 모든 것이고, `panel`은 데이터 패널이라고 이해하면 된다. 이 두 개념이 처음에는 헷갈릴 수 있는데 다음 예를 보고 개념을 잡는다.

```
> p
> p1 <- p + theme(plot.background = element_rect(color="red", size = 5))
> p1
> p2 <- p + theme(panel.background = element_rect(fill="steelblue"))
> p2
```

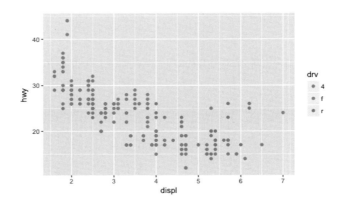

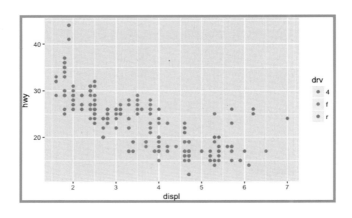

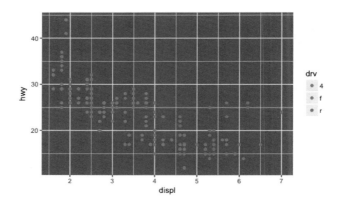

- legend와 axis: 가이드에 해당되는 것으로, 굳이 설명이 필요하지 않은 부분이다.

(3-2) ggedit에서 샤이니 소도구를 사용한 테마 설정

ggedit 패키지를 로딩하고 ggedit()이라는 함수에 ggplot2로 만든 그래픽 객체를 전달하면 샤이니 소도구가 실행된다.

```
> library(ggplot2)
> library(ggedit)
> gp1 <- ggplot(mpg, aes(displ, hwy)) + geom_point(aes(color = drv))
> ggedit(gp1)
```

이 코드를 RStudio R 콘솔에서 실행하면 테마를 변경할 수 있는 샤이니 소도구가 실행된다.

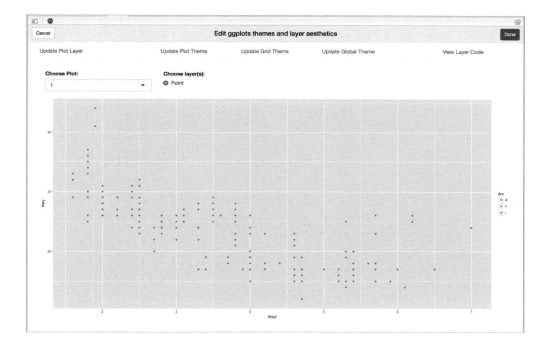

ggedit() 함수에 ggplot2 플롯 객체들을 R 리스트로 만들어 넘겨서 한꺼번에 테마를 지정할 수 있다.

```
> library(ggplot2)
> library(ggedit)
> gp1 <- ggplot(mpg, aes(displ, hwy)) + geom_point(aes(color = drv))
> gp2 <- ggplot(mtcars, aes(wt, mpg)) + geom_point(aes(color = factor(cyl)))
> ggedit(list(x = gp1, y = gp2))
```

리스트에 각 플롯에 대한 이름을 지정했는데, 소도구에서 [Choose Plot:] 항목을 보면 이름이 리스트로 표시된다. 여기서 플롯을 선택할 수 있다.

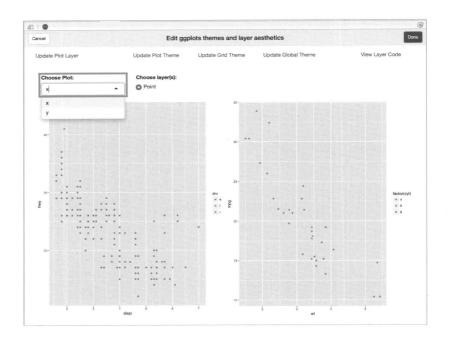

플롯을 수정한 다음 되돌려 받으려면 해당 플롯을 객체로 할당해야 한다.

```
> library(ggplot2)
> library(ggedit)
> gp1 <- ggplot(mpg, aes(displ, hwy)) + geom_point(aes(color = drv))
> gp2 <- ggplot(mtcars, aes(wt, mpg)) + geom_point(aes(color = factor(cyl)))
> modified <- ggedit(list(x = gp1, y = gp2))
```

이렇게 두 개의 플롯을 전달하고, 다시 수정한 다음 돌려받은 객체가 리스트이다. 리스트에는 여러 가지 정보가 들어 있다.

```
> attributes(modified)
$names
[1] "UpdatedPlots"        "UpdatedLayers"        "UpdatedLayersElements"
"updatedScales"

$class
[1] "ggedit" "list"
```

이 중에서 플롯을 가지고 오려면 다음과 같이 할 수 있다.

```
> modified$UpdatedPlots[[1]] # 첫 번째 풀롯
> modified$UpdatedPlots[[2]] # 두 번째 플롯
```

③-③ ggedit을 사용한 ggplot2 플롯 테마 설정

이제 실제로 사용해보자. 다음 코드를 R 콘솔에서 실행한다.

```
> library(ggplot2)
> library(ggedit)
> gp1 <- ggplot(mpg, aes(displ, hwy)) + geom_point(aes(color = drv))
> gp2 <- ggplot(mtcars, aes(wt, mpg)) + geom_point(aes(color = factor(cyl)))
> modified <- ggedit(list(x = gp1, y = gp2))
```

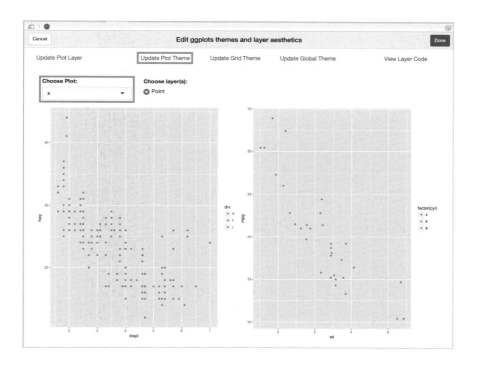

앞의 그림의 [Choose Plot]에서 테마를 변경할 플롯을 선택한다. 여기에는 첫 번째 플롯의 플롯 테마에서 외각 테두리만 바꾸어보려고 한다. [Update Plot Themes] 링크를 클릭한다. 그러면 다음과 같이 UI가 보인다. 탭의 타이틀을 보면 앞에서 설명한 ggplot2의 각 요소가 나열되어 있다. 전체 테두리는 플롯과 관계가 있다.

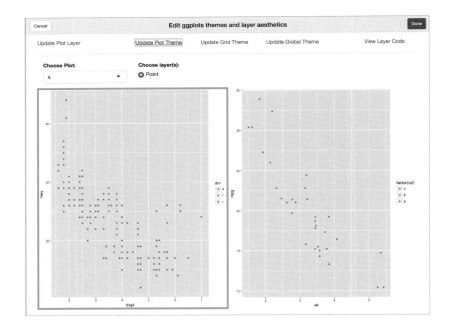

위의 그림과 같이 [plot] 탭을 선택하고 colour에 black이라고 입력하고, size에는 3을 입력한다. 그런 다음 아래 [Set Theme] 버튼을 클릭한 뒤 [Close] 버튼을 클릭하여 창을 닫는다.

위의 그림에서 플롯의 테두리가 수정된 모습을 확인할 수 있다. [Cancel] 버튼을 클릭해서 샤이니 소도구를 클릭하면, 수정된 사항은 저장되지 않고 그대로 빠져나온다. 변경한 내용을 다시 얻기 위해서는 오른쪽 [Done] 버튼을 클릭해야 한다.

[Done] 버튼을 클릭하고 샤이니 소도구를 끝내면, modified라는 리스트에 앞에서 바꾼 내용들이 있다. 첫 번째로 변경한 플롯을 얻으려면 다음과 같이 한다.

```
> modified$UpdatedPlots[[1]]
```

앞에서는 포인트 레이어가 하나뿐인 플롯을 사용했는데, 복수의 레이어를 가진 ggplot2 플롯 객체라면 Choose layer(s) 항목에 레이어들이 추가되는 것을 확인할 수 있을 것이다.

이 글을 쓰는 시점에는 버전이 0.2.0밖에 되지 않아서 그리드 테마, 글로벌 테마 등에 대한 기능이 아직 마련되어 있지 않다. 이후 버전이 높아지면 기능들이 추가될 것으로 보인다. 이런 ggedit 패키지는 ggplot2 패키지 사용자들에게 많은 도움을 줄 것이라 기대한다. 또한 이 사례를 통해 샤이니 소도구가 어떻게 유용하게 사용될 수 있는지 가늠해볼 수 있으리라 생각한다.

④ 정리

10장에서는 원래 정적인 플롯을 만드는 베이스 R, ggplot2 플롯에 샤이니를 통하여 인터랙션 기능을 추가하는 방법을 알아보았다. 그리고 샤이니 소도구를 만드는 방법과 그 원리에 따라 만들어진 ggedit 패키지에 대해서도 살펴보았다.

R
Shiny

Chapter 11

샤이니와 자바스크립트

웹 페이지는 여러 가지 기술을 조합해 만든다. 가장 기본은 웹 페이지의 구조를 짜기 위한 HTML, 스타일을 더하기 위한 CSS, 행동을 조절하기 위한 자바스크립트를 사용하는 것이다.

샤이니의 좋은 점 중 하나는 이런 웹 언어를 사용하지 않고 순수한 R 언어만을 사용하여 웹 애플리케이션을 작성할 수 있다는 것이다. 하지만 샤이니 앱을 실행하면 R 코드들은 결국 이들 웹 언어로 바뀌어 실행된다. 그러므로 이런 웹 언어를 알고 있다면, 그 지식을 활용하여 샤이니 앱을 더 좋게 만들 수 있다. 그래서 이번 장에서는 독자들이 다음과 같은 주제에 대해 어느 정도 기본 지식을 갖추고 있다고 가정하고 설명하겠다.

- HTML, CSS, JavaScript, jQuery: 정말 처음 시작하는 독자라면 w3schools.com[1]에 좋은 자료들이 있으니 활용하기 바란다. 참고로 샤이니 패키지는 이것들과 깊이 관련되는 도구를 내부적으로 채용하고 있다.
- HTML 관련: `htmltools` R 패키지
- CSS 관련: 부트스트랩 CSS 프레임워크[2]
- 자바스크립트 관련: 제이쿼리(jQuery)[3]

---

1 https://www.w3schools.com/default.asp
2 http://getbootstrap.com
3 http://jquery.com

① session 객체와 Shiny 객체의 활용

이 장에서는 샤이니 앱을 구성하는 낮은 요소들을 설명한다. 이런 요소들 가운데 중요한 session이라는 R 객체와 Shiny라고 하는 자바스크립트 객체가 있는데, 이런 낮은 요소들을 사용하기 위해서는 이들 객체에 대하여 인지하고 있어야 한다.

샤이니 서버 함수는 input, output이라는 필수 인자 이외에도 session이라는 인자를 사용할 수 있다. 그래서 다음과 같은 형태를 가진다.

```
server <- function(input, output, session) {
  ...
}
```

한 명의 사용자가 샤이니 앱에 연결하여 사용하고 종료할 때까지를 세션(session)이라고 부른다. 이 점에서 유추할 수 있듯이 session 객체에는 사용자 정보와 같은 세션 관련 정보들과 사용자와 인터랙션하기 위한 다양한 기능들이 담겨 있다. 앞에서 세션이라는 개념이 들어간 어떤 기능들을 구현하려면 샤이니 서버 함수에서 이 인자를 반드시 포함시켜야 하는 사례들을 보았을 것이다. 그래서 샤이니 서버 함수를 구성할 때는 사용 유무에 관계없이 이 인자를 포함시켜 작성하는 습관을 가지는 것이 좋다.

세션(session)은 "R6"[4]라는 객체지향시스템에 맞추어 샤이니 패키지에서 정의된 객체로, R 환경(environment) 데이터 타입으로 만들어져 있다. 이 환경에는 사용자와의 연결(session)에 대한 정보와 함수가 포함되어 있다. 이 객체는 R 환경 객체이기 때문에 여기에 있는 정보나 함수를 사용할 때는 $ 연산자를 사용한다. 예를 들어 clientData라는 필드가 있는데, 이것은 session$clientData로 접근한다.

다음과 같은 앱으로 session 객체의 구조를 살펴보자.

---

4 https://cran.r-project.org/web/packages/R6/vignettes/Introduction.html

```
library(shiny)
ui <- fluidPage(
 verbatimTextOutput("session_info")
)

server <- function(input, output, session) {
 output$session_info <- renderPrint({
 names(session)
 })

}

shinyApp(ui, server)
```

앱을 실행해보면 아래 그림과 같이 출력된다. session이라는 환경에 다양한 데이터와 함수가 담겨 있음을 알 수 있다. 이 장에서 session을 언급할 때는 이러한 데이터와 함수에 접근한다는 것을 이해해야 한다.

```
Publish ▾

    [1] ".__enclos_env__"      "session"
    [3] "groups"               "user"
    [5] "userData"             "singletons"
    [7] "request"              "closed"
    [9] "downloads"            "files"
   [11] "token"                "clientData"
   [13] "output"               "input"
   [15] "progressStack"        "restoreContext"
   [17] "clone"                "decrementBusyCount"
   [19] "incrementBusyCount"   "outputOptions"
   [21] "manageInputs"         "manageHiddenOutputs"
   [23] "registerDataObj"      "registerDownload"
   [25] "fileUrl"              "saveFileUrl"
   [27] "handleRequest"        "@uploadEnd"
   [29] "@uploadInit"          "@uploadieFinish"
   [31] "resetBrush"           "updateQueryString"
   [33] "sendRemoveUI"         "sendInsertUI"
   [35] "reload"               "reactlog"
   [37] "getTestSnapshotUrl"   "exportTestValues"
   [39] "doBookmark"           "onRestored"
   [41] "onRestore"            "onBookmarked"
   [43] "onBookmark"           "getBookmarkExclude"
   [45] "setBookmarkExclude"   "onFlushed"
   [47] "onFlush"              "sendInputMessage"
   [49] "sendCustomMessage"    "sendBinaryMessage"
   [51] "dispatch"             "sendModal"
   [53] "sendNotification"     "sendProgress"
   [55] "showProgress"         "flushOutput"
   [57] "defineOutput"         "allowReconnect"
   [59] "setShowcase"          "isEnded"
   [61] "isClosed"             "wsClosed"
   [63] "close"                "unhandledError"
   [65] "onInputReceived"      "onEnded"
   [67] "onSessionEnded"       "freezeValue"
   [69] "ns"                   "makeScope"
   [71] "rootScope"            "initialize"
```

이번에는 Shiny 객체에 대해서 알아보자. 샤이니 앱이 작동될 때 내부적으로 Shiny라고 하는 자바스크립트 객체가 생성되어 사용되는데, 이 객체의 실제 코드는 샤이니 패키지 깃허브에 있다.[5] 이 객체가 가지고 있는 메서드(함수) 이름 등을 대충 훑어보려면 브라우저에서 샤이니 앱을 하나 실행시킨 다음, 브라우저 개발자 도구를 열어 콘솔에서 Shiny를 실행해보면 된다(아래 그림 참조). Shiny 자바스크립트 객체 역시 내부에 여러 서브 객체와 메서드(함수)를 가지고 있다.

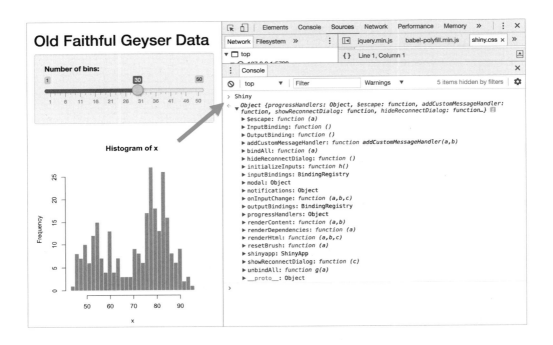

나중에 살펴보겠지만 사용자가 직접 입력 위젯을 만들 수 있는데, 그렇게 만든 입력 위젯들을 모두 이 Shiny 객체에 등록하여야 한다. 즉 이 객체가 샤이니 클라이언트의 대부분의 기능을 담당하는 인터페이스 역할을 하는 것이다.

이 장에서는 session이라는 R 객체와 Shiny라는 자바스크립트 객체를 사용하여 몇 가지 기능을 구현해볼 것이다. 먼저, 누가 이것을 사용할 수 있는지 그 주체를 명확히 알아야 역할을 헷갈리지 않을 수 있다.

---

5 https://github.com/rstudio/shiny/tree/master/inst/www/shared

- session: 샤이니 서버 함수가 사용할 수 있는 R 객체이다.
- Shiny: 샤이니의 클라이언트가 사용할 수 있는 자바스크립트 객체이다.

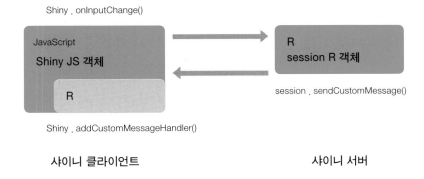

이 객체들을 사용하는 예를 살펴보자.

1-1 클라이언트에서 서버로 데이터를 보내는 방법

샤이니 앱에서 입력 위젯으로 입력된 값들은 그 아이디를 사용하여 그 값에 접근할 수 있다. 예를 들어 아이디가 sel인 경우에는 서버에서 자동적으로 input$sel이라는 문법을 통해 그 값에 접근한다. 즉 클라이언트에서 서버로 데이터가 보내진다.

이렇게 클라이언트에서 서버로 데이터를 보내는 일에는 자바스크립트 함수인 Shiny. onInputChange()가 사용된다. 이 함수의 문법은 다음과 같다.

```
Shiny.onInputChange("myText", "Hello World!")
```

첫 번째 인자는 변수의 이름이고, 두 번째 인자는 그 변수에 할당되는 값이다. 이렇게 사용된 경우 서버에서는 input$myText로 그 값에 접근할 수 있다.

이 함수의 역할을 설명하기 위해서 다음과 같은 앱을 실행해본다.

```
library(shiny)
ui <- fluidPage(
 wellPanel(
  p("콘솔에서, Shiny.onInput('myText', '원하는 텍스트'의 형태로 입력)")
 ),
 verbatimTextOutput("txt")
)

server <- function(input, output, session) {
 output$txt <- renderPrint({
  req(input$myText)
  input$myText
 })
}

shinyApp(ui, server)
```

이 앱은 다음 그림과 같이 렌더링된다. 브라우저에서 이 앱을 열고 개발자 도구를 열어
Shiny.onInputChange() 함수를 실행하면 텍스트가 브라우저 창에 표시될 것이다. 이
함수는 자바스크립트 함수이기 때문에 자바스크립트를 실행할 수 있는 콘솔을 사용하였다.

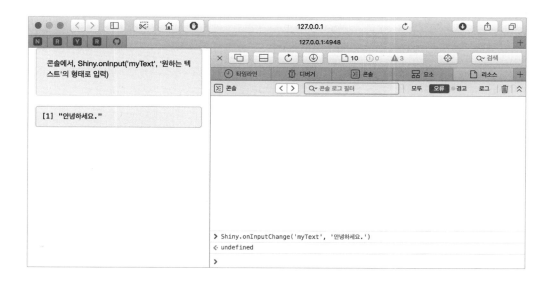

1-2 서버(R)에서 클라이언트(자바스크립트)로 데이터를 보내는 방법

다음은 서버에서 클라이언트로 데이터를 보내는 방법을 알아보자. 서버 쪽에서 클라이언트로 데이터를 보내려면 session 객체에 있는 sendCustomMessage() 함수를 사용한다. 따라서 샤이니 서버 함수에는 반드시 session이 들어가 있어야 한다.

```
session$sendCustomMessage("myData", mtcars)
```

이렇게 하면 "myData"라는 이름으로 mtcars 데이터가 보내진다. 이것을 클라이언트 자바스크립트에서 받으려면, 다음과 같이 이 데이터를 받았을 때 실행할 핸들러 함수를 등록해야 한다.

```
Shiny.addCustomMessageHandler("myData", function(message) {
  ...
});
```

다음은 이것을 활용한 간단한 예시이다. R과 자바스크립트 사이에 데이터가 교환될 때는 jsonlite라는 객체를 사용하고, 제이슨 객체를 텍스트로 바꿔주는 JSON.stringify() 함수를 사용하였다. 예시를 위한 것으로 별도의 스타일 등은 고려하지 않았다.

```
library(shiny)

ui <- fluidPage(
  tags$script('
      Shiny.addCustomMessageHandler("myData", function(message) {
      $("#display").text(JSON.stringify(message));
      });
      '),
  actionButton("send", "데이터(mtcars) 보기"),
  tags$div(id = "display")
)

server <- function(input, output, session) {
  observeEvent(input$send, {
   session$sendCustomMessage("myData", mtcars)
  })
}

shinyApp(ui, server)
```

1-3 입력 업데이터에 사용

7장 6절 〈다이내믹하게 입력을 수정: 인풋 업데이터 함수들〉에서 입력 업데이터 함수들 (update*())은 내부적으로 session$sendInputMessage()를 사용한다고 설명했다 (p.272). 입력 업데이터 함수들은 기본적으로 서버가 클라이언트로 어떤 정보를 보내는 것이 므로 session 객체를 사용하게 된다.

1-4 샤이니 모듈에서 session 사용

샤이니 모듈에서 renderUI()를 사용하는 것은 서버에서 UI 컴포넌트를 만들어서 클라이 언트로 보내는 기능이다. 모듈 서버 함수에서는 session$ns 객체가 필요한 네임스페이스 기능을 제공한다.

1-5 서버에서 session에 담긴 클라이언트 정보 읽기

샤이니 앱에서 사용자가 입력 위젯에 값을 입력하면 이 값들은 input이라는 객체를 통해 샤 이니 서버 함수로 전달된다. 이렇게 입력되는 값 이외에 클라이언트에 관한 정보들이 있다. 클 라이언트와 서버 간 연결에 대한 정보, 출력된 플롯의 너비와 높이, 출력 객체들의 숨겨진 상 태, 픽셀 비 등이 그것이다. 이런 정보들은 session$clientData 필드로 전달된다.

1) 연결에 대한 정보
연결 상태에 대한 정보로는 다음과 같은 값들이 있다.

- url_protocol
- url_hostname
- url_port
- url_search
- url_hash_initial

이들은 모두 HTTP 프로토콜을 사용한 클라이언트와 서버 간 연결에 관한 정보이다. HTTP 프로토콜과 관련된 내용은 HTTP: The Protocol Every Web Developer Must Know - Part 1[6]을 참고한다.

```r
library(shiny)
ui <- fluidPage(
 verbatimTextOutput("session_info")
)

server <- function(input, output, session) {
 output$session_info <- renderPrint({
  url_info <- list(
    url_protocol = session$clientData$url_protocol,
    url_hostname = session$clientData$url_hostname,
    url_port = session$clientData$url_port,
    url_pathname = session$clientData$url_pathname,
    url_search = session$clientData$url_search,
    url_hash_initial = session$clientData$url_hash_initial
    )
   unlist(url_info)
 })
}

shinyApp(ui, server)
```

이 앱은 다음과 같은 내용을 출력할 것이다.

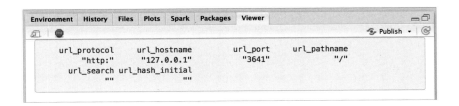

url_search인 경우에는 쿼리(query)를 주면 표시가 된다. 이를테면 샤이니 앱을 브라우저에서 실행하고, 주소창의 끝에 ?ga=na를 추가하면 이 내용이 url_search 부분에 표시된다. 참고로 HTTP 쿼리 문자열을 만드는 방법은 다음과 같다.[7]

- URL 경로 뒤에서 ? 뒤에 사용한다.
- 기본적으로 필드=값의 형태로 된 쌍을 사용한다.
- 그 쌍 사이는 &로 구분한다.

전체적인 URL은 다음과 같은 형태가 된다. 구글이나 네이버 같은 검색 엔진을 사용할 때, 검색 단어를 입력하면 URL에 해당 단어에 대한 정보가 이런 형태로 서버에 전달된다.

```
http://www.domain.com:1234/path/to/resource?a=b&x=y
```

서버의 입장에서 이런 URL 요청이 들어오면, 해당 정보를 활용하여 필요한 내용을 클라이언트로 보내야 하기 때문에 정보를 해석해야 한다. 이와 비슷한 기능을 하는 샤이니 함수로 parseQueryString()이라는 것이 있다. 다음과 같이 사용하는데, 이름 있는 R 리스트로 반환된다.

```
> shiny::parseQueryString("?a=b&x=y")
$a
[1] "b"

$x
[1] "y"
```

이런 기능을 사용하여 주소창에서 데이터 프레임을 선택해 브라우저에 출력되게 만들 수 있다. 다음과 같은 앱을 보자.

```
library(shiny)
ui <- fluidPage(
 verbatimTextOutput("txt")
)

server <- function(input, output, session) {
```

---

7   https://en.wikipedia.org/wiki/Query_string를 참고한다.

```
 output$txt <- renderPrint({
  query <- session$clientData$url_search
  if (query == "") return("쿼리를 입력(주소창에 '?x=mtcars'와 같이 추가")
  q_list <- unlist(parseQueryString(query))
  data <- get(q_list)
  data
 })
}

shinyApp(ui, server)
```

이 앱을 브라우저에 처음 실행하면 다음과 같이 나타난다. 화면에 출력된 것과 같이 주소창이 http://127.0.0.1:3641?x=mtcars가 되게 하면, mtcars 데이터셋이 브라우저에 출력될 것이다.

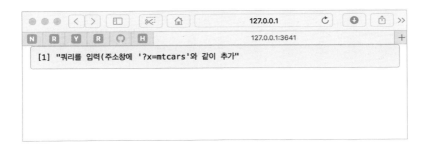

2) 출력물에 대한 정보

UI에 출력된 플롯의 크기와 같은 출력물에 대한 정보도 session$clientData로 전달된다. 플롯의 크기는 output_플롯아이디_height, ouput_플롯아이디_width라는 이름으로 전달된다.

다음은 플롯의 크기를 출력할 수 있는 앱이다.

```
library(shiny)
ui <- fluidPage(
 sliderInput("obs", "No. of Random Numbers", min = 30, max = 100, value = 50),
 plotOutput("myPlot"),
 verbatimTextOutput("txt")
 )
```

```
server <- function(input, output, session) {
 output$myPlot <- renderPlot({
  hist(rnorm(input$obs))
 })

 output$txt <- renderText({
  p_width <- paste("Plot Width:", session$clientData$output_myPlot_width)
  p_height <- paste("Plot Height:", session$clientData$output_myPlot_height)
  paste(c(p_width, p_height), collapse = "\n")
 })
}

shinyApp(ui, server)
```

이 앱은 다음 그림과 같이 렌더링된다.

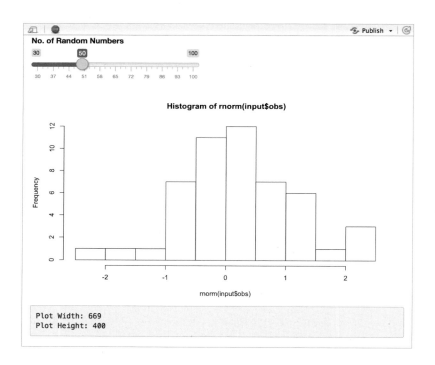

이처럼 출력물에 대한 정보를 활용하여 여러 가지 일을 할 수 있다. 그 예는 9장 1-1절 〈이미지 다운로드〉 부분을 참고하기 바란다(p. 318).

② shinyjs 패키지의 활용

뒤에서 커스텀 입력 위젯 등을 만드는 방법을 소개할 것인데, 실용적인 목적보다는 샤이니 패키지의 입력 위젯들이 만들어진 원리를 중심으로 설명하려고 한다. 실제로 커스텀 입력 위젯을 만들어 사용할 독자들은 그리 많지 않을 거라 보기 때문이다. 지금까지 샤이니 자체가 제공하고 있는 입력 위젯들의 기능도 충분히 뛰어나다.

여기서는 좀 더 실용적인 shinyjs 패키지(Attali 2016) 사용법을 알아보자. 이 패키지를 사용하면 샤이니 앱에 상당히 요긴하게 쓰일 수 있는 기능들을 쉽게 구현할 수 있다.

먼저 다음과 같이 패키지를 설치한다.

```
install.packages("shinyjs")
```

shinyjs를 샤이니 앱에서 사용하려면 패키지를 로딩한다.

```
library(shinyjs)
```

shinyjs 패키지 함수들을 샤이니 앱에서 사용할 때 우선적으로 할 일은 샤이니 앱의 UI 부분에 useShinyjs()를 넣는 것이다. 패키지 비니에트에도 다음과 같이 소개되어 있는데, UI 코드에 useShinyjs()를 넣어야 한다는 사실이 가장 중요하다(shinyjs 패키지의 비니에트에 그 사용법이 잘 정리되어 있으므로 참고한다).

```
library(shiny)
library(shinyjs)

ui <- fluidPage(
 useShinyjs(), # shinyjs 패키지 사용하기 위해서

 actionButton("button", "Click me"),
 textInput("text", "Text")
)

server <- function(input, output) {
 observeEvent(input$button, {
  toggle("text") # toggle 샤이니 함수를 사용한다.
 })
}

shinyApp(ui, server)
```

②-1 요소 감추기, 보이게 하기

간단한 앱으로 시작하자. 다음 앱은 텍스트 입력 위젯을 사용하였다. 버튼을 추가한 후, 해당 버튼을 클릭했을 때 이 입력 위젯이 사라지도록 shinyjs를 사용해 구현해보자.

```
library(shiny)
ui <- fluidPage(
 textInput("text", "텍스트")
)
server <- function(input, output) {
}
shinyApp(ui, server)
```

　shinyjs를 사용하기 위해서 UI 부분에 useShinyjs()를 추가한다.

```
library(shiny)
ui <- fluidPage(
 useShinyjs(),
 textInput("text", "텍스트")
)
server <- function(input, output) {
}
shinyApp(ui, server)
```

　다음 버튼을 추가하고, 이 버튼에 반응하는 이벤트를 구성한다.

```
library(shiny)
ui <- fluidPage(
 useShinyjs(),
 textInput("text", "텍스트"),
 actionButton("hide", "위젯 숨기기")
)
server <- function(input, output) {
 observeEvent(input$hide, {

 })
}
shinyApp(ui, server)
```

shinyjs의 hide() 함수를 사용하여 이벤트에 반응할 코드를 작성한다. 이 함수에 숨길 위젯의 아이디를 전달한다.

```
library(shiny)
ui <- fluidPage(
 useShinyjs(),
 textInput("text", "텍스트"),
 actionButton("hide", "위젯 숨기기")
)
server <- function(input, output) {
 observeEvent(input$hide, {
  hide("text")
 })
}
shinyApp(ui, server)
```

부드럽게 사라지게 만들기 위해서 anim이라는 인자를 쓸 수 있는데, 그 값이 "slide"로 설정되어 있다.

```
library(shiny)
ui <- fluidPage(
 useShinyjs(),
 textInput("text", "텍스트"),
 actionButton("hide", "위젯 숨기기")
)
server <- function(input, output) {
 observeEvent(input$hide, {
  hide("text", anim = TRUE)
 })
}
shinyApp(ui, server)
```

이 버튼을 토글로 작동하게 하려면 hide() 함수 대신에 toggle()을 사용한다. 버튼 레이블도 조금 바꾸었다.

```
library(shiny)
ui <- fluidPage(
 useShinyjs(),
 textInput("text", "텍스트"),
 actionButton("hide", "위젯 숨기기/보이기")
)
```

```
server <- function(input, output) {
 observeEvent(input$hide, {
  toggle("text", anim = TRUE)
 })
}
shinyApp(ui, server)
```

한편 샤이니 앱이 처음 시작될 때에 요소가 보이지 않도록 한 다음, 필요한 경우에 보이게
할 수도 있다. 이번에도 간단한 앱으로 시작해본다.

```
library(shiny)
ui <- fluidPage(
 textInput("text", "텍스트")
)
server <- function(input, output) {
}
shinyApp(ui, server)
```

shinjs를 사용하기 위해서 useShinyjs()를 UI에 넣는다. 그리고 보이지 않게 할 요소
를 hidden()이라는 함수로 감싼다.

```
library(shiny)
ui <- fluidPage(
 useShinyjs(),
 hidden(
  textInput("text", "텍스트")
 )
)
server <- function(input, output) {
}
shinyApp(ui, server)
```

이 앱을 실행하면 아무것도 보이지 않을 것이다. 보이게 하기 위해서 버튼을 추가하고, 이벤
트 코드를 넣는다. 보이지 않던 요소를 보이게 하려면 show() 함수를 사용하고, 보일 위젯의
아이디를 전달한다. 앞에서와 마찬가지로 이 버튼이 토글로 작동하게 하려면 toggle() 함수
를 사용한다.

```
library(shiny)
ui <- fluidPage(
 useShinyjs(),
 hidden(
  textInput("text", "텍스트")
 ),
 actionButton("show", "위젯 보기")
)
server <- function(input, output) {
 observeEvent(input$show, {
  show("text")
 })
}
shinyApp(ui, server)
```

2-2 버튼의 작동을 불가능하게 하거나 가능하게 하기

버튼의 작동을 불가능(disable())하게 하거나 가능(enable())하게 만들 수 있다. 다음 샤이니 앱에서는 [클릭]이라는 버튼을 클릭하고 나면, 이 버튼을 다시 사용할 수 없다.

```
library(shiny)
ui <- fluidPage(
 useShinyjs(),
 textInput("text", "텍스트"),
 actionButton("btn", "클릭")
)
server <- function(input, output) {
 observeEvent(input$btn, {
  disable("btn")
 })
}
shinyApp(ui, server)
```

이 앱을 약간 수정해서 textInput() 위젯에 값을 넣지 않으면 버튼이 작동하지 않고, 값을 넣으면 작동하게 만든다. 또 그 값이 출력되게 해본다.

```
library(shiny)
ui <- fluidPage(
 useShinyjs(),
 textInput("text", "텍스트"),
```

```
   actionButton("btn", "클릭"),
 textOutput("inputText")
)
server <- function(input, output) {
 observe({
  if ( is.null(input$text) || input$text == "" ) {
   disable("btn")
  } else {
   enable("btn")
  }
 })
 observeEvent( input$btn, {
  output$inputText <- renderText({
   isolate(input$text)
  })
 })
}
shinyApp(ui, server)
```

- `textInput()`의 상태에 따라서 `if`문을 사용하여 버튼을 `disable()`, `enable()` 되게 하였다.
- 앞에서 지정되는 상태가 지속될 수 있도록 `observe()`를 사용한 점에 주의한다.
- 버튼이 `enable()` 상태로 클릭되어야 그 텍스트가 출력되도록 `isolate()` 함수와 `observeEvent()`를 조합하여 사용한 점을 눈여겨본다.

　`if`문 대신에 `toggleState()` 함수를 사용할 수 있다. 이 함수에는 두 번째 인자로 어떤 조건식을 주어야 한다. 이 조건식이 참(TRUE)일 때는 `enable` 상태가 되고 거짓(FALSE)인 경우에는 `disable` 상태가 된다. 그렇기 때문에 `if`문을 쓸 때의 논리식과 다를 수 있다. 앞의 앱을 `toggleState()`를 써서 표현해보면 다음과 같다.

```
library(shiny)
ui <- fluidPage(
 useShinyjs(),
 textInput("text", "텍스트"),
 actionButton("btn", "클릭"),
 textOutput("inputText")
)
server <- function(input, output) {
 observe({
  toggleState("btn", !is.null(input$text) && input$text != "")
  # if ( is.null(input$text) || input$text == "" ) {
  # disable("btn")
```

```
  # } else {
  #  enable("btn")
  # }
  })
  observeEvent( input$btn, {
   output$inputText <- renderText({
    isolate(input$text)
   })
  })
 }
shinyApp(ui, server)
```

(2-3) shinyjs 이벤트

shinyjs 패키지를 사용하여 이벤트를 정의하고, 이벤트에 반응할 코드를 정의할 수 있다. 클릭 이벤트에 대해서는 onclick() 함수를 사용하고 그 외의 이벤트에는 onevent() 함수를 사용한다. 문법은 다음과 같다.

```
onclick(id, expr, add = FALSE)
onevent(event, id, expr, add = FALSE)
```

여기서 id는 이벤트의 타깃이 되는 요소의 아이디를 말한다. onevent에는 어떤 이벤트를 사용할지를 결정하는 event 인자가 있다. 그러면 expr로 전달된 R 코드가 실행된다.

앞에서 본 앱과 거의 같은 기능을 하는 앱을 만들어보자. [action] 버튼을 사용하지 않고 a()를 사용하여 <a>를 만들고, 여기에 아이디를 부여한다. 그리고 onclick()을 사용하여 이 요소를 클릭하면 입력한 텍스트가 출력되게 한다.

```
library(shiny)
library(shinyjs)
ui <- fluidPage(
 useShinyjs(),
 textInput("text", "텍스트"),
 a(id = "clickme", "클릭하면 입력한 텍스트가 출력됩니다."),
 textOutput("inputText")
)
```

```
server <- function(input, output) {
 onclick("clickme", {
  output$inputText <- renderText({
   isolate(input$text)
  })
 })
}
shinyApp(ui, server)
```

이 앱은 다음과 같이 렌더링된다.

이 예를 보더라도 expr 부분에는 shinyjs 패키지에서 제공하는 hide() 함수를 비롯하여 어떤 R 표현식이 와도 괜찮다.

2-4 텍스트 콘텐츠의 수정

shinyjs 패키지의 html() 함수를 사용하여 HTML 요소의 텍스트를 바꿀 수 있다. 그 사용법은 다음과 같다.

```
html(id, html, add, selector)
```

- id: 타깃 HTML 요소의 아이디
- html: 채워 넣을 콘텐츠로 일반 텍스트이거나 HTML 텍스트이다.
- add: 기존의 콘텐츠에 추가(TRUE)할지 바꿀지(FALSE)를 선택한다.
- selector: 아이디를 사용하지 않는 경우의 제이쿼리 선택자

다음 앱에서 버튼을 클릭하면 패러그래프(<p>) 안의 문장이 새롭게 지정한 문장으로 바뀐다.

```
library(shiny)
library(shinyjs)

ui <- fluidPage(
 useShinyjs(),
 h2("연습장"),
 actionButton("btn", "클릭"),
 p(id = "myPara", "이 문장을 새로운 문장으로 바꿉니다.")
)

server <- function(input, output, session) {
 observeEvent(input$btn, {
  html("myPara", "이것은 교체된 문장입니다.")
 })
}

shinyApp(ui, server)
```

2-5 CSS와 관련된 함수들

CSS 문법을 알고 있으면, shinyjs의 inlineCSS() 함수를 사용하여 CSS 룰을 바로 넣을 수 있다. 참고로 CSS 룰은 다음 그림과 같은 구조로 되어 있다. 선택자는 CSS를 적용시킬 대상을 의미하고, 그 대상의 무엇을 어떻게 바꿀 것인지 결정하는 것이 프로퍼티와 값이다.

inlineCSS() 함수에 이런 CSS 룰을 문자열로 지정할 수도 있고, R 리스트로 바꾸어 list(선택자 = 선언) 형태로 줄 수도 있는데, 이 선언 부분은 문자열로 지정할 수도 있고 벡터로 지정할 수도 있다.

참고로 inlineCSS() 함수는 useShinyjs()를 UI에 포함시키지 않아도 사용할 수 있다. 도움말 페이지에 보면 그 예를 볼 수 있다.

```
shinyApp(
  ui = fluidPage(
    inlineCSS("#big { font-size:30px; }
         .red { color: red; border: 1px solid black;}"),
   p(id = "big", "This will be big"),
   p(class = "red", "This will be red and bordered")
  ),
  server = function(input, output) {}
)
```

그리고 addClass(), removeClass(), toggleClass() 등 HTML 요소의 클래스를 추가·삭제·토글링하는 함수가 준비되어 있다. 이 함수들을 사용하려면 useShinyjs()를 사용해야 한다.

2-6 기타 shinyjs의 기능들

shinyjs에는 앞에서 소개한 함수들 이외에 여러 함수가 있고, R 코드를 통해서 자바스크립트 코드를 실행시킬 수 있는 기능들도 있다. shinyjs는 적어도 현재의 샤이니 패키지가 제공하지 않는, 자바스크립트와 관련된 다양하고 유연한 기능들을 제공하는 놀라운 패키지이므로 어느 정도 규모가 큰 샤이니 앱을 만들 때는 꼭 필요하게 된다. shinyjs 패키지 비니에트에 관련 내용들이 쉽게 잘 정리되어 있기 때문에 여기서는 이 정도로만 소개한다.

3 샤이니 자바스크립트 이벤트

샤이니 자바스크립트 이벤트 시스템에 대해서 알아보자. 자바스크립트를 잘 아는 독자라면 아무 문제가 없겠지만, 그렇지 않은 독자들을 위해 이벤트에 대해 잠깐 소개하고 넘어간다.

(3-1) 자바스크립트 이벤트 시스템

웹 브라우저에서 어떤 페이지를 로딩할 때, 처음에는 동기식으로 코드가 실행된 다음 페이지가 렌더링된다. 이 과정이 끝나면 사용자의 입력 등에 반응하는 비동기식 프로세스 또는 이벤트-기반의 프로세스라 불리는 단계로 접어든다. '이벤트-기반의 프로세스'라는 것은 우리가 일반적인 데스크톱 소프트웨어에서 보는 GUI와 같은 개념이다. 어떤 메뉴를 선택하면 어떤 일들이 벌어지는데, 이 경우 사용자가 어떤 메뉴를 선택할지 모르기 때문에 메뉴에 따라서 할 일을 정해놓고, 해당 메뉴가 선택되면 그 일을 하게 만드는 상태를 말한다. 그러므로 이벤트는 사용자 인터랙션 기능을 갖춘 웹 프로그래밍에서는 필수적이다.

어떤 이벤트를 말할 때 다음과 같은 용어들을 사용한다.

- 이벤트(event): 마우스 클릭, 마우스 올려놓기(hovering), 영역 선택(brushing) 등을 이벤트라고 한다.

- 이벤트 핸들러(event handler) 또는 이벤트 리스너(event listener): 특정 이벤트가 발생할 때 어떤 일을 하도록 만들고 싶은 경우, 그 어떤 일을 하나의 함수로 정의한다.

- 이벤트 타깃(event target): 이벤트가 발생하는 HTML 요소를 말한다.

- 이벤트 버블링(bubbling) 또는 전파(propagation): 이벤트 타깃을 중심으로 이벤트가 그 부모의 요소, 그 요소의 부모 등으로 계속해서 이벤트 핸들러를 찾아가는 과정을 말한다.

샤이니는 제이쿼리에 의존하고 있고, 제이쿼리에서는 이런 세부사항을 몰라도 대부분 문제가 없도록 해놓았다. 이런 이벤트 시스템은 모든 브라우저에서 똑같은 표준에 의해 구현되지 않는다. 그래도 다행인 것은 제이쿼리를 사용하면 이런 브라우저마다 다른 특성을 특별히 고려하지 않아도 된다는 것이다(이런 이유로 제이쿼리를 많이 사용한다). 샤이니는 제이쿼리 이벤트 시스템을 사용하므로 만약 이런 것들을 잘 다뤄보고 싶다면, 제이쿼리 이벤트 시스템에 대해 먼저 공부할 것을 권한다.

(3-2) 샤이니에서 정의된 이벤트들

샤이니 패키지에는 앱의 상태에 따라서 필요한 행동들을 정의할 때 사용할 수 있도록 여러 이벤트가 정의되어 있다.

앞에서는 자바스크립트 콘솔을 통해서 값을 입력하는 방법을 배웠는데, 이것을 스크립트 코드로 옮겨보도록 하자. 자바스크립트 코드를 별도의 파일로 작성하려고 한다. 샤이니 앱에서는 샤이니 코드 이외의 파일들은 www라고 하는 디렉터리를 만들어 사용한다. 해당 파일들의 위치는 이 디렉터리를 루트로 하고, 그것에 대한 상대 경로로 표시하게 된다. 따라서 www라는 디렉터리를 만들고, 여기에 js 디렉터리를 만들고, 여기에 myJS.js 파일을 만들어 다음과 같은 코드를 넣는다. 먼저 shiny:connected라는 이벤트를 사용해보자.

• shiny:connected: 샤이니가 서버에 연결되었을 때

```
$(document).on('shiny:connected', function() {
  Shiny.onInputChange("myText", "Hello");
});
```

그리고 앱의 루트 디렉터리에 app.R을 만들고 다음 코드를 넣는다.

```
library(shiny)

ui <- fluidPage(
  singleton(tags$head(tags$script(src="js/myJS.js"))),
  verbatimTextOutput("txt")
)

server <- function(input, output, session){
  output$txt <- renderPrint({
    input$myText
  })
}

shinyApp(ui, server)
```

이 앱을 실행하면 웹 브라우저 창에 "Hello"라는 문자열이 출력될 것이다. 앞의 자바스크립트 코드를 보면 제이쿼리의 on() 메서드를 사용하여 이벤트 핸들러를 정의하고 있다. 그런

데 사용하는 이벤트가 shiny:connected이다. 이 이벤트는 샤이니가 서버에 연결되었을 때 발생한다. 이 이벤트가 발생하면 Shiny.onInputChange() 함수를 사용하여 서버로 데이터를 보내는 것이다. 그 데이터의 이름은 "myText"이고 그 값은 "Hello"이다.

singleton()이라는 함수는 웹 페이지의 <head> 부분에 들어가는 내용들처럼 한번만 실행이 필요한 경우에 사용한다. tags$head()는 <head> 블록를 만들고 tags$script() 는 <script> 블록을 만든다.

이 앱을 좀 더 확장해서, 샤이니 앱이 종료되었을 때 알림창으로 메시지를 보내보자. 이런 경우에는 shiny:disconnected를 쓸 수 있다. 앞의 myJS.js를 아래와 같이 바꾼다.

• shiny:disconnected: 샤이니가 서버에 연결이 끊겼을 때

```
$(document)
 .on('shiny:connected', function(event) {
  Shiny.onInputChange("myText", "이것은 자바스크립트 코드에서 왔습니다.");
  })
 .on('shiny:disconnected', function() {
 alert("앱이 종료되었습니다.")
 });
```

제이쿼리의 on() 메서드는 이벤트를 연결해서 사용할 수 있다. app.R을 버튼과 이것에 반응하는 코드를 넣어서 다음과 같이 해보자.

```
library(shiny)

ui <- fluidPage(
 singleton(tags$head(tags$script(src="js/myJS.js"))),
 verbatimTextOutput("txt"),
 actionButton("end", "종료")
)

server <- function(input, output, session){
 output$txt <- renderPrint({
  input$myText
 })
```

```
observeEvent(input$end, {
  stopApp()
})
}

shinyApp(ui, server)
```

[종료] 버튼을 클릭하면, stopApp() 함수를 사용해서 앱이 종료되게 만들었다. 앱이 종료되면 알림창이 열린다.

제이쿼리 문법에 따라서 myJS.js를 다음과 같이 바꾸어도 같은 효과를 낸다.

```
$(document)
.on({
  "shiny:connected": function(event) {
    Shiny.onInputChange("myText", "이것은 자바스크립트 코드에서 왔습니다.");
  },
  "shiny:disconnected": function(event) {
    alert("앱이 종료되었습니다.");
  }
});
```

이것은 on() 메서드에 하나의 자바스크립트 객체(object)를 사용한 것이다. 이런 경우 프로퍼티에는 이벤트 타입이 쓰이고, 프로퍼티의 값으로는 이벤트 핸들러를 지정한다.

샤이니 이벤트에 대한 전반적인 설명은 http://shiny.rstudio.com/articles/js-events.html 을 참고한다.

④ 샤이니 입력, 출력 위젯의 실체

샤이니 입력 위젯과 출력 위젯은 모두 R 함수이다. 실제로 이것들은 샤이니 앱 내부에서 각각의 자바스크립트 객체(object)로 변환된다. 참고로 자바스크립트 객체는 다음과 같은 구조를 가진다.

```
var myObj = {
    a : "example",
    b : function() {return this.a}
}
```

자바스크립트 객체는 기본적으로 {} 안에 프로퍼티: 값 쌍들을 콤마(,)로 구분해서 만든다. b와 같이 그 값이 자바스크립트 함수로 되어 있는 것을 메서드(method)라고 부른다. 그 값은 다음과 같이 .를 사용하여 접근할 수 있다.

```
> myObj.a
'example'
> myObj.b()
'example'
```

그래서 textInput()이라는 입력 위젯에 대응하는 자바스크립트 객체가 있고, textOuput()이라는 출력 객체에는 이에 대응하는 자바스크립트 객체가 존재한다. 이렇게 서로 다른 언어끼리 소통하는 역할을 하는 것을 API 또는 바인딩이라고 하며, 이런 자바스크립트 객체를 각각 입력 바인딩, 출력 바인딩이라고 부른다.

이런 바인딩에서는 R 함수인 입력 위젯, 출력 위젯들과 서로 소통하기 위한 규칙을 마련하게 된다. 규칙은 대부분 개발자들이 만들어놓는다. 결국 최종 사용자는 이미 만들어진 입력, 출력 위젯을 사용하거나 또는 그 규칙에 따라서 새로운 위젯을 만들어 사용할 수 있다.

(4-1) 커스텀 입력, 출력 위젯 만들기

자바스크립트 언어를 이해하고 있으면, 앞에서 설명한 것을 기본으로 하여 사용자가 자신의 용도에 맞게 입력, 출력 위젯을 만들 수 있다. 이 내용은 아래 샤이니 개발자 사이트에 잘 설명되어 있으니 참고하기 바란다.

• Build custom input objects : http://shiny.rstudio.com/articles/building-inputs.html
• Build custom output objects : http://shiny.rstudio.com/articles/building-outputs.html

기본 원리는 앞에서 설명한 대로 규칙에 맞게 바인딩을 만드는 것이다. 그렇게 만들고 나서 이 장의 첫 부분에서 소개한 Shiny라는 객체에 이런 바인딩을 등록하게 된다.

(5) 정리

이 장에서는 샤이니 패키지에서 사용되는 자바스크립트에 대하여 간략히 살펴보았다. 자바스크립트를 자세하게 알지 못한다 하더라도 shinyjs 패키지의 도움을 받으면 상당 부분의 문제를 해결할 수 있다는 점을 보았다. 도전적인 독자라면 이 정도의 정보만 가지고도 자신만의 입력, 출력 바인딩을 만들 수 있을 것이라고 기대한다.

Shiny

## Chapter 12

지속성 데이터:
북 마크, 파일, 데이터베이스

Search

샤이니에서 하나의 세션은 사용자가 앱에 연결하고 종료할 때까지를 말한다. 이 세션은 근본적으로 서로 독립적이다. 즉 웹 서버에 샤이니 앱이 올라가 있고 두 사람이 이 앱을 사용하는 경우, 두 사람끼리는 정보가 공유되지 않는다.

만약 우리가 카카오톡과 같은 앱을 샤이니로 만든다고 생각해 보자. 대화방에서 데이터가 서로 다른 세션까지 공유되어야 앱을 만들 수 있을 것이다. 이번 장에서는 이러한 문제를 다룬다.

샤이니에서 세션끼리 정보가 공유되게 만들려면 샤이니 앱의 외부의 어떤 곳에 데이터를 저장해야 한다. 데이터를 저장하는 위치나 방법에 따라서 몇 가지로 정리할 수 있다.

- 샤이니 북마킹: URL 또는 서버의 파일에 앱의 상태를 저장함
- 로컬 컴퓨터 또는 리모트 저장소의 파일에 데이터를 기록함
- 외부 데이터베이스와 연결하여 사용함

   +

① 샤이니 북마킹

샤이니 북마킹은 앱의 상태를 URL이나 서버의 파일로 저장하고, 이전 상태로 복원할 수 있는 기능을 말한다. 몇 가지 단어의 개념을 미리 정의하고 시작해보자.

- 상태(state): 특정 시점에 앱의 상태에 관한 모든 데이터를 말한다. 다소 추상적이지만 웹 프로그래밍에서 자주 쓰이는 용어 중 하나이다.
- 북마킹(bookmarking): 상태를 저장하는 것을 말한다. URL 북마킹과 서버 저장 북마킹이 있다.
- 복원, 리스토어(restore): 북마킹을 하고 나서 앱을 사용하면 앱의 상태가 바뀐다. 이 시점에서 이전에 북마킹한 정보를 읽어와서 앱을 북마킹할 때의 상태로 되돌리는 것을 '리스토어'라고 하는데, 여기서는 '복원'이라고 쓴다.

①-1 샤이니 앱을 북마킹 가능한 앱으로 만드는 방법과 정보 저장 방법

북마킹 정보를 저장하는 방법은 두 가지다.

- URL 북마킹 : URL의 쿼리로 저장한다.
- 서버 저장 북마킹 : 서버 컴퓨터의 디렉터리에 북마킹 정보를 저장한다.

북마킹 가능한 샤이니 앱을 만들려면 다음과 같은 방법을 따라야 한다.

- UI 부분을 request라고 하는 하나의 인자를 가지는 하나의 함수로 구성한다.
- 앱을 호출할 때 enableBookmarking()이라는 함수를 shinyApp() 호출 전에 호출하도록 하거나 shinyApp() 함수를 호출할 때 enableBookmarking 인자를 사용한다.

북마킹 가능한 앱은 다음과 같은 구조를 가진다.

```
ui <- function(request) {
 fluidPage(
  ...
  )
}
server <- function(input, output, session) {
 ...
}

shinyApp(ui, server, enableBookmarking = "url")
```

또는 다음과 같은 구조를 가진다.

```
ui <- function(request) {
 fluidPage(
  ...
  )
}
server <- function(input, output, session) {
 ...
}

enableBookmarking(store = "server")
shinyApp(ui, server)
```

이제 북마킹 가능한 샤이니 앱을 만드는 방법을 단계별로 살펴보자.

1-2 URL 북마킹이 가능한 샤이니 앱 만들기

다음은 단일 파일 앱을 북마킹 가능한 앱으로 바꾸는 방법이다.

```
library(shiny)
library(ggplot2)
set.seed(1)

ui <- fluidPage(
    sliderInput("sel", "구간의 너비", value = 0.5, min = 0.1 , max = 1),
    plotOutput("myPlot")
 )
```

```
server <- function(input, output, session){
 output$myPlot <- renderPlot({
  df <- data.frame(x = rnorm(1000))
  ggplot(df, aes(x)) + geom_histogram(binwidth = input$sel, fill = "steelblue")
 })
}

shinyApp(ui, server)
```

이 코드는 다음과 같은 앱을 만든다.

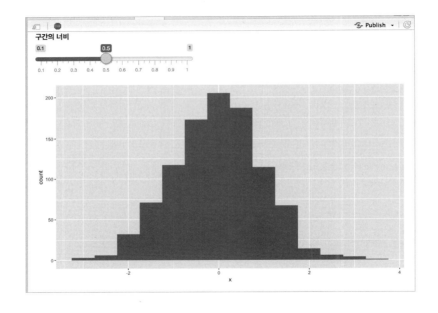

이 앱에 북마킹 기능을 추가하고 실행해보자. 먼저 UI 부분을 다음과 같이 request라는 인자를 가진 함수로 바꾼다.

```
ui <- function(request) {
    fluidPage(
     sliderInput("sel", "구간의 너비", value = 0.5, min = 0.1 , max = 1),
     plotOutput("myPlot")
    )
}
```

그리고 북마크를 쉽게 복사할 수 있는 모달 대화창을 만들어주는 bookmarkButton() 함수를 추가한다. shinyApp() 함수에 enableBookmarking 인자를 사용한 후 그 값에 "url"이라고 지정한다. 그러면 다음과 같이 된다.

```r
library(shiny)
library(ggplot2)
set.seed(1)

ui <- function(request) {
 fluidPage(
  sliderInput("sel", "구간의 개수", value = 0.5, min = 0.1 , max = 1),
  plotOutput("myPlot"),
  bookmarkButton()
 )
}

server <- function(input, output, session){
 output$myPlot <- renderPlot({
  df <- data.frame(x = rnorm(1000))
  ggplot(df, aes(x)) + geom_histogram(binwidth = input$sel, fill = "steelblue")
 })
}

shinyApp(ui, server, enableBookmarking = "url")
```

이 앱을 실행하고 나서 슬라이더를 옮기면 히스토그램의 모양이 바뀐다. 이 상태에서 [Bookmark]라는 버튼을 클릭하는데, 이 과정을 '북마킹'이라고 한다. [Bookmark] 버튼은 모달 대화창을 열도록 프로그램된 특수한 버튼이다. 다음 그림과 같이 창이 나타나면 URL을 복사한다.

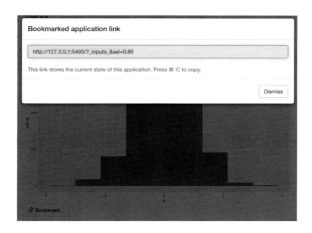

URL을 복사한 후 창을 닫고, 다시 슬라이더를 옮겨 히스토그램을 바꿔보자. 그러면 이 앱의 상태가 바뀐다. 그런 다음 복사한 내용을 주소창에 붙여넣기 하면 앞서 북마킹했던 상태로 앱이 바뀌게 된다. 이것을 '복원' 또는 '리스토어'라고 한다. 이 샤이니 앱이 웹에 게시되어 있다면, 이런 URL을 친구에게 보내서 접근하게 하여 같은 화면을 볼 수 있다.

앞에서 shinyApp(ui, server, enableBookmarking = "url") 부분을 다음과 같이 해도 된다.

```
enableBookmarking(store = "url")
shinyApp(ui, server)
```

ui.R, server.R 파일로 되어 있는 멀티 파일 앱은 runApp() 함수에 앱의 경로 값을 주어서 실행한다. runApp() 함수는 shinyApp()과 다르게 enableBookmarking 인자가 없기 때문에 enableBookmarking() 함수를 사용해야 한다. 그래서 global.R 파일에 다음과 같은 코드를 넣어서 실행시킨다.

```
enableBookmarking(store = "url")
```

앞에서 복사한 URL의 모습은 다음과 같은 형태이다. 이것은 11장 1-5절 〈1〉 연결에 대한 정보〉 부분에서 본 것과 비슷한 URL 쿼리의 형태로 되어 있다(p. 396).

```
http://127.0.0.1:5493/?_inputs_&sel=0.64
```

1-3 서버 저장 북마킹

서버에 정보를 저장하는 북마킹을 할 수 있는 앱을 만들려면 shinyApp()의 인자에 enableBookmarking = "server" 또는 함수로 enableBookmarking(store="server")를 사용해야 한다.

```
library(shiny)
library(ggplot2)
set.seed(1)

ui <- function(request) {
 fluidPage(
  sliderInput("sel", "구간의 개수", value = 0.5, min = 0.1 , max = 1),
```

```
  plotOutput("myPlot"),
  bookmarkButton()
 )
}

server <- function(input, output, session){
 output$myPlot <- renderPlot({
  df <- data.frame(x = rnorm(1000))
  ggplot(df, aes(x)) + geom_histogram(binwidth = input$sel, fill = "steelblue")
 })
}

shinyApp(ui, server, enableBookmarking = "server")
```

앞에서와 마찬가지로 슬라이더를 움직이고 [Bookmark] 버튼을 클릭해보자. 이전과 비슷하지만 조금 다른, 아래와 같은 형태의 URL을 얻을 수 있다.

```
http://127.0.0.1:5493/?_state_id_=48de62d70ba813c8
```

워킹디렉터리에 shiny_bookmarks라는 서브디렉터리가 생기고, 이 디렉터리 안에 URL의 끝자리 아이디와 같은 이름의 디렉터리가 있고, 이 디렉터리 안에 input.rds라는 파일이 있음을 확인할 수 있다. 이 파일에 상태에 대한 정보가 저장된다.

그런데 이 같은 경우는 로컬 컴퓨터에서 실행할 때의 이야기다. 만약 샤이니 앱이 서버에 게시된 경우라면, 서버 환경이 이런 북마킹 기능을 지원해야 한다. 나중에 우리가 사용해볼 Shiny Server Open Source는 북마킹 기능을 지원하고, 이때는 /var/lib/shiny-server/bookmarks라는 디렉터리에 이 파일이 저장된다.

(1-4) 북마킹 정보의 저장과 재사용

몇몇 예외적인 경우를 제외하고는 기본적으로 북마킹을 사용하면 앱의 input에 있는 모든 정보가 저장된다. 복원할 때는 이 정보를 바탕으로 앱을 복원한다. 실제로 input 객체에 해당 값을 할당하면, 그 값에 바탕을 두고 특정 상태로 되는 앱이라면 이전 상태로 완벽하게 바뀐다. 그렇지만 중간에 다른 값들이 개입되는 경우에는 이것만으로 완벽하게 복원되지 않는데, 그에 대해서는 뒤에서 설명한다.

이런 북마킹의 행동이 다르게 적용되는 예외 상황은 다음과 같다.

- `passwordInput()`으로 입력되는 값은 저장되지 않는다.
- 필요한 경우에 북마킹되지 않게 변수들을 설정할 수도 있다. 이때 사용하는 함수가 `setBookmark Exclude()`인데, 이 함수는 샤이니 서버 함수 안에서 사용되고, 제외할 변수들의 이름을 벡터로 전달한다.

```
function(input, output, session) {
 setBookmarkExlude(c("x" "y"))
}
```

- `fileInput()`으로 입력되는 파일인 경우, URL 방식으로는 저장되지 않고 서버에 저장하는 경우에는 저장된다.

1-5 URL 정보 읽기, URL 내용 바꾸기

URL 북마킹 기능은 URL 쿼리와 해시 정보에 바탕을 두는 것으로, 이것을 조절하기 위한 함수들이 있다. 참고로 일반적인 웹에서 URL 쿼리와 해시는 다음과 같은 기능을 한다.

- URL 쿼리(URL Query String): 서버로 어떤 정보를 전달하는 것으로 ?a=3&b=2&c=1과 같은 형식을 가진다.
- URL 해시 로케이션(Hash Location): 하나의 웹 페이지 안에서 특정 부분을 가리키기 위해서 사용한다. 어떤 페이지의 목차 등을 지정할 때 #toc 등의 형태로 사용한다.

샤이니에서 제공하는 `updateQueryString()`이라는 함수를 사용하여 URL 쿼리를 바꿀 수 있다. 이 함수에는 `mode`라는 인자가 있는데, 여기에 `"replace"` 또는 `"push"`를 선택할 수 있다. 이 옵션을 이해하려면 다음과 같은 약간의 지식이 필요하다.

우리가 웹 서핑을 하면서 이전 또는 이후에 본 페이지로 이동할 수 있는 것은 브라우저에서 이동했던 과거력(history)을 저장하기 때문이다. 자세한 것은 다음 링크를 참고한다.

- 브라우저 히스토리 조작하기 : https://developer.mozilla.org/ko/docs/Web/API/History_API

브라우저의 히스토리에는 변경된 URL의 내용들이 저장되어 있다. 그래서 URL을 바꿀 때 이전의 내용들을 완전히 비우고 새로 시작할지("replace"), 아니면 새롭게 추가할지("push") 결정한다. 디폴트는 "replace"이다.

```
updateQueryString(queryString, mode = c("replace", "push"), session =
getDefaultReactiveDomain())
```

이 함수의 첫 번째 인자는 queryString이다. 쿼리는 "?param1=val1&param2=val2" 형태로 지정한다. 이렇게 updateQueryString() 함수를 사용하여 URL 쿼리 등을 수정할 수 있다. 그리고 URL에서 쿼리를 읽을 수 있는 함수로 getQeuryString()이 있고, 해시를 읽을 수 있는 함수로 getUrlHash()가 준비되어 있다. 이들 함수는 쿼리, 해시를 읽어서 그 값들을 R 리스트로 반환한다.

다음 간단한 앱을 보자.

```
library(shiny)
ui <- fluidPage(
 sliderInput("Num", "Number", value = 1, min = 0, max =10),
 verbatimTextOutput("txt")
 )

server <- function(input, output, session) {
 observe({
  query <- paste0("?Number=", input$Num)
  updateQueryString(query, mode ="push")
 })

 output$txt <- renderPrint({
  getQueryString()
 })
}

shinyApp(ui, server)
```

이 앱은 sliderInput()을 통해서 숫자를 받고, 그 숫자를 이용하여 쿼리를 만든다. 이렇게 만든 쿼리를 updateQueryString() 함수를 사용해서 URL에 주고, 다시 이것을 getQeuryString()으로 읽는다.

다음 그림을 보면 슬라이더를 옮겼을 때 브라우저 주소창의 내용이 바뀜과 동시에 화면에도 R 리스트 형태로 출력되는 것을 알 수 있다.

1-6 북마킹 실행 함수

bookmarkButton()이라는 입력 위젯은 버튼을 만드는데, 이것을 클릭하면 북마킹이 실행된다. 이 버튼은 실제 북마킹을 실행하는 session 객체에 들어 있는 doBookmark() 함수를 사용한다. 이 함수는 session 객체에 들어 있어서 함수를 보려면 샤이니 반응성 맥락에서 살펴보아야 한다.

```
library(shiny)
ui <- fluidPage(
 verbatimTextOutput("txt")
)

server <- function(input, output, session) {
 output$txt <- renderPrint({
  session$doBookmark
 })
}

shinyApp(ui, server)
```

이 앱을 실행해보면 다음과 같이 나타난다.

```
function ()
{
  store <- getShinyOption("bookmarkStore", default = "disable")
  if (store == "disable")
    return()
  tryCatch(withLogErrors({
      saveState <- ShinySaveState$new(input = self$input, exclude =
self$getBookmarkExclude(),
      onSave = function(state) {
        private$bookmarkCallbacks$invoke(state)
      })
```

```
   if (store == "server") {
     url <- saveShinySaveState(saveState)
   }
   else if (store == "url") {
     url <- encodeShinySaveState(saveState)
   }
   else {
     stop("Unknown store type: ", store)
   }
   clientData <- self$clientData
   url <- paste0(clientData$url_protocol, "//", clientData$url_hostname,
     if (nzchar(clientData$url_port))
       paste0(":", clientData$url_port), clientData$url_pathname,
     "?", url)
   if (private$bookmarkedCallbacks$count() > 0) {
     private$bookmarkedCallbacks$invoke(url)
   }
   else {
     showBookmarkUrlModal(url)
   }
 }), error = function(e) {
   msg <- paste0("Error bookmarking state: ", e$message)
   showNotification(msg, duration = NULL, type = "error")
 })
}
<environment: 0x10231f0e8>
```

　자세히 파악할 필요 없이 대략적으로 보면 enableBookmarking() 옵션으로 전달된 내용에 따라서 북마킹 정보를 저장하고 있다는 것을 알 수 있다.

1-7 여러 개의 북마킹을 사용하는 경우

tabsetPanel()과 tabPanel()을 조합하여 여러 페이지를 가진 것처럼 보이는 샤이니 앱을 만들 수 있다. 여러 가지 탭이 있는데, 이 탭들이 열려 있는 상태를 북마킹으로 저장하기 위해서는 tabsetPanel(), navbarPage(), navlistPage()의 id 인자에 반드시 그 값을 주어야 한다. 이 정보가 북마킹을 할 때 저장되고, 나중에 그 정보를 이용하여 탭으로 이동할 수 있기 때문이다.

　샤이니 개발자 사이트에 소개되어 있는 다음 앱을 살펴보자.

```
ui <- function(request) {
 fluidPage(
  tabsetPanel(id = "tabs",
   tabPanel("One",
    checkboxInput("chk1", "Checkbox 1"),
    bookmarkButton(id = "bookmark1")
   ),
   tabPanel("Two",
    checkboxInput("chk2", "Checkbox 2"),
    bookmarkButton(id = "bookmark2")
   )
  )
 )
}
server <- function(input, output, session) {
 # Need to exclude the buttons from themselves being bookmarked
 setBookmarkExclude(c("bookmark1", "bookmark2"))

 # Trigger bookmarking with either button
 observeEvent(input$bookmark1, {
  session$doBookmark()
 })
 observeEvent(input$bookmark2, {
  session$doBookmark()
 })
}
shinyApp(ui, server, enableBookmarking = "url")
```

bookmarkButton()의 도움말 페이지에 보면, 하나의 앱에서 여러 개의 bookmark
Button()을 사용하는 경우에는 id 인자에 아이디를 지정한 후 setBookmarkExlude()
함수를 사용하여 해당 아이디를 제외한 다음에 저장할 것을 권하고 있다. 또한 2개 이상의 버
튼을 사용하기 때문에 각 버튼을 클릭했을 때 실행시킬 관찰자를 지정하도록 하고 있다. 버튼
을 하나만 사용할 때는 이런 과정이 군이 필요 없다.

(1-8) 북마킹과 관련된 콜백 함수들

11장 3절에서 자바스크립트 이벤트에 대해서 설명했다(p. 410). 이벤트 시스템은 어떤
HTML 요소를 타깃으로 하여 어떤 이벤트가 발생하면, 사전에 정의된 이벤트 핸들러 함수를

실행하는 방식으로 작동한다. 이런 이벤트 핸들러 함수는 콜백 함수(call backs)의 일종이라 볼 수 있다. 콜백 함수는 어떤 상황이 발생했을 때 실행될 수 있도록 미리 준비해놓는 함수를 말한다. 북마킹을 중심으로 북마킹 직전, 북마킹 직후, 리스토어 직전, 리스토어 직후에 대응하기 위해서 이벤트와 그에 대한 콜백을 정의할 수 있다.

- onBookmark(): 북마킹 직전
- onBookmarked(): 북마킹 직후
- onRestore(): 리스토어 직전
- onRestored(): 리스토어 직후

이들 함수에는 각각의 상황에 대응하기 위한 콜백 함수를 정의하게 되는데, 이 함수들은 하나의 인자를 가진다. onBookmark(), onRestore(), onRestored() 함수는 state라는 인자를 가진 함수를 받고, onBookmarked()는 url이라는 문자열 인자를 가진 함수를 받는다. 즉 다음과 같은 문법으로 사용한다.

```
onBookmark(function(state) {...})

onBookmarked(function(url) {...})
```

onBookmark(function(state) {...})와 같이 사용될 때 이 state 객체는 다음 세 가지 필드를 지닌다.

- values: 값을 저장할 R 환경, state$value로 접근함
- dir: 서버의 디스크에 저장될 경우 디렉터리 이름, state$dir로 접근함
- input: 샤이니의 input 객체

onRestore(function(state) {...}), onRestored(function(state) {...})에서 state는 하나의 R 리스트이다.

- input: 북마킹에 저장된 input의 값들로 이름 있는 리스트 형태
- values: 북마킹 값들이 저장되어 있는 R 환경
- dir: 값을 불러올 디렉터리 이름

onBookmarked(function(url) {...})에서 url은 북마크 URL 문자열이다. 이 콜백 함수는 북마킹된 정보를 클라이언트 브라우저로 디스플레이해야 한다. 만약 콜백 함수가 정의되지 않으면 앞에서 보았던 모달 대화창에서 URL을 보여준다.

onBookmark() 함수의 도움말 페이지에 소개된 앱을 보자.

```
library(shiny)
ui <- function(req) {
 fluidPage(
  textInput("txt", "Input text"),
  bookmarkButton()
 )
}
server <- function(input, output) {
 onBookmark(function(state) {
  savedTime <- as.character(Sys.time())
  cat("Last saved at", savedTime, "\n")
  # state is a mutable reference object, and we can add arbitrary values to
  # it.
  state$values$time <- savedTime
 })

 onRestore(function(state) {
  cat("Restoring from state bookmarked at", state$values$time, "\n")
 })
}
enableBookmarking("url")
shinyApp(ui, server)
```

이 앱은 URL 북마킹을 사용하는 앱이다. bookmarkButton()을 클릭하면 북마킹이 일어난다. 북마킹 직전 onBookmark() 함수 안에 있는 state를 가진 함수가 실행된다. 여기에서 시스템의 시간을 읽고, 이것을 다른 문자열과 결합하여 콘솔에 출력(cat())한다. 그리고 그 시간은 state$values에 time이라는 이름으로 저장한다. 이 데이터는 나중에 앱을 되돌릴 때 정보로 사용된다.

텍스트를 입력하고 북마킹을 실행한 다음, 텍스트를 변경하고 다시 이 북마킹을 이용해서 앱을 복원해보자. 복원하기 직전에 onRestore() 안의 함수가 실행된다. 이 함수는 이전에 state$values$time에 저장된 값을 읽어서 콘솔에 문자열을 반환한다.

다음은 onBookmarked(function("url") {...})을 응용하는 예로, 샤이니 개발자 페이지에 있는 것이다.

```
ui <- function(req) {
 fluidPage(
  textInput("txt", "Text"),
  checkboxInput("chk", "Checkbox")
 )
}
server <- function(input, output, session) {
 observe({
  # Trigger this observer every time an input changes
  reactiveValuesToList(input)
  session$doBookmark()
 })
 onBookmarked(function(url) {
  updateQueryString(url)
 })
}

shinyApp(ui, server, enableBookmarking = "url")
```

이 앱은 입력값을 바꿀 때마다 북마킹이 실행된다. 북마킹이 실행되고 나면, 이 정보를 활용하여 URL을 변경한다. 이 앱은 bookmarkButton()이 없다. 그 대신 session$doBookmark()라는 함수를 실행하여 북마킹을 한다. 북마킹이 끝나고 나면, onBookmarked()가 실행된다. 이 함수에서는 updateQueryString() 함수를 사용하여 URL을 업데이트한다. 결과적으로 모달 대화창을 사용하지 않고 브라우저 주소창을 사용하여 URL 북마킹이 가능해진다.

모달 대화창을 사용하는 경우와 브라우저 주소창을 사용하는 방법은 다음 그림과 같이 비교할 수 있다.

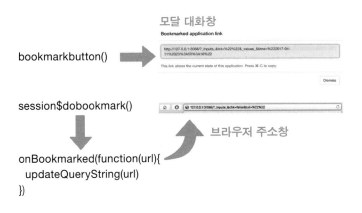

1-9 복잡한 웹 상태를 복원하기

북마킹을 할 때 input 객체의 모든 슬롯에 있는 값에 대한 정보가 저장되고, 이것을 사용하여 앱의 이전 상태를 복원한다. 간단한 샤이니 앱에서는 특별한 조치 없이 이 기능을 수행할 수 있는데, 여기서 '간단한 앱'이란 현재 주어진 input 값들을 그대로 획득했을 때 이전 상태를 복원할 수 있는 앱을 가리킨다.

그런데 이와 다른 경우가 있을 수 있다. 샤이니 개발자 사이트에 있는 예를 소개하면 다음과 같다. 이 앱의 본질적인 문제점은 상태가 이전 상태에 의존한다는 것이다. 즉 상태가 A1, A2, A3 등으로 변하는데, 상태 A2는 이전의 상태 A1에 의존하고, 상태 A3는 A2에 의존하여 결국은 상태 A2, A1에 의존한다. 그래서 상태가 A1에서 A2로 바뀐 시점에서 북마킹을 한다면, 이전의 상태 A1에서 북마킹을 하지 않았기 때문에 A2를 완전하게 복원하지 못한다.

말로 표현하면 어렵지만 실제로 보면 좀 쉽다.

```
ui <- function(request) {
 fluidPage(
  sliderInput("slider", "Add a value:", 0, 100, 0),
  h4("Sum of all previous slider values: "),
  verbatimTextOutput("sum"),
  bookmarkButton()
 )
}

server <- function(input, output) {
 vals <- reactiveValues(s = 0)

 observe({
  # Use isolate() so that this observer doesn't invalidate itself
  vals$s <- isolate(vals$s) + input$slider
 })

 output$sum <- renderText({
  vals$s
 })
}

shinyApp(ui, server, enableBookmarking = "url")
```

이 앱은 슬라이더로 입력되는 수를 누적하여 더하는 앱이다. 슬라이더를 3번 옮기면 3개의 값을 더하여 디스플레이한다. 이전까지 누적된 값과 현재의 슬라이더에서 입력되는 수를 계산하여 할당하기 위해서 reactiveValues() 함수를 사용하여 중간에 반응성 값을 정의하여 사용한다.

이 앱을 사용해보면 슬라이더를 처음에 한 번만 옮기고 나서 북마킹을 한다면, 이것을 다시 복원할 수 있을 것처럼 보인다. 처음 옮긴 값이 50이라면 input$s는 0, input$slider는 50이기 때문에 최종 vals$s도 50이 된다. 그러나 두 번 옮기고 나서 북마킹을 한다면 다시 복원할 수 없다. 두 번째 옮긴 값이 10이라면 앱은 60을 반환해야 한다. 그런데 복원을 시도하면 input$slider 값은 10, vals$s는 0이 되고 최종 vals$s는 10이 된다. 그래서 10이 반환된다. 이것을 완벽하게 복원하기 위해서는 중간에 개입하는 반응성 값인 vals$s도 저장할 수 있어야 한다. 슬라이더를 두 번 옮긴 경우 vals$s가 저장되고, 이것을 복원해 사용하면 50 + 10 = 60이 될 것이기 때문이다.

이 경우 앞에서 배운 onBookmark(), onRestore() 함수를 사용할 수 있다. 앞에서 설명했듯이 북마킹 직전, 복원 직전에 이 안에 있는 함수가 실행된다. 그 안에 있는 콜백 함수는 state라는 인자를 가지며, 이 인자에는 values라는 환경이 있다고 설명했다. values라는 환경에 값을 저장하고, 여기에서 값을 읽는다. 즉 다음과 같이 할 수 있다.

```
onBookmark(function(state) {
 state$values$s <- vals$s
})

onRestore(function(state) {
 vals$s <- state$values$s
})
```

전체 앱은 다음과 같이 된다.

```
ui <- function(request) {
 fluidPage(
  sliderInput("slider", "Add a value:", 0, 100, 0),
  h4("Sum of all previous slider values: "),
  verbatimTextOutput("sum"),
  bookmarkButton()
 )
}

server <- function(input, output) {
 vals <- reactiveValues(s = 0)
 observe({
  vals$s <- isolate(vals$s) + input$slider
```

```
})
output$sum <- renderText({
 vals$s
})

## 북마킹 직전, 값 저장
onBookmark(function(state) {
 state$values$s <- vals$s
})

## 복원 직전, 값 읽기
onRestore(function(state) {
 vals$s <- state$values$s
})
}

shinyApp(ui, server, enableBookmarking = "url")
```

1-10 모듈을 가진 앱에서 북마킹 사용하기

모듈을 가진 샤이니 앱도 북마킹을 할 수 있다. 다른 점은 거의 없다. 조금 다른 점이라면 각
모듈은 자체의 onBookmark(), onRestore(), onRestored() 함수를 사용한 콜백을 사
용할 수 있지만, onBookmarked(function(url) {...})은 사용할 수 없다는 점이다. 이 콜
백은 전체 앱의 페이지에 영향을 주기 때문이다. 이런 콜백 함수들은 앞에서와 같이 추가적인
뭔가를 필요로 할 때 사용한다.

2 데이터베이스 연결

여기서 말하는 데이터베이스는 관계형 데이터베이스 시스템(Relational Database System)이다.
R을 데이터베이스와 연결해 사용하기 위해서 여러 가지 패키지를 활용할 수 있는데, 이것들은
기본적으로 다음과 같은 체계를 지닌다.

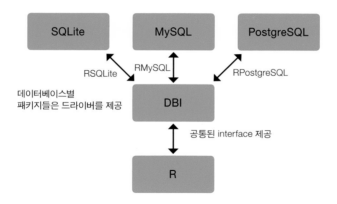

DBI 패키지는 여러 데이터베이스의 연결을 도와주는 공통의 인터페이스를 제공한다. 데이터베이스는 종류가 많기 때문에 데이터베이스마다 연결을 위한 패키지를 아무런 기준 없이 만들면, 개별 패키지들을 하나씩 마스터해야 한다. 그렇지만 DBI라는 패키지가 제공하는 표준을 따라서 작성하면, 다양한 데이터베이스 패키지들에 통일성을 제공할 수 있다. 마치 데이터 시각화용 수많은 자바스크립트용 라이브러리에 대한 R 바인딩을 작성하는 기준을 제공하는 htmlwidgets 패키지의 역할과 비슷하다.

RMySQL, RSQLite, RPostgreSQL과 같은 개별 패키지들은 각 데이터베이스에 대한 드라이버를 제공한다. DBI 패키지와 특정 패키지는 다음과 같은 개념을 통해서 협력한다. 실제 사용하는 코드를 보면 이런 개념들을 더 잘 이해할 수 있다.

- 드라이버(driver): 특정 데이터베이스에 대한 드라이버로, RMySQL 같은 패키지들이 제공한다. DBIDriver의 서브 클래스.
- 커넥션(connection): 실제 데이터베이스와의 연결을 관리하고 쿼리를 수행한다. DBIConnection 의 서브 클래스.
- 결과(result): 쿼리의 상태를 추적한다. DBIResult의 서브 클래스.

R에서 데이터베이스를 사용하는 문제들은 다음 자료들을 참고한다.

- DBI 패키지 설명서 : http://rstats-db.github.io/DBI/reference/DBI-package.html
- 샤이니 개발자 사이트[1]에 있는 "Database"라는 일련의 소개글들
- "SQL-R.": http://www.stat.berkeley.edu/~nolan/stat133/Fall05/lectures/SQL-R.pdf

---

1 http://shiny.rstudio.com/articles/

2-1 DBI 패키지 사용법

다음은 DBI 패키지 사이트[2]에서 발췌한 DBI 패키지 사용 방법이다. 여기에서 :memory:는 RSQLite 패키지가 제공하는 메모리의 상주 데이터베이스(resident database)이다.

```r
library(DBI)
# 일시적인 메모리 상주 SQLite 데이터베이스에 연결
con <- dbConnect(RSQLite::SQLite(), dbname = ":memory:")

dbListTables(con)
dbWriteTable(con, "mtcars", mtcars)
dbListTables(con)

dbListFields(con, "mtcars")
dbReadTable(con, "mtcars")

# 데이터 가지고 오기
res <- dbSendQuery(con, "SELECT * FROM mtcars WHERE cyl = 4")
dbFetch(res)
dbClearResult(res)

# 데이터의 일부만 가지고 오기
res <- dbSendQuery(con, "SELECT * FROM mtcars WHERE cyl = 4")
while(!dbHasCompleted(res)){
 chunk <- dbFetch(res, n = 5)
 print(nrow(chunk))
}
dbClearResult(res)

dbDisconnect(con)
```

이 코드들을 하나씩 읽어보도록 한다. 먼저 DBI 패키지를 로딩한다.

```r
library(DBI)
```

dbConnect() 함수는 데이터베이스에 연결하여 연결(connection) 객체를 만든다. 이때 연결하고자 하는 데이터베이스에 맞는 드라이버가 필요하다. DBI 기준에 따르면 이런 드라이버는 패키지 이름에서 R을 제외한 이름을 가진 컨스트럭터 함수로 작성하는 것이 원칙이다. RSQLite인 경우에는 SQLite()로 만들고, RMySQL의 경우에는 MySQL()이 된다. SQLite

---

2 http://rstats-db.github.io/DBI/index.html

데이터베이스 연결에는 인증이 필요하지 않기 때문에 간단하지만, 다른 데이터베이스를 연결할 때는 사용자 인증에 대한 정보들이 필요하다. 이런 과정을 거쳐 반환되는 것이 이 데이터베이스에 대한 커넥션(connection)이다. 커넥션이라는 개념은 R의 base 패키지에서 정의된 클래스로 파일, URL, 소켓 등 R과 어떤 것들을 연결하는 기본 기능을 제공한다. 자세한 내용은 R 콘솔에서 ?connections을 실행해서 확인할 수 있다.

```
con <- dbConnect(RSQLite::SQLite(), dbname = ":memory:")
```

이렇게 데이터베이스와 연결되어 커넥션 객체를 확보하고 나면, R에서는 이 커넥션 객체를 통해 모든 일을 진행한다. SQLite는 관계형 데이터베이스(relational database management system)의 하나이고, 이런 관계형 데이터베이스에서는 모든 데이터가 데이터 프레임과 비슷한 테이블(table)에 작성된다. 이런 테이블에서 데이터 프레임의 열을 주로 필드(field)라고 부른다.

커넥션으로 연결된 데이터베이스에 어떤 테이블이 있는지 보고, 여기서 mtcars 데이터 프레임을 mtcars라는 테이블로 기록한 후 제대로 기록되었는지 확인한다.

```
dbListTables(con)
dbWriteTable(con, "mtcars", mtcars)
dbListTables(con)
```

테이블의 필드들을 확인하고 테이블의 데이터를 읽는다.

```
dbListFields(con, "mtcars")
dbReadTable(con, "mtcars")
```

그다음은 쿼리를 실행하는 단계이다. dbSendQuery() 함수가 반환하는 것은 결과(result)로, DBIResult라고 하는 서브 클래스이다. 이 객체를 통해서 데이터를 가지고 온 후, 그 객체를 정리한다. 결과를 생성한 다음 그것을 정리하기 전까지 해당 쿼리를 사용하여 데이터를 가지고 올 수 있는 통로가 지속적으로 열려 있으므로 이런 상태에서 dbFetch()를 사용하여 필요한 양만큼의 데이터셋을 가지고 올 수 있다.

```
res <- dbSendQuery(con, "SELECT * FROM mtcars WHERE cyl = 4")
dbFetch(res)
dbClearResult(res)
```

때로는 이런 결과에서 일부 데이터만 가지고 올 수도 있다. 앞에서 결과를 정리했기 때문에 데이터를 가지고 오려면 쿼리를 다시 진행해야 한다.

```
res <- dbSendQuery(con, "SELECT * FROM mtcars WHERE cyl = 4")
while(!dbHasCompleted(res)){
 chunk <- dbFetch(res, n = 5)
 print(nrow(chunk))
}
dbClearResult(res)
```

더이상 연결을 유지해야 할 필요가 없어지면 누수(leak)를 방지하기 위해서 종결한다.

```
dbDisconnect(con)
```

이런 과정들이 R에서 DBI를 사용하여 데이터베이스를 연결하는 작업들이다. 앞에서는 SQLite를 사용했는데, MySQL을 사용하는 경우에는 어떠한지 다음 예를 보자. 다음은 샤이니 개발자 사이트[3]에서 발췌한 것이다.

```
library(DBI)
conn <- dbConnect(
  drv = RMySQL::MySQL(),
  dbname = "shinydemo",
  host = "shiny-demo.csa7qlmguqrf.us-east-1.rds.amazonaws.com",
  username = "guest",
  password = "guest")
rs <- dbSendQuery(conn, "SELECT * FROM City LIMIT 5;")
dbFetch(rs)
dbClearResult(rs)
dbDisconnect(conn)
```

여기에서 보면 MySQL을 사용하기 때문에 RMySQL 패키지가 제공하는 MySQL()을 사용하여 드라이브를 만들고, 이것에 바탕을 둔 커넥션을 사용한다. MySQL과 연결하기 위해서는 사용자 인증과 관련된 정보들을 제공한다.

앞에서 dbSendQuery() 함수의 반환값이 결과(result)이고 이것이 정리(clear)되기 전에는 연결 상태가 지속되는데, 이 연결을 통해서 dbFetch() 함수를 가지고 데이터셋(데이터 프레임)을 얻는다고 설명했다. 그런데 데이터가 많지 않은 경우에는 이 과정을 한번에 진행할 수도 있다. dbGetQuery() 함수를 사용하면 이 과정을 하나로 줄일 수 있다.

---

3 http://shiny.rstudio.com/articles/overview.html

```
library(DBI)
conn <- dbConnect(
  drv = RMySQL::MySQL(),
  dbname = "shinydemo",
  host = "shiny-demo.csa7qlmguqrf.us-east-1.rds.amazonaws.com",
  username = "guest",
  password = "guest")
dbGetQuery(conn, "SELECT * FROM City LIMIT 5;")
dbDisconnect(conn)
```

2-2 dplyr 패키지

dplyr 패키지(Wickham and Francois 2016)는 R 데이터 처리에 가장 많이 사용되는 패키지 가운데 하나다. 이 패키지는 R 메모리뿐만 아니라 데이터베이스를 연결하여 데이터를 원하는 형태로 바꿀 수 있는 다양한 함수들을 제공한다.

최근에는 데이터베이스와 관련된 기능들이 'dbplyr'이라는 별도의 패키지로 정리되고 있다. 이와 관련된 내용들은 이 패키지의 비니에트에 잘 정리되어 있으니 해당 내용으로 업데이트하기를 바란다.

앞에서 DBI 패키지를 사용하는 경우, 원하는 데이터를 얻기 위해서 SQL(Structured Query Language)이라는 문법을 알아야 했다. dplyr 패키지를 사용하면 R 문법을 SQL로 내부에서 변형시켜 쿼리를 진행시키기 때문에 아주 특이한 경우가 아니면 SQL을 몰라도 데이터를 주고받을 수 있다. dplyr 패키지의 다음 비니에트에 잘 설명되어 있다.

```
> vignette("databases", package = "dplyr")
```

앞에서 본 MySQL 데이터베이스 연결 예제를 dplyr 패키지를 사용하면 다음과 같이 코딩할 수 있다.

```
library(dplyr)
my_db <- src_mysql(
 dbname = "shinydemo",
 host = "shiny-demo.csa7qlmguqrf.us-east-1.rds.amazonaws.com",
 user = "guest",
 password = "guest"
)
```

다른 점이 있다면 dbConnect()에서 드라이브를 사용하는 코드를 src_myslq()로 간략하게 처리한 다음 커넥션을 만든다는 점이다. dpylr 패키지에서는 이처럼 MySQL에 연결할 때는 src_myslq()라는 함수를 쓰고, SQLite를 연결할 때는 src_sqlite() 함수, PostgreSQL을 연결할 때는 src_postgres() 함수를 사용할 수 있다.

dplyr 0.6.0 버전 이후부터는 src_*() 함수를 사용하지 않고, DBI 패키지를 사용하여 만든 커넥션을 그대로 사용할 수 있다. 그리고 tbl()이라는 함수를 통해서 테이블을 읽을 수 있다. 다음 예제 코드를 보자.

```
my_db <- src_mysql(host = "blah.com", user = "hadley",
 password = "pass")
my_tbl <- tbl(my_db, "my_table")
```

dplyr 패키지를 사용하면 데이터베이스를 연결할 때 SQL을 몰라도 쿼리를 실행할 수 있다. 또 dplyr 패키지가 제공하는 데이터 처리 함수들의 논리를 그대로 가지고 갈 수 있다. 이같은 장점을 지닌 dplyr 패키지에 대한 설명은 패키지 비니에트에 잘 설명되어 있으므로 참고하기 바란다.

②-3 데이터베이스를 사용한 샤이니 앱 예제

샤이니 개발자 사이트[4]에 앞에서 본 코드를 기반으로 한 다음과 같은 앱이 소개되어 있다. 이 앱은 RStudio에서 소개용으로 만든 MySQL 데이터베이스를 사용한 것이다. 데이터베이스에 연결하고, 사용자가 입력한 숫자를 SQL SELECT 문에서 LIMIT 값으로 사용한다. 이 앱에서는 일반적인 R 함수에서 종료와 동시에 뭔가를 실행하게 만드는 on.exit() 함수에 dbDisconnect()를 사용하고 있다. 그래서 앱이 종료되면 데이터베이스와의 연결이 자동으로 종료된다.

---

4 http://shiny.rstudio.com/articles/overview.html

```
library(shiny)
library(DBI)

ui <- fluidPage(
 numericInput("nrows", "Enter the number of rows to display:", 5),
 tableOutput("tbl")
)

server <- function(input, output, session) {
 output$tbl <- renderTable({
  conn <- dbConnect(
   drv = RMySQL::MySQL(),
   dbname = "shinydemo",
   host = "shiny-demo.csa7qlmguqrf.us-east-1.rds.amazonaws.com",
   username = "guest",
   password = "guest")
  on.exit(dbDisconnect(conn), add = TRUE)
  dbGetQuery(conn, paste0(
   "SELECT * FROM City LIMIT ", input$nrows, ";"))
 })
}

shinyApp(ui, server)
```

이 앱은 다음과 같이 렌더링된다.

| Environment | History | Files | Plots | Spark | Packages | Viewer |

Enter the number of rows to display:

| 5 | ⌄ |

ID	Name	CountryCode	District	Population
1.00	Kabul	AFG	Kabol	1780000.00
2.00	Qandahar	AFG	Qandahar	237500.00
3.00	Herat	AFG	Herat	186800.00
4.00	Mazar-e-Sharif	AFG	Balkh	127800.00
5.00	Amsterdam	NLD	Noord-Holland	731200.00

2-4 SQL 인젝션의 예방

SQL 인젝션(injection)은 SQL을 통해서 값을 주고받는 웹에서 해커들이 흔하게 사용하는 방법 가운데 하나다. 그 사례는 https://www.w3schools.com/sql/sql_injection.asp에서 확인할 수 있다.

앞에 사례 앱에서 다음과 같은 코드가 이러한 SQL 인젝션의 표적이 된다. 이 코드를 통해서 SQL 인젝션을 실행하는 방법은 샤이니 개발자 사이트[5]에 나와 있고, 왜 그런 방법이 통하는지도 설명되어 있다.

```
dbGetQuery(conn, paste0(
    "SELECT * FROM City LIMIT ", input$nrows, ";"))
```

이런 위험에 노출되지 않으려면 setInterpolate()라는 함수를 사용해야 한다. 이 함수는 첫 번째 인자로 커넥션, 두 번째 인자로 SQL문을 넣고, 그다음에는 외삽(extrapolation)할 변수들을 해당되는 숫자만큼 변수=값의 형태로 지정한다. 그리고 SQL문에는 이런 변수들이 들어갈 위치를 '?변수 이름'의 형태로 만들면 된다. 따라서 위의 경우에는 다음과 같이 코딩한다.

```
sql <- "SELECT * FROM City WHERE ID = ?id ;"
query <- sqlInterpolate(conn, sql, id = input$ID)
```

변수가 3개일 때는 다음과 같이 코딩할 수 있다.

```
sql <- "SELECT * FROM City WHERE ID = ?id1 OR ID = ?id2 OR ID = ?id3;"
query <- sqlInterpolate(conn, sql, id1 = input$ID1,
            id2 = input$ID2, id3 = input$ID3)
```

---

5 http://shiny.rstudio.com/articles/sql-injections.html

(2-5) pool 패키지를 활용한 데이터베이스 연결

DBI 패키지에 기반하여 R과 데이터베이스를 연결해 사용할 때 가장 큰 문제 가운데 하나는, 이것이 커넥션이라는 개념을 사용하기 때문에 커넥션을 잘 관리하지 않으면 메모리 누수(leak)가 발생해 성능이 떨어질 수 있다는 점이다. 이 문제를 해결해줄 수 있는 패키지가 pool이다. pool 패키지는 아직 CRAN에 등재되어 있지 않아서 깃허브 사이트를 통해 인스톨해야 한다.

```
devtools::install_github("rstudio/pool")
```

pool 패키지는 R과 데이터베이스 사이에 중간 다리 역할을 한다. 중간에서 필요한 경우 커넥션을 생성하고, 어떤 것은 대기 상태로 두고, 필요 없는 커넥션은 삭제하는 등의 일을 담당한다. pool 패키지를 사용할 때는 패키지를 로딩한 뒤 dbPool() 함수를 사용하여 Pool 클래스를 가진 객체를 생성한다. 앞에서 본 커넥션이라고 생각하면 된다. 사용법은 DBI::dbConnect()와 유사해서 데이터베이스 드라이버를 제시하고, 사용자 인증 정보를 제공한다.

```
library(pool)
pool <- dbPool(
 drv = RMySQL::MySQL(),
 dbname = "shinydemo",
 host = "shiny-demo.csa7qlmguqrf.us-east-1.rds.amazonaws.com",
 username = "guest",
 password = "guest"
)
```

이렇게 해서 연결되면 SQL 쿼리를 dbGetQuery() 함수를 사용하여 진행할 수 있다.

```
dbGetQuery(pool, "SELECT * from City LIMIT 5;")
```

사용이 종료되면 poolClose() 함수를 사용하여 닫는다.

```
poolClose(pool)
```

샤이니 앱에서 사용할 때는 이런 로직을 그대로 가지고 가면 된다. 다음은 샤이니 개발자 사이트에 소개된 앱이다.

```
library(shiny)
library(DBI)

conn <- dbPool(
  drv = RMySQL::MySQL(),
  dbname = "shinydemo",
  host = "shiny-demo.csa7qlmguqrf.us-east-1.rds.amazonaws.com",
  username = "guest",
  password = "guest"
)

ui <- fluidPage(
  textInput("ID", "Enter your ID:", "5"),
  tableOutput("tbl"),
  numericInput("nrows", "How many cities to show?", 10),
  plotOutput("popPlot")
)

server <- function(input, output, session) {
  output$tbl <- renderTable({
    sql <- "SELECT * FROM City WHERE ID = ?id;"
    query <- sqlInterpolate(conn, sql, id = input$ID)
    dbGetQuery(conn, query)
  })
  output$popPlot <- renderPlot({
    query <- paste0("SELECT * FROM City LIMIT ",
            as.integer(input$nrows)[1], ";")
    df <- dbGetQuery(conn, query)
    pop <- df$Population
    names(pop) <- df$Name
    barplot(pop)
  })
}

shinyApp(ui, server)
```

만약 pool 패키지를 dplyr 패키지와 연동해 사용하려면, pool 패키지가 제공하는 src_pool()이라는 함수를 사용해 커넥션을 만들어야 한다. 이 함수의 사용법은 src_pool() 함수의 도움말을 참고한다.

③ 로컬 파일을 사용한 지속성 데이터의 처리

샤이니 개발자 사이트에 있는 "Persistent data storage in Shiny apps"라는 글[6]을 보면 파일에 지속성 데이터를 저장하는 사례들이 설명되어 있다. 그런데 웹 서버에 있는 샤이니 앱을 통해서 파일에 데이터베이스를 저장하는 것은 생각보다 쉽지 않고 여러 가지 문제점이 있다. 서버가 사용자마다 쓰기 권한을 부여할 수 있어야 하고, 파일들을 관리하기도 쉽지 않다. 관심 있는 독자라면 위의 글을 참고하기 바란다.

④ 정리

12장에서는 샤이니 세션의 정보를 다른 세션으로 전달할 수 있는 방법에 대해 알아보고, 샤이니와 데이터베이스를 연결해 사용하는 방법도 살펴보았다. 샤이니 북마킹 기능은 특정 시점에서 샤이니 앱의 상태를 저장하고, 나중에 이 정보를 사용하여 앱의 상태를 복원할 수 있는 기능이다.

이 장에서 설명한 내용들은 비교적 최근에 샤이니에 추가된 사항이어서 앞으로 더 많은 변화와 개선이 있을 것으로 보인다. 그러므로 이후에 샤이니 개발자 사이트 등을 통해서 내용을 다시 정리해보기 바란다.

6　http://shiny.rstudio.com/articles/persistent-data-storage.html

R

Shiny

Chapter 13

R과 샤이니 코드 디버깅

R Shiny Programming Guide

13장에서는 샤이니 코드 디버깅 방법에 대해 설명하려고 한다. 샤이니 코드는 R 코드이므로 샤이니 디버깅 역시 R 디버깅 툴에 의존한다. 그러므로 R 언어의 디버깅 기술에 대해 먼저 살펴보겠다.

다른 컴퓨터 언어 책들을 보면 해당 언어와 관련된 디버깅 도구들을 자세하게 설명하는 데 반해 R은 컴퓨터 언어적인 측면보다는 통계와 같은 데이터 분석 툴로 소개하는 경우가 많다. 이런 점 때문에 R 디버깅 기술에 대해서는 잘 알려지지 않은 측면이 있는데, R 디버깅 기술은 샤이니 코딩뿐만 아니라 R로 다른 일을 할 때에도 유용하게 사용할 수 있다.

① R 디버깅 툴

R에도 정교한 디버깅 툴들이 있다. R에는 '컨디션(condition)'이라는 시스템이 있으며 이 시스템에는 error, warning, message와 같은 것들이 있다. 이들 컨디션과 디버깅 툴은 밀접하게 연관되어 있으므로 같이 이해하려고 노력하는 것이 좋다. 자세한 것은 ?conditions 를 실행하여 확인한다.

1-1 핵심 R 디버깅 도구: browser()

R에는 여러 가지 디버깅 도구가 있는데, 그중 가장 핵심적이고 중요한 도구는 browser() 함수와 관련이 있다. 그래서 이 함수를 잘 이해하고 넘어가는 것이 중요하다.

여기서 말하는 브라우저는 웹 브라우저가 아니고, 함수 브라우저라고 말하는 편이 나을 것이다. 이 함수가 호출되면 'Browse[n]>'이라는 프롬프트를 가진 디버깅용 특수한 인터랙티브 환경이 실행된다. 예를 들어 browser() 문을 어떤 함수의 의심되는 위치에 놓은 다음 이 함수를 호출하면, browser()가 있는 위치에서 함수 실행이 멈추고 인터랙티브 디버깅 환경으로 바뀐다. 또는 R 세션에서 에러(error)가 발생했을 때 자동으로 browser()가 실행된다. 뒤에서 이런 인터랙티브 디버깅 모드로 들어가는 여러 가지 방법들을 정리하여 보여줄 것이다.

RStudio 통합개발환경은 R 콘솔보다 더 쉽게 사용할 수 있는 좀 더 포괄적인 기능을 제공한다. 다음과 같은 mySD() 함수를 정의한다고 해보자.

```
mySD <- function(x) {
 mean_x <- mean(x)
 n_x <- length(x)
 var_x <- sum((x - mean_x)^2) / (n_x - 1)
 sqrt(var_x)
}
```

이 함수에 무언가 문제가 있다고 판단되어 디버깅을 통해서 확인하고자 한다면, 문제가 예상되는 부분에 browser()를 삽입하고 함수를 재정의하여 실행해본다.

```
mySD <- function(x) {
  mean_x <- mean(x)
  n_x <- length(x)
  browser()
  var_x <- sum((x - mean_x)^2) / (n_x - 1)
  sqrt(var_x)
}
mySD(1:10)
```

R 콘솔에서도 실행할 수 있지만, RStudio에서 사용하는 경우가 많으므로 그 예를 소개한다. R 콘솔에서도 크게 차이는 없다.

mySD(1:10)으로 함수를 호출하면 다음 그림과 같은 상태로 바뀐다. 함수가 호출되면 코드가 순차적으로 실행되다가 browser()를 만났을 때 이와 같은 새로운 인터랙티브 모드로 변경된다. 그래서 browser()를 만나기 전까지는 코드가 실행되는 것이다.

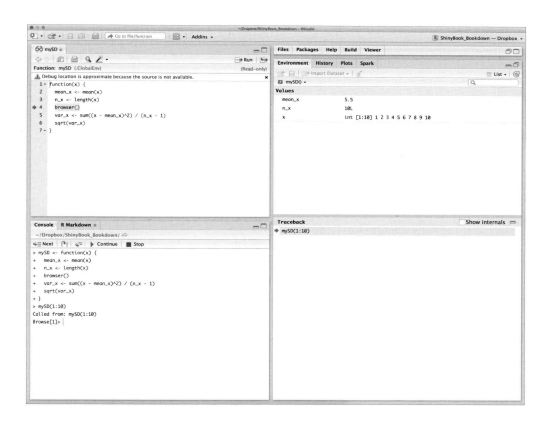

그다음에는 Browse[1]>이라는 프롬프트가 있는 인터랙티브 모드로 바뀐다. 여기에서는 다음과 같은 몇 가지 특수한 명령들을 사용할 수 있다(이런 명령들은 RStudio 콘솔창 상단에 [메뉴] 버튼으로도 준비되어 있다).

- n(소문자): next를 나타내며, 다음 코드를 실행하라는 의미를 지닌다.
- s(소문자): step into를 나타내며, 내부에 함수가 있는 경우에 다시 그 함수 내부로 들어가라는 의미를 지닌다.
- c(소문자): '나머지 코드를 실행시킨 다음, 이 모드를 종료시키고 다시 원래 상태로 돌아가라'라는 의미를 지닌다.
- Q(대문자): '인터랙티브 모드를 종료하라'라는 의미를 지닌다.

이 브라우저 모드에서는 일반적인 R 콘솔에서 쓸 수 있는 대부분의 명령을 실행할 수 있다. 현재 어떤 객체들이 있는지 보려면 ls()를 실행하고, 그 값을 보려면 이름을 입력하거나 print() 함수를 사용한다. 이런 기능을 통해서 현재 함수의 스코프에 존재하는 객체들의 상태를 파악할 수 있다.

다음 그림은 브라우저 모드가 시작되고 바로 ls()를 실행한 상태이다.

```
Console ~/Documents/Computer/ex/
Next    Continue    Stop
> mySD <- function(x) {
+     mean_x <- mean(x)
+     n_x <- length(x)
+     browser()
+     var_x <- sum((x - mean_x)^2) / (n_x - 1)
+     sqrt(var_x)
+ }
> mySD(1:10)
Called from: mySD(1:10)
Browse[1]> ls()
[1] "mean_x" "n_x"    "x"
Browse[1]> x
 [1]  1  2  3  4  5  6  7  8  9 10
Browse[1]>
```

browser() 앞의 코드들이 실행되기 때문에 인자로 전달한 x값과 함수 내부에서 할당된 mean_x, n_x가 이미 존재한다는 것을 보고 그 값을 확인할 수 있다. 여기에서 n 명령이나 버튼을 클릭해 코드를 한 줄씩 실행시키면서 진행하면, 객체들이 새로 생기는 것도 확인할 수 있다. 새로운 값도 할당할 수 있어서 문제가 되는 부분을 수정할 수도 있다.

앞의 그림(p.451)에서 보듯이 RStudio의 Environment 창에 이런 객체들이 나열되어 있는 것을 확인할 수 있다. 또는 소스창을 통해 현재 함수에서 어디에 위치해 있는지 볼 수 있다. 지금은 콘솔에 직접 함수를 등록하고 호출한 경우라서 별로 쓸모가 없을지 모르지만, R 스크립트를 별도의 파일로 작성하고 문제가 있다고 보이는 부분에 browser()를 놓고 소상하게 되면 그 위치를 명확히 알려주기 때문에 무척 편리하다.

Enviroment 창의 아래에는 Traceback이라는 부분이 있는데, 이것은 콜 스택(call stack)을 보여주는 곳이다. 함수가 함수를 호출하고, 이것이 다른 함수를 호출하는 등 복잡한 코드에서는 아래에서부터 위까지 함수가 호출된 순서를 보여준다. 여기에서는 기본적으로 하나의 함수를 호출한 것이어서 하나만 나열되었다.

앞에서 browser()를 어떤 함수 안에 놓고 이 함수를 호출했을 때, browser()를 만나면 브라우저 모드로 들어가는 경우를 보았다. 이렇게 명시적으로 browser()를 사용하는 것이 아니라, R 세션에서 에러(error)가 발생했을 때 자동적으로 브라우저 모드로 전환되도록 할 수 있다. 이렇게 하려면 R 세션의 옵션을 다음과 같은 방법으로 바꾸어야 한다.

```
options(error = browser)
```

이렇게 설정하고 나서 다음 코드를 실행한다. stop()이라는 함수를 사용하여 error를 일부러 유발하였다.

```
mySD <- function(x) {
 mean_x <- mean(x)
 n_x <- length(x)
 stop("에러")
 var_x <- sum((x - mean_x)^2) / (n_x - 1)
 sqrt(var_x)
}
mySD(1:10)
```

그러면 다음 그림과 같은 브라우저 모드로 들어가게 된다.

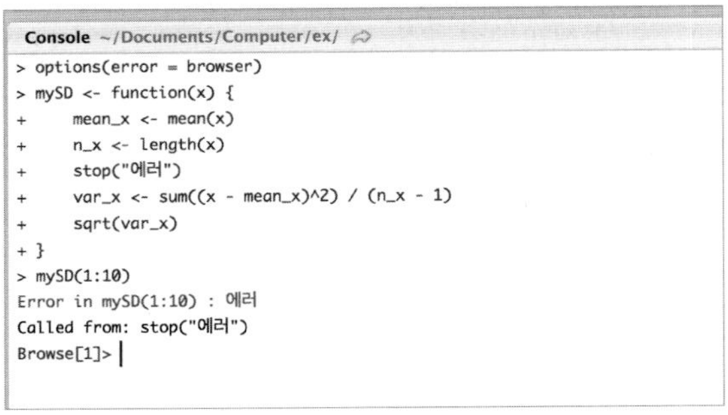

```
Console ~/Documents/Computer/ex/
> options(error = browser)
> mySD <- function(x) {
+     mean_x <- mean(x)
+     n_x <- length(x)
+     stop("에러")
+     var_x <- sum((x - mean_x)^2) / (n_x - 1)
+     sqrt(var_x)
+ }
> mySD(1:10)
Error in mySD(1:10) : 에러
Called from: stop("에러")
Browse[1]>
```

오류를 수정하고 나서 원래의 상태로 되돌리려면 다음과 같이 에러에 NULL을 입력한다.

```
options(error = NULL)
```

브라우저 모드로 들어가는 또 하나의 방법은 debug() 함수를 사용하는 것이다. debug("함수 이름")와 같은 형태로 사용하는데, 이것은 해당 함수가 디버깅 대상임을 표시하는 것이다.

다음 mySD라는 함수(여기에는 browser나 stop() 코드가 없다)를 정의한 뒤, 이 함수를 debug()에 넘겨서 함수가 호출될 때 디버깅 대상이라는 것을 알린다.

```
mySD <- function(x) {
 mean_x <- mean(x)
 n_x <- length(x)
 var_x <- sum((x - mean_x)^2) / (n_x - 1)
 sqrt(var_x)
}

debug("mySD")
```

실제 디버깅 모드로 들어가는 것이 이 함수를 사용할 때이다.

```
mySD(1:10)
```

이 함수를 시작하자마자 다음 그림과 같은 브라우저 모드로 진입한다.

```
Console  ~/Documents/Computer/ex/
◄≡ Next | ↱ | ◄≡ | ▶ Continue | ■ Stop
> mySD(1:10)
debugging in: mySD(1:10)
debug at #1: {
    mean_x <- mean(x)
    n_x <- length(x)
    var_x <- sum((x - mean_x)^2)/(n_x - 1)
    sqrt(var_x)
}
Browse[2]> ls()
[1] "x"
Browse[2]> n
debug at #2: mean_x <- mean(x)
Browse[2]> |
```

　최초에는 함수의 몸체 바로 앞에서 시작한다. n 명령을 실행하면 현재 행의 코드를 실행하고 다음 실행할 행을 출력한다. 나머지는 앞에서 설명한 내용대로 브라우저 모드를 사용할 수 있다.

　모든 문제를 해결하고 이 함수에서 디버깅 대상이라는 표시를 떼려면 다음과 같이 실행한다.

```
undebug("mySD")
```

　어떤 함수에 대해서 한번만 디버깅 대상이라는 것을 표시하기 위해서 debugonce()라는 함수도 사용할 수 있다.

1-2 중단점(breakpoints) 설정

RStudio에서는 소스 편집창에 중단점을 직접 설정할 수 있다. 소스 편집창에서 행 번호 바로 왼쪽을 클릭하면 이 부분이 중단점이 된다. 코드가 실행되다가 이 중단점을 만나면 브라우저 모드로 진행된다.

```
📄 Untitled1 ×  📄 ksb.R ×
⇦ ⇨ | 🔍 | 💾 | □ Source on Save | 🔍 ✍ ▾ | 📋 | ▾
⚠ Breakpoints will be activated when this file is sourced.
1 ▾ mySD <- function(x) {
2       mean_x <- mean(x)
3   |   n_x <- length(x)
4 ●     var_x <- sum((x - mean_x)^2) / (n_x - 1)
5       sqrt(var_x)
6 ▲ }
7   mySD(1:10)
8
```

앞의 그림에서 빈 원 표시는 이 코드가 소싱(source())되기 전이라는 것을 나타낸다. 즉 현재 R 세션이 아직 이 코드를 읽고 함수로 정의하지 않은 상태라는 의미이다. 이러한 브라우저 모드에서는 앞에서 설명한 여러 가지 내용들을 테스트할 수 있다. 이와 같이 중단점을 사용하는 방법은 앞에서 browser() 함수를 사용하는 것과 크게 다르지 않다.

지금까지 브라우저 모드로 전환되는 다양한 경우를 보았는데, 정리하면 다음 그림과 같다.

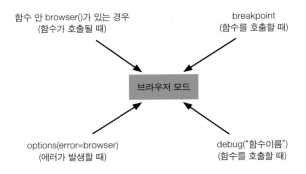

1-3 트레이스백

콜 스택(call stack)은 어떤 함수가 다른 함수를 호출하여 사용하는 경우에 에러가 발생한 지점을 기준으로 에러가 발생한 지점까지 호출된 함수들의 리스트를 말한다. 다음 코드에서 함수 f()는 g()를 호출하고, g()는 h(), h()는 i()를 호출한다.

```
> f <- function(x) g(x)
> g <- function(x) h(x)
> h <- function(x) i(x)
> i <- function(x) x + 1
> f(1)
[1] 2
```

여기에서 에러(error)를 만들기 위해서 다음과 같이 수정해보았다.

```
f <- function(x) g(x)
g <- function(x) h(x)
h <- function(x) i(x)
i <- function(x) x + "a"
f(1)
```

이 코드를 RStudio R 콘솔에서 실행하면 다음과 같이 된다.

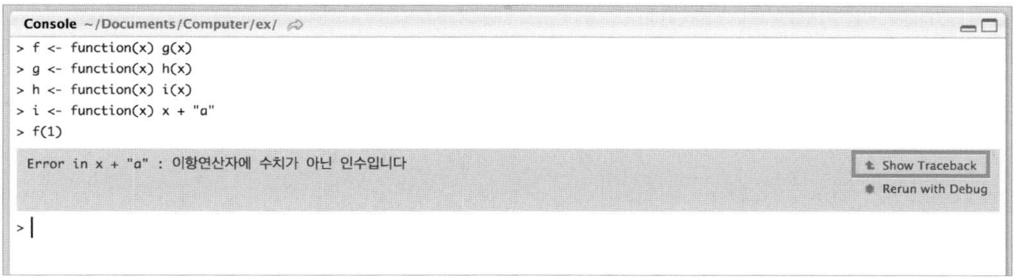

```
Console  ~/Documents/Computer/ex/
> f <- function(x) g(x)
> g <- function(x) h(x)
> h <- function(x) i(x)
> i <- function(x) x + "a"
> f(1)

  Error in x + "a" : 이항연산자에 수치가 아닌 인수입니다          ⬆ Show Traceback
                                                              ✸ Rerun with Debug
> |
```

앞의 그림에서 오른쪽에 있는 [Show Traceback]을 클릭하면 아래 그림과 같이 콜스택을
출력하게 된다.

```
Console  ~/Documents/Computer/ex/
> f <- function(x) g(x)
> g <- function(x) h(x)
> h <- function(x) i(x)
> i <- function(x) x + "a"
> f(1)

  Error in x + "a" : 이항연산자에 수치가 아닌 인수입니다          ⬆ Hide Traceback
                                                              ✸ Rerun with Debug
    4. i(x)
    3. h(x)
    2. g(x)
    1. f(1)
> |
```

출력 결과는 아래에서 위로 읽는다. 이 방법은 에러가 어느 함수에서 발생했는지 파악할 때 도움이 된다. 위의 경우 에러가 함수 i()에서 발생했다는 것을 이해할 수 있다. 화면 오른쪽의 [Rerun with Debug]를 클릭하면, 말 그대로 코드를 다시 실행하고 아래 그림과 같이 (앞에서 본) 디버깅 브라우저 모드로 진입하게 된다.

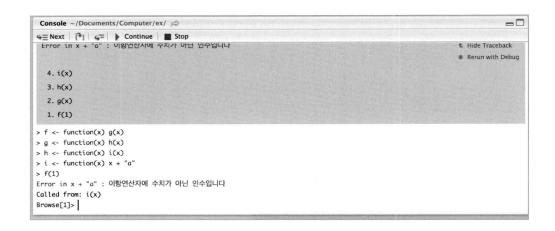

1-4 콜 스택과 recover() 함수

앞 절에서 콜 스택(call stack)의 개념을 설명했다. 보통 R 콘솔에서 작업할 때는 복잡한 콜 스택을 가지는 함수를 호출하는 경우가 드물다. 그런데 샤이니와 같이 여러 함수가 연관되어 사용될 때는 깊은(혹은 높은) 콜 스택을 가지게 된다.

복잡한 콜 스택을 사용하는 경우에는 디버깅 브라우저 모드에서 recover()라는 함수를 사용해 원하는 프레임(frame)으로 이동할 수 있다. 그런 다음 해당 프레임에서 디버깅 브라우저 모드를 사용할 수 있다.

② 샤이니 코드 디버깅

이 절에서는 앞에서 배운 R 디버깅 기술들을 바탕으로 샤이니 코드를 디버깅하는 방법에 대해서 알아보자. 또 샤이니가 제공하는 별도의 디버깅 도구도 살펴보자.

다음과 같은 간단한 앱을 가지고 설명한다.

```
library(shiny)
ui <- fluidPage(
 sliderInput("obs", "No. of Random Numbers", min = 30, max = 100, value = 50),
 plotOutput("myPlot")
)

server <- function(input, output, session) {
 output$myPlot <- renderPlot({
  hist(rnorm(input$obs))
 })
}

shinyApp(ui, server)
```

②-1 중단점

샤이니 코드에서도 중단점을 설정할 수 있다. 그런데 이 방법은 RStudio 환경에서만 가능하고 UI 코드에서는 사용할 수 없다. 또한 샤이니 서버 함수에서만 사용할 수 있다.

②-② 브라우저 모드

반면 browser() 함수는 UI나 샤이니 서버 함수 어디서든 사용할 수 있어서 샤이니 앱에서 유용하게 쓰인다. 샤이니 패키지에 내장된 앱에 browser()를 사용해보면 다음 그림과 같이 나타난다.

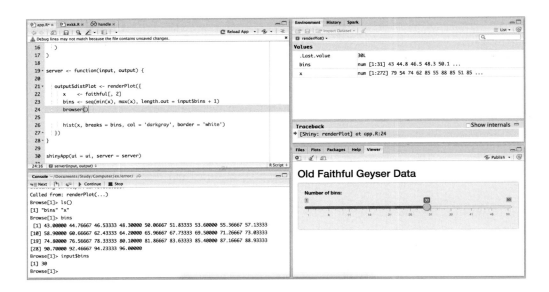

브라우저 모드에서 ls()를 실행했을 때 input 객체는 보이지 않지만 이에 접근할 수는 있다. 아마도 이것은 R의 클로저(closure)를 사용할 때 발생하는 문제로 보이는데, 샤이니 내부의 복잡한 호출 구조 때문에 명확히 파악하기는 어렵다.

2-3 샤이니 에러 트레이스백과 디버깅 브라우저 모드

샤이니는 복잡한 과정을 거쳐서 실행되기 때문에 콜 스택이 복잡하다. 이런 경우에는 디버깅 브라우저 모드에서 recover()를 실행하여 관심이 가는 프레임으로 이동해 디버깅 브라우저 모드를 사용할 수 있다. 아래 그림과 같이 왼쪽 하단의 [선택:]이라는 프롬프트에서 프레임을 선택할 수 있다.

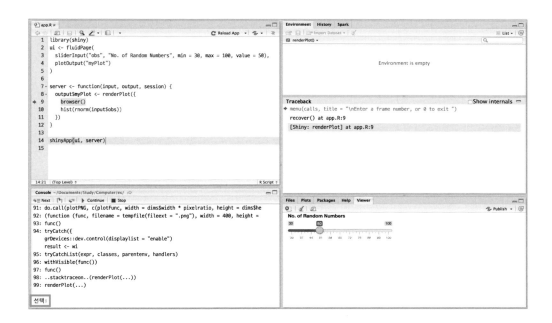

2-4 R 콘솔에서 값을 출력하기

샤이니 앱에서 어떤 값을 R 콘솔로 출력하여 보기를 원할 때는 cat() 함수를 사용한다. 샤이니 관찰자(observer)는 기본적으로 부수효과를 가지고 기능을 발휘한다. 그런데 이러한 부수효과는 대부분 사용자 UI로 보내지게 된다. 따라서 R 콘솔로 값들을 출력하기 위해서는 다음과 같이 사용할 것을 권한다.

```
cat(file = stderr(), ...)
```

다음 그림은 cat(file = stderr(), ...)을 사용하여 콘솔에 값을 출력한 예이다. R 콘솔에서 input$obs의 값이 출력되었다.

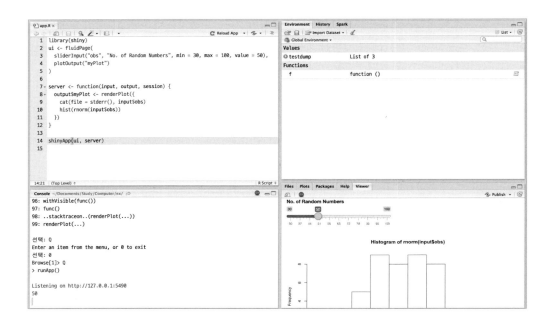

2-5 샤이니 앱을 시스템적으로 파악하는 방법

샤이니 앱을 실행시키면서 반응성 맥락에 있는 객체들의 반응성 체인을 관찰할 수 있는 도구가 마련되어 있다. 이 도구를 사용하면 반응성 맥락에 있는 객체들의 관계를 파악함으로써 앱을 더 잘 이해할 수 있다. 이 도구를 사용하기 위해 R 세션의 옵션을 다음과 같이 변경한다.

```
options(shiny.reactlog = TRUE)
```

이 옵션을 사용해 샤이니 앱을 RStudio 뷰어창이나 브라우저에서 실행한 다음 Ctrl + F3을 클릭하면 다음 그림과 같은 창이 열린다. 여기에서 객체들 사이의 관계를 파악한다.

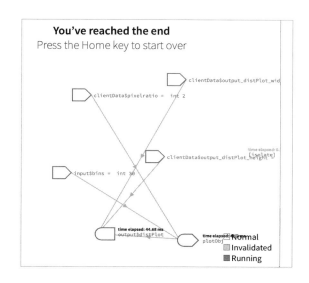

2-6 클라이언트와 서버 간 통신

샤이니 앱에서 클라이언트와 서버는 웹 소켓(websocket)을 사용하여 데이터를 교환한다. 이런 웹 소켓을 통해서 데이터가 교환되는 것을 보려면 다음과 같이 세션 옵션을 설정한다.

```
options(shiny.trace = TRUE)
```

이것을 실행하고 나서 샤이니 앱을 실행하면, R 콘솔에서 웹 소켓을 통해 주고받는 데이터를 확인할 수 있다.

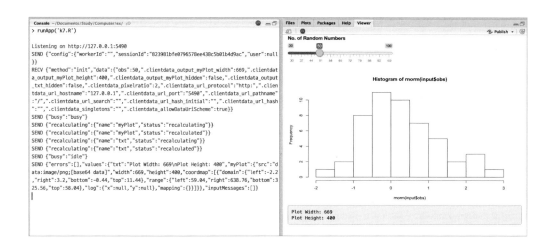

콘솔의 내용은 클라이언트가 주어라고 이해하면 된다. 즉 SEND는 클라이언트에서 서버로, RECV는 서버에서 클라이언트로 보낸 데이터이다.

③ 정리

13장에서는 R 코드와 샤이니 코드를 디버깅하는 방법을 설명했다. 여기서 살펴본 내용은 아주 기초적인 것으로, 좀 더 깊이 알아보고 싶은 독자라면 다음 자료들에서 유익한 정보를 많이 얻을 수 있을 것이다.

- Advanced R[1]
- An Introduction to the Interactive Debugging Tools in R[2]
- R Programming for Bioinformatics(Gentleman 2008)
- Debugging with RStudio[3]
- 샤이니 개발자 사이트 Debugging Shiny applications[4]

---

1 http://adv-r.had.co.nz/Exceptions-Debugging.html
2 http://www.biostat.jhsph.edu/~rpeng/docs/R-debug-tools.pdf
3 https://support.rstudio.com/hc/en-us/articles/205612627-Debugging-with-RStudio
4 http://shiny.rstudio.com/articles/debugging.html

R

Shiny

Chapter 14

인터랙티브 문서

R Shiny Programming Guide

14장에서는 샤이니를 활용하여 인터랙티브 문서를 만드는 방법을 설명한다. 인터랙티브 문서란 사용자 인터랙션 기능을 지닌 웹 문서를 말한다. htmlwidgets 패키지는 자바스크립트 라이브러리에 대한 R 바인딩을 R 패키지로 개발하는 데 쓰이는 R 패키지다. 패키지를 만들기 위한 패키지인 것이다.

여기서는 비교적 간단한 원리만을 소개하므로 인터랙티브 문서와 관련해 보다 자세히 알고 싶은 독자들은 필자의 다른 저서인 《통계 분석 너머 R의 무궁무진한 활용》을 참고하기 바란다.

① 인터랙티브 문서

샤이니를 활용하여 인터랙티브 문서를 만들기 위해서는 먼저 다이내믹 문서를 만드는 방법을 알아야 한다. 다이내믹 문서에 샤이니의 인터랙션 기능을 추가한 것이 샤이니 인터랙티브 문서이기 때문이다. 개괄적으로 표현해보면 다음과 같다.

- 다이내믹 문서 만들기: `knitr + rmarkdown + pandoc`
- 인터랙티브 문서 만들기: `knitr + rmarkdown + pandoc + shiny`

다이내믹 문서는 R 코드와 텍스트를 확장자가 .Rmd인 하나의 소스 파일로 작성한 다음, 1차로 R 코드를 프로세싱하고 그 결과를 텍스트와 결합시킨 뒤, 2차로 텍스트를 프로세싱하여 문서를 만드는 방법을 말한다. 이 방법에서는 복사하여 붙이기를 사용하지 않고, 데이터를 읽고, 분석하고, 결과로 출력하는 모든 것을 R 코드로 하기 때문에 원래의 데이터와 다이내믹하게 연결될 수밖에 없다. 그래서 '다이내믹 문서'라고 부른다.

이런 방법으로 문서를 작성하면 여러 가지 이점이 있다. 우선 다이내믹하게 연결되기 때문에 문서의 신뢰도가 높아진다. 또 하나의 소스 파일을 가지고 다양한 포맷의 문서를 생산할 수 있어 효율성이 높다. 필자는 번역을 하거나 책을 쓸 때 항상 이 방법을 사용한다. 이 책의 원고도 북다운(bookdown) 패키지[1]를 사용하여 작업했는데, 이 패키지는 다이내믹 문서를 웹 북이나 PDF 북으로 만들기에 아주 좋다. 일로 바쁜 가운데도 2014년부터 2017년까지 매년 한두 권의 책을 나름 생산성 있게 작업할 수 있었던 것은 R의 다이내믹 문서 작성 도구 덕분이다.

② RStudio에서 다이내믹 문서 만들기

RStudio 통합개발환경은 R 다이내믹 문서를 만드는 데 최적의 조건을 가지고 있다. RStudio 통합개발환경은 샤이니 웹 애플리케이션 개발뿐만 아니라 다이내믹 문서를 쉽게 제작할 수 있

---

1 https://bookdown.org/yihui/bookdown/

도록 개발되었다. 그도 그럴 것이 RStudio를 만든 RStudio.com 회사에는 샤이니 저자뿐만 아니라 `knitr`, `rmarkdown` 등 다이내믹 문서 제작을 위한 핵심 툴의 저자들이 다 모여 있다.

이런 RStudio 통합개발환경을 가지고 다이내믹 문서를 만들어보자. RStudio 왼쪽 상단에서 플러스 기호가 있는 버튼을 클릭한다. 그런 다음 [R Markdown…]을 선택한다.

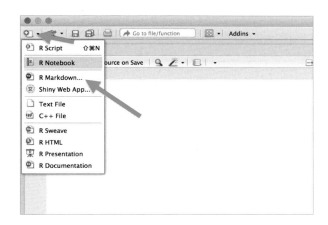

다음 그림과 같은 창이 열리면 왼쪽의 [Document] 탭을 선택하고, [Default Output Format]에서 HTML로 선택된 디폴트를 그대로 사용한다. 제목과 저자명을 기입하고 [OK] 버튼을 클릭한다.

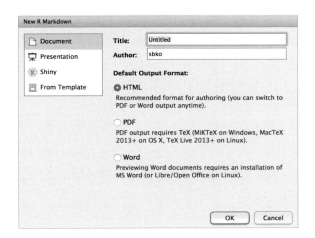

그러면 다음 그림과 같은 내용이 들어 있는 .Rmd 문서가 편집창에 열린다.

.Rmd 문서 파일에 들어 있는 콘텐츠는 크게 세 가지로 구분할 수 있다.

- YAML 헤더: .Rmd 문서에서 가장 앞 부분에 있는 것으로 ---(하이픈 3개)로 둘러싸인 부분을 말한다. 전체 문서의 제목, 저자, 작성일과 문서 포맷 등을 정하는 곳으로 YAML이라는 문법을 사용하여 지정한다.

- R 코드: 코드 청크(code chunk)라고 부른다. 코드 청크는 특별한 경계로 둘러싸여 있으며, 그 안에 R 코드가 들어가게 된다.

- 마크다운 텍스트: 나머지 부분은 마크다운(Markdown) 텍스트이다. 마크다운은 마크업 언어의 하나로서 웹 페이지를 만드는 HTML(HyperText Markup Language)을 간편하게 사용할 수 있게 만든 버전이다. 이런 마크다운은 목적에 따라 여러 방언들이 존재하는데 여기서는 팬독(pandoc) 마크다운을 기본으로 사용한다.

이 예제 소스 파일을 렌더링해보자. 렌더링 과정에는 knitr, rmarkdown R 패키지가 관여하고, RStudio에 기본적으로 내장되어 있는 pandoc이라는 도구가 사용된다.

.Rmd 문서가 편집창에 있으면 창 위에 [Knit]라는 버튼이 나타난다. 이 버튼을 클릭하면 문서 렌더링이 시작된다. 만약 이전에 한번도 사용해본 적이 없다면 knitr, rmarkdown 등

의 패키지를 다운로드하라는 안내창이 열릴 것이다. 그러면 다운로드한 후 버튼을 다시 클릭한다.

문서가 렌더링되면 아래 그림과 같이 미리보기 창에서 열린다. 미리보기 창 왼쪽 상단을 보면 [Open in Browser] 버튼이 있는데, 이를 클릭하면 실제 웹 브라우저에서 내용물을 볼 수 있다.

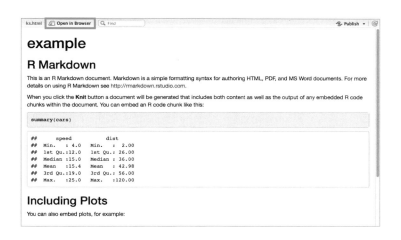

만약 렌더링된 내용물을 RStudio 안에서 보고 싶으면 아래 그림과 같이 편집창 위에 있는 기어 모양의 버튼을 클릭해서 [Preview in Viewer Pane]을 선택한다. 그러면 다음부터는 RStudio 뷰어창에서 내용물이 열린다.

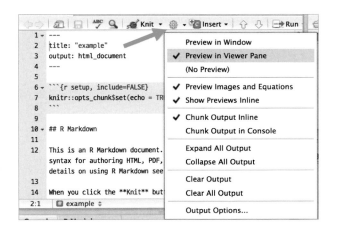

③ 다이내믹 문서의 원리

.Rmd 파일의 렌더링 과정을 보면 다이내믹 문서의 원리를 이해할 수 있다. 먼저 코드 청크들이 하나의 R 세션에서 실행된다. 각 코드 청크들이 출력한 결과물들은 해당되는 위치로 배치되고, 그와 동시에 주변의 텍스트와 맞게 포맷이 조절된다. 여기에서 팬독 마크다운을 사용하기 때문에 그 결과들이 팬독 마크다운 문법에 맞도록 조절된다.

그다음 과정은 마크다운 문서를 .html 문서로 렌더링하는 것이다. 팬독은 자체의 문서 변환기를 사용하여 마크다운 문서를 읽어서 .html 문서로 변환한다. 팬독은 .html 문서뿐만 아니라 워드에서 읽을 수 있는 .docx 파일로도 변환되고, 컴퓨터에 레이텍(LaTeX)이 설치되어 있는 경우에는 .pdf 문서로도 변환될 수 있다. 이러한 전체 과정은 rmarkdown 패키지에 의해서 조절되는데, 엔진으로 팬독을 사용하기는 하지만 팬독을 직접 건드리지 않아도 문서가 렌더링된다.

knitr, rmarkdown과 같은 패키지에는 출력되는 플롯의 위치, 표의 출력 등 아주 다양한 옵션들이 존재한다. 자세한 내용은 본 장의 첫머리에서 소개한 필자의 책 《통계 분석 너머 R의 무궁무진한 활용》을 참고하길 바란다.

④ 샤이니 인터랙티브 문서

샤이니 인터랙티브 문서는 앞서 소개한 다이내믹 문서 제작법을 기초로 한다. 우선 그 예를 하나 살펴보고 시작하자.

앞에서와 같이 RStudio 왼쪽 상단에 플러스 버튼을 클릭하고 [R Markdown…]을 선택한다. 다음 그림과 같이 이번에는 왼쪽 탭에서 [Shiny]를 선택하고, 오른쪽에서 [Shiny Document]를 체크한 뒤 [OK] 버튼을 클릭한다.

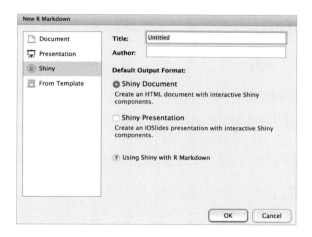

그러면 내장된 예제 문서 소스가 열린다. 편집창 위를 보면 이번에는 [Run Document]라는 버튼이 보일 것이다. 이 버튼을 클릭하면 문서가 생성된다. 다음 그림과 같이 이전과 비슷한 다이내믹 문서가 만들어지는데, 그 안에 샤이니 앱이 들어가 있는 것을 확인할 수 있다.

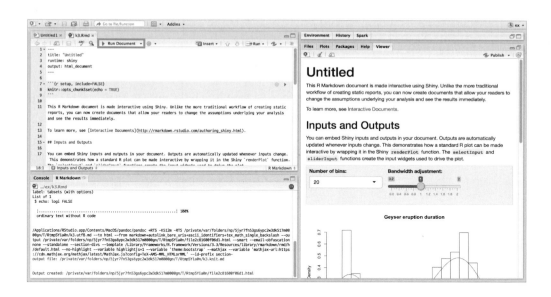

이제 이전의 다이내믹 문서와 어떤 면이 다르고, 이런 인터랙티브 문서에서 샤이니 앱 코드를 어떻게 작성하는지 살펴보자.

4-1 샤이니 런타임

.Rmd 다이내믹 문서를 샤이니 인터랙티브 문서로 만들기 위해서 가장 중요한 단계는 YAML 헤더에 runtime: shiny를 추가하는 것이다. 앞의 예에서는 다음과 같이 되어 있을 것이다. 이 내용이 들어가게 되면 해당 문서는 shiny에 의해서 프로세싱된다는 것을 의미한다.

```
---
title: "Untitled"
runtime: shiny
output: html_document
---
```

4-2 샤이니 앱을 넣는 방법

샤이니 인터랙티브 문서에는 다양한 방법으로 샤이니 앱을 넣을 수 있다. 이미 만들어진 샤이니 앱을 통째로 넣을 수도 있고 요소별로 넣을 수도 있다. 자신이 원하는 대로 샤이니 앱을 인터랙티브 문서에 넣기 위해서는 몇 가지 개념을 복습할 필요가 있다.

2장 6절 〈샤아니 앱의 여러 형태〉에서 설명한 바와 같이 샤이니 앱은 다양한 형태로 존재할 수 있다(p. 52). 아래 그림과 같이 샤이니 앱을 ① 디렉터리 형태로 만드는 방법, ② 하나의 R 객체 형태로 만드는 방법으로 나눌 수 있다.

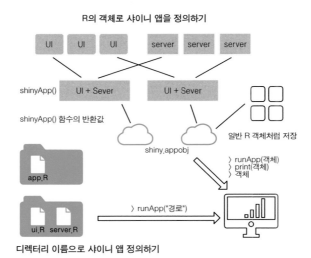

Chapter 14   인터랙티브 문서

디렉터리 형태로 샤이니 앱을 만드는 경우에는 ui.R 파일이나 server.R 파일을 가진 디렉터리, 또는 app.R 파일을 가진 디렉터리로 앱을 만든다. 그리고 이 디렉터리 이름이 샤이니 앱의 이름이 된다. 따라서 이 앱을 실행할 때 runApp() 함수에서는 그 디렉터리에 대한 경로 값이 사용된다.

독립적인 R 객체로 샤이니 앱을 만드는 경우에는 UI 코드와 서버 코드들을 합쳐서 shinyApp()을 통해서 shiny.appobj라는 객체가 생성된다. 이 객체에 print() 함수로 출력하거나, 일반적인 R 객체들처럼 인터랙티브 환경에서 그 이름만을 입력하거나, 또는 runApp() 함수에 그 이름을 전달하여 실행한다.

runtime: shiny가 YAML 헤더로 들어간 샤이니 인터랙티브 문서의 콘텐츠는 그 자체로 샤이니 앱 코드로 생각할 필요가 있다. 또한 문서가 렌더링될 때는 이 코드가 runApp() 함수에 있다고 생각하고 코딩한다. 그래서 만약 샤이니 인터랙티브 문서에 runApp()을 쓰게 되면 다음과 같은 오류 메시지를 보게 될 것이다.

```
Can't call `runApp()` from within `runApp()`. If your application code contains `runApp()`, please remove it.
```

샤이니 코드는 코드 청크에 바로 넣을 수 있는데, 이렇게 .Rmd 파일에 샤이니 앱을 넣을 때는 UI 코드가 필요 없다. 이 문서 자체가 웹 페이지로 바로 렌더링되기 때문이다. 그리고 일반적인 샤이니 앱에서는 반응성 관찰자의 부수효과(side effect)를 통해서 서버에서 계산된 결과가 UI로 보내진다. .Rmd 파일에서 작업할 때는 그런 과정을 생략할 수 있다. 물론 전통적인 방법도 사용할 수 있다. 다음 그림은 샤이니 인터랙티브 문서의 한 예이다.

```
1  ---
2  title: "간단한 샤이니 인터랙티브 문서의 예"
3  runtime: shiny
4  output: html_document
5  ---
6
7  ```{r echo=FALSE, include=FALSE}
8  library(knitr)
9  ```
10
11 ## 자동차 연비 {#mpg}
12
13 `mtcars` 데이터셋에 있는 변수를 선택하면 그 변수와 연비와의 관계를 박스플롯으로 볼 수 있다.
14
15 ```{r echo = FALSE}
16 library(ggplot2)
17
18 # 사용할 열 선택, 이름 부여(selectInput에서 사용)
19 cols <- c("cyl", "am", "gear")
20 names(cols) <- c("Cylinders", "Transmission", "Gears")
21 # 사용하는 열을 팩터로 전환
22 mtcars[, cols] <- lapply(cols, function(col) mtcars[, col] <- factor(mtcars[, col]))
23
24 selectInput("col", "변수 선택", cols)
25
26 renderPlot({
27   ggplot(mtcars)  +
28     geom_boxplot(aes_string(input$col, "mpg"), fill = "steelblue") +
29     labs(title = "변수에 따른 자동차 연비") +
30     theme_minimal()
31 })
32 ```
33
```

코드를 보이지 않게 echo = FALSE라는 청크 옵션을 사용하였다. 이 문서를 놓고 [Run Document] 버튼을 클릭하면 다음 그림과 같은 문서가 된다.

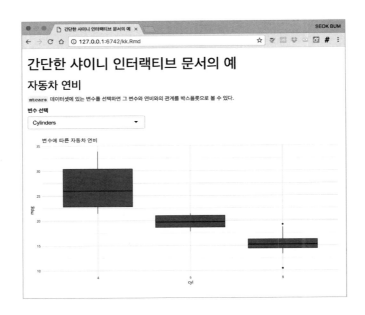

전통적인 샤이니 앱에서는 이런 플롯을 출력하기 위해서 plotOutput()이라는 함수를 사용한다. 그리고 플롯의 크기 등을 정할 때 이 함수에서 정의되어 있는 height, width 인자를 사용한다. 그런데 인터랙티브 문서 .Rmd 문서에서는 이런 함수를 사용하지 않고 바로 renderPlot()을 사용한다. 이런 경우에도 플롯의 크기를 정할 수 있는데, outputArgs 라는 인자를 사용한다. 다음과 같이 하면 폭을 50%로 줄인다.

```
renderPlot({
 ggplot(mtcars) +
  geom_boxplot(aes_string(input$col, "mpg"), fill = "steelblue") +
  labs(title = "변수에 따른 자동차 연비") +
  theme_minimal()
}, outputArgs = list(width="50%"))
```

이렇게 인터랙티브 문서에 샤이니 입출력 위젯 등을 사용하여 코딩할 수도 있지만, 샤이니 앱 자체를 넣을 수도 있다. 샤이니 앱은 여러 가지 형태를 가질 수 있기 때문에(p.474 그림 참조) 각 상황에 따른 방법들이 존재한다.

우선 shiny.appobj로 생성되는 경우이다. 앞의 인터랙티브 문서를 다음 그림처럼 바꾸었다. 이런 경우 일종의 R 플롯 객체로 생각하면 된다.

```
11 · ## 자동차 연비 {#mpg}
12
13    `mtcars` 데이터셋에 있는 변수를 선택하면 그 변수와 연비와의 관계를 박스플롯으로 볼 수 있다.
14
15 · ```{r echo=FALSE}
16    library(ggplot2)
17    cols <- c("cyl", "am", "gear")
18    names(cols) <- c("Cylinders", "Transmission", "Gears")
19    mtcars[, cols] <- lapply(cols, function(col) mtcars[, col] <- factor(mtcars[, col]))
20
21    ui <- fluidPage(
22      selectInput("col", "변수 선택", cols),
23      plotOutput("plot")
24    )
25
26    server <- function(input, output, session) {
27      output$plot <- renderPlot({
28        ggplot(mtcars) +
29          geom_boxplot(aes_string(input$col, "mpg"), fill = "steelblue") +
30          labs(title = "변수에 따른 자동차 연비") +
31          theme_minimal()
32      })
33    }
34    mpg_app <- shinyApp(ui, server)
35    ```
36
37 · ...샤이니 앱 코드는 `echo=FALSE` 청크 옵션을 사용하여 감추었다.
38
39 · ## 샤이니 앱을 출력하는 곳 {#AppPrint}
40
41    이렇게 앱을 만들고 나서, 문서의 필요한 곳에 이것을 출력하게 한다.
42
43 · ```{r}
44    mpg_app
45    ```
```

이렇게 shinyApp() 함수를 사용하여 작업할 때는 이 함수의 options 인자를 사용하여 앱의 너비와 높이 등을 지정할 수 있다.

```
mpg_app <- shinyApp(ui, server, options = list(width = "50%"))
```

이번에는 디렉터리 형태로 만들어진 샤이니 앱을 넣는 방법을 살펴보자. 이 경우에는 shinyAppDir()이라는 함수를 사용하고, 샤이니 앱에 대한 디렉터리를 전달하면 된다. 이 함수 역시 shinyApp()에 있는 options 인자에 크기를 지정할 수 있다. 코드 청크에 다음과 같이 사용한다.

```
```{r eval=FALSE}
shinyAppDir(
 system.file("examples/06_tabsets", package="shiny"),
 options=list(
  width="100%", height=700
  )
 )
```
```

다음 사이트(http://rmarkdown.rstudio.com/authoring_shiny_widgets.html)를 보면 샤이니 위젯을 만드는 방법을 소개하고 있다. 이 방법은 shinyApp() 함수를 사용하여 shiny.appobj를 반환하는 함수를 만들어 사용하는 것을 말한다.

④-③ 보고서 다운로드

회사에서는 분기별 보고서를 내는 경우가 많다. 만약 어떤 데이터들이 일정한 폼으로 주어지고, 이것을 활용할 수 있도록 샤이니 앱을 개발했다고 해보자. 이 샤이니 앱에서 영업장별, 분기별 보고서를 생산하는 기능을 구현하는 방법에 대해서 알아보자. 이 기능은 2가지 핵심 기능을 결합하여 만든다.

- 9장 1절 〈파일 업로드와 다운로드〉에서 배운 downloadButton()/downloadHandler() 함수를 사용하여 이 핸들러 안에서 .Rmd 문서를 렌더링하도록 코딩한다(p. 314).
- 파라미터(params)를 가진 .Rmd 파일을 작성한다. .Rmd 파일이 파라미터를 가지고 있는 경우, 이것을 렌더링하는 rmarkdown::render() 함수를 호출할 때 이 파라미터 값을 전달할 수 있다.

먼저 파라미터를 가진 .Rmd 파일을 작성하고 활용하는 방법에 대해서 알아보자. 여기에 대해서는 알마크다운 사이트[2]에 자세하게 소개되어 있다. 기본적으로 .Rmd 파일에 파라미터는 YAML 헤더에서 지정하게 된다.

```
---
...
params:
 q_value: 1
...
---
```

이렇게 지정하면 .Rmd 파일 안의 코드 청크에서 params$q_value를 사용하여 지정된 값을 사용할 수 있다. 또 이 문서를 렌더링하는 rmarkdown::render() 함수 안에서 params

---

2 http://rmarkdown.rstudio.com/developer_parameterized_reports.html#overview

라는 인자에서 리스트 형태로 값을 전달한다. 이를테면 **q_value**에 2를 전달하기 위해서는 다음과 같이 코딩한다.

```
rmarkdown::render("myReport.Rmd", params = list(q_value = 2))
```

report.Rmd 파일이 다음과 같이 작성되어 있다고 가정한다.

```
---
title: "Dynamic report"
output: html_document
params:
 n: NA
---


```{r }
# The `params` object is available in the document.
params$n
```

A plot of `params$n` random points.

```{r }
plot(rnorm(params$n), rnorm(params$n))
```
```

이제 downloadHandler() 안에서 이 report.Rmd 문서를 렌더링하게 만들자. 다음 사이트(http://shiny.rstudio.com/articles/generating-reports.html)에 있는 예제를 살펴보자.

```
output$report <- downloadHandler(
 filename = "report.html",
 content = function(file) {
  tempReport <- file.path(tempdir(), "report.Rmd")
  file.copy("report.Rmd", tempReport, overwrite = TRUE)

  params <- list(n = input$slider)

  rmarkdown::render(tempReport, output_file = file,
   params = params,
   envir = new.env(parent = globalenv())
  )
 }
)
```

핵심은 downloadHandler() 함수의 content 인자에 사용되는 함수 안에서 이루어
진다. 이 함수는 file이라는 인자를 가진다. 먼저 report.Rmd 파일을 임시 디렉터리로
복사한 후 전달할 파라미터를 반응성으로 받을 수 있게 만든다. 그런 다음 rmarkdown::
render() 함수에 전달하고 render() 함수는 file로 렌더링된 문서를 전달하게 만든다.
여기에서 envir = new.env(parent = globalenv())라고 환경을 명시적으로 준 이유는
문서를 생산하는 환경을 보다 분명하게 독립적으로 전달하기 위해서다.

만약 이 절의 내용이 잘 이해되지 않는다면 9장 1절 〈파일 업로드와 다운로드〉 부분을 다
시 한 번 살펴보기를 권한다(p.314).

4-4 미리 렌더링하기

샤이니 인터랙티브 문서를 실제 웹에 배치해보면 .Rmd 문서를 렌더링하는 데 시간이 걸린
다는 것을 느낄 것이다. 간단한 로직을 구현하는 것이라면 크게 문제되지 않지만, 큰 데이터
를 읽거나 복잡한 계산을 할 때는 사용자 경험을 떨어뜨릴 수 있다. 그래서 문서 렌더링을 미
리 해놓고 사용자가 앱에 접근할 때 나머지 부분을 실행시키는 것을 '샤이니 프리렌더(shiny
prerender)'라고 한다.

샤이니를 사용하여 다이내믹 .Rmd 문서를 샤이니 인터랙티브 문서로 바꾸려면, YAML
헤더에 runtime: shiny를 포함시켜야 한다고 배웠다. 샤이니 프리렌더 기능을 사용하기
위해서는 이것 대신 runtime: shiny_prerendered를 넣어야 한다.

```
---
...
runtime: shiny_prerendered
---
```

이렇게 YAML 헤더에 넣으면 .Rmd 문서의 모든 청크들에 context라는 청크 옵션을 사
용할 수 있게 되고, 디폴트 값은 context="render"가 된다. 이 맥락을 자세히 볼 필요가
있으니 알아보자.

1) 청크의 맥락(context)

여러 맥락이 존재하는데 가장 기본이 되는 것은 render와 server이다.

- Render는 디폴트 맥락으로, 이것을 가진 모든 코드 청크는 문서가 렌더링될 때 같이 렌더링된다.
- server 맥락은 웹에 게시되고 나서 사용자들이 문서에 접근할 때 실행되는 코드들이다. 하나의 .Rmd 문서 안에 server 맥락을 가진 청크들이 여러 개 존재할 수 있으며, 이런 경우에는 나중에 한꺼번에 합쳐진 다음 샤이니 서버 함수가 된다.

일반적인 .Rmd 문서에서는 모든 청크들이 하나의 R 세션에서 실행된다. 이 말은 앞에서 정의된 객체를 뒤따르는 청크 안에서 그 객체에 접근할 수 있다는 것을 뜻한다. 하지만 이 경우에 render 맥락과 server 맥락을 가진 청크끼리는 서로 독립적인 R 세션에서 실행되기 때문에 객체들을 공유할 수 없다(이 문제를 해결하는 방법은 뒤에서 다룬다). 단, 샤이니 앱의 input, output 객체들까지 공유되지 않는 것은 아니다. 반응성 맥락 밖에 있는 객체들의 경우에 그러하다.

다음은 샤이니 프리렌더를 사용한 샤이니 인터랙티브 문서이다.

```
---
title: "샤이니 프리렌더"
output: html_document
runtime: shiny_prerendered
---

```{r echo=FALSE, include=FALSE}
library(knitr)
library(showtext)
# showtext::font.files() 함수로 컴퓨터에 설치된 폰트 파일의 이름을 확인
# 하여 font.add() 함수의 두 번째 인자로 지정한다.
font.add("myFont", "NanumGothic.otf")
showtext.auto()
```

자동차 연비 {#mpg}

`mtcars` 데이터셋에 있는 변수를 선택하면 그 변수와 연비와의 관계를 박스플롯으로 볼 수 있다.

```{r, echo=FALSE}
library(ggplot2)
cols <- c("cyl", "am", "gear")
names(cols) <- c("Cylinders", "Transmission", "Gears")
```
```

```
mtcars[, cols] <- lapply(cols, function(col) mtcars[, col] <- factor(mtcars[,
col]))
selectInput("col", "변수 선택", cols)
plotOutput("plot")
```
```{r }
output$plot <- renderPlot({
 ggplot(mtcars) +
  geom_boxplot(aes_string(input$col, "mpg"), fill = "steelblue") +
  labs(title = "변수에 따른 자동차 연비") +
  theme_minimal() +
  theme(plot.title = element_text(family = "myFont"))
})
```

이 샤이니 인터랙티브 문서의 경우 첫 번째, 두 번째 코드 청크는 context라는 청크옵션
을 사용하지 않았다. 지정하지 않으면 디폴트 값인 context="render"가 사용된다. 마지
막 코드 청크는 context="server"로 되어 있어서 이것이 샤이니 서버 함수가 된다.

이런 .Rmd 문서를 RStudio 편집창에서 열어 [Run Document] 버튼을 클릭하면 문서가
렌더링되는데, 샤이니 프리랜더를 사용하지 않을 때와 큰 차이를 느끼기 어렵다. 그 이유는
[Run Document] 버튼을 클릭하면 문서를 렌더링한 다음에 로컬서버를 사용하여 문서를 출
력하기 때문이다. 렌더링과 웹 게시를 동시에 처리하는 것이다. 프리랜더된 문서를 보면 샤이
니 프리랜더를 사용한 효과를 알 수 있다. 이 과정을 거치고 나면 동일한 이름에 .html 확장
자를 가진 문서가 현재의 워킹디렉터리 안에 생성된다. 이 문서를 웹 브라우저로 열면 다음 그
림과 같이 보인다.

이 문서를 보면 아직 플롯이 만들어져 있지 않다. 나머지 부분이 웹에 게시되고 사용자들이
접근할 때 생성된다.

render, server 맥락 이외에도 데이터 공유가 가능한 맥락이 다음과 같이 존재한다.

- context = "setup": 이 맥락을 가진 청크 안에 있는 코드들은 렌더링 과정과 샤이니 서버의 개시 상황에서 모두 실행된다.

- context="data": 이 맥락은 데이터를 미리 준비하기 위해서 사용된다. 초기 데이터 로딩이나 데이터 핸들링이 많이 필요한 경우에 유용하게 사용될 수 있다. 이 맥락을 가진 청크는 렌더링 과정에서 실행되고, 여기에서 생성된 R 객체들은 .Rdata 파일에 저장되었다가 샤이니 서버가 시작될 때 로딩된다. 그리고 이런 객체들은 render 맥락과 server 맥락 모두에서 접근할 수 있다.

- context = "server-start": 이 맥락을 가진 청크는 문서가 처음 실행될 때 한번만 실행되고, 다음 사용자들이 접속할 때는 다시 실행되지 않는다.

이렇게 shiny_prerendered를 사용하기 위해서는 하나의 소스 문서를 가지고 어떤 코드는 처음 문서가 렌더링될 때 실행되어야 하고, 또 어떤 코드는 사용자가 나중에 접근할 때 실행되어야 하기 때문에 이런 상황들을 지정하기 위한 context 같은 청크 옵션이 필요하다. 그러나 이런 shiny_prerendered 방법은 아직까지 완벽하게 구현되지 않았다. 이 같은 방법이 꼭 필요한 독자라면 "Prerendered Shiny Documents"[3] 문서를 참고하기 바란다.

⑤ 정리

이 장에서는 일정한 형식을 갖춘 보고서 양식이 있을 때, 이것에 파라미터를 전달하여 원하는 보고서를 만들고 다운로드하는 방법을 소개했다.

---

3 http://rmarkdown.rstudio.com/authoring_shiny_prerendered.html

Shiny

Chapter 15

인터랙티브 그래픽

R Shiny Programming Guide

Search

샤이니는 웹 애플리케이션을 만드는 도구이다. 웹 브라우저가 인식할 수 있는 언어는 자바스크립트이고, 샤이니 역시 내부를 파고들어가 보면 이런 자바스크립트에 대한 R 바인딩이라고 할 수 있다. 겉으로 보기에는 R 코드지만 실제로는 웹 언어로 변환되어 움직인다.

htmlwidgets 패키지는 기존에 존재하는 자바스크립트에 대한 R 바인딩을 만드는 도구이다. 이것 역시 겉보기에는 R이지만 속은 자바스크립트인 존재이다.

15장에서는 htmlwidgets 패키지에 대해 간단히 소개하고, 이것으로 개발된 패키지들을 소개한다. htmlwidgets의 관례에 따르는 패키지는 추가적인 조치를 하지 않아도 샤이니 앱에 자연스럽게 사용할 수 있게 되어 있다. 따라서 우리는 이런 도구들을 샤이니 앱에 넣어서 원하는 효과를 맘껏 누릴 수 있다.

            +

① htmlwidgets 패키지의 원리

최근 몇 년 동안 데이터 시각화에 대한 관심이 높아지면서 정적인 플롯이 아닌 사용자 인터랙션 기능을 갖춘 다이내믹한 시각화 툴이 많이 개발되었다. 특히 D3.js[1]를 바탕으로 한 시각화를 위한 자바스크립트 라이브러리들이 인기가 높다.

R 커뮤니티에서도 자바스크립트 라이브러리를 R로 가져오는 방법에 대한 노력들이 많이 행해지고 있는데, 그중 가장 주목받는 도구가 htmlwidgets 패키지이다. htmlwidgets R 패키지는 타깃 자바스크립트 라이브러리에 대한 R 바인딩 방법을 제공한다. 이 바인딩 방법들은 보통 하나의 R 패키지로 개발되어 배포된다. 즉 R 패키지를 위한 R 패키지인 셈이다.

htmlwidgets 패키지로 R 바인딩 패키지를 개발하려면 사전에 정해진 방법(관례)을 따라야 한다. 이 관례를 따랐을 때 여러 가지 보상이 주어진다. 무엇보다 일관성 있는 패키지를 개발할 수 있다는 것이 중요하다. 그렇게 개발한 패키지는 대부분 추가적인 조치 없이 샤이니 앱에 쉽게 넣어 사용할 수 있다.

htmlwidgets 패키지에 대한 사항은 홈페이지[2]에 잘 소개되어 있다. 이 글도 그곳에 있는 내용을 바탕으로 주석을 붙여 정리한 것이다.[3] htmlwidgets 패키지로 자바스크립트 라이브러리를 개발하는 기본 원리도 잘 소개되어 있고, 이것으로 개발한 R 패키지들을 모아놓은 갤러리도 있다.

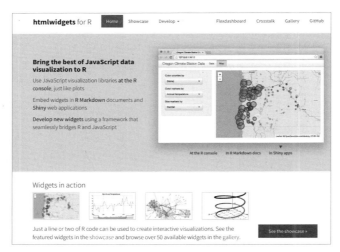

---

1 https://d3js.org
2 http://www.htmlwidgets.org
3 http://www.htmlwidgets.org/develop_intro.html

1-1 htmlwidgets으로 위젯 만들기: 위젯의 구성요소와 용도

htmlwidgets 패키지는 자바스크립트 라이브러리에 대한 R 바인딩을 개발할 수 있는 프레임워크를 제공한다. 위젯을 생성하여 다음과 같이 사용할 수 있게끔 하는 것이 htmlwidgets 패키지의 목적으로 그것을 위해 자체의 관례를 만들어두었다. 즉 그 관례를 따르면 결과물들은 다음과 같은 장점을 가지게 된다.

- R 콘솔에서는 일반적인 R 플롯처럼 사용할 수 있다.
- 샤이니 웹 앱에 쉽게 넣을 수 있다.
- R 마크다운(.Rmd) 파일에 쉽게 넣을 수 있다.
- 독자적으로 저장할 수 있고, 이메일 등으로 쉽게 주고받을 수 있다.

htmlwidgets의 관례는 명시적으로 드러나지는 않고, (뒤에서 보겠지만) 패키지를 개발하는 코딩 과정에 녹아 있다.

모든 위젯은 다음 세 가지로 구성된다.

- 의존리소스(dependencies): 위젯이 사용할 자바스크립트 라이브러리 코드와 스타일을 위한 CSS이다. 즉 개발 타깃이 되는 라이브러리를 말한다.
- R 바인딩: 실제로 사용할 R 함수들이다. 샤이니의 numericInput() 입력 위젯을 생각해보면 된다. 이들 함수를 통해 사용할 데이터와 필요한 여러 가지 옵션 정보들을 전달한다. 이들 함수에는 R 콘솔에서 사용하는 함수, 샤이니 앱에서 사용하는 함수들이 있다.
- 자바스크립트 바인딩: R 바인딩에서 넘어온 정보를 실제로 자바스크립트 라이브러리로 연결하는 자바스크립트 코드를 말한다.

이런 요소들을 모아서 하나의 R 패키지로 구성한다. R 패키지로 구성해서 모든 구성요소들을 모아놓고 사용하기 때문에 사용자들은 library(sigma)라는 단 하나의 코드로 필요한 모든 것을 R 세션으로 가져올 수 있다. 그래서 모든 것이 재현가능하게 된다.

1-2 RStudio에서 패키지 개발 시작하기

대부분의 독자들은 `htmlwidgets`으로 개발한 R 패키지 자체를 사용하는 데 관심이 많을 것이다. 하지만 그 이전에 `htmlwidgets` 패키지로 R 패키지를 개발하는 방법을 공부해보는 것은 꽤 가치 있는 일이다. 그러면 한번도 R 패키지를 개발해보지 않은 경우라 할지라도 R 패키지가 어떻게 개발되는지 이해하는 계기가 될 수 있다. 또 R과 자바스크립트라는 서로 다른 언어가 어떤 방식으로 소통하는지 그 방법을 대충 가늠해볼 수 있다. 아울러 그런 패키지들을 정말 간단하게 샤이니 앱에 포함시킬 수 있다는 사실을 알 수 있다.

실제로 바인딩 패키지를 만들 때 가장 먼저 할 일은 타깃이 되는 자바스크립트 라이브러리를 선택하는 것이다. 그런 다음 이것을 충분히 숙지하고 시작해야 한다.

`htmlwidgets` 사이트에서는 `sigma.js`라는 그래프 시각화 라이브러리에 대한 예를 소개한다. 이 라이브러리에서 그래프는 흔히 그래프라고 불리는 것이 아니고 그래프 이론(graph theory)을 말할 때의 그래프로, 노드들과 그 관계를 네트워크로 표현하는 기술을 의미한다. 다음 그림과 같이 `sigma.js` 라이브러리 홈페이지(http://sigmajs.org)에 관련 내용이 잘 소개되어 있다.

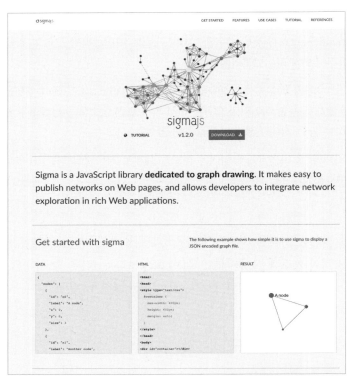

이제 이 패키지에 대한 R 바인딩을 만들어보자. 이 R 바인딩은 R 패키지이기 때문에 R 패키지 개발법을 따라서 개발한다. R 패키지 개발에 대한 정보는 책으로도 출판된 해들리 위컴의 다음 사이트를 참고한다.

• R packages : http://r-pkgs.had.co.nz

컴퓨터에 패키지 개발에 사용할 개발용 패키지들을 설치하지 않았다면 다음과 같이 해보자.

```
> install.packages(c("htmlwidgets", "devtools"))
```

윈도우 사용자인 경우 R 빌드 툴이 설치되어 있지 않으면, `devtools` 패키지 설치와 사용에 문제가 생긴다. 이 내용은 1장 1절 〈R 설치하기〉 부분을 보고 설치한다(p. 16).

RStudio의 프로젝트 툴에는 패키지 개발에 사용되는 툴이 마련되어 있으므로 이것을 사용하는 방법을 살펴보자.

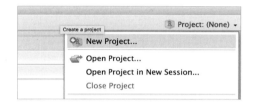

앞의 그림과 같이 RStudio의 [Project] 버튼을 클릭해서 [New Project]를 선택한다. 그런 다음 창에서 [New Directory]를 선택하고, 그다음 창에서는 [R Package]를 선택한다. 다음 그림과 같은 창이 나오면, 패키지 이름을 `sigma`라고 하고 하단에 있는 [Create Project] 버튼을 클릭한다.

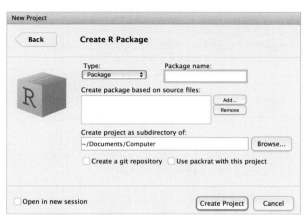

이렇게 하면 RStudio가 패키지 프로젝트에 워킹디렉터리를 맞추면서 다시 열리게 된다. 이때 먼저 확인할 것은 아래 그림과 같은 R 패키지 개발 디렉터리와 파일 구조이다.

R/ 디렉터리에 보면 hello.R이라는 파일이 있다. 이 파일도 보통 RStudio 편집창에 자동으로 열리는데, 그 내용을 보면 다음 그림과 같다. 현재 이 패키지는 hello()라는 R 함수를 익스포트하고 있다.

```
hello.R ×
    Source on Save
 1  # Hello, world!
 2  #
 3  # This is an example function named 'hello'
 4  # which prints 'Hello, world!'.
 5  #
 6  # You can learn more about package authoring with RStudio at:
 7  #
 8  #   http://r-pkgs.had.co.nz/
 9  #
10  # Some useful keyboard shortcuts for package authoring:
11  #
12  #   Build and Reload Package:  'Cmd + Shift + B'
13  #   Check Package:             'Cmd + Shift + E'
14  #   Test Package:              'Cmd + Shift + T'
15
16  hello <- function() {
17    print("Hello, world!")
18  }
19
```

한편 패키지를 사용해볼 수 있으려면 이 패키지를 빌드(build)한 후 컴퓨터에 인스톨하고, 로딩하는 과정이 필요하다. 파일에 보면 이에 대한 단축키가 안내되어 있다.

```
# Build and Reload Package: 'Ctrl + Shift + B'
```

맥 사용자라면 다음과 같이 되어 있을 것이다.

```
#  Build and Reload Package: 'Cmd + Shift + B'
```

이 안내에 따라서 단축키를 사용하여 빌드와 리로딩을 실행한다. 이 과정이 끝나면 R 콘솔에 해당 패키지가 로딩된 것을 볼 수 있고, 앞에서 정의한 hello() 함수를 사용할 수 있다.

```
Console  Terminal ×
~/Documents/Computer/sigma/

R은 많은 기여자들이 참여하는 공동프로젝트입니다.
'contributors()'라고 입력하시면 이에 대한 더 많은 정보를 확인하실 수 있습니다.
그리고, R 또는 R 패키지들을 출판물에 인용하는 방법에 대해서는 'citation()'을 통해 확인하시길 부탁드립니다.

'demo()'를 입력하신다면 몇가지 데모를 보실 수 있으며, 'help()'를 입력하시면 온라인 도움말을 이용하실 수 있습니다.
또한, 'help.start()'의 입력을 통하여 HTML 브라우저에 의한 도움말을 사용하실수 있습니다
R의 종료를 원하시면 'q()'을 입력해주세요.


Restarting R session...

> library(sigma)
> hello()
[1] "Hello, world!"
> |
```

1-3 htmlwidgets 헬로 위젯

앞에서는 hello() 함수만 가진 아주 미니멀한 일반 R 패키지를 만들고, 이것을 실제로 사용해봤다. 이제 htmlwidgets 패키지를 가지고 sigma.js에 대한 바인딩을 만들어보자. 먼저 R 콘솔에 htmlwidgets 패키지를 로딩한다.

```
library("htmlwidgets")
```

htmlwidgets 패키지에 포함된 scaffoldWidget() 함수를 사용하여 우리가 만들 패키지 골격을 짠다. 개발할 위젯 이름은 "sigma"라고 하고, 다음과 같이 R 콘솔에서 실행한다.

```
> scaffoldWidget("sigma")
```

이 함수가 실행되고 나면 R 콘솔에는 다음과 같은 내용이 출력된다.

```
Created boilerplate for widget constructor R/sigma.R
Created boilerplate for widget dependencies at inst/htmlwidgets/sigma.yaml
Created boilerplate for widget javascript bindings at inst/htmlwidgets/
sigma.js
```

그 내용을 보면 R/ 디렉터리에 sigma.R이라는 이름의 위젯 컨스트럭터(지시자)를 만들었고, inst/htmlwidgets/sigma.yaml에 위젯 의존리소스(dependencies)를 만들었으며, inst/htmlwidgets/sigma.js에 위젯 자바스크립트 바인딩을 만들었다고 안내하고 있다. 앞에서 설명한 위젯 구성의 3요소를 생성한 것이다. 이렇게 htmlwidgets 패키지의 scaffoldWidget() 함수는 위젯에서 필요한 구성요소들을 생성하고 R 패키지 개발 환경에 맞추어놓는다.

이 중에 sigma.R을 열어서 내용을 확인해보자. 현재로서는 전달한 메시지를 그대로 출력하는 수준의 위젯이다. 패키지의 내용이 바뀌었으므로 변경된 내용을 적용하려면 Ctrl + Shift + B(윈도우), Cmd + Shift + B 키를 눌러 빌드/로딩을 다시 한다.

R 콘솔에서 다음과 같이 실행해보자.

```
> sigma("hello")
```

그러면 RStudio 뷰어창에서 전달한 메시지가 출력되는 것을 확인할 수 있다. 현재의 sigma() 위젯은 자바스크립트 라이브러리가 필요 없기 때문에 의존성은 비어 있다. 나머지 2개의 구성요소인 R 바인딩과 자바스크립트 바인딩은 검토할 필요가 있는데, 어떻게 보면 가장 간단한 코드이기 때문에 원리를 이해하는 데 도움이 된다. 여기에는 앞서 설명했던 htmlwidgets이 정해놓은 '관례'가 녹아 있다.

먼저 R 바인딩인 sigma.R 코드부터 살펴보자.

```
#' <Add Title>
#'
#' <Add Description>
#'
#' @import htmlwidgets
#'
#' @export
sigma <- function(message, width = NULL, height = NULL, elementId = NULL) {
```

```
# forward options using x
x = list(
  message = message
)

# create widget
htmlwidgets::createWidget(
  name = 'sigma',
  x,
  width = width,
  height = height,
  package = 'sigma',
  elementId = elementId
)
}


#' Shiny bindings for sigma
#'
#' Output and render functions for using sigma within Shiny
#' applications and interactive Rmd documents.
#'
#' @param outputId output variable to read from
#' @param width,height Must be a valid CSS unit (like \code{'100\%'},
#'   \code{'400px'}, \code{'auto'}) or a number, which will be coerced to a
#'   string and have \code{'px'} appended.
#' @param expr An expression that generates a sigma
#' @param env The environment in which to evaluate \code{expr}.
#' @param quoted Is \code{expr} a quoted expression (with \code{quote()})? This
#'   is useful if you want to save an expression in a variable.
#'
#' @name sigma-shiny
#'
#' @export

sigmaOutput <- function(outputId, width = '100%', height = '400px'){
  htmlwidgets::shinyWidgetOutput(outputId, 'sigma', width, height, package =
'sigma')
}

#' @rdname sigma-shiny
#' @export
renderSigma <- function(expr, env = parent.frame(), quoted = FALSE) {
  if (!quoted) { expr <- substitute(expr) } # force quoted
  htmlwidgets::shinyRenderWidget(expr, sigmaOutput, env, quoted = TRUE)
}
```

위의 내용을 보면 3개의 함수를 익스포트한다. R 패키지에는 내부적으로 사용할 함수와 다른 사용자들이 쓸 수 있도록 하는 함수가 있는데, 이렇게 다른 유저들이 사용할 수 있게 하는 함수를 노출시키는 것을 '익스포트(export)한다'고 말한다.

먼저 sigma()라는 함수를 보자.

```
sigma <- function(message, width = NULL, height = NULL, elementId = NULL) {

 # forward options using x
 x = list(
  message = message
 )

 # create widget
 htmlwidgets::createWidget(
  name = 'sigma',
  x,
  width = width,
  height = height,
  package = 'sigma',
  elementId = elementId
 )
}
```

이 함수를 살펴보면 인자로 전달한 message를 리스트 x로 바꾼 다음, htmlwidgets::createWidget() 함수로 보내고 있다. 옵션으로 사용된 나머지 인자들은 대부분 크기 등을 조절할 때 쓰는 것이다.

나머지 2개의 함수는 다음과 같다.

```
sigmaOutput <- function(outputId, width = '100%', height = '400px'){
 htmlwidgets::shinyWidgetOutput(outputId, 'sigma', width, height, package =
'sigma')
}

renderSigma <- function(expr, env = parent.frame(), quoted = FALSE) {
 if (!quoted) { expr <- substitute(expr) } # force quoted
 htmlwidgets::shinyRenderWidget(expr, sigmaOutput, env, quoted = TRUE)
}
```

이것은 sigmaOutput(), renderSigma() 함수로 샤이니의 출력을 처리한 함수의 조합이다. 이처럼 htmlwidgets으로 패키지를 개발할 때는 샤이니에서 사용할 수 있는 함수들이 자동으로 만들어진다. 정리해보면 다음 그림과 같다.

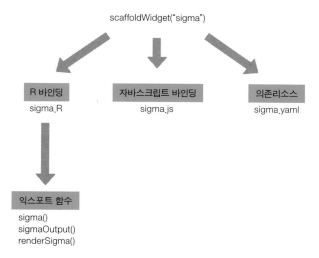

다음은 자바스크립트 바인딩인 inst/htmlwidgets/sigma.js 파일의 내용을 보자. 이 것은 자바스크립트 코드이다.

```
HTMLWidgets.widget({

  name: 'sigma',

  type: 'output',

  factory: function(el, width, height) {

    // TODO: define shared variables for this instance

    return {

      renderValue: function(x) {

        // TODO: code to render the widget, e.g.
        el.innerText = x.message;

      },

      resize: function(width, height) {

        // TODO: code to re-render the widget with a new size

      }
```

```
  };
 }
});
```

먼저 이 코드를 크게 볼 필요가 있다. 다음과 같은 구조로 되어 있다.

```
HTMLWidgets.widget(자바스크립트객체)
```

자바스크립트 객체는 다음과 같다. 이 객체는 name, type, factory라는 3개의 프로퍼티를 가지고 있다. name과 type은 손볼 일이 거의 없으므로 그대로 둔다.

```
{
 name: 'sigma',
 type: 'output',
 factory: function(el, width, height) {

  // TODO: define shared variables for this instance
  return {
   renderValue: function(x) {
    // TODO: code to render the widget, e.g.
    el.innerText = x.message;
   },
   resize: function(width, height) {
    // TODO: code to re-render the widget with a new size
   }
  };
 }
}
```

factory에는 다음과 같은 함수가 설정되어 있다. 코멘트를 무시하고 인쇄하면 다음과 같다.

```
function(el, width, height) {
  return {
   renderValue: function(x) {
    el.innerText = x.message;
   },
   resize: function(width, height) {
   }
  };
 }
```

이 함수는 el, width, height라는 인자를 받고, 다음과 같은 객체를 반환하고 있다. 이 것을 '위젯 인스턴스 객체(widget instance object)'라고 한다. 이 객체는 2개의 프로퍼티가 있고 각각에 함수가 할당되어 있다. 이렇게 함수를 값으로 가지고 있는 프로퍼티를 '메서드'라고 부른다.

```
{
 renderValue: function(x) {
  el.innerText = x.message;
 },
 resize: function(width, height) {
 }
};
```

먼저 renderValue 메서드는 다음과 같다. 여기에서 x.message라는 것은 앞의 R 바인 딩에서 보낸 x 객체의 message 프로퍼티를 말한다. 그것을 요소인 el의 innerText로 할 당하는데, 이것은 자바스크립트 코드가 어떤 HTML 요소 안에 있는 텍스트를 의미한다.

```
function(x) {
 el.innerText = x.message;
}
```

resize 메서드는 위젯의 크기와 높이를 정하는 것으로 함수가 빈 상태이다.

이러한 자바스크립트 바인딩은 대부분의 자바스크립트 라이브러리가 사용하는 공통적인 작업 흐름을 반영하고 있다. 그 흐름은 다음과 같다.

① 컨테이너 역할을 하는 HTML 요소를 정한다. 보통 HTML 아이디를 사용한다. htmlwidgets 에서는 이것을 el(요소 element)이라고 한다.

② 객체를 초기화한다. 여기에는 아직 그 코드가 없지만 htmlwidgets에서는 그것에 factory 이 름을 사용한다. 공장, 뭔가를 만든다는 의미를 가진다.

③ 초기화된 객체에 데이터와 설정값을 적용하여 다이내믹하게 객체를 업데이트한다. 이것이 renderValue의 역할이다. 값으로 뭔가를 렌더링시킨다는 의미이다. htmlwidgets에서는 데 이터와 설정값을 x라고 정해놓았다. 여기서는 단순히 요소의 innerHTML 값만을 바꾸었다.

④ 필요한 경우 크기를 조정한다. 이것이 resize의 역할이다.

실제 타깃 라이브러리를 놓고 이 부분을 어떻게 작성하는지는 뒤에서 그 예를 설명하겠다. 중요한 것은 자바스크립트 바인딩이 이런 일반적인 자바스크립트 라이브러리를 가지고 작업하는 패턴을 옮겨놓았다는 사실이다. R 바인딩의 x가 어떻게 자바스크립트 바인딩에서 접근 가능한지 궁금할 수 있지만, 굳이 알 필요는 없다. `htmlwidgets`이 내부에서 그렇게 할 수 있도록 해놓았다고 이해하면 된다.

정리하자면 우리는 R 바인딩에서 데이터를 보내고, 자바스크립트 바인딩에서 뭔가를 작업한다. 의존리소스를 사용할 때도 마찬가지로 해당 리소스에 맞게 코딩하면 된다. 이제 의존리소스를 가지고 와서 작업해보자.

(1-4) sigma.js 라이브러리를 패키지로 가지고 오기

먼저 `sigma.js` 라이브러리 코드를 가지고 오자. 홈페이지로 이동하여 아래 그림 하단에 있는 [DOWNLOAD] 버튼을 클릭한다.

다음과 같은 창이 나오면 'build.zip'을 다운로드한다.

Sigma.js - Version v1.2.0

Yomguithereal released this on 4 Nov 2016 · 1 commit to master since this release

- Added the layout.noverlap plugin (thanks to @apitts).
- Added the renderers.edgeDot plugin (thanks to @jotunacorn).
- Fixed `sigma.require.js` so that Webpack & node.js can require the library.
- Fixed camera zoom weird behavior on retina displays (thanks to @robindemourat).

Downloads

build.zip	174 KB
Source code (zip)	
Source code (tar.gz)	

다운로드한 파일을 열어 보면 다음과 같은 내용이 들어 있다.

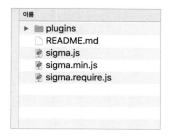

다시 패키지 디렉터리로 돌아와서 inst/htmlwidgets 디렉터리에 lib라는 서브디렉터리를 만든다.

이렇게 만든 lib 디렉터리에서 다운로드한 폴더를 옮긴다. 옮기기 전에 폴더의 이름을 sigma-1.2.0이라고 바꾼다.

이렇게 의존리소스를 R 패키지 디렉터리 구조 안에 복사했다고 R 패키지가 이것을 인식하고 사용할 수 있는 것은 아니다. 이것을 사용할 수 있도록 알려주어야 한다. 이 역할을 하는 것이 inst/htmlwidgets/sigma.yaml 파일이다. 여기에서 불러올 리소스 위치를 알려주면 된다. 이 파일을 열어 보면 그 방법에 대한 힌트가 나와 있다.

```
# (uncomment to add a dependency)
# dependencies:
# - name:
#   version:
#   src:
#   script:
#   stylesheet:
```

htmlwidgets 패키지 홈페이지의 개발 안내서를 따르기 위해서 다음과 같이 내용을 입력한다.

```
dependencies:
 - name: sigma
   version: 1.2.0
   src: htmlwidgets/lib/sigma-1.2.3
   script:
    - sigma.min.js
    - plugins/sigma.parsers.gexf.min.js
```

이 파일 작업은 YAML이라는 문법[4]에 맞게 작성하여야 한다. src는 리소스가 들어 있는 경로를 표시하는데, 그 기준은 inst라는 디렉터리이다. R 패키지에서 inst 디렉터리는 개발할 때만 필요하다. 나중에 실제 패키지로 빌드될 때는 이것이 없어지고 그 안에 콘텐츠들이 톱 레벨로 올라온다. script 필드에서 실제 파일의 이름을 지정한다. 이렇게 중간에 디렉터리가 있는 경우에도 그것을 포함하여 작성하면 된다. htmlwidgets 홈페이지와 약간 다르게 여기서는 sigma.js 버전 1.2.0을 반영하였다.

---

4   https://ko.wikipedia.org/wiki/YAML

1-5 sigma R 바인딩, 자바스크립트 바인딩

R 바인딩인 sigma.R 파일을 수정해보자.

```
sigma <- function(gexf, drawEdges = TRUE, drawNodes = TRUE,
        width = NULL, height = NULL) {

 # read the gexf file
 data <- paste(readLines(gexf), collapse="\n")

 # create a list that contains the settings
 settings <- list(
  drawEdges = drawEdges,
  drawNodes = drawNodes
 )

 # pass the data and settings using 'x'
 x <- list(
  data = data,
  settings = settings
 )

 # create the widget
 htmlwidgets::createWidget("sigma", x, width = width, height = height)
}
```

gexf 파일을 읽고 그것을 드로잉하고 싶다면 어떻게 해야 할까. 원리는 앞에서 본 것과 같다. 데이터와 옵션을 리스트 x로 묶은 다음 htmlwidgets::createWidget()으로 보낸다. 이 함수의 문법은 다음과 같다.

```
createWidget(name, x, width = NULL, height = NULL, sizingPolicy =
htmlwidgets::sizingPolicy(),
  package = name, dependencies = NULL, elementId = NULL, preRenderHook = NULL)
```

여기에서 가장 중요한 인자는 name과 x이다.

- x는 앞에서 데이터와 옵션을 리스트로 묶은 것이다.
- name은 위젯의 이름으로 YAML 파일의 이름(sigma.yaml), 자바스크립트 바인딩(sigma.js)에서 확장자를 뺀 이름과 일치해야 한다.

이처럼 R 바인딩 함수를 작성하는 것은 비교적 간단하다. 다음은 자바스크립트 바인딩을 작성할 차례이다. 사실 `htmlwidgets` 패키지로 작업할 때 이 부분이 가장 어려울 수 있다. 왜냐하면 타깃 자바스크립트 라이브러리 사용법을 알아야 하기 때문이다. 홈페이지를 보면 다음과 같은 예를 보여준다.

```
HTMLWidgets.widget({

  name: "sigma",

  type: "output",

  factory: function(el, width, height) {

    // create our sigma object and bind it to the element
    var sig = new sigma(el.id);

    return {
      renderValue: function(x) {

        // parse gexf data
        var parser = new DOMParser();
        var data = parser.parseFromString(x.data, "application/xml");

        // apply settings
        for (var name in x.settings)
          sig.settings(name, x.settings[name]);

        // update the sigma object
        sigma.parsers.gexf(
          data,        // parsed gexf data
          sig,         // sigma object
          function() {
            // need to call refresh to reflect new settings and data
            sig.refresh();
          }
        );
      },

      resize: function(width, height) {

        // forward resize on to sigma renderers
        for (var name in sig.renderers)
          sig.renderers[name].resize(width, height);
      },
```

```
  // Make the sigma object available as a property on the widget
  // instance we're returning from factory(). This is generally a
  // good idea for extensibility--it helps users of this widget
  // interact directly with sigma, if needed.
    s: sig
  };
 }
});
```

꽤 복잡해 보이지만 핵심은 factory 메서드에 할당된 함수이다.

```
function(el, width, height) {

 ...

 return {
   renderValue: ...,
   resize: ...,
   s: sig
 };
}
```

이 함수 안에서 자바스크립트 코드가 작성된다. 보통 자바스크립트 라이브러리 사이트
에 사용 방법이 소개되어 있다. sigma.js 사용법의 경우 다음 사이트(https://github.com/
jacomyal/sigma.js/wiki)를 참조한다.

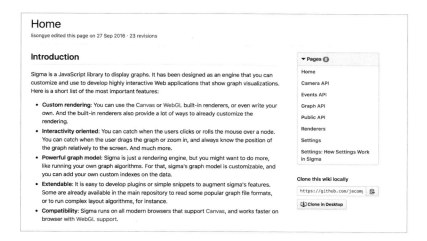

타깃 자바스크립트 라이브러리는 종류와 수가 매우 많다. 라이브러리마다 사용하는 방법이 다르다. 그렇지만 (앞에서도 설명했듯이) 거의 대부분의 라이브러리들은 다음과 같은 작업 패턴을 가진다.

① 컨테이너 역할을 하는 HTML 요소를 정한다. 보통 HTML 아이디를 사용한다. htmlwidgets 에서는 이것을 el(요소 element)이라고 한다.

② 객체를 초기화한다. 여기에는 아직 그 코드가 없지만 htmlwidgets에서는 factory 이름을 사용한다. 공장, 뭔가를 만든다는 의미를 가진다. 여기에서는 그 역할을 하는 것이 다음 코드이다.

```
var sig = new sigma(el.id);
```

③ 초기화된 객체에 데이터와 설정값을 적용하여 다이내믹하게 객체를 업데이트한다. 이것이 renderValue의 역할이다. 값으로 뭔가를 렌더링시킨다는 의미이다. htmlwidgets에서는 데이터와 설정값을 x라고 정해놓았다. 여기서는 다음과 같은 코드가 그 역할을 한다.

```
// parse gexf data
var parser = new DOMParser();
var data = parser.parseFromString(x.data, "application/xml");

// apply settings
for (var name in x.settings)
 sig.settings(name, x.settings[name]);

// update the sigma object
sigma.parsers.gexf(
 data,       // parsed gexf data
 sig,        // sigma object
 function() {
  // need to call refresh to reflect new settings and data
  sig.refresh();
 }
);
```

④ 필요한 경우 크기를 조정한다. 이것이 resize의 역할이다. 여기서는 그 역할을 다음 코드가 한다.

```
for (var name in sig.renderers)
  sig.renderers[name].resize(width, height);
```

htmlwidgets의 구조는 이런 작업 흐름을 반영할 수 있게 짜여 있다. 실제로 바인딩 패키지를 만들 때는 타깃이 되는 자바스크립트 라이브러리를 놓고 이런 과정을 집중적으로 분석한 다음 코딩을 한다. 이것은 개발자의 몫이다.

여기서 추가한 의존리소스, 코드 등을 새롭게 반영하기 위해서는 다시 빌드하고 로딩해야 한다. Ctrl + Shift + B/ Cmd + Shift + B를 클릭한다. 이 과정이 끝나면 sigma() 함수를 사용할 수 있다. 그런데 우리가 만든 위젯은 gexf 파일을 읽어서 이것을 플롯팅하므로 예제로 사용할 데이터가 필요하다.

1-6 examples 데이터 추가와 위젯 사용

htmlwidgets 패키지 저자가 설명을 위해서 만든 패키지가 깃허브에 있다.

• sigma 패키지(깃허브): https://github.com/jjallaire/sigma

사이트에서 이 패키지를 다운로드한다. 압축 파일을 열어 보면 inst라는 디렉터리 안에 examples라는 디렉터리가 있다. 이를 복사하여 우리가 만든 패키지 디렉터리의 같은 위치 inst/examples에 붙인다.

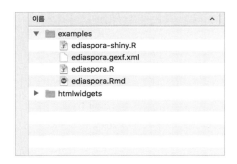

다시 빌드/리로딩을 실행한다. 그런 다음에는 R 콘솔에서 다음과 같이 실행해보자.

```
> data <- system.file("examples/ediaspora.gexf.xml", package = "sigma")
> sigma(data)
```

이것은 system.file()이라는 함수를 사용하여 sigma 패키지에 있는 파일에 대한 경로를 확보한 다음 그것을 sigma() 함수에서 사용하는 것이다. 중간에 잘못된 것이 없다면 RStudio 뷰어창에서 다음 그림과 같은 결과를 볼 수 있다.

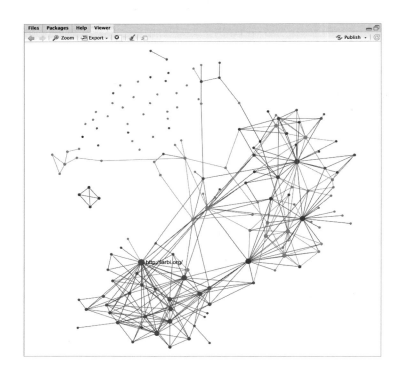

이렇게 해서 htmlwidgets 패키지의 첫 번째 목적인 'R 콘솔에서 일반적인 플롯처럼 사용할 수 있는 함수를 만들겠다'라는 목표를 달성했다. 이제 샤이니에서 사용하는 방법을 알아보자.

1-7 샤이니 앱에서 사용하기

앞 절의 내용이 계속 이어지고 있다는 전제하에서 우리는 sigma라는 패키지 개발 프로젝트 디렉터리 안에 있다. 그리고 마지막에 빌드와 리로딩을 하였으므로 이 과정에서 sigma 패키지가 우리의 컴퓨터 안에 인스톨되었다는 것을 전제로 이야기를 시작한다. R에서 패키지 저장 장소를 '라이브러리(library)'라고 부른다. 그래서 우리가 개발한 패키지는 이 라이브러리로 저장된 것이다. 이런 라이브러리 경로가 궁금하면 R 콘솔에서 .libPath() 함수를 실행한다. 앞에 마침표가 있다는 점에 주의한다.

sigma 패키지가 컴퓨터에 인스톨되어 있기 때문에 새로운 R 세션에서 library(sigma)를 활용하여 이 패키지를 세션으로 로딩할 수 있다. 이제 프로젝트를 닫고 새로운 디렉터리 등으로 이동한 다음, 편집창에 다음과 같이 샤이니 앱을 작성해보자.

```
library(shiny)
library(sigma)
data <- system.file("examples/ediaspora.gexf.xml", package = "sigma")

ui <- fluidPage(
 sigmaOutput("mySigma")
)

server <- function(input, output, session) {
 output$mySigma <- renderSigma({
  sigma(data)
 })
}

shinyApp(ui, server)
```

앞에 R 바인딩에서 보았던 sigmaOutput(), renderSigma() 함수를 사용하고 그 객체를 내보내기 위해서 sigma() 함수를 사용하고 있다. 예제 데이터는 앞에서 사용한 것과 동일하다.

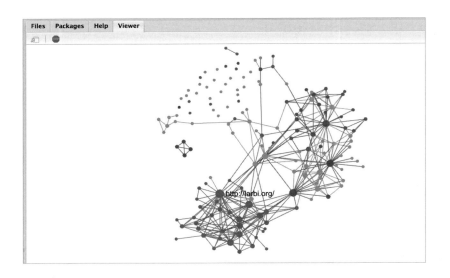

이와 같이 샤이니에 넣을 수 있도록 특별한 조치를 취하지 않고 htmlwidgets 패키지의 관례를 따르는 것만으로도 샤이니 앱을 쉽게 사용할 수 있다. 그리고 그 함수 이름들은 sigmaOutput(), renderSigma()와 같이 *Output(), render*() 패턴을 따른다. 이후에 다른 패키지도 보겠지만 대부분 이와 같은 관례를 따른다. (여기서 추가로 설명하지 않겠지만) 이렇게 개발된 위젯들은 .Rmd 파일에서도 마치 hist() 함수를 사용하는 것처럼 포함하여 사용할 수 있다.

이제 htmlwidgets의 원리를 이해했으므로, 지금까지 개발된 패키지들 가운데 몇 가지를 골라서 소개하려고 한다. 특별한 기준을 두고 선정한 것은 아니고 개인적인 선호에 따랐다.

② 다양한 위젯들

htmlwidgets for R 사이트[5] 갤러리에서 다음과 같이 htmlwidgets으로 개발된 다양한 패키지들을 볼 수 있다. 여기에서는 CRAN에 등재되어 있는 것만 소개하고 있는데, 깃허브 등 CRAN에 등재되지 않은 것까지 합하면 이보다 훨씬 많다. htmlwidgets 사이트나 그 갤러리 사이트를 보고 자신이 필요한 것을 선택하여 매뉴얼 자료를 통해 익히도록 한다.

---

5 http://www.htmlwidgets.org

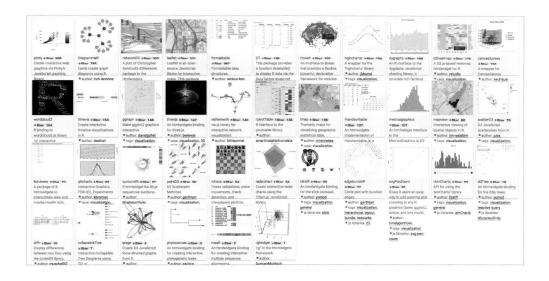

htmlwidgets의 원리에서 설명할 때 보았듯이, 이들 위젯을 샤이니 앱에 포함시키기 위한 *Output(), render*() 함수들이 대부분 준비되어 있다. 이를테면 plotly 패키지에는 plotlyOutput(), renderPlotly()라는 함수가 샤이니를 위해서 준비되어 있다. 다음은 그 예이다.

```
library(shiny)
library(plotly)

ui <- fluidPage(
 plotlyOutput("plot"),
 verbatimTextOutput("event")
)

server <- function(input, output) {

 # renderPlotly() also understands ggplot2 objects!
 output$plot <- renderPlotly({
  plot_ly(mtcars, x = ~mpg, y = ~wt, type = "scatter")
 })

 output$event <- renderPrint({
  d <- event_data("plotly_hover")
  if (is.null(d)) "Hover on a point!" else d
 })
}

shinyApp(ui, server)
```

이 앱은 다음 그림과 같이 렌더링된다.

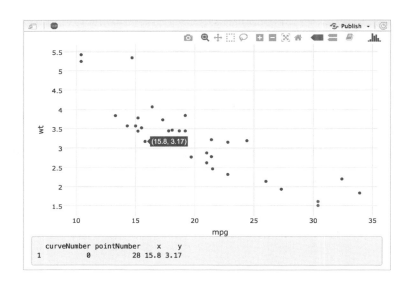

3 htmlwidgets 활용성을 높이는 패키지

`htmlwidgets` 패키지는 그 목적에 맞게 다양하게 활용할 수 있다.

• R 콘솔에서는 일반적인 R 플롯처럼 사용할 수 있다. 일반 플롯이 그래픽 디바이스에 출력되는 대신 대부분의 위젯들을 RStudio 뷰어창에서 볼 수 있다.

• .Rmd 문서에 별다른 조치 없이도 위젯을 넣을 수 있어 다이내믹 문서에서 인터랙션 기능을 한층 강화할 수 있다.

• 별다른 조치 없이도 샤이니 앱에 넣어서 사용할 수 있다.

이런 기본적인 용도 이외에 `htmlwidgets`으로 만든 위젯들의 활용도를 한층 높일 수 있도록 도와주는 패키지들이 있다. 먼저 `flexdashboard` 패키지[6]는 앞 장에서 소개한 `.Rmd` 파일을 사용한 인터랙티브 문서를 바탕에 깔고, 플렉스 박스(flex box)라는 새로운 CSS3의 레이아웃 기법을 적용한 것이다. 그래서 자동차의 대시보드처럼 한눈에 어떤 시스템의 정보를 전달할 수 있는 대시보드를 만들 수 있다. 이런 대시보드들은 텍스트가 아니라 플롯, 표 등이 중심이기 때문에 `htmlwidgets`으로 만든 위젯이 주요 콘텐츠가 된다.

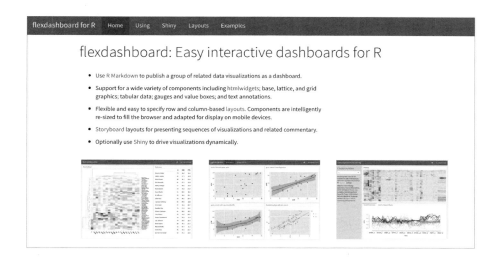

위젯과 위젯 사이에 정보를 교환하는 기능을 제공하는 crosstalk[7] 패키지도 있다. 기본적으로 `htmlwidgets` 패키지로 만든 위젯들은 그 자체로 독립적이다. 서로 다른 자바스크립트 라이브러리에 대한 바인딩을 만든 것이라서 이는 어쩌면 당연한 것일지도 모른다. 그렇지만 이들은 모두 R 환경에 작동하는 것으로, R6[8]의 레퍼런스 시맨틱스를 활용하여 위젯에 사용되는 데이터를 공유하는 방법을 통해서 위젯끼리 소통할 수 있는 방법을 제공한다. 비교적 최근에 나온 패키지로 아직까지는 이 방법을 적용할 수 있는 `htmlwidgets` 패키지가 많지 않지만, 이후에는 기존의 `htmlwidgets`으로 개발된 패키지들은 물론이고 새롭게 출시되는 패키지들에 이 기능이 추가될 것으로 기대한다.

---

6 http://rmarkdown.rstudio.com/flexdashboard/

7 http://rstudio.github.io/crosstalk/

8 https://cran.r-project.org/package=R6/vignettes/Introduction.html

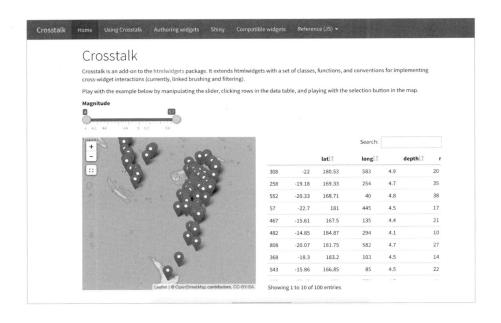

 정리

이 장에서는 자바스크립트 라이브러리에 대한 R 바인딩 패키지를 만드는 htmlwidgets 패키지의 원리를 주로 설명했다. htmlwidgets 패키지는 해당 자바스크립트 라이브러리가 제공하는 콘텐츠의 종류에 상관없이 모든 것을 R 패키지로 전환할 수 있는 놀라운 패키지임에 틀림없다.

이 책에서 소개한 것 이외에도 샤이니 개발자 사이트의 Articles 메뉴를 클릭하면 "Build: Shiny Extensions"[9]라는 글을 볼 수 있다. 여기에서 htmlwidgets 패키지의 원리에 대해 더 자세히 알 수 있을 것이다.

---

9 https://shiny.rstudio.com/articles/#extensions

R
Shiny

Chapter 16

샤이니 앱의 공유:
앱의 공유와 배포

R Shiny Programming Guide

Search

샤이니 앱을 다른 사람들과 공유하는 방법은 다음과 같이 다양
하다. 16장에서는 코드를 공유해 로컬 컴퓨터에서 실행시키는
방법과, 클라우드에 샤이니 서버를 설치하고 샤이니 앱을 게시
하는 방법을 설명한다.

- 이메일 등으로 샤이니 앱 코드를 주고받을 수 있다.
- 샤이니 객체를 보통의 R 객체로 보고 .rds 파일로 저장한 다음
  이 파일을 보내서, read.rds() 함수를 활용하여 실행할 수 있
  게 한다.
- 웹 혹은 클라우드에서 샤이니 코드를 두고, 이것을 다운로드해
  서 로컬 컴퓨터에서 실행할 수 있도록 한다.
- RStudio.com이 제공하는 Shinyapps.io 서비스를 이용하여 웹
  에 게시한 뒤, 다른 사람들이 웹 브라우저를 통해서 앱을 이용
  하게 한다.
- 클라우드 등에 자신이 직접 샤이니 서버를 설치하고 샤이니 앱
  을 게시한다.

샤이니 앱의 게시를 돕와주는 Shinyapps.io에 대해서는 샤
이니 개발자 사이트에 잘 설명되어 있으므로 참고한다. 샤이니
앱을 상업적인 목적으로 활용하기 위해서는 보안이나 사용자
관리 등 중요한 기능들이 많이 필요하기 때문에 상용 서비스를
활용할 필요가 있다. 여기에서는 그런 것들의 원리 정도만 이해
할 수 있는 수준에서 설명하겠다.

① 로컬 컴퓨터에서 실행시키기

샤이니 앱을 작성한 후 다른 사용자와 앱 코드를 직간접적으로 공유할 수 있는 방법은 많다. 샤이니 앱 코드를 받은 상대방이 R, RStudio가 설치되어 있는 컴퓨터로 샤이니 앱을 실행해 볼 수 있다. 이것은 아주 기초적인 방법에 해당된다.

shinyApp() 함수는 UI 코드와 서버 코드를 받아서 샤이니 앱을 나타내는 shinyapp. obj라는 객체를 반환한다. 이 사실을 바탕으로 샤이니 앱 객체를 .rds 파일에 저장한 다음 이 파일을 공유할 수 있다.

R 콘솔에 다음을 실행한다.

```
library(shiny)

ui <- fluidPage(
 sliderInput("sel", "Num", value = 50, min = 1, max = 100),
 plotOutput("plt")
)

server <- function(input, output, session) {
 output$plt <- renderPlot({
  plot(rnorm(input$sel))
 })
}

myApp <- shinyApp(ui, server)
```

마지막 코드를 보면 샤이니 앱을 출력하는 대신에 myApp에 할당하였다. 이것을 다음과 같이 'myApp.rds' 파일에 저장한다.

```
saveRDS(myApp, file="myApp.rds")
```

그러고 나서 이 파일을 보내고, 사용할 때는 다음과 같이 해서 읽는다.

```
myApp <- readRDS("myApp.rds")
```

실행할 때는 이 앱을 출력하면 된다.

```
myApp
```

그런데 이 방법은 단점이 있다. 이 앱이 그 자체로 완전하여 그야말로 리플레이만 하면 되는 용도라면 이 방법도 나쁘지 않지만, 이 앱에 어떤 데이터를 전달하지는 못한다. 그렇게 하려면 이것을 R 함수로 만들어야 한다. 어떤 계산 단위에 값을 전달하려면 이것을 함수화해야 한다는 점을 기억할 필요가 있다.

다음 앱은 히스토그램의 구간의 너비를 함수의 인자로 전달할 수 있도록 한 것이다.

```
myApp <- function(binwidth) {
 require(shiny)
 require(ggplot2)

ui <- fluidPage(
 sliderInput("sel", "Num", value = 100, min = 1, max = 1000),
 plotOutput("plt")
)

server <- function(input, output, session) {
 output$plt <- renderPlot({
  df <- data.frame(x = rnorm(input$sel))
  ggplot(df, aes(x)) + geom_histogram(binwidth = binwidth, fill = "steelblue")
 })
}

shinyApp(ui, server)
}
```

이 함수는 shinyApp() 함수를 사용하여 shinyapp.obj 객체를 반환한다. 이 함수를 저장하고, 로딩한 다음 사용할 수 있다.

```
saveRDS(myApp, file="myAppFunc.rds")
```

사용할 때는 다음과 같이 한다.

```
myApp <- readRDS("myAppFunc.rds")
```

인자를 가진 함수로 호출할 때는 그 값을 주어야 한다.

```
myApp(0.2)
```

이것은 다음 그림과 같이 실행된다.

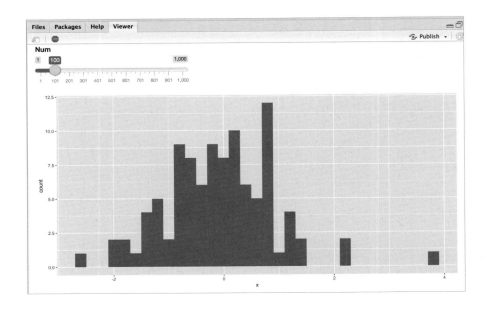

② 웹에 코드를 올리고 다운로드해서 사용하기

웹에 샤이니 코드를 올려놓은 다음, 사용자들이 그 코드를 다운로드하여 사용할 수 있는 방법을 설명하려고 한다. 샤이니에는 자주 쓰는 코드 공유 사이트를 쉽게 사용할 수 있는 함수들이 준비되어 있다.

• runUrl(): 샤이니 앱 코드의 URL을 가지고 실행한다.
• runGitHub(): 깃허브에 샤이니 코드를 올리고 이것을 실행한다.
• runGist(): 기스트(https://gist.github.com)에 놓고 이것을 실행한다.

이 함수들의 사용법과 예는 ?runUrl을 실행하여 도움말 페이지를 보면 잘 나와 있다.

③ 클라우드에 샤이니 앱 배포하기

필자의 다른 저서 《통계 분석 너머 R의 무궁무진한 활용》에서 디지털오션(https://www.digitalocean.com)에 R, Shiny, RStudio를 올려놓고 사용하는 방법을 소개하였다. 여기에서도 같은 서비스를 사용하여 설명하려고 한다. 다른 클라우드 서비스를 사용하는 경우에도 비슷한 로직으로 진행된다. 구글 클라우드, 아마존 웹서비스, 마이크로 소프트 애저 같은 클라우드 서비스를 사용할 수도 있겠지만, 이것들은 훨씬 더 광범위한 서비스를 제공하기 때문에 학습할 때 오히려 방해가 될 수 있다. 간단한 서비스를 활용하여 원리를 익힌 다음 좀 더 전문적인 영역으로 넘어갈 수 있을 것이다. 만약 교육이 아닌 어떤 서비스를 목적으로 한다면 전문가의 조언을 들어야 하고, 여기서 설명하는 것은 단지 개념과 방법에 대한 교육을 목적으로 한다.

디지털오션 같은 클라우드 서비스에서 샤이니 앱을 배포하기 위해서 거치는 과정은 대체로 다음과 같다.

① 디지털오션에 회원 가입을 한다.
② 가상 머신(컴퓨터)을 구성한다.
③ 가상 머신에 R을 설치한다.
④ 필요한 R 패키지들도 설치한다.
⑤ 샤이니 서버(Shiny Server Open Source) 프로그램을 설치한다.
⑥ 서버의 지정된 디렉터리에 샤이니 앱을 게시한다.

③-① 디지털오션 회원 가입과 가상 머신 구성

먼저 디지털오션에 가서 회원 가입을 하고 들어간다. 다음 그림에서 보이는 [Create Droplet] 버튼을 클릭해서 드롭플릿 만들기를 시작한다. 드롭플릿은 디지털오션에서 가상머신을 대신해 부르는 용어이다.

아래와 같은 화면이 나오면 드롭플릿을 구성한다.

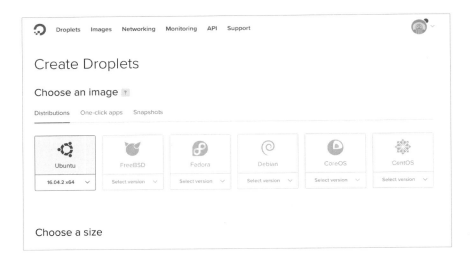

이 중 다음과 같은 항목에서 내용을 선택한다.

• Choose an image : Ubuntu 16.04.2 x64

• Choose a size : 10달러짜리 선택

• Choose a datacenter region : 싱가폴

여기서는 우분투 리눅스 버전 16.04.2 64 비트용을 사용하고, 싱가폴에 있는 센터를 사용한다. 나머지 내용들을 이해하고 있다면 선택해서 사용해도 된다. 이 정도 선택하고 아래에서 [Create] 버튼을 클릭하면 가상 머신이 만들어진다. 몇 분이 지나면 다음 그림과 같이 드롭플릿이 생성된다.

드롭플릿이 생성됨과 동시에 디지털오션 가입에 사용된 이메일로 다음과 같은 메일을 받을 수 있다.

> Your new Droplet is all set to go! You can access it using the following credentials:
>
> Droplet Name: ubuntu-1gb-sgp1-01
> IP Address: 139.59.228.203
> Username: root
> Password: xxxxxxxxxxxxxxxxxxxxxxxxxxxxxxxxx
>
> For security reasons, you will be required to change this Droplet's root password when you login. You should choose a strong password that will be easy for you to remember, but hard for a computer to guess. You might try creating an alpha-numerical phrase from a memorable sentence (e.g. "I won my first spelling bee at age 7," might become "Iwm#1sbaa7"). Random strings of common words, such as "Mousetrap Sandwich Hospital Anecdote," tend to work well, too.
>
> As an added security measure, we also strongly recommend adding an SSH key to your account. You can do that here: https://cloud.digitalocean.com/settings/security?i=21ee0c
>
> Once added, you can select your SSH key and use it when creating future Droplets. This eliminates the need for root passwords altogether, and makes your Droplets much less vulnerable to attack.
>
> Happy Coding,
> Team DigitalOcean

이메일의 내용을 보면 다음과 같다.

• 드롭플릿의 이름, IP 주소, 사용자 root, root 계정의 패스워드를 보여준다.

• 보안상의 이유로 root로 접속하자마자 패스워드를 바꿔야 하는데, 보안이 될 수 있게끔 만들라고 권고한다.

- 보안을 위해서 해당 링크를 사용하여 SSH 키를 추가할 것을 권고한다. 이 키를 사용해 좀 더 안전하고 쉽게 접속할 수 있다고 한다.

이 정보는 우리가 만든 가상 머신에 접근할 때 사용된다. 리눅스 시스템에서 root 계정은 한마디로 수퍼 파워를 가진 관리자이기 때문에 그 권한이 막강하다. 뭔가를 삭제하면 바로 삭제가 실행되는데, 그게 시스템 파일인 경우에는 컴퓨터가 작동하지 않을 수 있다. 그래서 가급적 root 계정은 사용하지 않는 것이 좋다.

이제 우리는 클라우드에 리눅스 컴퓨터를 하나 확보하였다. 로컬 컴퓨터라면 키보드를 사용해서 바로 사용할 수 있겠지만, 원격 컴퓨터이기 때문에 이 컴퓨터에 접근하는 방법이 있어야 한다.

(3-2) SSH를 사용한 연결

SSH라는 것은 Secure Shell의 약자로, 보안 기능을 갖춘 리눅스 서버를 네트워크를 통해 연결하는 프로토콜이다. SSH 프로토콜을 사용하여 서버에 접근하려면 SSH 클라이언트 프로그램이 있어야 하는데, 다음 프로그램들을 가장 많이 사용한다.

- 맥, 리눅스 등 UNIX 계열의 컴퓨터: OpenSSH
- 윈도우: PuTTy

뒤에서 SSH 키(key)를 등록해볼 것인데 그 개념을 잠깐 알아보자. SSH 키는 일종의 복잡한 패스워드로, 하나의 쌍으로 생성된다. 하나는 개인키(private key), 다른 하나는 공개키(public key)로 두 키가 맞아야 인증되도록 설계되어 있다.

내가 이용하는 사이트 A, B, C에 공개키를 등록하고 그 공개키에 대응하는 개인키가 내 컴퓨터에 있는 경우, 내 컴퓨터를 사용하여 A, B, C 사이트에 접속할 수 있다. 그래서 내 컴퓨터에 있는 개인키가 해킹당하지 않는다면 이런 관계가 도용될 염려는 없다. 만약 해킹당하면 기존의 키 쌍을 지우고 다시 설정하면 된다.

이제 앞에서 만든 드롭플릿에 접속해보자.

3-3 드롭플릿에 접속하기

먼저 윈도우 환경에서 사용하는 경우에 대해서 알아보자. 윈도우 사용자라면 PuTTy 다운로드 사이트[1]에서 이것을 다운로드해 설치한다. 그림과 같이 자신의 컴퓨터에 맞는 것을 내려받아 설치한다. 보통 64 비트를 사용한다.

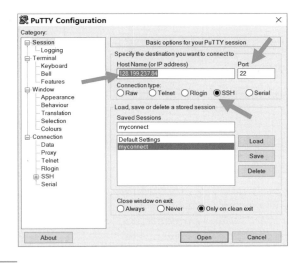

다운로드해 프로그램(puttty.exe)을 실행시킨 화면에서 다음과 같이 각 사항을 설정한다.

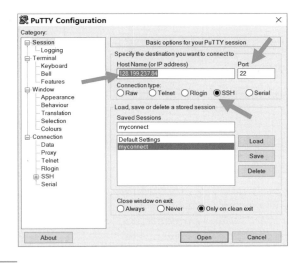

---

1 http://www.chiark.greenend.org.uk/~sgtatham/putty/latest.html

핵심 사항은 세 가지다.

- Host Name(or IP address): 이메일에서 받은 드롭플릿의 IP 주소를 입력한다. 139.59.228.203 등으로 입력한다.
- Port: SSH가 디폴트로 사용하는 22번을 그대로 사용한다.
- Connection type: SSH를 선택한다.

다음에도 이 내용을 사용하려면, 세션을 저장한 뒤 사용할 때 불러오면 된다. 맥 사용자라면 맥 터미널에서 ssh 명령을 사용하여 접속한다.

```
$ ssh root@139.59.228.203
```

이 의미는 이메일에서 받은 root 계정으로 139.59.228.203에 접속한다는 의미이다. 앞에서 PuTTy를 사용하거나 OpenSSH를 사용하거나 이후부터는 거의 동일하다.

접속을 시도했을 때, SSH 키를 등록하지 않으면 다음과 같은 메시지가 뜬다. yes를 입력해서 진행한다.

```
The authenticity of host '139.59.228.203 (139.59.228.203)' can't be established.
ECDSA key fingerprint is SHA256:5kFycM5douin1+R6WYx+tCZd7N2Vq5rjLQu0MRD5j
JI.
Are you sure you want to continue connecting (yes/no)?
```

그다음에는 이메일로 보내온 root 계정에 대한 임시 패스워드를 사용하여 접속한다. 그러면 (current) UNIX password prompt를 묻는데, 현재는 이 임시 패스워드가 설정되어 있으므로 다시 입력한다. Enter new UNIX password에서 새 패스워드를 입력하고 Retype new UNIX password에서 다시 입력한다. 다음부터 접속할 때는 새 패스워드를 사용한다.

이 과정을 마치면 접속되어 다음과 같은 화면이 나타난다.

```
Welcome to Ubuntu 16.04.2 LTS (GNU/Linux 4.4.0-66-generic x86_64)

* Documentation: https://help.ubuntu.com
* Management:   https://landscape.canonical.com
* Support:     https://ubuntu.com/advantage
```

```
Get cloud support with Ubuntu Advantage Cloud Guest:
  http://www.ubuntu.com/business/services/cloud

12 packages can be updated.
0 updates are security updates.

*** System restart required ***
Last login: Sat Apr 15 01:07:16 2017 from 221.142.177.157
root@ubuntu-1gb-sgp1-01:~#
```

이제 접속이 완료되었다. 접속에 성공했으면 **exit** 명령을 실행해서 일단 연결을 끊자.

③-④ SSH 키 등록하기

SSH를 사용하는 순서는 다음과 같다.

- 첫째, SSH 키 쌍을 만든다.
- 둘째, SSH 공개키를 디지털오션 사이트에 등록한다.

 SSH 키 쌍은 간단하게 만들 수 있다.

- 맥 등 ssh를 사용할 수 있는 경우에는 ssh-kegen이라는 명령을 사용할 수 있다.
- 윈도우 사용자라면 앞서 PuTTy를 다운로드할 때 같이 설치되는 PuTTYgen이라는 프로그램을 사용할 수 있다.
- RStudio에도 SSH 키 쌍을 만들 수 있는 방법이 있는데, 나름 편리하다. 여기에서는 이 방법을 살펴보겠다. 맥과 리눅스에서 사용하는 방법은 같다.

 먼저 RStudio에서 [Tools | Global Options…]을 클릭하고, 왼쪽 탭에서 [Git/SVN]을 선택한다. 아래쪽에 보면 [SSH RSA Key:]가 보인다. [Create RSA Key…] 버튼을 클릭한다.

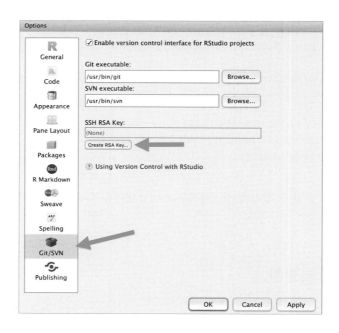

그러면 Passphrase를 물어올 것이다. 아래 그림에서 보는 바와 같이 옵션인데, 간단한 문구를 넣어도 되고 그냥 넘어가도 된다. 그다음에 [Create] 버튼을 클릭한다. 참고로 RSA 키는 SSH 키 종류의 하나이다.

키가 생성된 상태에서 다시 그 위치로 가보면 다음 그림과 같이 공개키의 내용을 볼 수 있다. 공개키가 저장되는 장소도 표시되어 있으니 알아두면 좋겠다.

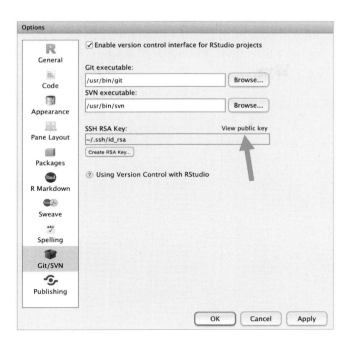

이렇게 해서 SSH 키를 만들어보았다. 이제 우리가 만든 공개키의 내용을 디지털오션 사이트에 등록할 차례이다. 다시 디지털오션 홈페이지로 간다. 오른쪽 사용자 아바타 이미지를 클릭한 뒤 [Settings]를 클릭하고 [Security]를 선택한다.

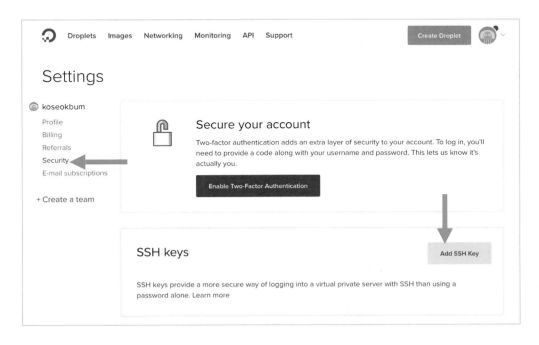

그런 다음 [Add SSH Key]를 클릭하면 다음 그림과 같은 창이 열린다. 여기에 공개키의 내용을 복사하고 이름을 부여할 수 있다. 공개키는 다시 RStudio에서 가서 [View public key] 버튼을 클릭한 후 내용을 클립보드로 복사하여 여기에 붙이면 된다.

이와 같은 방법으로 리눅스 서버와 컴퓨터를 연결하여 사용하는 방법을 알 수 있다.

3-5 리눅스를 공부하자

여기서 설치한 우분투라는 리눅스 시스템은 기본적으로 GUI 방식이 아닌 터미널 방식으로 접근해야 한다. 따라서 이 시스템을 다루기 위해 리눅스의 기본을 알아야 한다.

디지털오션에는 리눅스 사용 정보들이 많이 있다. 아래 그림의 메뉴에서 [Community]를 클릭한다. 사이트에 가서 "Getting started with linux"라고 입력하면 매뉴얼을 쉽게 찾을 수 있다.

③-⑥ 사용자 계정과 권한 설정

우분투 리눅스 서버를 사용할 때 가장 중요한 내용 중 하나가 사용자 계정과 그 권한을 설정하는 것이다. 이 부분은 디지털오션 커뮤니티 튜토리얼 사이트에서 "How to Add and Delete Users on Ubuntu 16.04"[2]을 검색해보면 잘 설명되어 있다.

앞에서 우리는 root라는 슈퍼 파워를 가진 관리자 계정을 가지고 시스템에 접근했다. 그런데 이 계정은 권한이 막강해서 잘못 사용하면 시스템을 망가뜨릴 수 있으니, 이보다 권한이 제한된 계정을 마련해 사용하는 것이 좋다. 그리고 다른 사용자들이 우리 시스템에 접근할 수 있게 할 때는 사용자마다 별도로 계정을 지정해주어야 한다.

시스템 사용자들을 그 권한에 따라서 다음과 같이 분류해 관리한다.

- root: 모든 권한을 가진 관리자
- sudo 권한을 가진 사용자: 필요한 경우 root 계정의 권한을 행사할 수 있는 사용자로, 이 계정을 가진 사용자들은 명령 앞에 sudo라는 명령을 덧붙이면 root 권한으로 명령을 실행할 수 있다.
- 일반 사용자: 쓰기 권한 등이 상당히 제한적인 일반 사용자

이제 앞에서 소개한 방법으로 SSH를 통해서 드롭플릿에 접속한다. 아직은 root 계정밖에 없으니 이것으로 접근해야 한다. 먼저 (일반) 사용자는 root 계정을 가진 사용자나 sudo 권한을 가진 사용자만이 만들 수 있다. 명령은 adduser이다.

- root 계정을 사용하는 경우

```
$ adduser sbko
```

- sudo 권한을 가진 사용자의 경우

```
$ sudo adduser sbko1
```

이 명령을 실행하면 새로 만든 계정의 패스워드 등 정보를 요구한다. 이런 방법으로 새로운 사용자들을 추가할 수 있는데, 여기서는 sbko 계정에 sudo 권한을 부여해보고자 한다.

---

2 https://www.digitalocean.com/community/tutorials/how-to-add-and-delete-users-on-ubuntu-16-04

sudo 권한을 가진 사용자 그룹을 sudo 유저 그룹이라고 하는데, sbko 계정을 이 그룹에 넣으려고 한다. 어떤 계정이 어떤 그룹에 속해 있는지는 groups라는 명령으로 알 수 있다.

```
$ groups sbko
sbko : sbko
```

출력된 내용을 보면 리눅스는 어떤 계정을 생성할 때마다 그 사용자의 계정과 똑같은 그룹을 하나씩 생성하는 것을 볼 수 있다. 이제 sbko를 sudo 유저 그룹에 포함시키려고 한다. 권한을 함부로 부여하는 것은 위험하기 때문에 이 과정은 루트 계정이나 sudo 권한을 가진 사용자만이 할 수 있다. root 계정을 가진 경우에는 다음과 같이 usermod 명령에 -aG라는 플래그를 사용한다.

```
$ usermod -aG sudo sbko
```

제대로 되었는지 다시 확인해보자. 결과와 같이 sudo라는 그룹을 부여했다는 사실을 알 수 있다.

```
$ groups sbko
sbko : sbko sudo
```

이렇게 sudo 권한을 부여받으면, 어떤 명령을 실행할 때 앞에 sudo를 넣고 root 권한으로 실행할 수 있다. 그리고 sudo 없이 사용할 때는 일반 사용자 권한으로 실행할 수 있다.

이제 exit 명령을 실행하여 연결을 종료하고 새로 만든 계정으로 접속한다. 여기서는 sbko라고 sudo 그룹 유저로 접근할 것이다. 다음과 같이 SSH 터미널에 입력한다.

```
ssh sbko@139.59.228.203
```

그러면 다음과 같이 루트 계정과는 다른 프롬프트가 기다리고 있음을 알게 된다.

```
sbko@ubuntu-1gb-sgp1-01:~$
```

다음 절에서 apt-get이라는 우분투 패키지 관리자를 사용하여 프로그램을 설치할 것이다. 이 명령은 시스템에 영향을 주는 것이기 때문에 root 권한을 필요로 한다. 따라서 sbko 계정을 사용하는 경우에 다음과 같이 sudo를 붙여서 사용해야 한다. 그러지 않으면 권한이 없다고 알려올 것이다.

```
sbko@ubuntu-1gb-sgp1-01:~$ sudo apt-get ....
```

현재 시스템에 있는 패키지들을 업데이트해보자.

```
sbko@ubuntu-1gb-sgp1-01:~$ sudo apt-get update
```

③-7 우분투 패키지 관리자

우분투 리눅스에서 패키지라고 하는 것은 일반 컴퓨터에서 하나의 프로그램이라고 생각하면 된다. 리눅스 패키지 관리 시스템은 여러 가지가 있는데, 여기서는 APT라는 기반으로 하는 apt-get을 주로 사용할 것이다. 자세한 내용은 "How To Manage Packages In Ubuntu and Debian With Apt-Get & Apt-Cache"[3]라는 글을 참고하기 바란다.

프로그램 설치는 중요한 일이기 때문에 root 계정 또는 sudo 그룹에 속한 사용자만이 할 수 있다. 주요 명령 몇 개만 알아보자.

- (sudo) apt-get update: 패키지 저장소와 현재 시스템 간의 패키지 리스트를 일치시킨다.
- (sudo) apt-get upgrade: 패키지를 최신 버전으로 설치한다. -y라는 플래그를 사용하는 경우를 많이 볼 수 있는데, 이것은 중간에 묻는 질문에 대해 yes라고 답하도록 디폴트를 지정하는 것이다.
- (sudo) apt-get install <pkgName>: 패키지를 설치한다.
- (sudo) apt-get remove <pkgName>: 패키지를 삭제하는데, 설정 파일은 남긴다. 다시 설치하는 경우 이전에 사용했던 설정 정보를 사용할 수 있게 하기 위함이다.
- (sudo) apt-get purge <pkgName>: 시스템에서 설정 파일을 포함하여 패키지를 완전히 삭제한다.

이런 내용을 바탕으로 이제 우리에게 필요한 R을 설치해보자.

---

3 https://www.digitalocean.com/community/tutorials/how-to-manage-packages-in-ubuntu-and-debian-with-apt-get-apt-cache

(3-8) R 설치하기

우분투 리눅스 서버에 R을 설치해보자. 가장 유용하고 정확한 방법은 "How To Install R on Ubuntu 16.04"[4]라는 글의 설명을 따르는 것이다. 명령이 길기 때문에 이 사이트를 열어서 복사해 사용하길 바란다.

현재 우리가 root 계정이 아닌 sudo 권한을 가진 sbko라는 계정을 사용한다고 가정한다. 먼저 시스템에 CRAN 저장소를 등록하는 과정이 필요하기 때문에 데이터베이스에 대한 키를 확보한다.

```
$ sudo apt-key adv --keyserver keyserver.ubuntu.com --recv-keys E298A3A825C0D
65DFD57CBB651716619E084DAB9
```

다음으로 CRAN의 RStudio 미러 사이트를 시스템에 저장소로 등록한다.

```
$ sudo add-apt-repository 'deb [arch=amd64,i386] https://cran.rstudio.com/
bin/linux/ubuntu xenial/'
```

이런 것들이 제대로 시스템에 등록되게 한다.

```
$ sudo apt-get update
```

이제 준비가 끝났다. R은 리눅스에서 r-base라는 이름의 패키지로 존재한다. 다음과 같이 실행한다.

```
$ sudo apt-get install r-base
```

설치가 종료되었다면 R을 실행해보자. 리눅스는 대소문자를 구분하기 때문에 대문자 R로 지정해서 실행한다.

```
$ R
```

---

4 https://www.digitalocean.com/community/tutorials/how-to-install-r-on-ubuntu-16-04-2

(3-9) R 패키지 설치

우분투 리눅스를 사용할 때 일반적인 컴퓨터와 다르게 주의할 점이 있다. 리눅스는 계정에 따라서 분명하게 쓰기, 읽기, 실행 등의 권한이 다르다는 점이다. 예를 들어 우리가 일반 사용자 계정으로 로그인한 후에 R을 실행해서 패키지를 설치했을 때, 이 패키지는 그 사용자의 개인 라이브러리에 설치되고 다른 사용자들은 그것을 사용할 수 없다. 만약 모든 사용자가 사용할 수 있는 패키지를 설치하고 싶다면 root 유저로 들어가서 인스톨해야 한다. 또는 sudo 계정을 가진 사용자로 로그인한 후 다음과 같은 명령을 통해 R을 실행해야 한다. 즉 sbko 계정으로 로그인한 상태라면, 다음과 같은 명령을 실행한다.

```
$ sudo -i R
```

다음 패키지들을 설치해보자.

```
> install.packages(c("shiny", "knitr", "rmarkdown", "ggplot2", "dplyr"))
```

그러면 이것들을 다운로드할 미러 사이트를 선택하라는 메시지가 나올 텐데 1번 RStudio. com의 미러 사이트를 택하자. 위 패키지들은 의존하는 다른 패키지들을 많이 가지고 있어서 모두 설치하는 데 시간이 꽤 걸린다.

다음은 devtools라는 패키지를 설치해보자. 이 패키지는 해들리 위컴이 만든 것으로 R 패키지 개발에 유용하게 쓰인다. 그리고 깃허브 사이트에 있는 개발 중인 패키지들을 다운로드할 수 있는 install_github() 함수를 제공하기 때문에 편리하다. 그런데 앞에서와 같이 다음과 같은 명령으로는 설치되지 않는다.

```
> install.packages("devtools")
```

이 패키지를 설치하려면 R이 아닌 다른 라이브러리들이 필요하다. q() 함수로 R을 종료하고, 셸에서 다음과 같이 필요한 패키지들을 설치한 다음에 시도하면 가능하다.

```
$ sudo apt-get -y install libcurl4-gnutls-dev
$ sudo apt-get -y install libxml2-dev
$ sudo apt-get -y install libssl-dev
$ sudo apt-get update
```

이들을 설치하고 다시 R로 들어간다.

```
$ sudo -i R
```

R에서 다시 패키지를 설치한다.

```
> install.packages("devtools")
```

이제 다음 명령을 실행해보자.

```
> hist(rnorm(1000))
```

오류도 나지 않지만 아무런 반응도 없다. 일반 컴퓨터에서는 그래픽 디바이스를 자동으로 열어서 내용물을 보여주지만 여기서는 그런 시스템이 없기 때문이다.

우리가 로컬 컴퓨터에서 쓰던 방법과 거의 유사한 방법을 사용하려면 RStudio 서버 버전이 필요하다. 이것을 설치해보자. R 콘솔에 있다면 종료하고 셸로 나가자.

3-10 RStudio 서버 설치하기

RStudio 서버 프로그램, 정확하게는 RStudio Server Open Source를 설치하려고 한다. RStudio 데스크톱 버전도 그러하지만 서버 프로그램도 오픈 소스 버전과 기업용 버전이 있다. 여기서는 오픈 소스 버전을 사용한다.

RStudio를 설치하는 방법은 RStudio.com의 다운로드 페이지(https://www.rstudio.com/products/rstudio/download-server/)에 나와 있다. 이 페이지를 찾아서 우분투 리눅스 부분의 탭을 확인하고, 그 명령들을 복사하여 사용하면 된다(다음 그림 참조). 단, RStudio 프로그램은 자주 업그레이드되기 때문에 여기에 나온 코드에서 버전 번호 등이 바뀔 수 있으니 최신의 RStudio를 설치하려면 웹 페이지를 확인하는 것이 좋다.

여기서는 처음에 우분투 64비트를 설치했으니 그에 맞는 코드를 실행하면 된다.

```
$ sudo apt-get install gdebi-core
$ wget https://download2.rstudio.org/rstudio-server-1.0.136-amd64.deb
$ sudo gdebi rstudio-server-1.0.136-amd64.deb
```

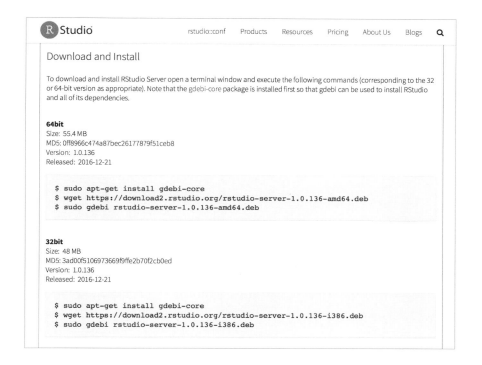

설치가 끝나면 RStudio Server Open Source 프로그램이 자동으로 실행된다. RStudio 서버는 8787이라는 포트를 디폴트로 사용한다. 따라서 드롭플릿 IP 주소가 139.59.228.203이라면, 웹 브라우저를 열어서 주소창에 http://139.59.228.203:8787이라고 입력하면 된다. 그런 다음 아래와 같은 화면이 나오면 리눅스 서버에 등록된 계정을 사용해 접근할 수 있다.

리눅스 서버에 등록된 사용자의 이름과 패스워드 사용

앞에서 ggplot2 패키지를 설치했으므로 이것을 사용할 수 있다.

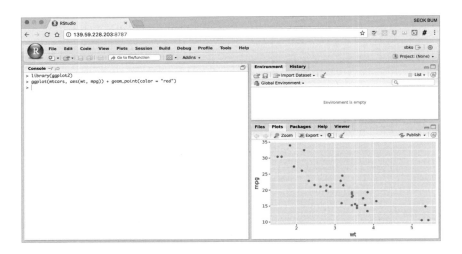

3-11 Shiny Server 설치

Shiny Server Open Source 프로그램을 설치해보자. Shiny 서버 프로그램은 샤이니 앱을 웹 서버에서 구동할 때 필요한 프로그램이다. 이 프로그램 역시 RStudio.com 사이트에 다음 그 림과 같이 설치 정보가 있다.

　앞에서 우리는 shiny 패키지를 설치했다. 만약 설치하지 않았다면 앞으로 돌아가서 루트 권한으로 이 패키지를 설치해야 한다. 이 역시도 버전이 자주 바뀌기 때문에 웹 사이트를 참고 하여 명령을 실행한다.

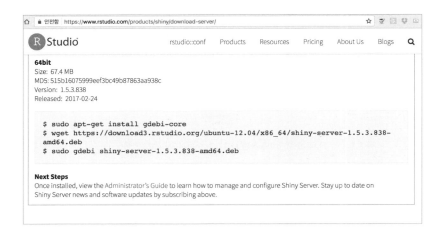

이 명령들을 옮겨보면 다음과 같다.

```
$ sudo apt-get install gdebi-core
$ wget https://download3.rstudio.org/ubuntu-12.04/x86_64/shiny-server-
1.5.3.838-amd64.deb
$ sudo gdebi shiny-server-1.5.3.838-amd64.deb
```

Shiny Server Open Source가 다 설치되고 나면 서버 프로그램이 자동으로 실행된다. 샤이니 서버는 디폴트로 3838이라는 포트를 사용한다. 웹 브라우저로 접근해보자.

위 화면의 내용은 Shiny Server Open Source 프로그램을 설치할 때 디폴트로 가지고 있는 샤이니 앱 등을 보여주는 것이다. 우리가 만든 샤이니 앱을 올리는 방법에 대해서는 이후에 설명할 것이다.

3-12 nginx 설치하기

지금까지 RStudio 서버, Shiny 서버 프로그램 등 여러 가지 서버 프로그램을 설치해보았다. 우리가 흔히 보는 정적인 웹 사이트들을 서빙하는 프로그램을 HTTP 서버라고 부른다. 이런 HTTP 서버에서 가장 많이 사용되는 것이 아파치 HTTP 서버(Apache HTTP Server)이다. 여기서는 아파치 서버 대신에 엔진엑스(nginx)를 설치해보려고 한다. nginx는 HTTP 서버 기능뿐만 아니라 리버스 프록시, I등 다른 기능들도 갖추고 있다.

```
$ sudo apt-get install nginx
```

nginx도 설치되자마자 바로 실행된다. 이런 HTTP 서버들은 보통 80번 포트를 디폴트로 사용하므로 웹 브라우저 URL에서 포트 번호를 생략하면 80번 포트를 사용한다고 생각하면 된다. 다음 그림에서 보듯이 IP 주소만 입력했을 때, nginx에 디폴트로 설치되어 있는 웹 페이지가 서빙된다.

3-13 현재까지의 상태

처음부터 지금까지 각 단계를 잘 따라왔다면, 현재 실행 중인 서버 프로그램은 다음 그림과 같은 상태일 것이다.

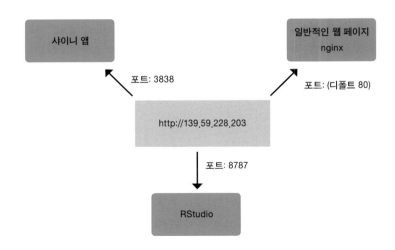

사실 이러한 상태는 그다지 좋은 모습이 아니다. 외부 IP를 노출시키고 있어서 보안 등 취약한 부분이 많다. 그래도 지금까지 작업을 통해 서버 프로그램들이 설정된 상황을 정리할 필요는 있다.

3-14 서버에 파일을 옮기는 도구

서버 프로그램들이 실행되고 그 내용들을 웹 브라우저로 볼 수 있었다. 이것들은 서버 프로그램들 안에 내장된 문서나 샤이니 앱을 보여주는 것이다. 이제 자신이 만든 샤이니 앱이나 웹 페이지 등을 올리는 방법을 알아보자.

전문 웹 개발자들은 자신들이 사용하는 전용 프로그램을 가지고 있는 경우가 많은데, 여기서는 오픈소스인 파일질라(FileZilla)를 사용하려고 한다. 홈페이지(https://filezilla-project.org)에서 FileZilla 소프트웨어를 다운로드해 설치한 뒤 실행하면 다음 그림과 같이 된다.

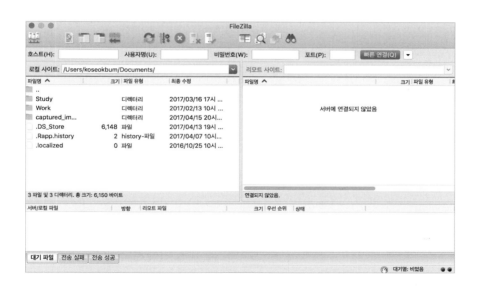

• 호스트 : IP 주소를 적는다. 139.59.228.203을 입력한다.

• 사용자명 : root를 입력한다.

• 비밀번호 : 비밀번호를 입력한다.

• 포트 : 22를 사용한다.

그런 다음 [빠른 연결] 버튼을 클릭해서 연결한다. root 계정을 사용하는 이유는 파일 등을 업로딩할 때 권한 등에 구애받지 않기 위해서다. FileZilla를 실행한 후 아래 그림과 같이 '리모트 사이트'에서 경로를 직접 입력하거나 GUI를 통해서 샤이니 디폴트 디렉터리를 찾아간다.

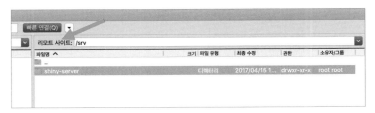

아래 그림에서 FileZilla의 왼쪽은 로컬 컴퓨터의 파일 디렉터리 구조를 보여주고, 오른쪽은 서버의 디렉터리 구조를 보여준다. 소스와 타깃을 맞춘 다음 파일이나 디렉터리를 업로드한다.

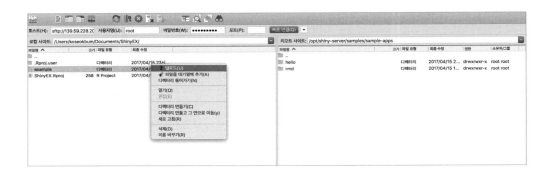

3-15 샤이니 서버에 대한 기본 내용

샤이니 서버 설정은 /etc/shiny-server/shiny-server.conf 파일에 정의되어 있다.

```
# Instruct Shiny Server to run applications as the user "shiny"
run_as shiny;

# Define a server that listens on port 3838
server {
  listen 3838;
```

```
# Define a location at the base URL
location / {

  # Host the directory of Shiny Apps stored in this directory
  site_dir /srv/shiny-server;

  # Log all Shiny output to files in this directory
  log_dir /var/log/shiny-server;

  # When a user visits the base URL rather than a particular application,
  # an index of the applications available in this directory will be shown.
  directory_index on;
}
}
```

이 내용을 보면 샤이니 서버의 디폴트 포트는 3838을 사용하고, /srv/shiny-server 디렉터리를 베이스 디렉터리로 사용한다. 샤이니 서버에서 나오는 여러 로그 기록들은 /var/log/shiny-server 디렉터리에 기록된다.

다음 두 명령으로 샤이니 서버 프로그램을 실행시키거나 중단시킬 수 있다.

• 샤이니 서버 중단: $ sudo stop shiny-server
• 샤이니 서버 시작: $ sudo start shiny-server

우리가 만든 샤이니 앱을 게시하려면 /srv/shiny-server 디렉터리의 하부 디렉터리를 사용하면 된다. FileZilla를 통해 보면 여기에 index.html 파일과 sample-apps 디렉터리가 있고, 그 안에 rmd 디렉터리와 hello 디렉터리가 있다.

우리가 만든 샤이니 앱이 example 디렉터리에 있다면, 이것을 /srv/shiny-server/sample-apps 아래로 옮겨 http://139.59.228.203:3838/sample-apps/example 이라는 URL로 접근할 수 있다. 즉 /srv/shiny-server/는 http://139.59.228.203:3838에 대응하고, 그 이하 디렉터리의 sample-apps/exmple은 http://139.59.228.203:3838/sample-apps/example로 접근하게 된다.

서버에 게시한 샤이니 앱은 다음 그림과 같은데, 여기서 실제 디렉터리 구조와 사용하는 URL을 주의 깊게 볼 필요가 있다.

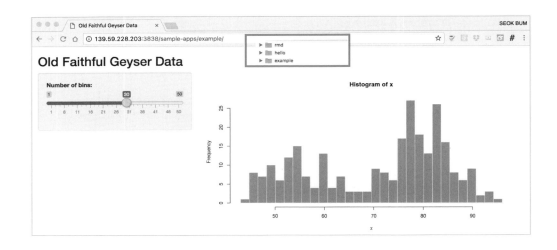

④ 정리

이번 장은 실제 사용을 염두에 두었다기보다는 학습을 위한 부분으로, 리눅스 서버 환경에서 R을 사용하여 샤이니 앱을 게시하는 방법을 소개했다. 그리고 RStudio를 설치해보았다. 이 정도로 정리하는 이유는 여기서 다룬 내용으로 충분해서가 아니다. 제대로 하려면 훨씬 많은 내용을 알아야 하고, 이 부분까지 다뤄야 할 정도라면 개인이 아닌 조직이 해결해야 할 문제일 가능성이 높기 때문이다.

도커(Docker) 등의 기술을 사용하면 샤이니 앱 배치 문제를 훨씬 더 간단하게 해결할 수 있을 것이다. 그리고 R이 인기를 더할수록 클라우드에서 더 손쉽게 사용할 수 있는, 준비된 패키지들이 늘어날 것이다.

참고문헌

1. Attali, Dean. 2016. *Shinyjs: Easily Improve the User Experience of Your Shiny Apps in Seconds.*
   https://CRAN.R-project.org/package=shinyjs.

2. Chang, Winston. 2016. *Shinythemes: Themes for Shiny.*

   https://CRAN.R-project.org/package=shinythemes.

3. Chang, Winston, Joe Cheng, JJ Allaire, Yihui Xie, and Jonathan McPherson. 2017.
   Shiny: Web Application Framework for R. https://CRAN.R-project.org/package=shiny.

4. Gentleman, Robert. 2008. *R Programming for Bioinformatics.* CRC Press.

5. Sidi, Jonathan. 2017. *Ggedit: Interactive 'Ggplot2' Layer and Theme Aesthetic Editor.*

   https://CRAN.R-project.org/package=ggedit.

6. Walker, Alexander. 2017. *Openxlsx: Read, Write and Edit Xlsx Files.*

   https://CRAN.R-project.org/package=openxlsx.

7. Wickham, Hadley, and Romain Francois. 2016. *Dplyr: A Grammar of Data Manipulation.*
   https://CRAN.R-project.org/package=dplyr.

S